21世纪高等学校规划教材 | 信息管理与信息系统

# 信息系统分析与设计

## （第2版）

黄孝章　刘鹏　苏利祥　编著



清华大学出版社
北　京

## 内容简介

本书作为普通高等学校信息管理与信息系统本科专业核心课程“信息系统分析与设计”的教材，全面而又系统地阐述了信息系统建设的基本理论和方法，主要包括信息系统的有关概念、信息系统建设的基本思想和方法、信息系统的系统规划、信息系统结构化分析与设计方法、信息系统面向对象分析与设计方法、UML 建模以及信息系统应用与发展等内容。

本书既可作为普通高等学校信息管理与信息系统专业教材，也可供从事信息系统建设的技术人员使用。



**图书在版编目(CIP)数据**

信息系统分析与设计/黄孝章等编著. —2 版. —北京：清华大学出版社，2017 (2023.10 重印)
(21 世纪高等学校规划教材·信息管理与信息系统)
ISBN 978-7-302-44847-1

Ⅰ. ①信… Ⅱ. ①黄… Ⅲ. ①信息系统—系统分析 Ⅳ. ①G202

中国版本图书馆 CIP 数据核字(2016)第 197123 号

**责任编辑**：魏江江 薛 阳
**封面设计**：傅瑞学
**责任校对**：时翠兰
**责任印制**：杨 艳

**出版发行**：清华大学出版社
**网 址**：http://www.tup.com.cn，http://www.wqbook.com
**地 址**：北京清华大学学研大厦 A 座 **邮 编**：100084
**社 总 机**：010-83470000 **邮 购**：010-62786544
**投稿与读者服务**：010-62776969，c-service@tup.tsinghua.edu.cn
**质量反馈**：010-62772015，zhiliang@tup.tsinghua.edu.cn
**课件下载**：http://www.tup.com.cn，010-83470236
**印 装 者**：三河市龙大印装有限公司
**经 销**：全国新华书店
**开 本**：185mm×260mm **印 张**：21.75 **字 数**：530 千字
**版 次**：2010 年 8 月第 1 版 2017 年 4 月第 2 版 **印 次**：2023 年 10 月第 12 次印刷
**印 数**：33001～34000
**定 价**：39.50 元

产品编号：068409-01

# 出版说明

随着我国改革开放的进一步深化，高等教育也得到了快速发展，各地高校紧密结合地方经济建设发展需要，科学运用市场调节机制，加大了使用信息科学等现代科学技术提升、改造传统学科专业的投入力度，通过教育改革合理调整和配置了教育资源，优化了传统学科专业，积极为地方经济建设输送人才，为我国经济社会的快速、健康和可持续发展以及高等教育自身的改革发展做出了巨大贡献。但是，高等教育质量还需要进一步提高以适应经济社会发展的需要，不少高校的专业设置和结构不尽合理，教师队伍整体素质亟待提高，人才培养模式、教学内容和方法需要进一步转变，学生的实践能力和创新精神亟待加强。

教育部一直十分重视高等教育质量工作。2007 年 1 月，教育部下发了《关于实施高等学校本科教学质量与教学改革工程的意见》，计划实施"高等学校本科教学质量与教学改革工程"（简称"质量工程"），通过专业结构调整、课程教材建设、实践教学改革、教学团队建设等多项内容，进一步深化高等学校教学改革，提高人才培养的能力和水平，更好地满足经济社会发展对高素质人才的需要。在贯彻和落实教育部"质量工程"的过程中，各地高校发挥师资力量强、办学经验丰富、教学资源充裕等优势，对其特色专业及特色课程（群）加以规划、整理和总结，更新教学内容、改革课程体系，建设了一大批内容新、体系新、方法新、手段新的特色课程。在此基础上，经教育部相关教学指导委员会专家的指导和建议，清华大学出版社在多个领域精选各高校的特色课程，分别规划出版系列教材，以配合"质量工程"的实施，满足各高校教学质量和教学改革的需要。

为了深入贯彻落实教育部《关于加强高等学校本科教学工作，提高教学质量的若干意见》精神，紧密配合教育部已经启动的"高等学校教学质量与教学改革工程精品课程建设工作"，在有关专家、教授的倡议和有关部门的大力支持下，我们组织并成立了"清华大学出版社教材编审委员会"（以下简称"编委会"），旨在配合教育部制订精品课程教材的出版规划，讨论并实施精品课程教材的编写与出版工作。"编委会"成员皆来自全国各类高等学校教学与科研第一线的骨干教师，其中许多教师为各校相关院、系主管教学的院长或系主任。

按照教育部的要求，"编委会"一致认为，精品课程的建设工作从开始就要坚持高标准、严要求，处于一个比较高的起点上。精品课程教材应该能够反映各高校教学改革与课程建设的需要，要有特色风格、有创新性（新体系、新内容、新手段、新思路，教材的内容体系有较高的科学创新、技术创新和理念创新的含量）、先进性（对原有的学科体系有实质性的改革和发展，顺应并符合 21 世纪教学发展的规律，代表并引领课程发展的趋势和方向）、示范性（教材所体现的课程体系具有较广泛的辐射性和示范性）和一定的前瞻性。教材由个人申报或各校推荐（通过所在高校的"编委会"成员推荐），经"编委会"认真评审，最后由清华大学出版社审定出版。

目前,针对计算机类和电子信息类相关专业成立了两个"编委会",即"清华大学出版社计算机教材编审委员会"和"清华大学出版社电子信息教材编审委员会"。推出的特色精品教材包括:

(1) 21 世纪高等学校规划教材·计算机应用——高等学校各类专业,特别是非计算机专业的计算机应用类教材。

(2) 21 世纪高等学校规划教材·计算机科学与技术——高等学校计算机相关专业的教材。

(3) 21 世纪高等学校规划教材·电子信息——高等学校电子信息相关专业的教材。

(4) 21 世纪高等学校规划教材·软件工程——高等学校软件工程相关专业的教材。

(5) 21 世纪高等学校规划教材·信息管理与信息系统。

(6) 21 世纪高等学校规划教材·财经管理与应用。

(7) 21 世纪高等学校规划教材·电子商务。

(8) 21 世纪高等学校规划教材·物联网。

清华大学出版社经过三十多年的努力,在教材尤其是计算机和电子信息类专业教材出版方面树立了权威品牌,为我国的高等教育事业做出了重要贡献。清华版教材形成了技术准确、内容严谨的独特风格,这种风格将延续并反映在特色精品教材的建设中。

清华大学出版社教材编审委员会

联系人:魏江江

E-mail:weijj@tup.tsinghua.edu.cn

# 前言

本书是根据我国高等学校信息管理与信息系统本科专业核心课程“信息系统分析与设计”的教学大纲编写的。这门课程的教学目标是：在学生具备了计算机、网络、数据库等技术知识和有关经济管理知识的基础上，通过课堂教学与实践教学环节，综合地、全面地掌握信息系统建设的基本方法与技术。

信息系统是一门综合了管理科学、信息科学、系统科学、行为科学、计算机科学和通信技术的新兴学科。它是信息管理与信息系统本科专业教学计划中的一门核心课程。随着信息技术的不断发展，社会信息化进程的不断深入，信息系统建设的理论和方法也在不断地发展。本书吸取了国内外同类教材先进的教学思想和教学内容，反映了这一领域的新发展，同时融入了作者多年信息系统分析与设计课程教学和信息系统建设的实践经验。

全书分为 13 章。第 1 章介绍了与信息系统有关的基本概念，其中重点介绍了信息、信息管理、信息资源、系统、信息系统和管理信息系统等概念；阐述了信息科学与现代系统科学的关系。第 2 章介绍了信息系统的技术基础，主要内容有计算机硬件、软件、网络通信以及数据库技术等。第 3 章介绍了信息系统规划的重要性、目标、工作内容以及信息系统规划的具体方法。第 4 章简要介绍了目前信息系统开发的常用方法。第 5 章和第 6 章详细介绍了信息系统结构化的分析与设计方法。第 7～10 章详细介绍了信息系统面向对象的分析与设计方法，介绍了 UML 建模在面向对象分析与设计中的应用。第 11 章和第 12 章简要介绍了信息系统项目实施的具体内容以及信息系统项目的组织和管理方法。第 13 章具体介绍了企业资源计划(ERP)、计算机集成制造系统(CIMS)、供应链管理系统(SCM)、决策支持系统(DSS)等信息系统的典型应用。

本书由北京印刷学院黄孝章教授、埃森哲(中国)有限公司刘鹏博士、新浪网技术(中国)科技有限公司苏利祥博士共同编写。其中，第 1～6 章由黄孝章编写，第 7～9 章由刘鹏编写，第 10～13 由苏利祥编写。

本书在出版过程中得到了校级信息管理优秀教学团队和传媒经济管理学科平台建设项目专项资金支持。

本书疏漏或不当之处在所难免，恳请广大读者批评指正。

编　者

2017 年 1 月 26 日

# 目 录

**第 1 章 信息系统概论** ………… 1

1.1 信息的概念和特性 ………… 2
1.1.1 信息的概念 ………… 2
1.1.2 信息与数据、知识的关系 ………… 2
1.1.3 信息的分类 ………… 3
1.1.4 信息的特性 ………… 4
1.2 信息化 ………… 4
1.2.1 信息化的概念 ………… 4
1.2.2 信息化的负面影响 ………… 6
1.3 信息资源和信息管理 ………… 7
1.3.1 信息资源的基本概念 ………… 7
1.3.2 信息资源的特征 ………… 7
1.3.3 信息管理的概念 ………… 8
1.3.4 信息管理的意义 ………… 8
1.4 信息管理与现代系统科学 ………… 10
1.5 系统工程的基本思想和方法 ………… 11
1.5.1 系统工程的思想 ………… 11
1.5.2 标准化及在信息系统工程中的应用 ………… 13
1.6 信息系统 ………… 14
1.6.1 信息系统的概念 ………… 14
1.6.2 信息系统的分类 ………… 14
1.6.3 各类信息系统之间的联系 ………… 17
1.7 管理信息系统 ………… 18
1.7.1 管理的概念 ………… 18
1.7.2 管理的基本职能 ………… 18
1.7.3 管理系统及其管理层次 ………… 19
1.7.4 管理信息 ………… 21
1.7.5 管理信息系统 ………… 21
1.7.6 管理信息系统的特征 ………… 21
1.7.7 管理信息系统与组织的管理决策 ………… 22
1.8 信息系统的建设 ………… 25
习题 ………… 27

第 2 章　信息系统的技术基础 …… 28

2.1　计算机系统简介 …… 28

2.1.1　计算机硬件 …… 28

2.1.2　计算机系统类型 …… 29

2.1.3　计算机系统选择 …… 31

2.1.4　计算机软件 …… 32

2.1.5　企业软件选择 …… 34

2.2　计算机网络 …… 35

2.2.1　计算机网络的发展阶段 …… 35

2.2.2　计算机网络系统的组成 …… 36

2.2.3　计算机网络系统的功能 …… 39

2.2.4　计算机网络的类型 …… 40

2.3　Internet 与企业网络 …… 45

2.3.1　Internet …… 45

2.3.2　企业网络 …… 47

2.4　网络操作系统 …… 51

2.5　数据存储与分析技术 …… 53

2.5.1　数据存储与管理技术的发展 …… 53

2.5.2　数据库系统的产生和构成 …… 55

2.5.3　数据库设计 …… 57

2.5.4　数据库技术的发展 …… 71

习题 …… 75

第 3 章　信息系统的系统规划 …… 76

3.1　信息系统规划概述 …… 76

3.1.1　信息系统发展的阶段论 …… 76

3.1.2　信息系统规划的重要性 …… 78

3.1.3　系统规划的作用 …… 79

3.1.4　系统规划的原则 …… 79

3.1.5　系统规划的两个层次 …… 79

3.2　信息系统规划的目标和工作内容 …… 80

3.2.1　信息系统规划的目标与任务 …… 80

3.2.2　信息系统规划各阶段的工作内容 …… 81

3.3　信息系统规划常用的方法 …… 85

3.3.1　企业系统规划法 …… 85

3.3.2　关键成功因素法 …… 88

习题 …… 89

第 4 章　信息系统的开发方法 …… 90

4.1　生命周期法 …… 90
4.2　原型法 …… 93
4.3　结构化开发方法 …… 96
4.4　面向对象的开发方法 …… 100
4.5　计算机辅助开发方法 …… 101
习题 …… 103

第 5 章　系统分析 …… 104

5.1　用户需求分析 …… 104
5.2　系统的初步调查 …… 108
5.3　系统的详细调查 …… 108
5.3.1　详细调查的原则 …… 108
5.3.2　详细调查的方法 …… 109
5.3.3　详细调查的内容 …… 110
5.4　组织结构与管理功能分析 …… 111
5.4.1　组织结构分析 …… 111
5.4.2　组织与业务的关系分析 …… 111
5.4.3　管理功能分析 …… 112
5.5　业务流程分析 …… 112
5.6　数据流程调查与分析 …… 115
5.6.1　数据资料收集 …… 115
5.6.2　数据的汇总分析 …… 115
5.6.3　数据流图 …… 116
5.6.4　绘制数据流图的原则 …… 116
5.6.5　数据流图的基本符号 …… 116
5.6.6　数据流图的绘制 …… 117
5.6.7　数据字典 …… 118
5.7　描述处理逻辑的工具 …… 123
5.8　系统分析说明书 …… 124
习题 …… 125

第 6 章　系统设计 …… 126

6.1　系统设计的任务和原则 …… 126
6.1.1　系统设计的任务 …… 126
6.1.2　系统设计的原则 …… 126
6.2　系统功能模块结构设计 …… 127

6.2.1 系统结构化设计方法 …… 128
6.2.2 模块化设计 …… 129
6.2.3 模块结构图 …… 130
6.2.4 模块结构图设计 …… 131
6.3 IPO图 …… 134
6.4 系统物理配置方案设计 …… 136
6.4.1 设计依据 …… 136
6.4.2 计算机硬件及网络选择 …… 136
6.4.3 数据库管理系统的选择 …… 137
6.4.4 应用软件的选择 …… 137
6.5 代码设计 …… 138
6.5.1 代码设计原则 …… 138
6.5.2 代码分类 …… 138
6.5.3 编码方法 …… 140
6.6 数据库设计 …… 140
6.7 输入输出设计 …… 143
6.7.1 输入设计 …… 143
6.7.2 输出设计 …… 144
6.8 系统设计说明书 …… 146
6.8.1 引言 …… 146
6.8.2 系统设计内容 …… 146
习题 …… 146

**第7章 面向对象介绍 …… 147**

7.1 面向对象历史及发展 …… 147
7.2 面向对象与面向过程 …… 148
7.3 面向对象主要概念 …… 150
7.3.1 对象 …… 150
7.3.2 类 …… 150
7.3.3 封装 …… 151
7.3.4 继承 …… 151
7.3.5 消息 …… 151
7.3.6 结构与连接 …… 152
7.3.7 多态性 …… 152
7.3.8 永久对象 …… 152
7.3.9 主动对象 …… 152
7.4 面向对象基本特征 …… 153

7.5 面向对象软件工程方法 …… 154
7.5.1 面向对象软件工程学概念 …… 154
7.5.2 各种面向对象软件工程方法介绍 …… 155
习题 …… 158

**第8章 UML** …… 159

8.1 UML 起源 …… 159
8.2 UML 构成 …… 160
8.2.1 视图 …… 161
8.2.2 图 …… 162
8.2.3 模型元素 …… 166
8.2.4 通用机制 …… 168
8.3 统一过程简介 …… 169
8.3.1 统一过程的特点 …… 170
8.3.2 开发模型 …… 170
8.3.3 阶段和里程碑 …… 170
8.3.4 核心工作流 …… 172
8.4 Rational Rose 介绍 …… 173
8.4.1 Rational Rose 发展历史 …… 173
8.4.2 Rational Rose 对 UML 的支持 …… 174
8.4.3 Rational Rose 的 4 种视图模型 …… 176
8.4.4 Rational Rose 的其他技术 …… 181
习题 …… 182

**第9章 面向对象分析** …… 184

9.1 面向对象分析介绍 …… 184
9.1.1 面向对象分析概念 …… 184
9.1.2 系统分析面临的主要问题 …… 185
9.1.3 OOA 方法的主要原则 …… 186
9.1.4 面向对象分析建模 …… 188
9.2 获取需求建立用例模型 …… 191
9.2.1 案例说明 …… 191
9.2.2 准备工作 …… 192
9.2.3 获取需求 …… 194
9.2.4 需求分析 …… 202
9.3 建立系统分析模型 …… 207
9.3.1 建立静态视图 …… 207

9.3.2 建立动态视图 …… 220
习题 …… 240

**第10章 面向对象设计** …… 241

10.1 架构设计 …… 241
10.1.1 软件架构与框架 …… 241
10.1.2 软件架构的基本构成 …… 242
10.1.3 架构设计原则 …… 243
10.1.4 常用的架构模式 …… 246
10.2 详细设计 …… 254
10.2.1 详细设计原则 …… 254
10.2.2 类设计 …… 257
10.2.3 接口设计 …… 263
10.3 设计模式 …… 265
10.3.1 设计模式与分类 …… 265
10.3.2 创建型设计模式 …… 265
10.3.3 结构型设计模式 …… 268
10.3.4 行为型设计模式 …… 272
习题 …… 277

**第11章 系统实施** …… 279

11.1 物理系统的实施 …… 279
11.1.1 计算机系统的实施 …… 279
11.1.2 网络系统的实施 …… 280
11.2 程序设计 …… 280
11.2.1 程序设计的目标 …… 280
11.2.2 结构化程序设计方法 …… 281
11.3 软件开发工具 …… 282
11.4 系统测试 …… 283
11.4.1 系统测试的作用和意义 …… 283
11.4.2 系统测试的目的 …… 283
11.4.3 系统测试的基本原则 …… 283
11.4.4 系统测试的方法与步骤 …… 283
11.5 系统切换 …… 286
11.6 系统运行管理 …… 287
11.7 系统安全管理 …… 287
11.7.1 信息系统安全的起因 …… 287
11.7.2 信息系统的安全控制 …… 288
习题 …… 291

第 12 章　信息系统项目管理 …… 292
12.1　信息系统项目管理的目的 …… 292
12.2　信息系统项目管理的内容 …… 292
12.3　信息系统项目的组织 …… 293
12.4　信息系统项目工作计划 …… 293
12.5　信息系统项目质量控制 …… 296
12.6　信息系统项目风险管理 …… 297
12.7　信息系统项目的文档管理 …… 298
习题 …… 298

第 13 章　信息系统应用与发展 …… 299
13.1　企业资源计划 …… 299
13.1.1　物料需求计划 MRP …… 299
13.1.2　闭环 MRP …… 299
13.1.3　MRP Ⅱ …… 300
13.1.4　企业资源计划 ERP …… 301
13.2　计算机集成制造系统 …… 306
13.2.1　CIMS 的基本含义 …… 306
13.2.2　CIMS 迅速发展的原因 …… 307
13.2.3　CIMS 的组成 …… 307
13.2.4　我国 CIMS 的发展情况 …… 309
13.3　供应链管理系统 …… 309
13.3.1　供应链管理的定义 …… 309
13.3.2　供应链管理的信息技术支撑体系 …… 311
13.3.3　沃尔玛供应链管理中的信息技术 …… 313
13.3.4　惠普供应链管理中的自动补货系统 …… 314
13.4　决策支持系统 …… 315
13.4.1　决策和决策过程 …… 315
13.4.2　决策问题的类型 …… 315
13.4.3　决策者素质对决策的影响 …… 316
13.4.4　决策科学的发展趋势 …… 316
13.4.5　决策支持系统的功能与定义 …… 317
13.4.6　决策支持系统的组成 …… 317
13.4.7　智能决策支持系统 …… 320
13.4.8　群体决策支持系统 …… 321
13.4.9　DSS 的应用 …… 322
13.5　专家系统 …… 324
13.5.1　专家系统的定义 …… 325

13.5.2 专家系统的基本结构和工作原理 …… 325
13.5.3 专家系统存在的问题 …… 327
13.6 经理信息系统 …… 327
13.6.1 经理信息系统的基本含义 …… 327
13.6.2 EIS 产生的背景 …… 327
13.6.3 EIS 的特点 …… 328
13.6.4 EIS 在中国的发展 …… 328
习题 …… 329
**参考文献** …… 330

# 第1章 信息系统概论

20 世纪 90 年代以来，随着以计算机和现代通信技术为代表的现代信息技术的飞速发展，计算机及网络的应用已经全面地进入了人类社会生活的方方面面，人们的思想、行为和生活方式发生了深刻的变革，人类已经进入了信息社会。

信息社会的重要特点之一是信息资源的充分开发和利用。物质、能源和信息是人类社会发展的 3 大资源。有史以来，人类就是依靠这 3 类资源生存、发展的。从农业社会、工业社会到信息社会，它们的区别就在于核心资源的不同。农业社会的核心资源是土地(物质资源)，工业社会的核心资源是能源，而信息社会的最重要资源则是信息。通过对信息资源的开发与利用，一方面提高对物质与能源的利用水平，另一方面起到对物质与能源的置换作用；在此基础上，再形成新兴的、作为主导产业的信息产业，从而改变社会经济结构，也改变社会生产关系和上层建筑，推动社会的整体发展与进步。

信息社会的另一个重要特点就是社会对信息的高度依赖。发达国家进入信息社会以后，信息社会中生产力的本质是创新和改革。比尔·盖茨的微软帝国在短短二十几年内的资本就达到了世界第一，远远少于其他工业发展所需要的时间；Google 的搜索引擎在几年中就拥有了十几亿的用户；截至 2009 年 7 月，中国网民规模达到 3.38 亿人，普及率达到 25.5%。中国手机网民规模为 1.55 亿人，占整体网民的 45.9%①，这些都说明了信息和知识在后工业时代对生产力发展的重要作用。“数字革命激发了可与 20 世纪工业革命及其相应的高经济利益相媲美的结构变化。这一过程是无法停止的，直到最终实现以知识为基础的经济”②。

信息系统是信息社会和信息资源开发、利用和管理的一种必不可少的工具。目前，各级各类信息系统的建设已经成为一类普遍性的、广泛进行的工程项目。如何切实有效地建立起各种类型的、以现代信息技术为支撑的、能较好地满足用户需求的信息系统已经成为广大信息系统工程技术人员所关心的问题，也是有关专家、学者一直在研究和探讨的问题。

随着信息系统建设工作的不断发展，一门新的学科逐渐形成，即信息系统开发的方法学。它是信息系统建设规范、标准、过程、技术、环境及工具的集成，是将具体的方法与技术融合在一起形成的一个完整体系。生命周期法、原型法、结构化开发方法及面向对象的方法等就是它所涉及的具体方法。作为一项涉及多种技术、多种因素的社会系统工程，信息系统的建设需要科学的理念作指导，需要广阔的学科与技术作支持。除了系统工程的一般原则

---

① 2009 年 7 月中国互联网络发展状况统计报告。

② 《欧洲通向信息社会之路》1994 年 7 月 19 日(引自《行动计划》欧洲委员会的报告)。

之外,信息系统工程还有许多需要研究的特殊规律与具体方法。本课程的主要目的和内容就是介绍这些理念和方法,为准备进入这一领域的技术与管理人员提供帮助。

在介绍具体的方法和技术之前,需要首先明确与信息系统有关的一些基本概念和观点,本章的目的就是对这些基础性的问题给予简要的说明与概括,为以后各章的学习奠定基础。

## 1.1 信息的概念和特性

### 1.1.1 信息的概念

*没有物质,任何东西都不存在;没有能量,任何事情都不会发生;没有信息,任何东西都没有意义。*

——安东尼·G.欧廷格

*信息就像我们呼吸的空气一样,同样是一种资源。准确而有用的信息,就如同我们身体所需要的氧气,是国家和个人的幸福。我们整个国家,2/3 的成果来自有关信息的活动。快速的信息,是我们经济中的主要货物和商品。*

——卡特

"信息"一词源于拉丁文 information,是指一种陈述或一种解释、理解等。信息概念的含义在不断演变。"信息"一词已经成为一个含义非常深刻、内容相当丰富的概念。

目前,信息没有明确而权威的准确定义。至今关于信息的定义有数十种之多。较有影响的是信息论创始人之一的维纳(N. Wiener)对"信息"的定义:"信息是人们在适应外部世界并且使这种适应反作用于世界的过程中,同外部世界进行交换的内容的名称"。也有人认为:"信息是经过加工后的数据,它对接收者有用,它对决策或行为有现实或潜在的价值"。还有人认为:"信息是对数据的解释,是对数据加工的结果,对接收者有用"。

一般认为信息是对数据的解释。数据(data)和信息(information)是信息系统学科中最基本的术语,它们之间的界限也很模糊,因此,在许多场合中,人们常将数据处理与信息处理作为同义词使用。

### 1.1.2 信息与数据、知识的关系

信息和数据、知识是不同的,它们是相互联系的。关于信息和数据、知识的关系,归纳起来有以下几种。

(1) 从形成上看,它们是原料与制品递进的关系。

世界银行的《世界发展报告》对数据、信息和知识的定义是:数据是指未经组织的数字、词语、声音、图像;信息是指以有意义的形式加以排列和处理的数据(有意义的数据);知识是指用于生产的信息(有价值的信息)。

谢尔曼(Sherman)认为,数据是事实未加解释的原始表达,而信息是用于表达意义的经过记录、分类、组织、联系或解释的数据。美国学者史密斯和梅德利在其所著的《信息资源管理》中认为,信息是数据处理的最终产品。具体地说,是经过收集、记录、处理,以可检索的形式存储的事实或数据。如果要用一句话来总结的话,那就是:数据是信息形成的基础。

美国学者霍顿认为，原始数据总是与新生事物联系在一起的，对原始数据的评价产生了信息，成熟的信息构成知识，而事实的最终“死亡”形成了相关的知识库。他用“一个事实的生命周期”来解释信息与数据、知识的关系。

综上所述，在数据的基础上形成信息，在信息的基础上形成知识。数据是信息的起源，信息是知识的原料，知识是信息加工提炼的结晶，三者是一种递进的关系。如图 1-1 所示的金字塔模型表示了这种递进关系。

(2) 从载体看，是客观物质存在和大脑精神存在的关系。

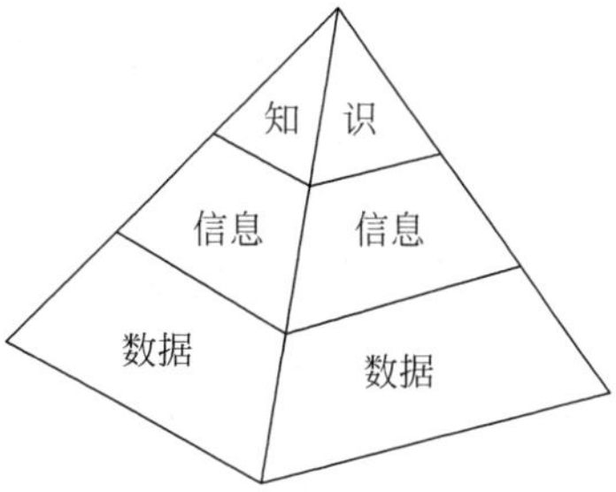

这里主要讨论的是知识与信息的关系。知识是人类社会实践经验的结晶，是人的主观世界对于客观世界的概括和反映，是人们通过实践对自然和社会运动形态和规律的认识和掌握，是人们对其在实践过程中所获得的感性认识和经验材料进行概括、总结和升华的结果。



图 1-1 数据、信息与知识的关系

人类通过信息感知世界，认识世界，进而改造世界，并且根据获得的信息创造和形成人类丰富的知识。信息是知识的原料和基础。知识是信息的特例，是信息的高级形式，是对有用的信息加工的结果，是系统化的、有序化的信息。

加拿大学者桑盖特认为，信息不是知识，信息是存在于我们意识之外的东西，它存在于自然界、印刷品、硬盘以及空气之中，而知识存在于我们的大脑之中，它是与不确定性相伴而生的，我们一般用知识而不是信息来减少不确定性。

综上所述，信息都是客观存在的，不管是否发现它，是否理解它，是否认识到它的重要性；而知识是人类认识世界，改造世界，进行实践的结果，存在于人们的大脑中，属于认识的范畴。

## 1.1.3 信息的分类

不同的信息有不同的作用、不同的地位以及不同的处理方法，所以有必要搞清楚信息的分类。

目前信息存在着很多的分类标准，不同的目的，有不同的分类标准，不同的分类标准，对信息的划分也不同。

按照信息的应用领域来分，可以把信息分成社会信息、政治信息、自然信息、经济信息、军事信息、管理信息等。这种分类方式确定了信息的应用目的。

按照信息的来源，信息可以划分为内部信息和外部信息、国内信息和国际信息等。这类分类方式确定了系统模型中的变量和参数，表现了信息的有效性。

按照信息的处理方式，可以把信息划分为原始信息和综合信息。原始信息是直接从信息源收集到的信息，综合信息是原始信息经过各种加工处理后的信息。这种分类方式反映了信息在采集、处理、传输过程中的状态。这些信息反映了信息的时间性和准确性。

按照信息的管理层次划分，可以把信息划分为战略性信息、战术性信息和作业信息。这种分类方式用于区分信息的服务对象。也反映了信息的层次性和联系性。

按照信息的加工顺序分，可以把信息分为一次信息、二次信息、三次信息等。

按照反映形式可分为数字信息、图像信息和声音信息等。

### 1.1.4 信息的特性

信息具有客观性、等级性、时效性、价值性、共享性、传递性等特性。

客观性是指信息反映的是客观事物的实际情况。信息不是物质，只是物质的产物，即先有信息反映的对象，然后才有信息。无论借助于何种载体，信息都不会改变其所反映对象的属性。如天气预报无论是通过广播、电视、互联网，还是通过其他别的载体，反映的都是自然世界的客观变化。

等级性是指由于管理级别的不同，所需信息也分为不同的级别。如战略级、战术级、执行级等。对于不同级别的信息，其来源途径、精确性、相关性等方面的程度都有所不同。

时效性是指信息发挥作用是有时间限度的，也就是说，信息是有寿命的，有时效的，有一个生命周期。

价值性是指信息经过加工并对生产经营活动产生影响的数据，是一种资源，因而是有价值的，如索取经济情报、行业咨询报告及利用大型数据库查阅文献资料所付费用就是信息价值的部分体现。

共享性是指信息的非零和性。物质的交换是零和性的。我有一本书，送给你，我就没有了，我失你得，相加为零。而信息可以大家共享。

传递性是指信息载体的时间和空间转移导致了信息的可传递性，促进信息的扩散和利用。

时间传递：信息通过一定的载体存储，使信息随时间的流逝而传递下去。

空间传递：通过一定的方式把信息从一个地方传到另一个地方。

## 1.2 信息化

随着信息技术的突飞猛进和广泛渗透，信息化的热潮也席卷全球。20 世纪 60 年代以来，全球掀起了两次大的信息化浪潮。第一次是以计算机为中心的信息技术应用以及信息产业化的浪潮，其标志是计算机(computer)、通信(communication)和内容(content)三者的结合，可称为计算机革命和产业革命。第二次是以网络为中心的社会信息化浪潮，其标志是DIN 即数字化(digitalization)、信息化(informatization)和网络化(networking)，可称为数字革命和网络革命。那什么是信息化，信息化的特点又是什么，实施信息化有什么作用等，本节简单介绍关于信息化的基本知识。

### 1.2.1 信息化的概念

1967 年，日本学者参照工业化一词提出了信息化的概念。我国国家计委在《国民经济和社会发展第十个五年计划信息化重点专项规划》中界定了信息化的内涵，指出“信息化是以信息技术广泛应用为主导，信息资源为核心，信息网络为基础，信息产业为支撑，信息人才为依托，法规、政策、标准为保障的综合体系”。

1993 年 9 月 15 日，美国克林顿政府提出了建立“国家信息基础设施”计划。“国家信息基础设施”(National Information Infrastructure,NII),又称为“信息高速公路”或“信息网络”。

美国的NII计划中提出信息高速公路是一个能给用户随时提供信息的,由通信网络、计算机、数据库以及日用电子产品等组成的完备的基础设施。该计划的内涵通俗地讲就是以光纤为骨干,建立遍布全国的双向大容量、高速度的数据传输网,将全国各地的政府部门、企业、学校、医院、图书馆、新闻机构、科研机构、交通运输部门、商店、银行、娱乐场所乃至家庭联系起来,向全社会提供最好的科研、教育、医疗、商务、交通、金融、娱乐等广泛的服务。其具体应用将涉及诸如政府电子公文、电子图书馆、电子报纸、电子购物、遥控医疗、远程教育、点播电视服务、电视会议、可视电话等方面,这些服务无疑将会大大提高工作效率,节省时间和资金,提高工作、学习质量,增加服务内容,丰富娱乐方式。在这样的环境下,使有些工作实现家庭办公成为可能。这就是信息高速公路给人们工作、生活带来的根本性变革。可以说,信息高速公路将对人类社会的发展进程产生深远的不可估量的影响。自美国政府提出信息高速公路的计划以来,在全世界范围内引起了强烈的反响。日本、意大利、法国、英国、德国、加拿大、韩国、新加坡、巴西、阿根廷、巴拉圭等国家也都提出了自己的信息高速公路(NII)计划。

邓小平同志早在1984年就高瞻远瞩地指出:开发信息资源,服务四化建设。1993年,根据国际信息化的形势,结合我国国情,政府提出了国家信息化的任务。国务院信息化领导小组成立后,拟定了《国家信息化“九五”规划和2010年远景目标(纲要)》。国务院要求当时的电子部与有关部委协调,抓好几项重大信息工程,即命名为“金桥”、“金关”、“金卡”的“三金工程”,从经济信息化出发,实施国家信息化计划。

“金桥”工程——国家公用经济信息网络工程。

“金关”工程——国家对外经济贸易信息网工程。

“金卡”工程——国家电子货币工程。

“三金”工程作为我国信息化的主体工程实施后,掀起了各行各业实施信息化的浪潮。国家各有关部委迅速行动起来,大力开展应用系统建设,产生了一批“金”字头的信息化工程,加快了我国全面信息化的进程。

“金税”工程——全国增值税专用发票计算机稽核系统工程。

“金农”工程——全国农业综合管理和信息服务系统工程。

“金企”工程——全国企业生产与流通信息服务系统工程。

“金智”工程——国家科研教育计算机网络与人才工程。

“金宏”工程——国家宏观经济决策支持系统工程。

“金信”工程——国家统计信息网络工程。

“金卫”工程——国家医疗信息网络工程。

“金贸”工程——国家电子商务应用试点工程。

1994年4月,连接世界70多个国家和地区的Internet正式登上了中国。中国科学院计算机网络中心以64kbps的专线连接位于日本的Internet亚太网络信息中心(APNIC),正式在Internet注册,获准建立代表中国(CN)的域名服务器,并能对Internet进行全功能的访问,从而使中国成为Internet的正式成员。中国Internet用户每年翻番,2005年,我国上网计算机总数达到4950万台,上网用户总数达到1.1亿人。

1999 年 1 月 22 日由中国电信和国家经贸委经济信息中心牵头、联合 40 多家部委(办、局)信息主管部门在京共同举办"政府上网工程启动大会",倡议发起了"政府上网工程"。政府上网工程的全面启动直接推动中央和地方政府信息化进程。

"十五"期间,为加快国民经济和社会信息化进程,我国实施了 5 大信息工程,这 5 大工程如下。

信息资源开发工程——通过基础国情信息工程、宏观经济信息工程、公共信息资源工程的建设,初步形成我国信息资源开发的总体格局。

信息基础设施工程——通过高速宽带网络工程、移动信息网络工程、城市信息化工程、信息安全系统工程的建设,使我国信息基础设施不断适合信息化建设的需要。

信息化应用工程——通过电子政务工程、电子媒体工程、网络教育工程、社会保障信息化工程、社会综合治理信息化工程的建设,全面展开和深化信息化应用。

电子商务工程——通过电子商务示范工程、金融信息化工程、企业信息化工程的建设,提高我国经济的整体竞争力。

信息产品工程——通过数字电视工程、集成电路工程、软件工程建设,使信息产品供给能力大幅度提高。

### 1.2.2 信息化的负面影响

信息化在带来巨大效益的同时也带来了许多不可忽视的消极影响。从目前来看,在信息化建设中应当注意下面几点。

#### 1. 信息安全与相关权益的保证(国家、企业、公民)

信息安全问题涉及很多方面,如反科学、伪科学、不健康的甚至十分有害的信息垃圾泛滥,黑客攻击甚至造成通信中断、网络瘫痪等。信息和网络安全关系国家安全、企业的发展和公民的利益。我们要坚持"积极发展,加强管理,趋利避害,为我所用"的原则,努力提高信息和网络安全的研究开发水平,建立信息安全标准,完善相关的信息安全法律法规和执法、监督体系,形成公平、合理、有序的市场环境,还要积极促进制定国际互联网公约,与国际社会共同加强信息安全管理。

#### 2. 计算机犯罪

1946 年,世界上第一台计算机 ENIAC 在美国宾夕法尼亚大学研制成功以后,计算机技术就以极高的速度向前发展,但形形色色的计算机犯罪也随之而来,各种新型计算机犯罪屡见不鲜,其犯罪手段也呈多样性趋势。结合当前实际情况,计算机犯罪可分为以下几种类型:侵入计算机系统罪、破坏计算机系统罪、利用计算机进行经济犯罪、窃取计算机数据及应用程序罪和利用计算机实施的其他犯罪。

对计算机的依赖程度越高,使用的计算机越多,计算机犯罪活动造成的损失就越大。在使用计算机的同时,应尽量避免计算机犯罪给我们带来危害。平时应当增强安全意识,提高安全保障水平;要建立符合标准的硬件运行环境;加强对软件系统的管理。一定要做到防患于未然。

#### 3. 青少年教育和心理健康

网络给青少年带来了很多的好处，青少年可以通过网络了解世界、进行学习，扩展自己的知识面。但是，由于缺乏科学性的引导，网络的普及给青少年的心理健康带来严峻的考验，出现了很多的问题，如沉迷于网上聊天、网络游戏，甚至出现不能自拔的现象。

为了青少年的健康，必须加强对他们的思想教育，必须整顿网络市场，还他们一片洁净的天空。

#### 4. 计算机病毒

所谓计算机病毒是指编制或者在计算机程序中插入的破坏计算机的功能或数据，影响计算机使用，并且是能够自我复制的一组计算机指令或者程序代码。计算机病毒广泛地侵入计算机系统和网络，破坏系统的正常工作，造成严重的危害。

为了减少计算机病毒的侵害，必须努力提高计算机系统的“免疫能力”，不断完善法律、法规的建设。

## 1.3 信息资源和信息管理

### 1.3.1 信息资源的基本概念

我们通常所说的信息资源包括狭义的信息资源和广义的信息资源。

广义的信息资源既包括信息内容本身，又包括有关提供信息的设施、设备、组织、人员和资金等，也就是信息资源及其有关的各种资源的总和。

狭义的信息资源就是信息内容本身所构成的信息有序化集合，是广义的信息资源的基础和主要构成。

在国外，信息资源的内容有两种说法。第一，简单分为两个基本部分：信息内容和信息管道；第二，分为 4 个组成部分：信息源、信息服务、信息产品和信息系统。

在我国，一般认为信息资源包括信息生产者、信息和信息技术三个基本要素：第一，信息生产者是为某种目的生产信息的劳动者，不仅包括从事原始信息的生产者，而且包括从事信息加工或再生产的劳动者。第二，信息是信息生产的产品，是信息生产者的劳动成果，对社会各种活动直接产生效用。第三，信息技术是能够延长或扩展人的信息能力的各种技术的总称，是对声音、图像、文字、数字和各种传感信号的信息进行获取、加工处理、存储、传播和利用的能动技术。

信息生产者是最关键的因素，信息和信息技术都离不开人的作用，信息是由人生产和消费的，信息技术也是由人创造和使用的。

### 1.3.2 信息资源的特征

我们主要从三个角度来研究信息资源的特征：第一，作为一种资源，它有着其他资源所具有的共同特征，作为生产要素的人类需求性、稀缺性、使用方向的可选择性。第二，作为一种专门的资源,它的特点有:具有一定成本、价值可衡量、可商品化、可消费、可转让、可投资、可加工处理和可替代等。第三,作为一种特殊的资源,它又拥有自己的个性:无限性、共享性、高效性(可开发和部分代替其他资源)、无耗性(不会因为被使用而减少或消失)等。

随着社会的不断发展,信息资源对于国家和民族的发展,对于人们的工作、生活和学习越来越重要,已经成为国民经济和社会发展的重要战略资源。

信息资源的开发和利用是信息系统的主要工作。

### 1.3.3 信息管理的概念

"信息管理"是人类为了收集、处理和利用信息而进行的社会活动。信息管理的兴起不是偶然的,它是科学技术的发展、社会环境的变迁、人类思想进步所造成的必然结果和必然趋势。作为人类管理活动发展的一个阶段,人们很早就开始重视信息管理了。随着人们越来越深刻地认识到信息的巨大作用,组织和政府都把信息管理活动作为管理活动的重要内容。所谓信息管理,是指对人类社会信息活动的各种相关因素(主要是人、信息、技术和机构等)进行科学的计划、组织、控制和协调,以实现信息资源的合理开发与有效利用的过程。它既包括微观上对信息内容的管理——信息的组织、检索、加工、服务等,又包括宏观上对信息机构和信息系统的管理。

信息管理是由活动主体、活动对象、活动手段等要素构成的。在信息管理活动中,表现为信息人员利用掌握的信息技术,控制和利用信息资源来达到组织目标的活动过程。

信息管理的基本任务是建设和管理各级各类的信息系统。例如企业的信息系统(MIS)、政府的决策支持系统(DSS)、远程教学系统、电子商务系统(EC)、"三金工程"以及其他类似的工程。

### 1.3.4 信息管理的意义

在国内外经济知识化、社会信息化迅速发展和激烈竞争的形势下,信息管理、信息科学、信息技术、信息产业与信息教育共同成为信息社会战略上需要优先发展的行业。

有人把网络比作信息高速公路,计算机软硬件比作在高速公路上跑的"车",信息资源比作"货"。当前的问题是"车"严重空载和"货"的质量不高。信息管理就是"加工生产"大量优质信息产品的知识工具,而问题的症结就在于需要培养出大批高素质的信息管理人才。

信息管理是信息时代的要求,是信息化建设的具体体现。信息管理是现代化管理的基础,是不可缺少的组成部分。信息管理是现代信息技术的重要应用领域。信息管理是人类新的物质文明和精神文明的必要基础。

#### 1. 信息管理在企业中的作用

(1) 及时、准确、完整地收集信息。有效的信息管理能够促进企业以统一的标准、严格规范的程序及时地收集处理信息,从而提高信息的及时性、准确性以及完整性。

(2) 提高信息的利用水平。信息系统特别是决策支持系统的应用,使得企业内部的各种知识整合在一起,产生出单一部门的知识不能体现出来的价值,使得这些信息不仅仅用于简单的事务处理,还广泛应用于决策分析、需求分析和物料生产计划等方面。

(3) 降低管理成本和营销费用。信息系统的开发与建立，信息技术的引用，必然引起企业流程的重组，减少中间不必要的环节和手续，提高工作效率，大大降低管理成本和营销费用。

(4) 提高对用户提供优质服务的能力。采用先进的信息技术，进行有效的信息管理，可以提高企业的快速响应能力和市场反应力，从而及时地捕获用户的需求信息，为用户提供更及时、更准确的服务。

(5) 提高在本行业中的竞争能力。在这个信息时代里，谁掌握了信息，谁掌握的信息更多，谁就拥有更强的竞争力，在行业竞争中就能占据有利地位。信息已成为企业的一种重要财富。

### 2. 信息管理对企业的长期影响

(1) 加快信息反馈和经营决策的速度。信息管理使得原本分散的企业各部门紧密而合理地结合在一起，再加上先进信息技术的鼎力相助，使得信息反馈和经营决策的过程大大缩减，效率大大提高。

(2) 提高企业管理水平。信息管理有助于将企业的各种知识整合在一起，使企业管理人员在综合的知识基础上进行处理和决策，从而提高管理的科学性与准确性。

(3) 促使企业向市场经济转变。信息管理使得企业更加实时地获得市场变化的信息，从而能够根据市场的文化，及时地做出响应，最终使企业更趋向于根据市场来进行各种资源的配置。

### 3. 信息管理对宏观经济的影响

信息管理促进了价值链和中间环节的变化。美国的战略管理学家迈克尔·波特(Michael Porter)认为，企业每项生产经营活动都是其创造价值的活动，企业中所有互不相同但又相互关联的生产经营活动，构成创造价值的一个动态过程，即价值链。信息管理不仅引起了价值链中一些中间环节的改变，例如精简了一些不必要的处理操作，还提出了一些新的价值链，比如说知识价值链，即知识的采集与加工→知识的存储与积累→知识的传播与共享→知识的使用与创新。成功的价值链管理不仅在于对价值链中的各个环节进行管理，而且在于优化各个环节之间的关联，加快知识的流动速度，使知识成为组织永不枯竭的资源。

信息使产业结构发生变化，新的信息服务机构不断出现。信息管理的发展，带动信息产业的蓬勃发展，使通信与网络设备制造业、计算机产业、软件与系统集成服务业、广播电视设备制造业、消费类电子工业等逐渐成为全球经济新的、重要的增长点。现代信息服务业成为当今最具活力的新型产业之一，发展突飞猛进，成为最终实现国际经济一体化不可替代的现代化因素。各种提供信息服务的机构如雨后春笋般涌现出来。信息服务按照服务商提供给用户服务内容的不同划分为 6 大类，分别是维护与支持服务、运营管理服务、网络服务、IT 咨询服务、系统集成服务和 IT 教育与培训服务。在我国，近两年维护与支持服务增长稳定，而网络服务市场则最为迅猛，出现了很多依附于网络提供给用户服务的组织，如当当、易趣、阿里巴巴等著名的电子商务网站。

社会经济运转速度加快，效率提高。随着 21 世纪的到来，情况在不断变化，技术在迅速更新,信息管理领域正面临着新的高潮。各级各类信息系统的建设和管理任务将更多、更大、更复杂。我们必须不断研究新问题,促使信息化建设事业得到健康的发展。

## 1.4 信息管理与现代系统科学

作为一门学科,信息管理的思想基础是现代系统科学。一方面,信息作为一种资源,只有在特定的系统中才能发挥作用。信息资源的开发和利用与对复杂系统的管理和控制不可分割。信息与系统两个词是浑然一体,紧密联系的。另一方面,信息系统本身又是一个集管理与技术为一体的、涉及多种因素的复杂系统。所以,从事信息管理的人特别需要吸取和运用现代系统科学的理念、思路和方法。

现代系统科学是21世纪科学的基石之一。它在人类文明长期发展的基础上,把整体的科学理念与现代技术提供的实验方法有机地结合起来,为人们认识和处理复杂的事物提供科学的方法与思路。正因为这样,现代系统科学得到了学术界与社会各方面的高度重视,成为新时代管理者和决策者必须掌握的思想方法之一。

系统工程是系统思维方法的具体体现,是系统科学转化为现实生产力的桥梁。它通过一系列规范化的做事方法把科学的表达和分析手段融为一体,把工业时代形成的标准化和信息时代所需要的多样化、灵活性结合起来,把"实事求是"和"具体事物具体分析"这些一般性的理念,以切实可行的、可操作的方式落实到具体行业的操作层面。信息管理和信息系统就是这些行业之中的一个。正因为这样,这个专业也被称为信息系统工程。

#### 1. 系统概念

系统是由处于一定环境中的若干相互联系和相互作用的要素组成并为达到整体目的而存在的集合。其组成要素又称为子系统(subsystem),若干个子系统可以组成一个更大的系统。特别强调,环境(environment)在这里是一个特别的概念,是一个更大的系统,一般的系统都有自己运行的环境。

系统思想产生于20世纪40年代,它的产生和发展,彻底地改变了世界科学的图景和当代科学家的思维方式,是继相对论和量子力学之后又一次伟大的科学革命。系统思想是科学思想的补充,它既是现代科学高度发展的产物,又是人们原始思维的延续。

#### 2. 系统分类

系统按其形成方式可分为自然系统、人造系统和复合系统三大类。血液循环系统、天体系统、生态系统等属于自然系统,这些系统是自然形成的。所谓人造系统,是指人类为达到某种目的而对一系列的要素做出有规律的安排,使之成为一个相关联的整体。例如计算机系统、生产系统和运输系统等。按与外界的关系可分为开放系统与封闭系统。按内部结构可分为开环系统和闭环系统。

#### 3. 系统特征

系统的特征包括:集合性、目的性、相关性、环境适应性等特征,下面对这些特征逐一讨论。

(1) 整体性。一个系统至少由两个或更多的可以相互区别的要素或子系统组成,它是这些要素和子系统的集合。作为集合的整体系统的功能要比所有子系统的功能的总和还大。就是说,1+1>2。

(2) 目的性。人造系统都具有明确的目的性。所谓目的就是系统运行要达到的预期目标,它表现为系统所要实现的各项功能。系统目的或者功能决定着系统各要素的组成和结构。

(3) 相关性。系统内的各要素既相互作用,又相互联系。这里所说的联系包括结构联系、功能联系、因果联系等。这些联系决定了整个系统的运行机制,分析这些联系是构筑一个系统的基础。

(4) 环境适应性。系统在环境中运转,与其所处的环境相互交流,相互影响,进行物质的、能量的或信息的交换,从而不断地适应环境,更好地运转。不能适应环境变化的系统是没有生命力的。环境是一种更高层次的系统。

#### 4. 系统科学

系统科学是人类对于复杂系统规律认识的总结;它是在自然科学与社会科学各领域大量实践经验的基础之上,总结出人类认识、描述、设计、管理、控制复杂系统的一般性的理念、方法与具体步骤。

#### 5. 系统思维的要点

1) 整体观念

整体观念,即认为宇宙以及各种层次上的复杂系统是不可分割的整体,只有把握全局,才能真正认识与掌握它。

2) 演化观念

演化观念,即认为宇宙或复杂系统的当前状态是长期演化的结果,只有把它作为一种进化过程的产物,才能理解和掌握它。

3) 层次观念

层次观念,即认为宇宙及复杂系统都是分层次的,层次之间互相联系又互相区别,构成了整个宇宙或复杂系统。

4) 活体观念

活体观念,即认为事物是运动、发展和变化的,任何系统的发展和演化,都是由其内在的、本质的属性所推动的,而不是外力强加的。

## 1.5 系统工程的基本思想和方法

广义地讲,系统工程是系统科学的一个部分,它是系统科学以上几方面思想的具体实现。由于它在实际中的重要作用,系统工程在社会上比系统科学更加引起人们的关注,更加引人注目。

### 1.5.1 系统工程的思想

工程(engineering)一词的产生与近代工业化的进程是有联系的。古代没有工程师,只有手工艺人。手工艺人不乏能工巧匠。从精美的陶瓷制品到锐利的各种兵器,这些能工巧匠创造了大量至今令人惊叹且难以复制的精品。作为人类文明的瑰宝,它们确实是无价之宝。然而,它们之所以珍贵,很重要的原因之一就在于其不可复制、不可重复的特征。换句话说,只有这些能工巧匠才可以制作出来,其制作方法"只可意会,不可言传"。因此,弟子很难掌握师傅的真传。绝大部分的技艺就这样失传了。从文明传承的角度来看,这是因为当时的人类还没有形成一种有效地积累知识的途径,还没有办法把能工巧匠的创造性的成果,以一种方式长久地保存下来,准确无误地传授给别人,特别是后代。文字作为一种记录符号,在文明传承中起到了重大的作用。然而,这种定性的、含糊的、可以有多种解释的记载方式,还不能真正做到准确无误地把前人的经验传授给后代。这种状况在人类历史上已经延续了几千年甚至几万年。在这种比较原始的状态下,个人的创造并不能真正成为全人类的知识和经验,人类还没有真正成为一个整体。

这种状况的突破,就在于工程思想的形成。工程师不同于能工巧匠,不在于个人的聪明程度或创造能力,而在于知识表达与做事的方式。关于个人的能力与创造性,今天的工程师不见得每个人都比古代的能工巧匠强,但是工程师的工作方式是完全不同的。这种区别主要表现在两个方面。一方面,工程师的工作是依据一定的理论方法和工作步骤有计划地进行的,这些工作步骤是明确规定的、可以检查的、可以验证的。另一方面,工程师的工作内容和操作方法有统一的、同行之间形成共识的、规范化的表达方式。这两点区别使得做事的成功不再只是依赖于个人聪明才智和悟性,而是更多地依靠严密的组织和科学的管理。这就从根本上解决了人们相互之间的沟通和理解问题,并且把个人创造出来的技能和经验变成了其他人(特别是后代)可以准确掌握并可重复使用的全人类的精神财富。失传的情况不再发生,至少是不容易发生。这就是工程(engineering)和工程师(engineer)的重要意义和深远影响。从一定的意义上讲,工业革命以来,人类社会进步的速度大大加快,社会生产力水平大幅度提高,正是基于这种机制的基础之上。对于这一点,应当有充分的认识。

我们可以用比较成熟的建筑工程、机械工程作为例子,体会工程思想的精髓。建筑工程师盖房子,农民也盖房子,这两者的区别在哪里呢? 农民盖房子靠的是经验。在上柁等关键的时刻必须有经验丰富的长者指挥,因为他们曾经多次参加过盖房子,有实际的经验。而这种经验不是靠讲几句话,说几条原则就能够传授给年轻人的。至于地基打多深、砖和土坯的用量也都是按经验方法估算的。的确,用这样的方法也可以盖起房子来,但是要盖几十层的高楼则是不可能的。年轻人要能够像这些长者那样指挥和估算,也只有通过多次参加盖房才能逐步体会到。建筑工程师则不是这样。他是在物理学,特别是力学理论的基础上,通过严格的设计程序,对于材料、结构、工作步骤进行精心安排,画出图纸,然后交给施工队去施工。在这里,盖房子的工作流程是明确规定的,每一个步骤的任务是什么,前面必须做好什么准备,完成的标志是什么,结束前必须进行哪些检测,都是事先明确的。这些要求是建筑行业的规范和共识,并不依赖于设计的工程师和施工的施工队。施工的图纸一旦定下来,不管哪个施工队来盖这所房子,结果都将是一样的。正是这些区别决定了建筑工程师和遵从工程规范的施工队可以盖起几十层的大楼,而村里的普通农民则不行。这不是个人才智的差别,而是生产方式和管理方式的区别造成的。

同样地,在机械工程领域,共同遵守的表达方式——机械图纸是大规模、高效率生产的保证。正因为有了这种大家共同遵守的、规范化的表达与交流方式,才能以非常低廉的价格成批地生产出大量的机器设备及各种标准的零部件。

统一的、规范化的工作流程；形成共识的、便于交流和沟通的规范化的表达方式；这两点理念在一系列重要领域得到了成功的运用，在工业化的进程中为人类生产力水平的提高做出了重要的贡献。

在这样的背景下，当人们认识到信息系统建设的复杂性的时候，当人们在实践中遭遇到一系列项目失败的时候，把工程观念引进信息系统建设领域，就是一种很自然的、必然的趋势了。类似的情况在软件开发工作中同样出现。当人们在软件开发中遇到困难，逐步认识到软件开发的复杂性的时候，试图引用工程化的思想来解决困难也是必然的，这就是软件工程的由来。信息系统工程与软件工程的产生背景十分相似，内容多有重合。但是两者在研究对象和领域背景方面还是有不少区别。软件工程是计算机技术的一个分支，其目的是有效地开发软件；而信息系统工程是管理科学的一个分支(国外一般称为信息系统——MIS)，其目标是有效地建设社会经济组织中的信息系统。这种区别需要加以明确。

### 1.5.2 标准化及在信息系统工程中的应用

标准化是人类社会在长期的生产活动中总结出来的、实现高效率的社会生产的一项重要保证。对于系统工程，包括信息系统工程，这是基本的理念和工作准则。

什么是标准？标准就是人类社会为实现社会化的分工协作，大家共同制定并遵守的一些基本的规则。例如度量衡的标准、时间的标准、标准零件的尺寸等。没有这样的一些标准，人们就无法分工协作，完成社会化的大生产。

什么是标准化？简单地说，标准化就是为在一定的范围内获得最佳秩序，对实际的或潜在的问题制定共同的重复使用的规则的活动。这些活动主要包括制订、发布及实施标准的过程。标准化不是一个孤立的事物，而是一个制订标准、贯彻标准进而修订标准的活动过程。掌握和使用国际标准将有助于降低成本，扩大供应商及商业伙伴的选择，生产适合全球市场并被全球接受的产品，通过减少贸易技术壁垒扩大出口机会。某年国际标准化日的主题就是“一个标准、一次检测、全球接受”。采用国际标准和国外先进标准是追赶发达国家的一项基本技术战略。

对于信息化建设来说，标准化更具有特殊的意义。从根本上来说，信息化就是要实现信息的交流和共享，而标准化正是这种交流和共享的基础。标准化是推动信息化建设的重要手段之一，它保证了在网络建立、系统开发、设备生产和资源共享等方面能促进相互一致或协调。信息技术作为现代高新技术的代表，其标准化工作具有一个显著的特点——标准化工作的发展与技术的发展几乎是平行的，甚至在某些情况下，标准化具有一定的超前性。为此，要求标准化本身不但必须具备与原有技术和应用的兼容性，还必须具有采用不断开发的新技术和新设备的开放性。

综上所述，从事信息系统工程的人从一开始就要把标准和标准化放在重要的位置，对其给予极大的重视。

对于信息系统工程来说，以下三个方面的标准化尤其重要。

#### 1. 信息编码的标准化

现代的通信技术和计算机技术完全建立在信息编码标准化的基础之上。对于我国来说,还特别要注意汉字编码的标准化。在文字编码的基础上,各种代码的标准化也都要抓紧进行。身份证号码就是一个例子。显而易见,这是社会走向科学和文明的基础性建设。

**2. 表达方式的标准化**

就像建筑工程和机械工程中的图纸一样,在信息系统工程中,也必须有大家取得共识的、通用的表达和理解的方式,才能使信息系统的建设井然有序、高效率、高质量地进行。在这个专业的学习过程中,需要学习的重要内容之一,就是这些表达和理解的工具。

**3. 工作程序的标准化**

工程思想的另一方面具体体现是工作程序的标准化。保证信息系统建设工程的成功必须有规章制度的保证。首先是工作阶段的科学划分。什么事情应当在什么时候做,前后的逻辑顺序是什么?这些都需要严格的规定。经过几十年的经验积累,工作阶段的划分已经用一系列标准的形式固定下来。不但阶段的划分已经有统一的认识,而且对于每一个工作阶段,明确规定了它的任务、起始条件、成果形式、结果认定、文档资料的要求等有关事宜。这些知识也是从事信息系统建设和管理的技术人员必须认真学习和掌握的。

# 1.6 信息系统

## 1.6.1 信息系统的概念

信息系统(Information System,IS)是由人、硬件、软件和数据资源等一系列相互关联的元素或部件组成的集合,目的是及时、正确地收集(输入)、处理、存储、传输和输出信息。

(1) 输入:获取和收集原始数据(源数据)的活动。输入既可以是一个手工过程,也可以是自动的。

(2) 处理:对数据进行处理,使其获得新的结构与形态或产生新的数据。

(3) 存储:采用信息存储技术,将有用的信息进行存储保管,以便系统随时调用。

(4) 传输:把信息从一处传到另一处,不改变信息本身的内容。

(5) 输出:将系统处理后获得的有用的信息按一定的格式和要求输出到某种介质上。通常是以文档、报告、数据文件或数据库里的业务数据等形式出现的有用的信息。

## 1.6.2 信息系统的分类

我们可以把组织中的信息系统划分为4个层次,即运行层系统、知识处理层系统、管理控制层系统以及战略层系统。这4个层次的系统主要包含图1-2所示的6种主要类型的信息系统。

**1. 事务处理系统**

事务处理系统(Transaction Process System,TPS)是服务于企业中运行层(作业层)的、执行和记录组织运营过程中每天所必需的例行事务的计算机化的系统。系统的主要关注点

| |  | | | |
|---|---|---|---|---|
| 经理信息系统(EIS) | 战略层系统 | | | |
| | 销售趋势预测 | 产品开发发展规划 | 现金流量预测 | 人力资源规划 |
| 管理信息系统(MIS)<br>决策支持系统(DSS) | 管理层系统 | | | |
| | 销售管理<br>采购管理 | 库存控制<br>生产计划 | 年度预算<br>成本分析 | 投资分析<br>利润分析 |
| 知识处理系统(KWS)<br>办公自动化系统(OAS) | 知识层系统 | | | |
| | CAD<br>CAM | 公文处理<br>图像处理 | | 文字处理<br>电子日历 |
| 事务处理系统(TPS) | 运行层系统 | | | |
| | 订单处理<br>订单跟踪 | 工艺安排<br>库存管理 | 现金管理<br>应付应收 | 档案管理<br>培训管理 |

图 1-2 组织中 6 种主要类型的信息系统

是收集、验证并记录事务处理数据，如财务上的应收应付、库存的进出、销售情况的记录、员工工作情况的记录等。

TPS 是 20 世纪 50 年代后期在数据处理系统(Data Processing Systems,DPS)基础上发展起来的，但与 DPS 有着本质的区别。DPS 孤立服务于各个任务，不能为企业中其他信息系统提供信息，而 TPS 与企业中其他的信息系统之间有着紧密的联系。

运行层上所处理问题的任务、目标、资源都是预先定义好的，TPS 的输入具有重复性、可预测性、客观性等特点，输出是详细的、高度结构化的准确信息。系统解决的问题是高度结构化的问题。

TPS 有如下特点。

(1) 与外界环境进行最基本、最直接的信息交换，接受环境的输入，向外输出信息。

(2) TPS 是其他信息系统的主要信息提供者，在 TPS 中既可得到企业运行的实时信息，又可得到企业过去长期的记录。

(3) 不涉及全局，对管理控制与战略计划很少涉及。

事务处理系统对任何企业来说都是不可缺少的信息系统。它提高了事务处理效率和管理水平，实现了原来手工无法实现的功能，是组织中其他层次信息系统应用的基础。

### 2. 知识处理系统和办公自动化系统

知识处理系统和办公自动化系统(Knowledge Work System and Office Automation System,KWS & OAS)都是服务于知识层的信息系统。

知识处理系统给知识处理人员提供支持。知识处理人员是指特定领域的、高水平的专业工作人员，如工程师、医生、律师、科研人员，他们的主要工作就是进行新知识和新信息的创造，知识处理系统帮助他们加快知识的创造并保证新知识和技术经验正确应用到组织中，如支持产品设计和制造的CAD、CAM和CAPP等系统就是企业中常用的知识处理系统。

办公自动化系统是为组织中的公文管理、日程安排、收发电子邮件及文字编辑等日常事务提供支持的计算机系统。

### 3. 管理信息系统

管理信息系统(MIS)是对企业的基本运行状况进行概括、总结和报告,将TPS中的数据进行压缩,按固定的周期生成报表,并提供当前运行状况和历史记录的在线查询,为管理人员的规划、控制和决策等功能提供支持的计算机信息系统。这类信息系统是面向组织内部而不是组织的环境或外部事件,系统的运行依赖于事务处理系统所提供的数据。

管理信息系统与数据处理系统和事务处理系统的一个重要不同点是管理信息系统具有提供分析、计划和辅助决策的能力。但管理信息系统的辅助决策能力是有限的。它主要用于帮助企业和组织解决结构化的、程序化的决策问题。如商业企业中的订货决策、银行评价和确定企业的信用度等都属于高度结构化的决策问题。

管理信息系统并不是在一夜间一下子形成的,而是逐渐发展形成的。因此,管理信息系统中往往包含有数据处理和事务处理功能,但管理信息系统主要是用来满足管理方面的信息需求。由于管理信息系统是由数据处理系统发展形成的,人们经常混淆事务处理系统和管理信息系统之间的差异。早期的管理信息系统更类似于事务处理系统,而目前的许多事务处理系统与早期的管理信息系统相比,为管理提供了更多的支持。与别的许多技术的发展演化过程类似,在高级形式代替低级形式之前,往往在一段时间内高级形式和低级形式并存。但这并不意味着数据处理系统最终要消失,因为即使管理信息系统存在,也存在与数据处理有关的事务过程需要处理。

### 4. 决策支持系统

决策支持系统DSS(Decision Support System)是在信息系统的基础上产生和发展起来的,它是以管理科学、计算机科学、行为科学和控制论为基础,以计算机技术、人工智能技术、经济数学方法和信息技术为手段,为组织中高级管理人员提供决策支持的一种人机系统。它能为决策者迅速而准确地提供决策需要的数据、信息和背景材料,帮助决策者明确目标,建立和修改模型,提供备选方案,通过人机对话进行分析、比较和判断,为正确决策提供有力支持。

### 5. 经理信息系统

经理们面对的许多问题处在变化多端的复杂环境中,并且这些问题多是非结构化的、战略性的问题。在信息系统发展的初期,人们认为计算机信息系统很难给企业的高层管理人员提供支持,但随着计算机技术的不断发展和经理完成自身工作所需信息的及时性、完整性和准确性的要求越来越高,经理越来越需要利用计算机信息系统收集、分析数据的能力,在这种情况下产生了经理信息系统(Executive Information Systems,EIS)。

经理信息系统是服务于组织的战略层,通过先进的图形技术和通信技术帮助高层管理人员进行非结构化决策问题解决,并由高层管理人员亲自使用的计算机信息系统。EIS除了需要从组织内部MIS和DSS中抽取概括性数据外,还必须使用大量的外部环境中的数据，如税法的改变信息、竞争对手的信息等。

经理信息系统的开发是为了抽取、筛选和跟踪组织内部和外部环境中的关键信息，能够将多个信息源的数据和图形快速传送到经理办公室或董事的会议室。系统侧重于减少经理获得有用信息的时间和精力，同时系统还应能给经理的电子通信、时间日程的安排等提供支持。EIS 应具有非常友好的用户界面，使经理不需培训或接受很少的培训就能直接使用系统。

EIS 与其他各类系统有着本质的区别。事务处理系统处理组织中例行性的日常办公事务，它的基本功能决定了它不能为高层管理和决策提供信息支持，而信息系统只是生成一些例行的报表，或解决一些可按固定程序解决的问题，对上层管理的影响非常小。DSS 最初出现的时候，原以为 DSS 能给高层管理的管理决策提供支持，但实践表明经理很少使用 DSS，这主要是由于以下几个原因。

(1) 经理所需解决问题的特点。经理应从周围环境的分析中发现问题，经理应具有洞察力，而不是解决具体特定问题的，经理信息系统设计用来帮助经理解决他们所面临的各种管理和决策问题。DSS 则是设计帮助一个或一群决策者解决一个特定的半结构化或非结构化的问题。

(2) 系统的复杂性。DSS 是将数据处理和复杂的分析模型结合起来进行半结构化或非结构化问题的解决，DSS 必须具有较强的适应性，因此一般来说 DSS 比较复杂，经理不可能有太多的时间花费在这么复杂的系统使用上。

(3) DSS 只能对某一类特定的问题提出可选的方案，并进行分析比较，决策支持系统辅助解决的问题往往是重复出现的。而经理需要解决的不只是某一类特定问题，他们需要面对企业面临的各种环境挑战，经理信息系统辅助高层决策者解决的问题往往是不断变化的。

(4) DSS 的开发是以问题为导向的，系统所解决的是重复出现的某一类决策问题，系统一般需借助模型解决问题，而 EIS 的开发是以决策者为导向的，系统开发中必须充分考虑决策者的特点和偏好，系统所面对的是不断变化的环境，系统中更多以图形的方式进行各类信息的表示，且系统应集成通信功能和日程安排功能。

### 1.6.3　各类信息系统之间的联系

图 1-3 表明组织中各种不同类型的信息系统彼此之间是相互联系的。TPS 直接与外界进行最基础的数据交换，是企业内基本运行数据的直接输入，TPS 是组织中其他系统的主要数据来源，EIS 则是下层信息的接收者，其他类型的系统之间往往存在着相互的信息交换。

服务于不同功能领域的信息系统之间也存在着大量的信息交换，如销售部门接收的订单必须传送到生产部门和库存部门。

另外，各个系统所服务的用户并不是绝对的，企业中的各个层次的人员都有可能会使用办公自动化系统。而战略层和管理控制层上的信息系统经常使用相同的数据，如市场营销信息系统中，市场调研方面的信息和竞争对手方面的信息是两个管理层上都需要使用的信

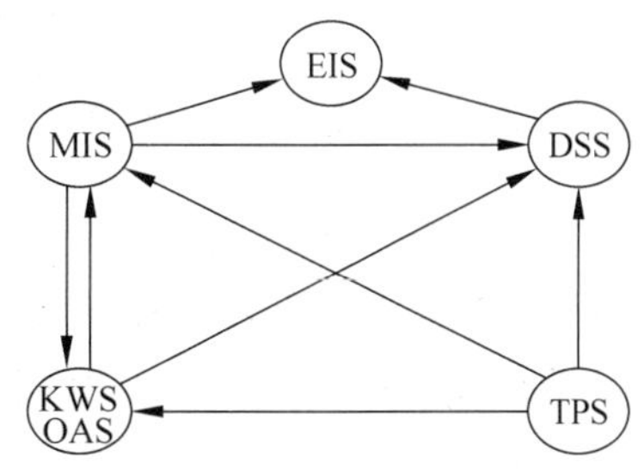

图 1-3　组织中各类信息系统之间的联系

息,只是他们使用信息的目的不同而已。再如企业的财务会计信息系统中的很多信息也都是战略层和管理控制层同时需要使用的信息,如采购原材料的信息,管理控制层需要此信息进行生产成本的控制,而上层需要此信息进行企业财务计划的制订。

组织中的各类系统之间是否应该集成或应该有多大程度上的集成?这是一个很难回答的问题。采取适当的策略将这些系统集成以便组织内部不同部门之间形成系统化的信息流,这显然会给组织带来便利,但集成需要费用,并且将不同类型的系统集成起来是一项复杂且耗时的工程。为此,必须认真分析比较集成给组织带来的影响以及集成的复杂性和费用,在此基础上,对组织内部的信息系统进行适当程度上的集成。

## 1.7 管理信息系统

事实上,国内外对信息系统与管理信息系统之间的异同是有不同看法和观点的。一种观点认为信息系统是整个组织的各种类型信息系统的总称,如各种 CAD 系统(机械 CAD 系统、建筑 CAD 系统、服装 CAD 系统等)、CAM 系统、CAPP 系统、军事演习模拟信息系统、机器故障诊断系统、公安的测谎系统、地理信息系统等。管理信息系统是服务于经济管理领域的信息系统,是信息系统的一个组成部分。管理信息系统以支持组织的计划、管理、决策、协调和控制等为目的,一般是为组织的管理人员和决策者提供日常信息服务。另一种观点认为组织中的所有信息系统都是管理信息系统,或者信息系统与管理信息系统的含义相同,只是为了避免与其他领域(如电子技术专业)中的信息系统相混淆。本书保持第一种观点,认为管理信息系统是组织中一类十分重要而又复杂的信息系统,因此下面对管理信息系统的有关概念做一个简单的介绍。

### 1.7.1 管理的概念

管理(management)是人类不可缺少的社会活动。

人们一般认为,管理是根据事物的客观规律,通过计划、组织、指挥、协调、控制等职能活动作用于管理对象,更好地利用人力、物力、财力、信息等资源,使之适应外部环境,以实现达到预定目的的人类活动。

我们认为管理是一个过程,是为了某种目标,运用一切思想、理论和方法,合理地计划、组织、指挥、协调和控制他人,调度各种人、财、物、设备、技术和信息等资源,以求以最小的投入去获得最好或最大的产出目标的劳动与创造过程。

### 1.7.2 管理的基本职能

管理的职能有哪些?不同的管理学家,不同的管理学著作有着不尽相同的说法。自法约尔提出 5 种管理职能以来,有的提出 6 种、7 种,也有提出 4 种、3 种,甚至 2 种、1 种的。

我们认为管理的基本职能应该是:计划、组织、领导、控制和决策。

#### 1. 计划

计划是组织中所有层次的管理者都必须从事的活动,是管理的首要职能。它是指管理者在实际行动之前预先对应当追求的目标和应采取的行动方案做出选择和具体安排。有了详尽周密的计划，就能使各项工作和活动都能围绕预订目标去进行，从而达到预期的效果。当然在组织里不同层次的管理者制订的计划是不同的，如高层的计划管理还包括制订总的战略和总的政策。

#### 2. 组织

编制出计划以后，管理工作过程的下一步就是组织必要的人力和其他资源去执行既定的计划。组织工作包括人的组织和工作的组织。具体包括：确定管理层次、建立各级组织机构、配备人员、规定职责和权限，并明确组织机构中各部门之间的相互关系、协调原则和方法。

#### 3. 领导

领导是指挥、引导组织成员，为实现组织目标而努力的过程。计划和组织工作做好了，也不一定能保证组织目标的实现。全体成员如何一起努力，克服各自在目标、性格、素质、需求等方面的差异，解决合作过程中的冲突和矛盾，都需要一个有权威的领导人来完成。领导能做到指导人们的行为，统一人们的思想和行动，通过沟通增强人们的理解，为共同的组织目标努力。

#### 4. 控制

控制是指在执行计划过程中由于受到各种因素的干扰，常常使实践活动偏离原来的计划，为了保证目标和为此而制订的计划得以实现，管理者就要采取措施纠正已经发生或可能发生的各种偏差，使实践活动走上正确轨道。

#### 5. 决策

过去有许多学者把“决策”仅仅看作是“从行为过程的各个抉择方案中做选择”，因而认为“决策”是“计划”职能的一部分。现在许多学者的看法与此恰恰相反。他们认为决策是一个复杂的过程，计划是决策过程中的一部分。计划是为实施决策制定的，任何计划都是实施决策的工具。决策是针对未来的行动制订的。未来的行动往往受到行动者所处的外部环境和内部条件的制约，所以决策前首先就要分析外部环境、分析本身的长处和短处，才能对未来的形式做出基本的判断。由于未来的形势受很多因素的影响，且绝大多数情况是不确定的。因此必须进行预测，预测是以概率统计为基础的，很难做到十分准确，因而，决策必然有一定的风险。为了提高预测和决策的准确性，依靠数学模型和计算机系统进行科学的计算和模拟是非常必要的。但面对同样的事实，不同的决策者可能做出完全不同的抉择，这与决策者的价值和追求的目标有关。

决策贯穿于管理的全过程，所以我们把“计划”和“决策”都看作是管理的基本职能。

### 1.7.3 管理系统及其管理层次

#### 1. 管理系统

简单地说，管理系统就是组织为实现预期的管理目标而构成的一个对其内部各种有限资源,按照一定的方式,进行有效控制和管理的系统。它一般有三个组成部分:一是管理的客体,即管理对象(生产和服务过程);二是管理的主体,即管理者和管理机构;三是联系两者的信息系统。

### 2. 管理系统的管理幅度和管理层次

1) 管理幅度的概念

管理幅度是指管理者所管辖的下属人员或部门的数目,管辖人员多,称管理幅度宽,反之称管理幅度窄。影响管理系统管理幅度的因素主要有:下属工作性质、工作能力、授权程度及空间分布等。

2) 管理层次的概念

管理层次是指组织内管理系统纵向所划分的等级。管理层次受到组织规模和管理幅度的影响,它与组织规模成正比:组织规模越大,包括的成员越多,则层次越多;在组织规模已定的条件下,它与管理幅度成反比;主管直接控制的下属越多,管理层次越少,相反,管理幅度越小,则管理层次增加。

管理系统或组织一般划分为三个管理层次:基层管理(操作层管理)、中层管理及高层管理,也可称为作业层、战术层和战略层。

从管理职能上看,三个管理层次的侧重点不同。高层管理的主要职能是根据组织内外的全面情况分析(特别是国家政策、市场需求等外部环境分析)制订组织的长远目标、规划及政策。中层管理的主要职能是根据高层管理所确定的总目标,组织和安排系统中的各种资源,制订组织的资源分配计划(经营计划或生产计划);根据作业进度表组织基层单位来完成计划;根据基层单位任务完成情况进行信息的分类、统计和汇总;完成企业的任务考核并定期向高层汇报。基层管理的主要任务则是按照中层管理制订的计划和进度要求,具体指挥和控制生产;并及时向中层管理汇报作业进度和资源利用情况。三个层次间,高层向低层布置计划、组织实施和检查监督,低层则向高层定期汇报、提供统计信息以及获得资源和任务。三个层次信息处理的尺度也有很大差别,高层规划一般为3～10年或更长,中层计划通常为1年或2年(有的分解至季度),而操作层则为日、周或月。由于从高层到操作层,信息处理量越来越大,管理人员也越来越多,因此三个层次呈现为金字塔结构,如图1-4所示。

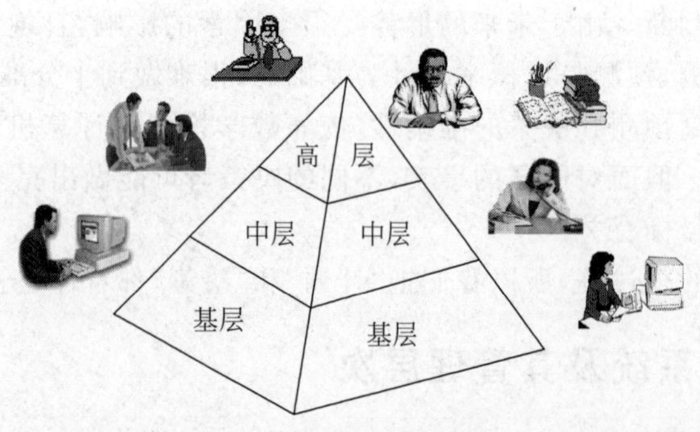


图1-4 组织中的管理层次

## 1.7.4 管理信息

### 1. 管理信息的定义

管理信息是指与生产管理、技术管理、经济环境管理等过程直接或间接相关的信息。管理信息渗透到管理的各个领域、各个环节。无论在哪个领域和哪个水平上，都离不开管理信息。

管理信息按照管理的层次可以分为战略信息、战术信息和作业信息（业务信息）。

### 2. 管理信息的作用

管理信息在管理中的作用，主要表现在以下几个方面。

（1）管理信息是一种很重要的资源。

（2）管理信息是决策的基础，是保证决策和计划科学性的前提条件。

（3）管理信息是管理系统控制的依据和手段。

（4）管理信息是管理系统中各工作环节和管理层次互相沟通、联络的纽带和桥梁。

总之，管理信息在整个管理过程中的决策、计划、组织和控制等各个环节都发挥着重要的作用。正是由于管理信息有着如此重要作用，现代管理都对管理信息非常重视，并通过建设专门的信息系统来收集和处理管理信息。

## 1.7.5 管理信息系统

经过多年的发展，管理信息系统的环境、目标、功能、支持层次、组成、内涵等均有很大的变化。目前关于管理信息系统的比较广泛的定义是："管理信息系统是一个以人为主导，利用计算机硬件、软件、网络通信设备以及其他办公设备，进行管理信息的收集、传输、加工、存储、更新和维护，以企业战略竞优、提高效益和效率为目的，支持企业高层决策、中层控制、基层运作的集成化的人机系统。"这个定义也说明管理信息系统绝不仅仅是一个技术系统，而是把人包括在内的人机系统，因而它是一个管理系统，是社会技术系统。

## 1.7.6 管理信息系统的特征

由定义可以看出，管理信息系统一般具有如下的特征。

### 1. 面向管理决策

管理信息系统是继管理学的思想方法、管理与决策的行为理论之后的一个重要发展，它是一个为管理决策服务的管理信息系统，它必须能够根据管理的需要，及时提供所需要的信息，帮助决策者作出决策。

### 2. 综合性

从广义上说，管理信息系统是一个对组织进行全面管理的综合系统。一个组织在建设管理信息系统时，可根据需要逐步应用个别领域的子系统，然后进行综合，最终达到应用管理信息系统进行综合管理的目标,管理信息系统综合的意义在于产生更高层次的管理信息,为管理决策服务。

#### 3. 人机系统

管理信息系统的目的在于辅助决策,而决策只能由人来做,因而管理信息系统必然是一个人机结合的系统。在管理信息系统中,各级管理人员既是系统的使用者,又是系统的组成部分,因而,在管理信息系统开发过程中,要根据这一特点,正确确定人和计算机在系统中的地位和作用,充分发挥人和计算机各自的长处,使系统整体性能达到最优。

#### 4. 现代管理方法和手段相结合的系统

如果只是简单地采用计算机技术以提高处理速度,而不采用先进的管理方法,那么管理信息系统的应用仅仅是用计算机系统仿真原手工管理系统,充其量只是减轻了管理人员的劳动,管理信息系统要发挥其在管理中的作用,就必须与先进的管理手段和方法结合起来,在开发管理信息系统时,融入现代化的管理思想和方法。

#### 5. 多学科交叉的边缘科学

管理信息系统作为一门新兴学科,其理论体系尚处于发展和完善的过程中。早期的研究者从计算机科学与技术、应用数学、管理理论、决策理论、运筹学等相关学科中抽取相应的理论,构成管理信息系统的理论基础,从而形成一个有着鲜明特色的边缘科学。

### 1.7.7 管理信息系统与组织的管理决策

#### 1. 当代管理环境的变化

20 世纪 80 年代以来,信息越来越被人们重视,成为企业的重要财富和战略性资源。这与当代管理环境的重大变化紧密相关。

1) 经济全球化的出现

"信息使空间变小,距离对经济活动的约束日益弱化。国内和国外的经济活动界限变得模糊起来。知识无国界,作为主要经济资源的知识,必然导致经济活动突破国界而成为全球活动。"现在世界上一些发达国家的经济已在很大程度上依赖于国际贸易,例如,美国对外贸易的进出口份额已占其提供的商品和服务的 25%以上,日本和德国的比例更高。今天成功的企业都依赖于其全球运作的能力。世界性的制造网络、营销与服务网络的建立,需要依靠其强大的功能完善的管理信息系统来实现各子公司、销售网点与总公司,总公司与供应商及客户之间的信息实时共享。以海尔集团为例:海尔集团现有设计中心 18 个,工业园 10 个(其中国外 2 个,分别位于美国和巴基斯坦,国内 8 个),海外工厂 13 个,营销网点 58 800 个,服务网点 11 976 个,它的 10 800 多种产品涉及几百个国家、几万个经销商。海尔集团每天有 5 万台产品出库,每天平均结算资金达 2.76 亿元之多。海尔集团在世界各地的分公司能通过其管理信息系统将订单直接下达给各生产车间,并能依靠其 ERP 系统的支持同时组织生产。可以想象,没有功能强大的管理信息系统作为支持,今天的海尔将寸步难行。因此,管理信息系统已经成为跨国集团企业的"神经系统"。

2）知识经济时代的来临

当今世界，许多国家的经济从工业经济转向基于知识和信息服务的经济，即一个以知识为基础的经济时代已经来临。知识经济直接依赖于知识和信息的生产、扩散和应用。知识经济的来临将对我们的生产方式、生活方式、思维方式和管理决策产生重大影响，企业管理将从生产向创新转变，其经济效益将越来越依赖于知识和创新。

### 2. 管理信息系统对组织管理的作用

“管理就是决策”。管理工作的成败，取决于能否及时做出有效的决策，而决策的正确程度则取决于决策者所掌握信息的质和量。

当代管理环境的变化，使现代企业面临来自全球的竞争压力。一个企业要生存和发展，就必须具备快速响应市场、快速提供客户服务、快速做出科学决策的能力，而这些又取决于其管理信息系统的支持程度。这就是为什么在经济发达国家的许多服务行业（如金融、保险和房地产等）甚至将70%以上的投资都用于发展信息技术。

任何组织都需要管理。在现代企业的管理中，管理职能的5大方面，其中任何一方面都离不开管理信息系统的支持。下面分别讨论管理信息系统对计划职能、组织职能、领导职能、控制职能和决策职能的支持。

1）管理信息系统对计划职能的支持

计划涉及企业生产经营的各个方面，如生产计划、物料需求计划、采购计划、销售计划、财务计划、设备维修计划、能力计划等。企业规模越大、产品数量越多、产品结构越复杂，其计划工作量就越大。如果依靠计算员的手工作业方式编制各种计划，其计划周期和计划的准确性将很难满足现代企业竞争的需要。因此，现代企业必须借助管理信息系统，如MRP Ⅱ系统、ERP系统等的计划功能来快速、准确地编制各种计划。这将大大缩短各种计划的编制时间，并能实现各种计划之间的协调和优化，从而实现企业资源的整体优化。

2）管理信息系统对组织职能和领导职能的支持

在传统的管理模式中，随着企业规模的不断扩大，管理层次越来越多。组织结构越来越臃肿，导致管理流程复杂化，管理效率低下，并且增大了管理成本，减弱了企业的竞争优势。在以往组织结构中，中层管理者起着上情下达、下情上呈的重要作用。但实际上并不成功，中层管理者往往既不完全了解上情，也不了解下情，企业信息上下沟通存在失真或备份走样的可能。而今，管理信息系统的应用要求企业对组织结构进行重新设计，网络改革了信息传递方式，承担了中介的角色。高层决策者可以与基层执行者直接联系，基层执行者也可以根据实际情况及时进行决策。这样，中间层管理人员的作用降低了很多。同时，网络和管理信息系统的应用使企业内部各层次员工的交流和沟通变得更容易，推动着传统的等级分明的金字塔形组织结构过度为网状结构，使得传统的等级管理向全员参与、模块组织、水平组织等新型组织模式转变。管理幅度可以冲破传统管理模式的限制，垂直的层级组织中大量的中间层已经没有必要；企业内部上下级之间的距离大为缩短，组织结构向扁平化、网络化的方向发展。

领导职能的作用在于指引、影响个人和组织按照计划去实现目标，这是一种行为过程。领导者在人际关系方面的职责是领导、组织和协调；在决策方面的职责是对组织的战略、计划、预算、选拔人才等重大问题做出决定；在信息方面的职责是作为信息汇合点和神经中枢,对内对外建立并维持一个信息网络,以沟通信息,及时处理矛盾和解决问题,管理信息系统对领导职能的发挥也有着重要的支持作用。

3) 管理信息系统对控制职能的支持

控制职能是对管理业务进行计量和纠正,确保计划得以实现。计划是为了控制,是控制的开始。执行过程中需要不断检测、控制,通常是把实际的执行结果和计划的阶段目标相比较,发现实施过程中偏离计划的缺点和错误。所以,为了实现管理的控制职能,就应随时掌握反映管理运行动态的系统监测信息和调控所必要的反馈信息。在企业管理方面,最主要的控制内容包括:行为控制(通过收集、加工、传递、利用人的行为信息来对人的行为进行协调和控制)、人员素质控制(特别是关键岗位上人员素质的控制)、质量控制(特别是重要产品的关键工序的质量控制和成品的质量控制),还有库存控制、生产进度控制、成本控制、财务预算控制及产量、成本和利润的综合控制、资金运用控制和收支平衡控制等。这些控制中大多数都由管理信息系统支持和辅助。随着科学技术的发展,管理信息系统这种辅助和支持作用将会更加自动化和智能化。如首钢的综合能源网络管理信息系统能对全公司能源网络上 10 000 多个监测点的风、水、电、气、煤等产品的生产量、使用量(消耗)、库存及与能源消耗有关的数据进行实时的采集和存储,并能对这些数据进行统计和分析。当某个监测点的能耗或生产量出现异常时,系统能自动报警,从而使现场的工作人员能及时地查找原因,排除故障。公司应用该系统后,能耗较原来降低了 20%。真正实现能源和过程的可视化;能源流向清晰化;能源消耗最优化;账单生成自动化。

4) 管理信息系统对组织决策的支持

决策贯穿于管理的全过程,管理信息系统对管理职能的支持,归根到底是对决策的支持。

传统的决策依靠决策者个人的经验,凭直觉判断,因而决策被认为是一种艺术和技巧。近四十年来,由于生产规模的扩大和自动化技术的应用,使得管理的性质和环境都发生了巨大的变化。管理性质的改变表现在组织机构更加庞大,管理功能更加复杂;环境的改变表现在产业部门之间的联系越来越紧密,社会经济状态对于所采取的决策的影响因素越来越复杂。因而管理决策问题不仅数量多,而且复杂程度高、难度大。心理学家的研究表明,在制订决策时,若要求决策者本人同时考虑一个以上的变动因素或相互矛盾的因素,或者要求考虑 20~80 个以上的单项因素,就已经感到十分困难,而在实际的生产活动中,经常需要根据几百个,甚至几千个因素和相互关系进行决策。显然,在这种情况下,以领导者的艺术、洞察力、理智和经验为基础的传统决策方法就远远不能满足日益复杂的管理决策的需要了。与此同时,决策科学化就被提上了日程。

决策的科学化,一方面是现实管理提出的要求;另一方面是计算机和近代数学的发展,为它提供了实现的可能性。

目前,决策科学化正在向以下一些方向发展。

(1) 用管理信息系统支持和辅助决策。20 世纪 80 年代初,计算机企业管理应用的重点逐渐由事务性处理转向企业的管理、控制、计划和分析等高层次决策制订方面,国内外相继出现多种高功能的通用和专用决策支持系统。如 SIMPLAN、IFPS、GPLAN、EXPRESS、EIS、EMPIRE 等都是很流行的决策支持系统软件。随着决策支持系统与人工智能相结合,出现了智能化决策支持系统(IDSS),DSS 与计算机网络相结合,出现了群体决策支持系统

(GDSS)。现在决策支持系统已逐步推广应用于大、中、小企业中的预算与分析、预测与计划、生产与销售、研究与开发等职能部门，并开始用于军事决策、工程决策、区域规划等方面。

(2) 定性决策向定量与定性相结合的决策发展。定性决策向定量与定性相结合的决策发展是当代决策活动发展的必然趋势。现代科学中的系统工程学、仿真技术、计算机理论、科学学、预测学，特别是运筹学、布尔代数、模糊教学、泛函分析等引进决策活动，为决策的定量化奠定了基础。但是，应当指出，决策的本质是人的主观认识能力，因此它就不能不受人的主观认识能力的限制。近代决策活动的实践表明，尽管定量的数学方法与信息技术相结合，能够进行比人脑更精密更高速的逻辑推理、分析、归纳、综合与论证，但是，它绝不能代替人的创造性思维。这就是出现由人的创造性形象思维与近代利用计算机进行定量分析相结合，从而产生头脑风暴法、前置方案法、电影脚本法、德尔斐法、系统分析法等决策活动方式的原因。

(3) 单目标决策向多目标综合决策发展。决策活动的目标本身也构成一个难以确定的庞大系统。现代决策活动的目标不是单一的，这不仅指以经济利益为核心的目标是多目标，而且还包括更广阔的社会的和非经济领域的目标。

(4) 战略决策向更远的未来决策发展。决策是对未来实践的方向、原则、目标和方法等所做的决定，所以决策从本质上说是对应于未来的。为了避免远期可能出现的破坏造成的亏损抵消甚至超过近期利益的情况，要求战略决策在时域上向更遥远的未来延伸。

随着计算机技术、数据管理技术、现代管理理论的不断发展，管理信息系统的辅助决策支持功能会越来越强。管理信息系统将会在组织的管理决策中扮演越来越重要的角色。

## 1.8　信息系统的建设

### 1. 信息系统建设的特点

(1) 信息系统建设是一个长期的、极其复杂的过程。建立以计算机为主要手段的信息系统，已经成为现代企业、政府部门等各类组织提高自身素质、实现组织目标的战略措施。但是，国内外历史事实告诉人们，信息系统建设的道路坎坷，许多已建系统带来的效益，远远不及预先的承诺与期望。系统建设中耗资巨大、效益无望，半途而废，或使建设单位背上沉重包袱等情况时有发生。因此，信息系统建设者必须深刻理解信息系统建设工作的复杂性，正确认识其特点与规律，并且运用科学的建设方法。这对于成功地建设信息系统至关重要。

(2) 信息系统建设是一个不断提高管理水平的过程。现代社会经济与科学技术发展迅速，市场竞争激烈，各类社会组织，特别是企业面临的外部环境复杂多变，而这些组织的内部结构一般说来十分复杂，一个组织内各类机构和管理人员的信息需求不尽相同，并且在系统建设过程中也会发生变化。信息系统建设通常要涉及组织内部各级机构、管理人员及组织面临的外部环境。系统建设者必须十分重视、深刻理解组织面临的内、外环境及发展趋势，考虑到管理体制、管理思想、管理方法和管理手段的相互匹配、相互促进，考虑到人的习惯、心理状态，现行的制度、惯例，以及社会、政治诸因素。系统的目标、规模、功能和实施步骤必须与组织当前的发展水平(如管理水平、业务水平、职工素质等)、能力(包括经济、技术、文化、心理、习惯等)相适应，所建系统还应有足够的影响力来在一定范围内改革不合理的规章、制度、惯例,促进管理水平的提高和组织目标的实现。

(3) 信息系统建设是一个创新和控制风险的过程。管理信息不仅量大、面广,而且形式多样,内容和处理要求涉及广泛的领域,加上组织结构复杂,因此信息系统必是一个规模庞大、结构复杂、具备多种功能、能实现多个目标的大系统。并且信息系统的建设要利用先进技术和现代管理科学的成果,如计算机硬件与软件技术、数据通信与网络技术、各种信息采集与存储技术、各种控制与决策方法、建模与仿真技术以及人工智能技术等,建设中的资源投入也十分昂贵。如何合理、有效地应用这些手段、方法和宝贵资源以达到预期效果,是信息系统建设面临的主要问题之一。如果系统建设者对问题的复杂性缺乏认识,对于建设中遇到的困难没有思想准备,没有有效地克服困难的方法与手段,可能会导致建设系统的失败。

为了卓有成效地进行信息系统的建设,近十年来,一些专家、学者和信息产业的企业、组织陆续提出了不少建设方法。这些方法各有特色,其中有些已在应用中取得了较好的效果。在现有的众多信息系统建设方法中,基于系统生命周期的一类方法,特别是其中各种结构化方法在实践中起过重要的作用,得到了广泛应用。系统地熟悉一类典型的、在应用中已见成效的方法,掌握分析、解决系统建设中一般问题的基本方法和技能,可以深入理解系统建设的特点和规律,为进一步了解、运用其他方法以致创造性地发展系统建设方法打下一个良好的基础。

### 2. 信息系统建设的要求

信息系统的建设必须满足以下几个方面的要求。

(1) 任何一个信息系统的建立,都必须从解决实际存在的管理问题出发。

(2) 信息系统所提供的信息必须是准确的和高质量的。错误的信息势必导致决策的失误。

(3) 信息收集和处理必须及时。

(4) 信息量要适中,不可过多。

(5) 信息系统不能包办一切。

### 3. 信息系统的生命周期

生命周期法将整个信息系统的建设过程分解成若干阶段,并对每个阶段的目标、活动、工作内容、工作方法及各阶段之间的关系做了具体规定,以使整个建设工作具有合理的组织和科学的秩序。

信息系统的生命周期,可以分成以下 5 个阶段。

(1) 系统规划。这是信息系统的起始阶段。以计算机为主要手段的信息系统是其所在组织的管理系统的组成部分,它的新建、改建或扩建服从于组织的整体目标和管理决策活动的需要。这一阶段的主要任务是:根据组织的整体目标和发展战略,确定信息系统的发展战略,明确组织总的信息需求,制订信息系统建设总计划,其中包括确定拟建系统的总体目标、功能、大致规模和粗略估计所需资源。根据需求的轻重缓急程度及资源和应用环境的约束,把规划的系统建设内容分解成若干开发项目以分期分批方式进行系统开发,并进行系统的初步调查和系统开发的可行性研究。

（2）系统分析。主要任务是明确用户的信息需求，提出新系统的逻辑方案。需要进行的工作包括现行系统的详细调查以及新系统逻辑模型的提出等。

（3）系统设计。主要任务是根据新系统的逻辑方案进行软硬件系统的设计，包括总体结构设计、输出设计、输入设计、处理过程设计、数据存储设计和计算机系统方案的选择等。

（4）系统实施。将设计的系统付诸实施，主要工作有软件的程序编制与软件包的购置、计算机与通信设备的购置，系统的安装、调试与测试、新旧系统的转换等。

（5）系统运行与维护。每个系统开发项目完成后即投入应用，进入正常运行和维护阶段。一般说来，这是系统生命周期中历时最久的阶段，也是信息系统实现其功能、发挥其效益的阶段。科学的组织与管理是系统正常运行、充分发挥其效益的必要条件，而及时、完善的系统维护是系统正常运行的基本保证。

信息系统规模庞大，结构复杂，管理环境和技术环境不断变化，系统维护工作量大，涉及面广，投入资源多。据统计，现有信息系统在运行和维护阶段的开支占整个系统成本的2/3左右。

#### 4. 系统更新

现代组织面临的内、外环境不断变化，组织的目标、战略和信息需求也必须与环境的变化相适应。可是信息系统的维护工作只限于通过小范围内局部调整，以适应变化不是很显著的情况。当现有系统或系统的某些主要部分已经不能通过维护来适应环境和用户信息需求的变化时，或者用维护的办法在原有系统上进行调整已不经济时，则整个信息系统或某个子系统就要淘汰，新的系统建设工作或项目开发工作便随之开始。适时开始新系统建设工作，使旧系统或其中某些主要部分退役，不仅能增强系统功能，满足用户新的信息需求，而且在经济上也是合理的。

现有系统进入更新阶段时，下一代新系统的建设工作便开始。因此，这一阶段是新、旧系统并存的时期。对现有系统来说，可以全部更新，也可以部分更新或有步骤地分期分批更新。

## 习题

1.1 什么是信息？信息有哪些特性？信息、数据和知识有何区别？

1.2 简述系统的含义及特征。

1.3 简述信息化和信息资源的含义。

1.4 简述什么是信息管理及信息管理的意义。

1.5 简述标准化及其在信息工程中的作用。

1.6 简述组织中信息系统的类型及其联系。

1.7 什么是管理信息？管理信息有哪些作用？

1.8 什么是信息系统？信息系统有哪些特点？

1.9 简述信息系统对组织管理的作用。

1.10 简述信息系统建设的生命周期。

# 第2章 信息系统的技术基础

## 2.1 计算机系统简介

### 2.1.1 计算机硬件

计算机系统是计算机主机设备、与主机相连的外围设备、系统软件和应用软件的总称，是信息系统的主要技术支撑工具和重要组成部分，是信息系统的底层平台。

计算机系统中的硬件主要有中央处理器、存储器、输入设备、输出设备、通信设备和通信线路等。各硬件的主要功能如下。

#### 1. 中央处理器

中央处理器(Central Process Unit,CPU)是计算机系统最主要的部件，它由运算器和控制器两个主要部分组成。

运算器是计算机的运算单元。主要用于完成算术运算和逻辑运算。运算器内部结构还可细分为算术逻辑单元、累加器、状态寄存器和通用寄存器。算术逻辑单元主要用于完成算术、逻辑操作；累加器用于暂存操作数或运算结果；状态寄存器用于存放运算中产生的状态信息；通用寄存器用于暂存操作数与数据地址。算术逻辑单元、累加器及通用寄存器的位数决定了CPU的字长，即计算机中作为一个整体被传送和运算的二进制位数。因此，若一台计算机以32位为一整体进行传送与运算，则称为32位机。控制器是计算机的神经中枢，它按照主频的节拍发出各种控制信息，以指挥整个计算机工作。

中央处理单元的运算速度是决定计算机系统性能的重要指标，近十几年来，由于微电子技术的飞速发展，芯片性能的日益提高，CPU已经能够集成在单片集成电路上形成微处理器芯片，在十几年内从8086、8088发展到80286、80386、80486直到PentiumⅡ、PentiumⅢ、Pentium 4……

#### 2. 存储器

存储器通常分为主存储器和辅助存储器两类，主存储器又称内存储器，简称内存，是计算机运行过程中用来存储数据和程序指令的。辅助存储器又称为外部存储器，简称外存，用于数据和程序的长久保存。

1）主存储器

主存储器包括只读存储器 ROM 和随机存储器 RAM。

只读存储器是指只能从中读出信息，不能写入信息的存储器。常用它存放计算机的启动程序、自检程序及磁盘引导程序等。随机存储器是指可以在任意时刻，从存储器的任意单元读出信息，或将信息写入任意存储单元，而读写信息所需时间与存储单元的位置无关的存储器。常用它存放计算机运行过程中所需的程序和数据。当运行结束，程序和数据将保存在辅助存储器内。断电后机器内主存储器中的信息自动消失。

主存储器的最小数据存储单元是字节（byte），每个字节可以存储一个数值、字符或符号。主存储器的容量是决定计算机处理速度和处理能力的重要指标。早期的微机通常有640KB 内存，而现在的微机主存储容量已达到 256MB 以上。

2）辅助存储器

在计算机运行过程中，可以将内存中的数据分批写入外存予以保留，也可以将外存中的程序和数据分批读入内存进行操作和处理。辅助存储器的特点是容量很大，价格较低，但由于辅助存储器需要通过机械部件的运动在大容量的存储设备上存取数据，相对于主存储器中的电子运动而言存取速度要慢得多。外存的主要类型有如下几种。

磁带：磁带是人类发明的第一种大规模存储介质，曾作为最重要的大规模存储器居于统治地位，而今天的磁带技术早已不可同日而语，只在备份和归档文件中有广泛的应用。两种最基本的磁带技术是卷对卷磁带技术和卡式磁带技术。前者一般用于大型计算机中，后者在所有类型的计算机上都可以见到。

磁盘：磁盘具备容量大、价格低、直接存取和存取速度快的优点。磁盘分为硬盘和软盘。软盘有 5.25 英寸和 3.5 英寸两种。在众多的辅助存储器中，硬盘是存储数据和程序最可靠、最经济和最快捷的辅助存储设备之一。硬盘现有固定硬盘和移动硬盘两种，容量可达几十 GB。

光存储器：CD-ROM，是目前大部分微型计算机上使用的光盘，里面存储的信息不能被轻易地改变。可擦除光盘，采用激光记录与擦除数据信息，可多次使用。普通光盘的最大存储容量大约是 650MB，DVD 盘片单面可达 GB 级。

优盘：由于 Flash 存储器技术的发展，产生一种新型的存储介质。这种存储器只要在计算机上有 USB 接口就可以相互传递数据，具备速度快，不用驱动器，体积小，重量轻，适合随身携带的特点。现在优盘已逐步取代需要软驱的软盘。

**3. 输入输出设备**

人与计算机之间以及计算机各个部件之间进行通信都必须使用输入输出系统。

（1）输入设备。输入设备主要有键盘、鼠标、扫描仪、数字化照相机、语音识别设备游戏杆、扫描仪、光笔、触摸屏等。

（2）输出设备。在工作和生活中最常用到的输出设备是打印机、显示器及存储介质等。

## 2.1.2 计算机系统类型

计算机是信息系统的重要成分。一个企业的信息系统应采用何种计算机？如何将它们组织成符合各种应用所需要的系统？对企业来说，应当如何考虑它的计算机网络？在网络中各计算机如何使用？这需要了解信息系统中常用的几种类型主机的特征。

### 1. 微型计算机

微型计算机从 20 世纪 80 年代以后性能价格比飞速提高，这主要得益于其中的核心部件即微处理器、内存芯片以及硬盘等的进步。以 Intel 公司的微处理器芯片为例，从 20 世纪 80 年代初到 20 世纪 90 年代末经历了从 8086 到 Pentium 4 的几代产品。现在一台微机的性能已超过了 20 世纪 60 年代大型机的水平。随着硬件性能的提高，大量微机应用软件也应运而生，各种表处理软件包在管理活动上得到了广泛的应用。而这种趋势促进了利用微机局域网作为信息系统硬件平台的解决方案的普及。比起大型机来，用微机构成的信息系统投资低、收效快、使用方便。同时，由于微机操作系统的发展，图形化用户界面使得微机的知识得以普及，人们普遍喜欢使用微机。从系统的管理和维护方便性等方面，微机也比大型机要容易。由于这些优点，以微型机为中心的信息系统结构逐渐取代了大型机的主导地位。

### 2. 工作站

工作站(workstation)型计算机是面向专业人员的一种高性能计算机，其处理能力通常高于微型计算机，而比小型机差一些，主要适用于企业管理、工程设计、科学研究和图形处理等方面的应用。工作站广泛用在科研单位、大学和企业的工程设计部门。由于这类图形工作站速度一般达数 10MIPS，图形表示功能好，可以快速画出极其复杂的图形，对一些需要高性能快速进行图形功能的应用比较适合。以擅长图形处理的 SGI 工作站为例子，其内部有专用于图形处理的大规模集成电路，同时配有图形设计专用软件。用户使用它们可以快速、方便地进行作图、色彩处理、光线处理以及各种明暗、纹理、过滤处理等。工作站型计算机适合作为 CAD(计算机辅助设计)的设备，也在图形实时仿真、动画处理、多媒体处理、模拟管理等需要高速计算机和高速图形显示中应用广泛。

### 3. 小型机

一般小型机上的操作系统多为专用系统，具有代表性的小型机有 HP 公司的小型机和 DEC 公司的 VAX 小型机。如图 2-1 为 HP 公司的几种小型机服务器。小型机常采用多个 CPU 结构，具有较大容量的内存和多台大容量硬盘，数据处理功能较强，可供数百家用户连接使用。小型机还可以同时连接局域网，或同时连接数十条通信线路。小型机的用途主要是作为联机事务处理系统的服务器，或作为有较大数据流量的局域网服务器。在这类系统中，企业中的数据资源集中存放在小型机服务器上，由各个工作站共享。小型机的实时处理

图 2-1　小型机服务器

性能比较好，对网络用户的要求能做出迅速响应，对多台工作站的要求能及时处理，因此这种方案适合于大流量的数据处理。

#### 4. 大型机

大型机又称主机，具有很强的信息处理能力。大型机的运算速度可达数百 MIPS，内存可达数百兆字节，外存容量可达数 TB。大型机具有强有力的传输数据和处理数据能力，可供数百至数千个终端同时工作。

大型机可作为中央计算机对组织的大量数据进行集中快速的处理。在这类机器上，更广泛使用的数据库是 IBM 的关系数据库 DB2。大型计算机可以做联机计算机，也可以做进行批处理的计算机。在大型商场、证券、银行、航空公司订票处理机构等企业中，一般都需要采用大型机做后台服务处理。如图 2-2 为 IBM z10 大型机。据悉 z10 的运算性能相当于 1500 台基于 x86 构架的服务器的集合，然而与如此多的 x86 服务器相比，z10 可减少 85%的能耗，并能节约 85%的空间。z10 使用了 64 个处理器，而其上一代产品 z9 拥有 54 个处理器。z10 使用的新处理器具有更好的多任务功能，这也是 IBM 首个使用所谓的"4 核"处理器的大型机，即在同一块芯片上集成了 4 个计算引擎。增强运算引擎能够提高处理多任务的能力。

图 2-2　IBM z10 大型机服务器

### 2.1.3　计算机系统选择

计算机选型是建设信息系统时的一个关键问题。目前，在信息系统建设中计算机设备的投资仍是最大的一项。各种计算机不仅价格、配置、功能、外观等有许多不同，直接关系到连接的网格、配置的操作系统以及开发的应用软件等，而且计算机设备一旦购入，就要在较长一个时期中一直被企业使用。因此，在计算机选型时，应当在基本原则的指导下，与专家或咨询公司进行深入讨论，以做出合理的计算机选型方案。

在计算机选型时，应掌握的一些基本原则如下。

(1) 根据摩根定律(计算机专家摩根从统计数据中发现，计算机的性能价格比每过 18 个月就翻一番)，一个企业应该根据自己组织的需要和预算，选择具有较高性能/价格比的计算机。假设微机的报废期为 5 年，如果是过时的旧型号，生命周期就更短。最先进的计算机价格过高，所以对于性能不必要太超前。一方面，可根据需要加以扩充，另一方面，由于计算机发展很快，购买了不用，再先进的计算机也会很快过时淘汰。但也不宜选择明显落后的计算机，因为对于落后的计算机很难找到合适的配件支持和技术服务。

(2) 现在购买计算机一般和网络设备联系起来一同考虑，而网络设备和企业的组织结构、工作流程、环境等因素紧密相连，必须统一起来考虑。例如考虑能否与当前的计算机网络互联、能否与行业计算机网络相联。

(3) 充分考虑计算机的效益，即是否能够满足企业的需求。根据计算机用于何处、进行何种业务来考虑。如在办公室中使用的计算机主要业务是文字处理，就不需要太高档，也无需多媒体功能。建议应该从业务需要出发选择软件，从软件的需要选择机器。总之，应从应用软件的性能着眼,以满足企业的需求为最终目的。

常用的选型方法是:通过征集计算机方案来选择。首先选择一些计算机厂商或系统集成商,要求他们根据本组织的情况提出系统方案,然后对方案从经济上、技术上进行综合评价,选出少数方案,最后细节经过技术谈判决定。对于数量多,金额大的方案,应通过招标选择。

### 2.1.4 计算机软件

软件有两种基本类型——系统软件和应用软件。系统软件是使用计算机必需的软件,而应用软件处理用户数据。应用软件可以预先制作好,也可以专为用户定制。

#### 1. 系统软件

系统软件执行计算机的所有用户都会用到的基本任务,这些任务与硬件有关,与公司的使用无关。使用现代计算机就不可能不使用它的系统软件,系统软件通常由硬件生产商(硬件供应商)提供或由专门生产软件的公司提供(软件供应商)。

系统软件有三种基本类型:操作系统、实用程序和语言翻译器。第 4 代语言(4GL)是语言翻译器的一个重要扩展,因为用户只需表示出要做什么,而无须表示计算机代码怎样执行这项任务。有些人认为 4GL 是第 4 类基本系统软件,然而 4GL 一般归为语言翻译软件,被看作是语言翻译软件的一个扩展。

1) 操作系统

操作系统是计算机硬件和用户的接口。目前主流操作系统主要有 Windows 2000、UNIX 和 Linux 操作系统。

操作系统可以执行以下几个基本功能。

(1) 任务调度。操作系统能确定任务执行的顺序。同时使用字处理软件和电子表格软件时,操作系统能确切地跟踪哪一个程序正在使用处理器,哪一部分外存中数据正在被使用,计算机屏幕上需要显示什么信息,以及其他零星工作。

(2) 管理硬件和软件资源。操作系统执行程序时,把用户的应用程序装入内存,使不同的硬件按应用程序说明执行相应的操作。

(3) 维护系统安全性。操作系统要求用户输入密码——能判断用户是否有权访问系统的一组字符。这种安全性要求用户在使用计算机资源前输入密码,因此任何用户无法越过密码检查而访问外存或其他资源。

(4) 多用户资源共享。大型计算机和联网的微型机允许一个以上的用户同时访问计算机资源,这个特征称为并行性(concurrency)。并行性类似于你和你的朋友同时在一家餐馆点菜,虽然厨师并行处理你们点的菜,但分别执行每个特定任务。多个用户不能同时访问资源,尽管看起来是同时在访问,实际上操作系统是在每个用户小的子任务之间迅速切换,使得每个用户似乎感觉计算机资源在唯一地为他服务。操作系统能同时处理多个用户的应用程序并做出进度安排,这个特征称为多任务(multitasking)。

(5) 处理中断。中断技术指的是操作系统暂时把一个程序的执行挂起,转而执行另一个程序。当程序请求一个不要求 CPU 的操作，如输入或输出，或者程序超出了预订的时间限制时，就会发生中断。

2）实用程序

实用程序是一个计算机例行程序。用户可以通过它完成基本的计算机数据处理操作，这些操作不是针对特殊用户的特殊需求的。用户可以使用实用程序复制文件、删除文件、整理文件内容、合并两个或多个文件、制作可移动外存以供使用。还有一些实用程序允许计算机操作管理员恢复丢失或损坏的文件、监视系统性能，甚至是控制用户和计算机之间的数据流动。

在计算机发展的早期，这些实用程序不是标准的。计算机程序员需要自己编写程序代码来复制文件，或完成其他功能。随着计算机生产商之间竞争的日益激烈，操作系统中许多实用程序开始标准化。

3）语言翻译软件

第一台计算机问世的时候，还没有什么程序语言。程序员需要将 0，1 序列装入计算机内存以控制计算机的运行。这是很浪费时间的，尤其是因为在执行的许多任务中都有一些相似的工作，如查找数据记录和把数据装入内存等。于是人们开发了翻译软件，即把程序指令翻译成计算机指令，从而提供了一种更为友好地指挥计算机的方式。C、C++、Java 和 Visual Basic 都是程序语言。

4）第 4 代语言

第 4 代语言(4GL)只需要表达出计算机要做的事情，而不必清楚地定义怎样完成这个任务。例如，一个电子表格软件包可能包含内置功能，根据给定的利率计算出将来某日需支付资金的净现值。用户也许能够告诉计算机完成这项任务的确切的计算方法，但使用第 4 代语言，用户只需说明需要什么，而由计算机完成任务即可。数据库管理系统软件的结构化查询语言就是第 4 代语言。

### 2. 应用软件

应用软件是直接面向最终用户的具体软件。应用软件以操作系统为基础，用程序设计语言编写，或用数据库管理系统构造，用于满足用户的各种具体要求。应用软件主要可分为两大类。

1）通用应用软件

通用应用软件是指某些通用信息处理功能的商品化软件。它的特点是通用性，因此可以被许多类似应用需求的用户所使用。它所提供的功能往往可以由用户通过选择、设置和调配来满足用户的特定需求。比较典型的通用软件有文字处理软件、表格处理软件、数值统计分析软件、财务核算软件、人事档案管理软件。通用应用软件一般由计算机软件开发商开发和发售，用户购买该类软件后，要经过一定的配置过程才能满足用户的特定要求。某些大型和复杂的通用软件的配置、安装和调试工作也由专业技术人员来进行。而大多数通用应用软件，尤其是微型计算机的应用软件，其安装和调配往往较简单，最终用户只要按照软件说明书或经过简单培训就能独立进行。

2）专用应用软件

专用软件也称为用户定制软件。在许多场合下，用户对数据处理的功能需求有很大的差异性,通用软件不能满足要求时,就需要由专业人士采取单独开发的方法,为用户开发具有特定要求的专门应用软件。

### 2.1.5 企业软件选择

对大多数企业来说软件花费在整个信息系统项目中占很大比例,大约是硬件花费的两倍,因此,软件自身就是企业的一种重要资源,管理人员在软件资源的选择、购买和使用上都必须进行很好的管理。

虽然管理人员不必是软件专家,但他们必须能够根据一定的准则选择合适的系统软件和应用软件。比较重要的准则有以下几种。

#### 1. 把握趋势

随着硬件成本的降低,人们更多关心的不再是机器的效率,而是软件本身,希望通过图形化的用户界面、自然语言、声音识别等技术实现人和计算机信息系统的无缝连接。技术上更加注重从软件的角度来降低人力成本。软件包、第 4 代语言、面向对象的工具等正得到越来越广泛的应用。另一个趋势是开发集成化的信息系统,如 ERP 系统的开发。

#### 2. 适合程度

一些语言有非常广的应用范围,可用于多种类型问题的解决,而有些语言只适合于一些特定问题的解决。例如,一些特定的图形处理软件就很难用来进行事务处理程序的开发,而 Cobol 则能够很好地进行企业中业务数据的处理,却无法实现复杂的数学运算,语言的选择涉及企业中软件的用途以及用户的确定。应用软件应能够很方便地维护和改变,具有适应组织变化的灵活性。

#### 3. 效率

虽然效率问题不像过去那样重要,但仍然是软件购买时需要考虑的一个问题,一些程序语言在机器时间的使用上更加有效,像 BASIC、Java 或第 4 代语言这类编译或解释较慢的语言对需要进行快速处理的系统来说,在机器时间上太慢、花费太多。

#### 4. 兼容性

应用软件必须能够在企业硬件和操作系统的平台上运行,同样,操作系统软件必须与企业所需要的主流应用软件相兼容。通过关键任务式的应用软件需要进行大量的事务处理,需要功能较强的操作系统处理复杂的程序和大量的文件。

#### 5. 支持性

为了提高效率,程序语言必须方便易学,企业员工必须有相关的软件知识,从而一定程度上自己可以进行后续的维护,选择在其他企业已经广泛使用、有相关的咨询和服务的软件对企业来说非常重要,另一种支持是软件的编辑、调试和开发上的帮助。

# 2.2 计算机网络

## 2.2.1 计算机网络的发展阶段

计算机网络就是利用通信设备和线路将地理位置不同的、功能独立的多个计算机系统互连起来，以功能完善的网络软件（即网络通信协议、信息交换方式、网络操作系统等）实现网络中资源共享和信息传递的系统。

到目前为止，世界计算机网络的发展经历了三个阶段。

第一个阶段（也称第一代）计算机网络是以单个计算机为中心的远程联机系统，也称为面向终端的计算机网络。20 世纪 60 年代初期美国航空公司的 Sabre 订票系统就是典型代表。在这种系统中，主机既要进行数据处理，又要承担终端间的通信，随着终端的增加，主机的运行效率下降，为此，在主机前增设一个前端处理机负责通信工作。另外，如果每个终端都利用专线与主机连接，不但线路的利用率低，而且费用高，为此，在终端比较集中的地方，增设一些终端控制器，以减少通信费用，可以使用比较便宜的小型计算机或微机作为前端处理机和终端控制器。

第二个阶段（也称第二代）计算机网络是多个主计算机通过通信线路互连起来，为用户提供服务，这样多个主计算机互联的网络即是目前所称的计算机网络。20 世纪 60 年代后期美国国防部开发的 ARPA 网就是典型代表。这种网络中多个主机之间是通过接口报文处理机（Interface Message Processor，IMP）和通信线路一起完成通信任务的。IMP 和它们之间互联的通信线路一起构成了通信子网（communication subnet），通过通信子网互联的主机负责运行用户的应用程序，向网络用户提供可供共享的软件和硬件资源，它们组成了资源子网（resource subnet）。ARPA 就是这种两级子网的结构。

两个计算机通信时，对传送信息内容的理解、信息表示形式以及各种情况下的应答信号都必须遵循一个共同的约定，这个约定称为协议（protocol）。协议是控制网络中节点间信息传送的一套原则和程序。协议的主要功能有：

（1）识别通信路径中的每个设备。

（2）确保正确接收传送的信息。

（3）确定需要重新发送的不完全或错误的信息。在 ARPA 网中将协议按功能分成了若干个层次。如何分层以及分层中具体采用的协议的总和称为网络的体系结构（architecture）。体系结构是个抽象的概念，体系结构的具体实现是通过特定的硬件和软件来完成的。第二代的计算机网络是以通信子网为中心，用户共享的资源子网在通信子网的外围。但是要把不同的第二代计算机网络互连起来比较困难，为此，计算机网络向第三代网络发展。

第三代网络是国际标准化的网络，它具有统一的网络体系结构、遵循国际标准化的协议。标准化将使不同类型的计算机能方便地互连在一起。20 世纪 70 年代后期人们认识到第二代计算机网络的不足后，提出发展新一代计算机网络的问题，国际标准化组织 ISO（International Standard Organization）在 1984 年提出了一套开放系统互联的参考模型 OSI，OSI 将成为新一代计算机网络体系结构的基础。TCP/IP 就是为了不同类型的计算机能够互联而逐步发展起来的一种网络协议,是目前应用最广泛的异机种网络互联的协议,是Internet的基础。这种协议可以在数百种硬件平台上使用,既可以用来连接微机局域网,又可以用来连接UNIX工作站以及大型主机,还可以用于远程连接。

## 2.2.2 计算机网络系统的组成

计算机网络系统由以下基本元素组成。

### 1. 终端/工作站

网络系统中往往包含多种类型的终端。一种为哑终端,它们的处理能力和存储容量有限,依赖主机进行信息的存储和处理,哑终端通常只为用户提供键盘和显示器。另一种终端称为智能终端,不但有键盘和显示器,而且自身有存储和处理数据的能力。微机就是网络系统中常用的一种智能终端。另外其他一些类型的输入输出设备都可能成为网络系统中的终端,如电话、打印机等办公设备。

### 2. 服务器/主机

根据网络类型的不同可以是微机、小型机或主机。服务器为网络中的其他用户提供各种服务,如应用程序的处理、打印服务、访问数据库管理系统等。有时一台服务器提供各种服务,而在大型网络中,往往多台服务器各自提供不同的服务,如打印服务器、电子邮件服务器、传真服务器、数据库服务器、应用程序服务器等。

### 3. 协议转换器

网络系统的发展经历若干年后,结果使得企业网中包含许多不同类型的设备、通信介质、传输方式。协议转换器即是将信息从一个系统转换到另一个系统,以实现不同类型设备之间的通信。

### 4. 终端连接设备

将多个终端或工作站接入网络系统或服务器的连接设备。如调制解调器、多路复用机、终端控制器、集线器等。

### 5. 网络互联设备

网络互联设备主要是指实现不同网络相互连接的设备。典型的连接设备有路由器、网桥、中继器等。

### 6. 通信介质

通信介质是用于网络中数据或声音发射以及接收各设备之间连接的材料,实现数据传输功能。通常介质有多种类型,每种都有自己的特性。

(1) 双绞线。通常由两对或多对铜质双绞线组成,绞合的电线彼此间是绝缘的,如图2-3(a)所示。双绞线的带宽约为4000Hz,是理想的传输声音的媒介,主要是用来传送模拟信号的。双绞线的主要优点有价格便宜,安装方便,但双绞线不支持高速传输,并且占用空间比其他类型的电缆多。双绞线一般通过 RJ-45 接头和接口进行连接，如图 2-3(b)和图 2-3(c)所示。

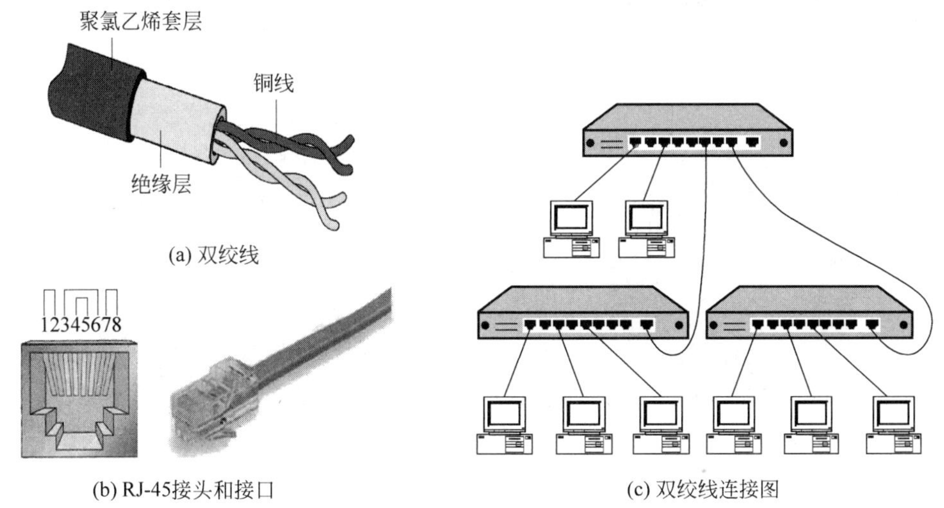


(a) 双绞线

(b) RJ-45接头和接口

(c) 双绞线连接图

图 2-3 双绞线

(2) 同轴电缆。同轴电缆如图 2-4 所示，比双绞线贵，但比光纤便宜，能够快速传送数据，所传输的信号比双绞线清晰，但是由于比较重，难以在多个建筑物间拉线，不支持模拟信号传输。一般用于局域网内部计算机的连接，如一个办公室、一层楼、一个建筑物及校园。

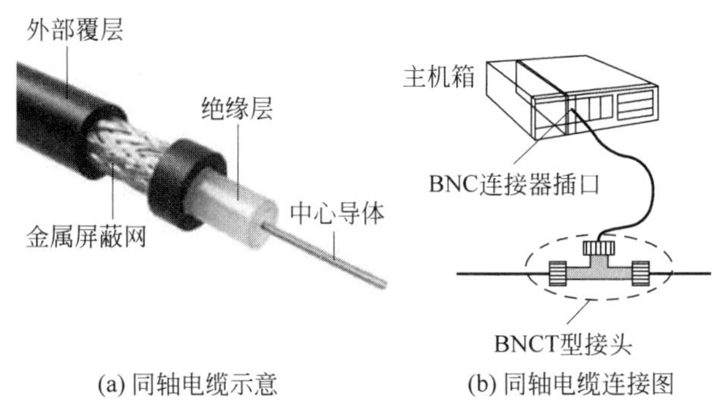


(a) 同轴电缆示意

(b) 同轴电缆连接图

图 2-4 同轴电缆

(3) 光缆。在光缆中，光导纤维以调制的光脉冲形式传送数字数据信号。光缆上没有电信号，因此这种传送数据的方式比较安全。由于信号纯净，衰减小，所以光缆是实现高速、大容量数据传输的好方法。光缆传输不受电信号的干扰，而且传输速率可以达到 100Mbps，理论上速率可以达到 1Gbps。光纤传送信号(光脉冲)的距离可以很远。光缆制造和安装复杂，成本高，目前主要用来作为网络的主干网。如图 2-5(a)为光缆结构示意图，图 2-5(b)和图 2-5(c)为工程技术人员正在架设海底光缆。

(4) 微波传输。微波是通过大气和空间传送的。虽然使用微波不需铺设电缆，但其所需要的传输设备十分昂贵。微波是一种通过空气发送高频无线信号。微波是直线传输，也

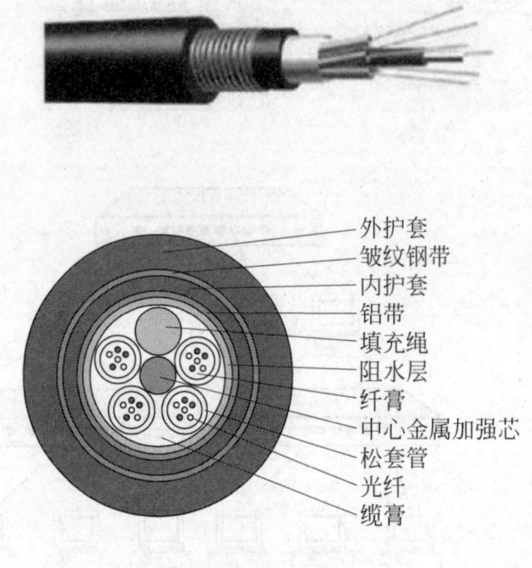


(a) 光缆示意

(b) 我国第一条海底光缆

(c) 英国超高速海底光缆

图 2-5 光缆

就是说,发送器与接收器之间必须是直线,不能有障碍物。一般来说通信卫星是位于外层空间的微波站。卫星地球发射站接收信号,将相对较弱的信号放大,然后以不同的频率传播出去。卫星的优点是可在一个比较大的地理区域内接收和传播信息,受地球曲率、高山和其他一些障碍的影响较小。卫星通信已经在一些企业的操作系统中得到应用。企业可租用经营卫星通信公司的卫星,也可以自己发射卫星进行企业内部的通信。如一些大型零售连锁店通过卫星传输将公司的主要办公室与分布在国内外的零售店和仓库连接在一起。又如,假日旅馆利用卫星改善其客户服务,向分布在欧洲和美国的各个预订点发送新的房间和房价信息。

(5) 蜂窝传输。将一个区域划分成若干小区,采用无线电波进行信号的双向传播的通信方式。最新型的蜂窝传输是移动通信。随着蜂窝电话设备和服务价格的逐步下降,蜂窝传输正得到越来越广泛的应用。各类员工均可以使用蜂窝电话与企业保持联系。窃听是使用蜂窝电话的潜在问题。因为蜂窝传输使用的是无线电波,人们可使用特殊的接收器来窃听蜂窝电话中的通话。

(6) 红外线传输。红外线传输是借助光波通过空气发送信号,是短距离传输。红外线传输可用于连接各类小设备和计算机。例如,利用红外线传输将手提计算机的数据和信息传送给同一房间内的较大型计算机。一些特殊类型的电话也可使用红外线传输。

#### 7. 网络通信控制软件

通信系统中主机、前端处理器以及其他设备中都需要相应软件的支持以控制并支持网络功能的实现。这类软件的功能包括进行网络控制、存取控制、传输控制、错误诊断/改正以及安全控制等。主要包括网络操作系统和通信协议软件。

网络操作系统是一个系统软件,它控制网上计算机系统和设备,允许它们相互通信。网络操作系统与单机操作系统执行系统的功能,如内存和任务管理,协调硬件设备,只是管理的对象由单机变为网络。当网络需要一个设备(如打印机、绘图仪和磁盘驱动器)时，网络操作系统要确认这些资源是否被正确使用。主流的网络操作系统有 UNIX、Windows 2000、Linux 等。

通信协议是控制网络中两个节点间信息传送的一套规则和程序。同一网络中每个设备都应能够解释其他设备的协议。协议在网络通信中的主要功能有：识别网络系统中的每个设备、确保正确接收传送的信息、确定需要重新发送的不完全或错误的信息、保证系统中设备的安全以及有一定的恢复功能。常用的网络协议有：用于国际互联网的传输控制协议/网络互联协议(Transmission Control Protocol/Internet Protocol，TCP/IP)、IBM 开发的专用于 IBM 系统的系统网络体系结构(Systems Network Architec，SNA)、常用于局域网的以太网以及 X. 400 和 X. 500 等。

## 2.2.3　计算机网络系统的功能

组织每天都要与外部环境进行大量的信息交换，在某些行业中，网络系统已经成为制约其生存和发展所必不可少的工具。如宝洁公司在其所有的工厂内使用局域网，将办公室的工作人员连接起来以便共享软件、数据库，并提供电子邮件服务，结果使该公司的生产速度加快、成本下降、产品质量也有所提高。这里我们对网络系统在企业中的一些主要应用进行简单介绍，使大家对网络系统的功能有一个基本的了解。

### 1. 个人计算机与大型主机之间的连接

通信系统将个体连到信息系统上的最基本方法是将个人计算机与大型计算机连接，从而方便实现数据的上传下载。例如，中心数据库中的一个数据文件或文档资料可上传到组织中任一台个人计算机中，一些通信软件程序指导计算机与网上其他计算机进行连接、下载或发送信息，然后再撤销与远程通信线路的连接，所有这些功能都可在没有用户的干预下自动完成。

### 2. 声音的存储与转发

声音存储转发技术也称为语言信箱，用户能给世界各地的人接收和存储语言信息，也可获得世界各地的人存储和转发的语言信息。例如：A 给 B 打电话，B 不在自己的办公室，一个声音告诉 A 有关 B 的一个代码，输入这个代码后，A 将会听到来自 B 的声音信息，当 B 使用语音邮件系统打电话时输入他要访问的代码，他将听到有关他的信息，其中包括 A 留下的信息。在某些语音邮件系统中，一个代码可被指定为一组人。假定代码 100 代表公司内所有 250 个销售代理人，那么 A 使用语音邮件系统打电话时，输入数 100 并留下他的信息，则这 250 位销售代理都将收到 A 留下的信息。

### 3. 电子邮件

电子邮件又称为 E-mail。在相关的软件和硬件的支持下，通过电子邮件系统可方便、快速地进行信息的交互。

### 4. 电子文档资料的发送

组织可在不使用纸张的情况下，通过网络进行文档资料的传送。电子文档资料的分发是指文档资料(如销售报告、政策指南、广告小册子等)在通信线路和网络上的传输。电子文档资料分发通信软件程序允许将字处理和图形文档转换成二进制代码,并在网络上发送。企业广告宣传资料的电子发送,与传统的常规邮寄和存储文档资料的硬复制相比,可节省很多时间和费用。

### 5. 远程办公

越来越多的工作已走出了传统的办公室,国外许多企业已经开始采用远程办公的方式。远程办公是指工作人员在家使用个人计算机进行工作,通过电子邮件在网上与其他工作人员通信。远程办公对员工来说可免于上班旅程之苦;对企业来说,远程办公的广泛使用将导致办公空间需求量的减少,为公司节约了大量的费用。当然,有些工作适合远程办公,如销售、秘书、计算机编程等,也有一些工作不适合远程办公,如需要频繁地面对面交互的工作、需要大量监督的工作等。

### 6. 电话会议和视频会议

电话会议是指将语音电话机连接在一起,几组人员可通过打电话举行会议。视频会议是电话会议的延伸,将语音、视频、声频传输结合在一起。几乎所有的视频会议系统都是将拨打语音电话的能力与数据或文档资料型会议结合在一起。视频会议中,可以看到其他人的表情,可与其他人观看相同的文档资料,并能与其他人交换记录。很多企业,视频会议主要是用来共享文档资料。电话会议和视频会议提高了工作组的生产能力和效率,同时也培养了员工的协作精神,并能为公司节省出差时间和费用。

### 7. 电子数据交换

电子数据交换是利用计算机网络,遵循一定的标准,计算机与计算机之间进行直接信息交换,整个过程无须人工干预。使用电子数据系统可将客户、供应商和制造商的计算机连接起来,减少他们之间贸易过程中所需要传输的纸质文档资料,避免了大量数据重复输入过程中可能出现的错误。对某些行业,电子数据交换已经成为一种必备的工具,例如汽车行业,通用汽车公司绝大多数计算机的输入数据是来自于其他计算机系统的输出。现在有些公司只与那些与自己所使用的 EDI 系统兼容的供应商和销售商做生意。电子数据交换系统的应用往往要求企业在业务流程上做出较大的改变。

### 8. 公共网络服务

公共网络服务为个人计算机用户提供访问大型数据库和其他设备的服务。公共网络服务可为顾客预定航空公司的机票、核查天气预报、分析股票价格和投资信息、帮助用户通过网络与外界联系,美国的 CompuServe、美国在线和 Prodigy 等都是公共网络服务商。

## 2.2.4 计算机网络的类型

从不同的角度可对计算机网络系统进行不同的分类。这里主要讨论从网络拓扑结构角度和网络中节点之间的物理距离角度对网络所做的分类。

### 1. 网络拓扑结构上的分类

网络的拓扑结构是指网络上各个节点的物理布局。主要有以下 6 种类型。

1）星型结构

这种结构的网络中多个节点以自己单独的链路(链路是指两个节点间的通信线路)与处理中心相连,任何两个节点间的通信都要通过中央节点来进行,如图 2-6 所示。一个节点在传送数据之前,首先向中央节点发出请求,要求与目标站点相连接,只有连接建立以后,该站才能向目标站点发送数据。这种结构采用集中式访问的控制策略,所有通信均由中央节点控制,中央节点必须建立和维持许多条并行的数据通信线路。因此,中央节点的结构比较复杂,而每个节点的通信处理任务很轻。这种网络结构简单,便于管理,从终端到处理中心的时延小,但通信线路总长度长,因此花费在线路上的成本较高。中心节点的故障必然导致整个网络瘫痪。

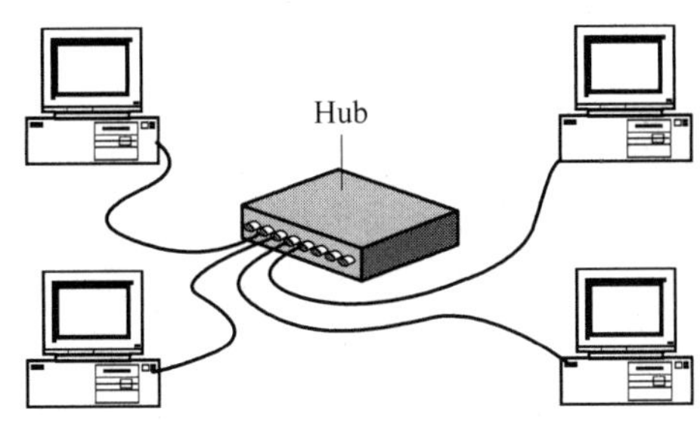


图 2-6　星型结构

2）总线型结构

总线网络中单个通信线路连接多个设备,如图 2-7 所示。主通信线路可以是双绞线、同轴电缆或光缆。所有信号在整个网络中都是双向传播的,由于没有中心主机控制网络,系统中必须安装特定的软件以判断各个信号的接收节点。网络中一个节点的失败不会影响网络中其他的任何节点。但是,系统中的通信信道一次只能处理一个信号,这样当传输信息量很大时系统的性能将会下降,当两个计算机同时发送信息时,就会发生冲突,必须重新发送。

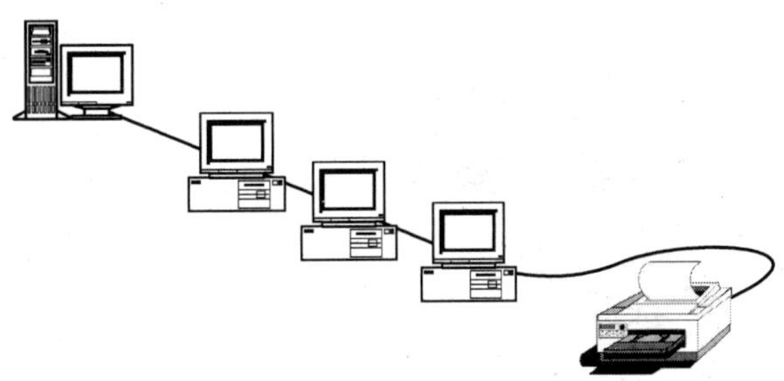

图 2-7　总线型结构

3）环状结构

与总线型网络一样,环状网络也没有起着中心控制作用的计算机,如图 2-8 所示,不会因为一个节点的故障而使整个网络停止运行。网络中的每个计算机都可直接与另一台计算机通信,各个计算机独立进行应用程序的运行。但是,在环状网络中,同轴电缆或光缆组成一个封闭的环,数据总是沿着环上的一个方向进行传送。

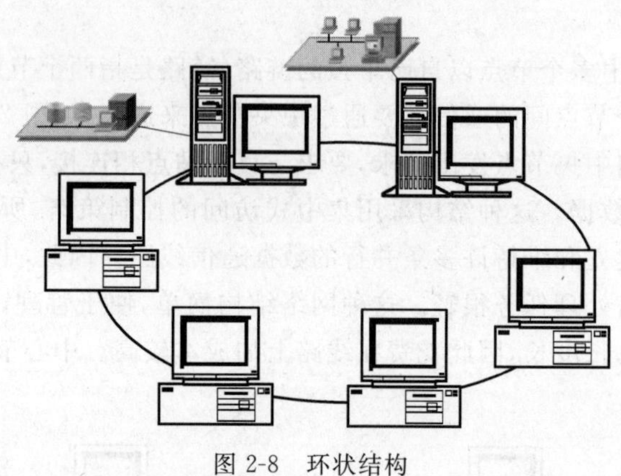

图 2-8 环状结构

总线型和环状拓扑结构的网络是局域网中常用的结构,这两种网络中都是多个设备共享通信介质,通信线路上比较省,但是如果通道发生故障,所有设备都无法与系统中的服务器通信,另外,网络中的设备必须竞争网络介质和网络资源,如打印机、硬盘、调制解调器等。

4) 树状拓扑结构

树状结构是从总线型和星型结构演变来的,像一棵倒置的树。如图 2-9 所示,顶端主集线器是树根,树根以下带分支,每个分支还可带子分支。节点按层次进行连接,信息交换主要在上、下节点之间进行,相邻及同层节点之间一般不进行数据交换。树状拓扑结构虽有多个中心节点,但各个中心节点之间很少有信息流通。各个中心节点均能处理业务,但最上面的主节点有统管整个网络的能力。所谓统管是通过各级中心节点去分级管理,从这个意义上说,它是一个在分级管理基础上的集中式网络,适宜于各种管理工作。

5) 网状结构

网状结构是指网络中两个节点之间不只一条连接通路,如图 2-10 所示。这种结构的网络往往具有较高的可靠性,并且能够保证具有较快的响应速度。

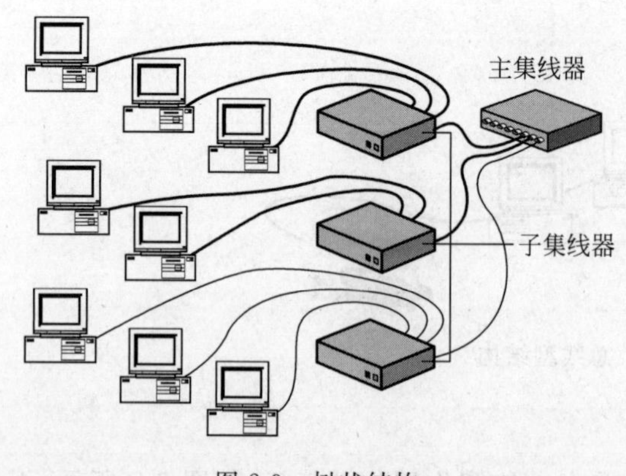


图 2-9 树状结构

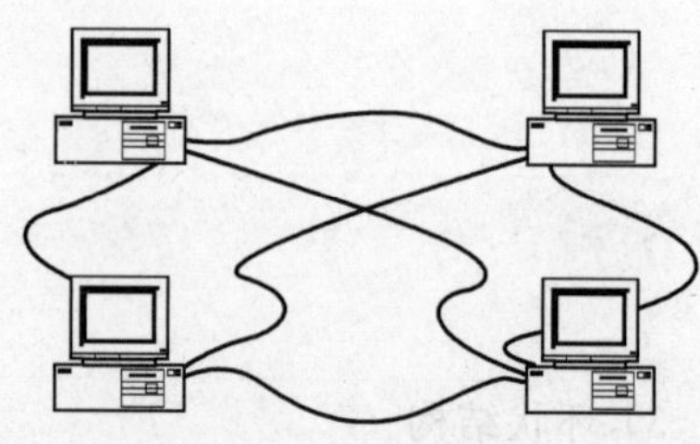

图 2-10 网状结构

6）无线拓扑结构

通常使用无线网络（如图 2-11 所示）时，初装费比采用其他介质高，但是对用户端，特别是需要经常移动的用户来说，无线网络更加有效。

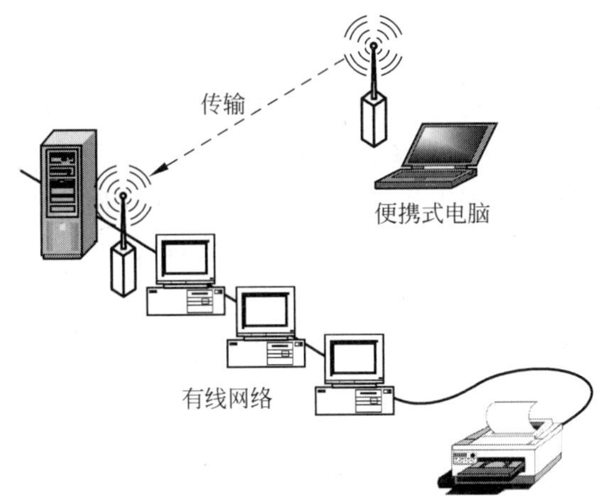


图 2-11　无线网络

网络拓扑结构的选择取决于可靠性、可扩充性及网络自身的特性等多种因素。总线型结构由于其价格、可靠性和可扩充性等性能比较好，因此得到较为广泛的应用。环状结构比其他网络结构具有更高的吞吐率，但可靠性较差，可以采用双环结构来解决这个问题。星型结构主要用于终端密集且网络管理集中于中央节点的场合，这种结构中央节点的可靠性尤为重要。另外，实际中可根据需要混合使用不同的拓扑结构。

### 2. 从节点间的距离出发的网络分类

依据网络中节点之间的物理距离和网络提供的通信和服务，可将网络分为局域网、广域网增值网、企业网和国际网络等。

1）局域网

局域网（Local Area Network，LAN）是指同一地理区域的计算机系统和设备互联成的网络。局域网可由功能强大的个人计算机、小型计算机或大型机连接构成。局域网比专用分组交换机（Private Branch Exchanges，PBX）具有更高的传输容量，可以用在传输大量的数据或支持其他需要高速传输的功能领域，如视图传输和图形传输，LAN 通常用来连接办公室中的微机以实现打印机之类的资源共享，或在工厂中连接计算机和计算机控制的机器。

2）广域网

广域网（Wide Area Network，WAN）是指覆盖范围广，传输速率相对较低，以数据通信为主要目的数据通信网。广域网一般都是以传统的公共传输网络来实现的，如电话、电报网。广域网的布局不规则，网络的通信控制比较复杂。整个网络可能由交换线路、专用线路、微波、卫星通信等组成。交换线路（Switched Line）是一种使用交换设备的标准电话线，实现传输设备之间的动态连接。专用线路（Dedicated Line）是通信两端的连接固定不变的连接线路，用户可持续使用，通常被用来高速传输高容量的数据。专用线路可租用或购买。大多数 WAN 采用的是交换线路。

局域网和广域网之间既有区别又有联系。在技术上,局域网领先于广域网;在应用上,局域网着重的是资源的共享,广域网着重的是数据通信。对于局域网,人们更多关注的是如何根据应用需求来规划网络,并进行系统集成;对于广域网,侧重的则是网络能够提供什么样的数据传输业务,以及用户如何接入网络等。

3）增值网

增值网(Value Added Network,VAN)是由通信双方以外的第三方经营的网络,可以同时供许多组织使用,但可以保证它们各自的保密性。价值增加是指网络服务给客户所带来的价值增加。增值网给用户带来的好处是在自己不建立网络的情况下,可以方便地进行数据的通信,用户不必自己购置设备、软件、培养管理维护人员。利用增值网可在企业间形成网络系统,因此,行业上的协作,企业和客户、供应商之间的联系以及电子数据交换等都可以通过增值网来实现。

4）企业网

企业网(Enterprise Network)是指为整个企业服务的网络。对于小企业来说,由于网络及网络类型较少,企业网的建立比较简单,而对于一个大公司而言,由于存在多种不同类型、使用着不同协议的网络,建立企业网并不是一件容易的事情。企业网的构建包括确立不同网络系统交换数据的方法,还包括为整个组织设立通信标准,最主要的工作是构造整个组织的主干网以及制定一套通信协议。大多数企业的网络是由多个网络组成的,高容量的主干网将各个局域网及一些设备连接起来构成企业网,主干网与外部网络连接,如与Internet连接。

5）国际网络

连接国与国之间系统的网络称为国际网络。随着公司不断向全球化发展,国际网络得到大量使用。特别是国际互联网发展非常快。

### 3. 网络服务

由于建立自己私有的广域网不仅初始建设成本很高,而且需要花费大量的人力、财力进行系统的维护,因此,大多数企业在远程连接上更多是选择相关网络服务商的网络服务。不同网络服务所支持的数据传输方式、传输速度不一样。

1）数据包交换

数据包交换(Packet Switching)技术是广域网中用来降低成本、提高速度的一种基本的交换技术,这种技术将传输的信息分为多个较小的称为数据包的段,为了达到成本最小和传输时间最短,每个数据包独立地在网络中传输。属于某一组信息的数据包可与其他组信息的数据包结合,通过不同的路径发送,在到达目的地后再重新汇合成原信息。这种方法使通信设备得以充分利用,并可提供给更多用户共享,因此每个用户所承担的总成本较低。

2）帧中继

帧中继(Frame Relay)是使用宽带通信介质和高速交换设备的一种数据传输方式。与数据包分组交换一样,帧中继包括下面一些功能:在发送站将数据分解成数据包,通过网络发送数据包,到达接收站点后重新装配数据包。数据包分组交换与帧中继的主要区别是:数据包必须暂时存入一个存储区域,在此区域内加上寻径信息,寻径信息可加快传输的速率。

3）异步传输

异步传输(Asynchronous Transfer Mode,ATM)是一种高速网络技术,可传输语音、图像、文本和其他多媒体数据。ATM使用标准长度的“信元”传送数字信号，只需要硬件就能交换数据，比硬件和软件共同作用下的数据交换要快，而且费用也稍低。

4）综合服务数字网

综合服务数字网（Integrated Service Digital Network，ISDN）是一种国际标准的拨号网络，可同时进行语音、数据、图像和视频的传送。ISDN数字网络与传统的模拟网络相比，传输的信号多、传输速率快，可使图像、多媒体和其他数据复合形式在传输的电话线中更容易共存。

5）数字用户线

数字用户线（Digital Subscriber Line，DSL）技术也是建立在电话网络基础上的，可进行语音、数据和视频的传输，传输速度比ISDN快。现在已经出现了多种类型的DSL，如对称式的SDSL、非对称式的ADSL等。

6）电缆调制解调器

电缆调制解调器（Cable Modem）设计是用来在有线电视网上使用的，利用它可快速访问企业的内部网或外部网。目前很多有线电视网只能接收数据，这样在使用上有很大的局限性，有待进一步发展。

7）T型线

T型线服务为用户提供高速数字传输服务，可以传输语音、数据、图像等，速度为1.544Mbps，并且还可以组成环路以提供更高的速度。

## 2.3 Internet与企业网络

### 2.3.1 Internet

#### 1. 起源和结构

Internet通过卫星、电缆、光纤等连接世界各国的高速数据通信网络，是世界上最大的国际性互联网络，连接着世界范围内数万个网络。Internet源于美国国防部互联网ARPANET（Advance Research Projects Agence Net），ARPANET是美国国防部在1969年用于建立一个可靠通信网络的试验项目，项目的目的是保证整个网络系统中一部分发生故障时仍然可以进行正常的通信，ARPANET也是连接美国国防部军事项目的研究机构与大专院校的工具，可以实现信息交换的目的。1983年后，ARPANET分为军用和民用两个领域，再加上美国国家自然科学基金会建立的通信网络，使得普通科技人员也能够使用该网络。随着TCP/IP协议的发展与完善，世界各国的网络均以TCP/IP连接到该网络上，逐渐发展形成目前规模最大的国际性网络。

Internet将数据从一台计算机传送到另一台计算机，如果接收数据的计算机与第一台计算机同处于一个网络，后者就可以直接发送信号给接收计算机。如果接收数据的计算机与发送数据的计算机不在同一个网络，那么，发送数据的计算机就将数据发送给另一台能转发的计算机。转发计算机至少与一个其他网络相联，它或者直接将数据传送给接收计算机，或者根据需要将数据传送给另一台转发主机，一个信息往往需要经过多个转发主机才能从Internet的一部分传送到另一部分。

Internet 中每台计算机都被分配一个地址,这里地址是电子形式的地址,Internet 中的每一种资源都用唯一的地址来标识。主机的地址有两种式,即标准地址和 IP 地址。

1) 标准地址

所有的 Internet 地址都具有相同的形式,一般形式是:用户名@域名,例如:lihong@ibm.com。

用户名通常是用户真实姓名的缩写或简写形式,一般是用户注册到计算机系统所使用的登录名或账户名。域名(domain name)通常是用户所在的主机名或地址。在 Internet 中,每一台主机都有一个唯一的名字与之相对应。

域名由几个部分(或称为子域名)组成,各个部分之间用"."分隔开。域名通常按分层结构来构造,每个子域名都有着特定的含义。从右到左,子域名分别表示不同的国家或地区的名称(只有美国可以省略表示国家的顶级域名)、组织类型、组织名称、分组织名称和计算机名称等。例如:ncti.nwpu.edu.cn 域名中,顶级域名 cn 表示中国,子域名 edu 表示教育机构,nwpu 表示一个学校的名称,ncti 表示是该学校中的一个系或研究所的名称。在 Internet 地址中,大小写字母可以混合使用,但作为一般原则,最好全部使用小写字母。

2) IP 地址

前面所介绍的 Internet 地址是按名字来描述的,这种地址表示方式易于理解和记忆。实际上,Internet 中主机地址是用 IP 地址来唯一标识的。IP 地址通常由网络标识和主机标识两个部分组成,可标识一个互联网络中任何一个网络中的任何一个主机。

在 Internet 地址中,凡是能够用域名地址的地方都可以使用 IP 地址,两种地址之间的互换是由 Internet 中的域名系统(Domain Name System,DNS)来完成的,DNS 能根据需要将域名转换成 IP 地址,或者将 IP 地址转换成域名。

Internet 作为全球性最大的互联网络,并没有一个正式的管理组织,是由各自独立管理的网络互联构成的,这些网络都各自拥有自己的管理体系和政策法规。也就是说,没有集中的负责掌管整个 Internet 的机构。但一些政府部门所制定的有关 Internet 的政策起着主导的作用,例如:某些 Internet 的重要政策是由美国国家科学基金会决定的,我国也有相关的 Internet 管理的有关规定。另外,为了保证 Internet 的正常运行和推动有关新技术的应用,并使 Internet 不断发展,需要有一个组织机构负责协调、组织新技术标准的研究和传播,目前的最高国际组织是 Internet 学会(Internet society),该学会是一个志愿者组织,也是一个非营利性的专业化组织,其主要目标是促进 Internet 的改革和发展。

### 2. Internet 的连接方式

要想使用 Internet 首先必须使自己的计算机以某种方式与 Internet 连接,通常有两种连接方式。

(1) 拨号方式。拨号方式是使用电话线和调制解调器实现与 Internet 的连接。这种方式简单易行,经济实惠,适合于业务量较小的单位和个人使用。为了连接到 Internet 上,用户还必须到某个 Internet 服务提供商(ISP)处申请账号。在连接好硬件进行通信时,首先要运行通信软件,以拨号的方式登录到用户账号所在的主机上,然后就可以运行 Internet 客户程序(如 Web 浏览器)在 Internet 中获取信息。

(2) 专线方式。专线方式一般适合于业务量大,用户多的单位,如:高等院校、科研院所以及大中型企业公司。这种方式通信速率高，服务面宽，但费用也比较高。这种方式通常是以 Internet 子网方式进行连接，为此，用户应该在用户本地网上加装一个 IP 路由器，并通过网络服务商所提供的各种专线服务，如：X.25、ISDN 等与 Internet 服务提供者的路由器连接起来。专线可以月租的方式向当地电信部门租用，月租费用随速率不同而有所不同。

#### 3. Internet 服务

Internet 为用户访问信息资源和相互通信提供了一系列的网络服务，Internet 所提供的服务可分为两类，一类 Internet 通信工具，如 E-mail、Usenet、Newsgroups、LISTSERV、Chatting、Telnet；另一类为信息检索工具，如 FTP、Archie（文档服务器）、Gopher（信息检索）、WAIS（广域信息服务器）和 WWW 服务等，其中 WWW 是企业中网络技术应用的核心。

### 2.3.2 企业网络

企业网络是指整个企业范围内的网络，是现代企业信息系统建设中非常关键的一部分。

#### 1. 网络在企业中的应用

计算机网络一方面可为企业内的资源共享提供支持，另一方面可使企业有效地与客户或供应商进行信息的交换。为了在快速变化的全球经济中赢得竞争，任何一个企业都不应该忽视网络应用可能给企业带来的影响。网络在企业中的具体应用有以下几个方面。

1）共享外围设备

打印机、绘图仪、光驱、调制解调器等都可以通过网络实现用户之间的共享，为企业节约成本，充分利用各种资源。

2）共享数据文件

企业中很多信息的及时传递和共享对企业来说非常重要。如销售人员的订单信息应能够为库存、应收账款的负责人员等所共享，以便他们及时进行相关信息的处理。

3）共享应用程序

群件、电子邮件、多用户数据库等的有效应用都离不开网络系统的支持。如：群件为分组完成同一项目的员工创造了很好的工作条件，使小组成员能够共享工作进程、文件的创建和浏览、电子邮件等，这些软件的运行必须要有网络系统的支持。

4）连接其他网络

利用企业网络与国际互联网、其他企业，如供应商、客户网络的连接，更快收集信息，更好地与其他企业之间进行信息交换。而不需要为每个用户都建立连接到软、硬件设备。

5）远程办公

企业驻外销售机构、子公司及办事处等，可采用远程访问方式将数据传输到企业的内部网络，同时也可以从企业内部网络中获取所需要的信息，从而实现远程办公。

6）为企业的扩张提供支持

企业并购或新建的分支机构通过网络可在很短的时间内与企业内部连接起来，使管理人员实现有效的管理和控制。

#### 2. 企业网络的结构

企业信息系统的网络结构是指采用什么样的计算机，以怎样的方式将这些计算机连接起来,这不仅关系到如何选购通信设备、计算机、输入输出设备等,还关系到如何配置这些设备,选用什么样的系统软件和应用软件等以求得与企业的业务流程的最佳配合。常用的有终端-主机结构、客户/服务器结构以及浏览器/服务器结构。

1) 终端-主机结构

终端-主机结构是一种传统的企业信息系统的网络结构,如图 2-12 所示,该结构由一台主机配置一些前端机,再接上许多终端组成的一个树状结构。在这种结构的系统中所有程序,如用户自制的软件、数据库管理系统、通信软件等都在主机上运行,所有数据也都存储在主机上,用户通过本地或远程终端访问主机。过去这些远程终端大都是"哑"终端(仅由显示器、键盘和通信设备组成)。主机完成所有的信息处理工作,必须具有大容量的磁盘。为了让较多的用户同时使用计算机,主机上多采用分时处理。

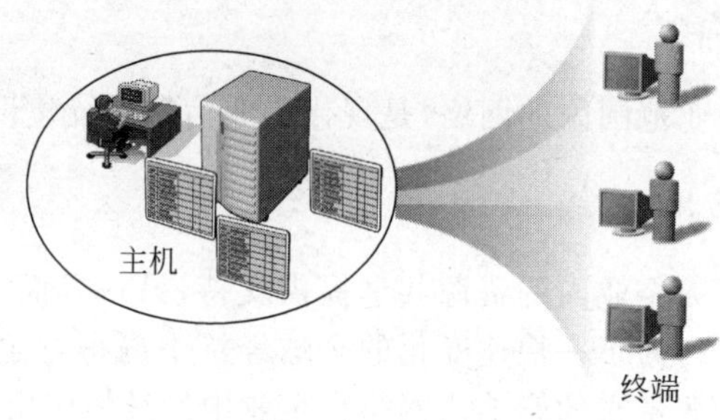


图 2-12 终端-主机结构

这种结构的优点主要体现在:对数据处理的控制比较简单,都在主机中进行,保证了数据的安全性和一致性。大量用户同时使用主机,主机上的数据库可供成千个用户同时使用,这种结构比较适合于数据处理量较大的企业,如航空订票系统。从数据存储的角度看,终端-主机结构的数据处理是一个集成的文件系统,也就是将企业中发生的所有数据全部集中到中央数据库中,系统根据不同的用户发来的要求进行处理加工。

这种网络结构的信息系统有不少缺点,如灵活性差,系统的变更、改进比较麻烦;对主机的依赖性很强,一旦主机出现故障就会影响全体用户;用户缺乏自主性,如用户无法进行自己个人文件的存取。

由于主机本身价格高,并且需要专业人员进行维护、管理,因此,一般来说,终端-主机结构的信息系统运行费用较高,随着微机性能的提高,许多企业中已使用微机取代主机、小型机,这样可大大节约成本。但对于需要集中控制以及需要强有力的联机实时处理的企业、单位仍需要采用这种结构来满足需要,如一些金融企业。

2) 客户机/服务器结构(Client/Server,C/S)

从 20 世纪 80 年代末期开始,信息系统进入了小型化时代,也就是使用微机、工作站来代替大型机以及小型机,完成以往的信息处理工作,信息系统的结构由终端-主机结构向以微机、工作站的局域网为基础的分布式处理结构发展。这种结构中由相互连接的客户机(Client)和服务器(Server)两种类型的计算机连接起来,如图 2-13 所示。客户机由一般功能的微机担任,客户机可使用服务器中的资源,服务器可以是一台功能强大的具有大磁盘空间的微机服务器或工作站型计算机,也可以是小型机或主机,服务器完成复杂的计算和管理任务。客户机和服务器间通过软件实现连接,一般用户只和客户机打交道,对于用户的请求，如果客户机能满足就直接给出结果，如果不能满足由服务器进行处理，如服务器中数据的使用。服务器对数据的处理对用户来说是不可见的。

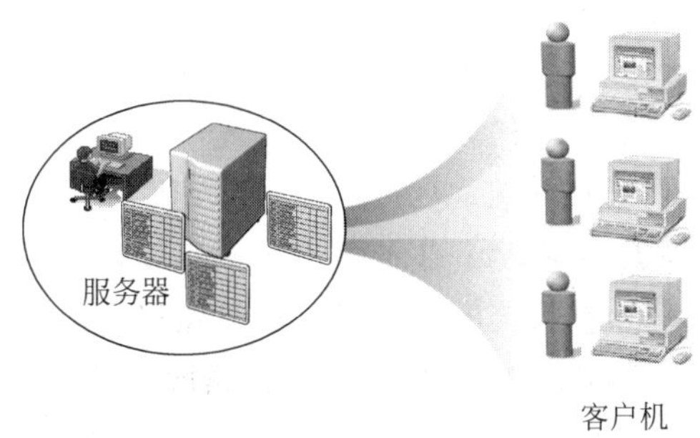


图 2-13 客户机/服务器结构

这种网络结构的信息系统优势主要体现在：开放性和易扩展性；可同时发挥计算机和网络的功能。这种结构的系统比较适合于用户不是很多、局域网环境下运行。

应用中这种网络结构的系统也表现出一些缺点：系统维护、升级困难；客户机的负载重，这是由于客户端运行着所有的应用程序，随着应用程序复杂性的提高，对客户机的要求也相应提高。

3）浏览器/服务器结构

浏览器/服务器结构（Browser/Server，B/S 结构）实际是一种三层结构的 C/S 计算，原来的客户机由浏览器替代，服务器由 Web 服务器、数据库服务器及中间件组成，如图 2-14 所示。客户机和服务器之间物理上通过 Internet 或 Intranet 相连，软件上遵守 HTTP 协议，客户端的软件即浏览器通过 URL（统一资源地址）和服务器连接，从而实现以整个 Internet 空间为背景的数据存储访问。这种模式的特点是应用系统的程序代码、数据及支撑软件全部集中在服务器端，客户端不必加载更多的系统支撑软件及应用程序，仅通过浏览器就可以访问数据库中的信息，因而 B/S 结构对使用端没有特殊要求，不仅使用方便，而且使系统的维护变得容易。

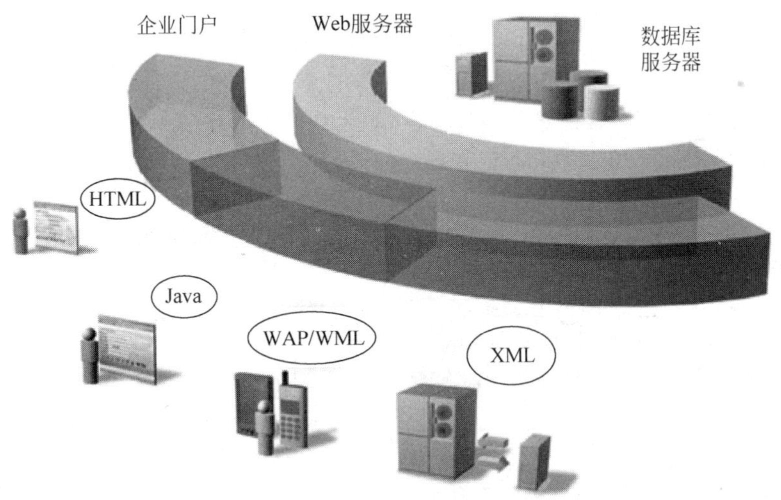


图 2-14 浏览器/服务器结构

Web 浏览器即系统的表示层,位于客户端。任务是由 Web 浏览器向网络上的某一 Web 服务器提出服务请求,Web 服务器对用户进行身份验证后用 HTTP 协议把所需要的主页传送给客户端,客户机接收传来的主页文件,并显示在浏览器上。

Web 服务器(Web Server)是系统的功能层,具有应用程序扩展功能。在功能层上包含系统的事务处理逻辑,位于 Web 服务器端,任务是接收用户的请求,首先需要执行相应的扩展应用程序与数据库的连接,通过 SQL 等方式向数据库服务器提出数据处理申请后,数据库服务器将数据处理的结果提交给 Web 服务器,再由 Web 服务器传送回客户端。

数据库服务器(DB-Server)是系统的数据层。在数据层中包含系统的数据处理逻辑,位于数据库服务器端。其任务是接受 Web 服务器对数据库操纵的请求,实现对数据库查询、修改、更新等功能,把运行结果提交给 Web 服务器。

这种网络结构的系统遵循开放的标准。维护成本低,升级、维护工作都在服务器端进行,不需要对客户端进行改变。使用简单,界面友好。并且由于客户端消肿,对客户端的硬件配置要求降低,可由相对价廉的网络计算机承担。

### 3. Intranet/Extranet

企业可以基于 Internet 网络标准和 Web 技术创建企业内部的互联网络实现企业范围内的有效连接,这就是企业内部互联网 Intranet,也就是上面所分析的第 3 种越来越得到普遍应用的企业信息系统网络结构。Intranet 是基于 Internet 和 WWW 技术基础上的内部网络,它能提供企业范围内的数据访问,是使用 Internet 连接标准(TCP/IP 协议)将企业内部现有的网络设施连接起来,并采用 WWW 的模式运行的网络系统。能够充分利用企业内部现有的计算机资源创造统一的网络化环境。如图 2-15 所示为比较典型的企业 Intranet 网络拓扑结构。

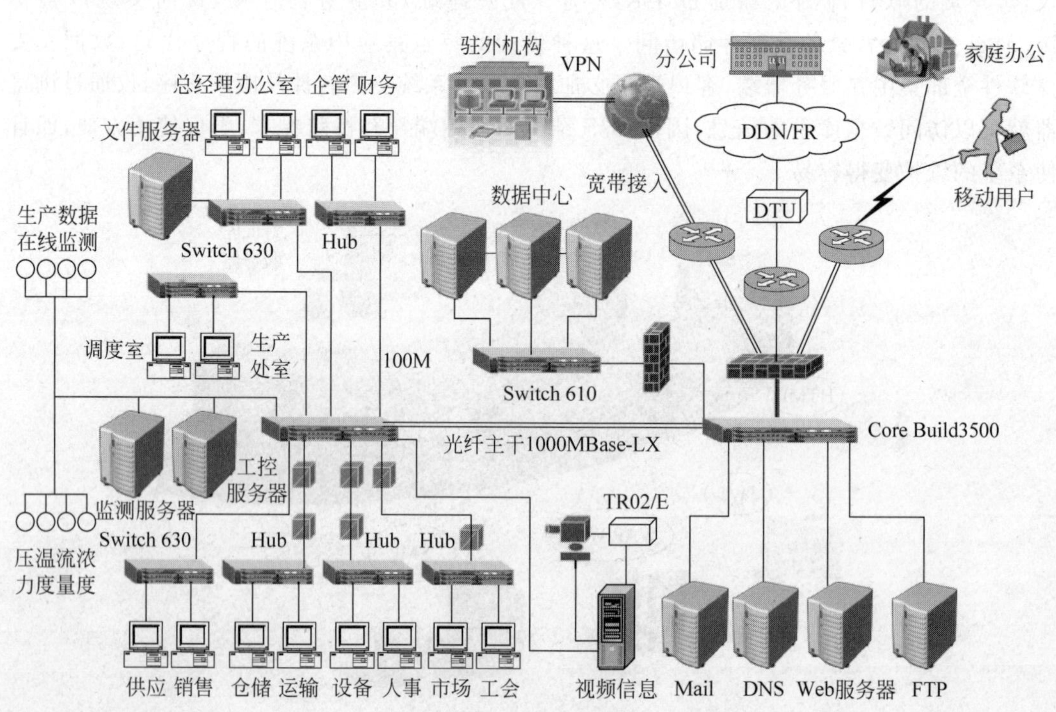


图 2-15 企业网络拓扑结构

企业可在现有的网络设施的基础上建立，不需要特殊的硬件，Intranet 所使用的软件技术与 WWW 上所使用的软件技术是相同的。Intranet 的 Web 服务器和浏览器上所使用的软件与 Web 上所使用的软件是一样的。将一个有 Web 浏览器的客户机与一个有 Web 服务器软件的计算机通过 TCP/IP 协议连接起来，就可实现一个简单的 Intranet。对于大多数企业特别是有着很多不同类型计算机的大型企业来说可通过建立 Intranet 来实现企业范围内的有效连接。并且 Web 软件给用户提供统一的界面，所需的用户培训也不是很多。

Web 与 Intranet 的主要区别在于 Web 对任何人开放，而 Intranet 是私有的，通过防火墙来控制外部的访问。防火墙(firewall)是用特殊的软件来阻止外部对私有网络的侵犯的安全系统，防火墙由处于企业内部网络和外部网络(包括 Internet)之间的硬件和软件组成，防火墙对通过两个网络之间的信息进行检查，确认身份，拒绝非授权的信息和访问。

一些企业允许外部人员或组织在一定的范围内访问其内部的 Intranet，例如，客户可通过 Internet 访问企业的 Intranet 以获得关于产品特征和价格的信息，这种有选择地让外部访问的 Intranet 称为 Extranet。企业可以使用防火墙确保其内部数据只能有限制地被外部访问。Extranet 可有效地实现企业与客户或合作伙伴的连接。

Intranet 的建立可给企业提供多方面的支持，例如，从管理上，管理人员可以通过 Intranet 检查员工或项目的工作进展，可通过 Intranet 进行会议时间的安排或为一些工作小组制订工作计划；从通信支持上，Intranet 可以使项目小组联机进行项目的合作；从信息发布上，可使销售人员方便地进行产品信息以及销售信息的发布，可为客户提供更多的支持。

## 2.4 网络操作系统

### 1. 网络操作系统的概念

网络操作系统(Network Operating System，NOS)是一个网络用户实现数据传输和安全保证的计算机环境。网络操作系统可以理解为网络用户与计算机网络之间的接口，是专门为网络用户提供操作接口的软件平台。

### 2. 网络操作系统的地位和作用

网络操作系统最主要的作用就是来处理一对矛盾：资源的最大共享及资源共享的受限性。一方面，网络操作系统能够支持用户对想得到的所有资源进行操作和使用，使用户感觉到在整个网络范围内透明网络的存在。另一方面，网络操作系统对网络资源要有一个完善的管理，对各个等级的用户授予不同的操作使用权限，保证在一个开放的、无序的网络里数据的有效、可靠、安全地被用户使用。

### 3. 常用网络操作系统介绍

目前常用的 NOS，主要有 UNIX 系统、Netware 系统、Windows NT/2000/2003 系统和 Linux 系统。以推出的时间来说，UNIX 最早，Netware 为第二，Windows NT/2000/2003

为第三,Linux 最晚。除去技术上的原因,依靠推出时间早的优势,在我国 UNIX 几乎独霸了最早具有联网需求的邮电、银行、铁路、军事等领域,而随着网络技术的发展,虽然出现了像 Windows NT/2000/2003 这样界面更友好的操作系统,但用户出于保护投资及使用习惯上的原因不情愿完全抛弃一种操作系统,从而导致了操作系统的共存与混用。

1) UNIX 网络操作系统

作为最早推出的网络操作系统,UNIX 是一个通用、多用户的计算机分时系统,并且是大型机、中型机以及若干小型机上的主要操作系统,目前广泛地应用于教学、科研、工业和商业等多个领域。

UNIX 系统提供的服务与其他操作系统所提供的服务基本上一样：允许程序的运行；为连接到大多数计算机上的各种各样的外部设备提供了方便一致的接口；为信息管理提供了文件系统。

UNIX 最主要的长处之一是其可移植性强,它可以在各种不同类型的计算机上运行。在 UNIX 系统的控制下,某类计算机上运行的普通程序通常不做修改或做很少的修改就可以在别的类型的计算机上运行。另外,分时操作也是 UNIX 的一个十分重要的特点,UNIX 系统把计算机的时间分成若干个小的等份,并且在各个用户之间分配这些时间。

UNIX 开创了许多重要的概念。其中最重要的当属管道(Pipe)概念,由管道概念导致了这样的思想：复杂的功能可以通过编制成一组在一起工作的程序来实现。管道连接使得用户需要多少程序就可以使用多少。贯穿 UNIX 系统的另一个重要概念就是软件工具的概念。应该说,软件工具的概念并不是 UNIX 系统所独有的,但是比起其他系统来说,这种思想在 UNIX 系统中得到了更进一步的发展。

值得一提的是,与其他系统相比,UNIX 系统有两个主要的不足之处。首先,在核心部分,UNIX 系统是无序的。如果系统中的每一个用户做的事都不同,那么 UNIX 系统可以工作得很好。但是,如果各个用户都要做同一件事情,就会引起麻烦。其次,实时处理能力是 UNIX 系统的一个弱项,虽然 UNIX 系统完成大部分实时操作有一定的可能性,但是,另外一些操作系统在实时应用中比 UNIX 系统做得更好。

2) Netware 网络操作系统

Netware 网络操作系统是美国 Novell 公司开发的网络操作系统。Netware 最重要的特征是基于基本模块设计思想的开放式系统结构。Netware 是一个开放的网络服务器平台,可以方便地对其进行扩充。Netware 系统对不同的工作平台(如 DOS、OS/2、Macintosh 等),不同的网络协议环境如 TCP/IP 以及各种工作站操作系统提供了一致的服务。该系统内可以增加自选的扩充服务(如替补备份、数据库、电子邮件以及记账等),这些服务可以取自 Netware 本身,也可取自第三方开发者。另一方面 Netware 的目录管理技术被公认为业界的典范,而 IntranetWare 的核心技术正是 Netware 的目录管理服务——NDS,利用它可顺利地访问所有授权的网络资源。NDS 具有能在单台服务器或全球多服务器网络上管理所有网络资源的强大功能,是一种跨平台、跨地域的目录服务,为 DOS、Windows 3. x、Windows 95、Windows NT、Macintosh、OS/2 和 UNIX 工作站提供全面的客户端软件,且在不同的服务器上只需登录一次,就可享受到 NDS 的服务。有了 IntranetWare 就可以用 Netscape 浏览器方便地查看目录,各种变动也能动态地看到,例如,如果在中国香港的用户添加图片到目录中,纽约的用户很快就能看到添加后的结果。同时,有了 NDS,管理员能同时管理多重目录树——如北京的目录和天津的目录。为反映从北京到天津的人员调动，管理员仅需打开两个树的浏览窗口，在窗口之间拖放目录对象即可。更方便的是随着这一改变，与之相关的一些项目也能自动地进行变动，极大地方便了目录管理。

3) Windows NT/2000/2003

Windows NT/2000/2003 是 Microsoft 的产品，也是发展最快的一种操作系统。一方面它采用多任务、多流程操作以及多处理器系统(SMP)。在 SMP 系统中，工作量比较均匀地分布在各个 CPU 上，提供了极佳的系统性能。另一方面，它为用户提供了从高端服务器到低端 PC 工作站的全面的操作系统解决方案。

4) Linux 网络操作系统

Linux 是一种可以运行在 PC 上的免费的 UNIX 操作系统。它是由芬兰赫尔辛基大学的学生 Linus Torvalds 在 1991 年开发出来的。Linus Torvalds 把 Linux 的源程序在 Internet 上公开，世界各地的编程爱好者自发组织起来对 Linux 进行改进和编写各种应用程序，今天 Linux 已发展成一个功能强大的操作系统，成为操作系统领域最耀眼的明星。

## 2.5 数据存储与分析技术

国际著名调查机构 Gartner Group 在高级技术调查报告中，将数据分析和人工智能列为“未来三到五年内将对工业产生深远影响的五大关键技术”之首，还将并行处理体系和数据分析列为未来五年内投资焦点的十大新兴技术前两位。Gartner 的调查报告预计：到 2010 年，数据分析在相关市场的应用将从目前少于 5%增加到超过 80%。在国外，数据分析已在金融、证券、电信、制造、统计、零售业等数据密集型行业实施，并取得巨大的效益。

数据的组织和管理是数据分析的前提和基础，本章将对目前数据管理技术的应用和发展做简单的介绍。

### 2.5.1 数据存储与管理技术的发展

20 世纪 60 年代，计算机应用由科学计算、自动控制领域逐步扩展到企事业及行政部门的管理领域，数据处理成为计算机的一个主要应用领域。在数据处理中，通常计算比较简单，但处理的数据量很大，因此，数据处理的核心是数据收集和数据管理。用于数据资源管理的数据库技术作为计算机软件的一个重要分支得到迅速发展。

数据管理技术的发展经过了三个阶段：人工管理阶段、文件管理阶段和数据库阶段。

#### 1. 人工管理阶段

在数据处理的初期，计算机主要用于科学计算，这一时期没有统一软件管理数据，程序员直接将数据放在程序里进行管理(程序自带数据)。这一阶段的特点是数据保存在处理程序中或随程序进行人机交互的输入，数据处理后将结果输出。数据和程序相互依赖，即每个应用程序要包括被处理数据的存储结构、存取方法、输入输出方式等；数据结构的变化及数据的修改等都将导致整个程序的修改。此外，在这一阶段只有程序文件的概念，数据的组织方式由程序自行设计和安排。数据由人工管理时，最大的问题就是编程效率低，程序依赖数据,不灵活,容易出错。

2. 文件系统管理阶段

任何一个企业,随着其自身的发展和变化,对数据和信息的需求在不断变化,管理数据也变得越来越复杂。在 DBMS 出现以前,大多数企业把需要管理的数据存放在永久性的系统文件中,同时为了能够操作这些文件里的数据,系统里还有针对这些文件编写的应用程序。在这一阶段,企业往往对应用系统开发及数据管理缺乏统一的总体规划,通常是企业中的各个部门根据自己对信息和数据管理的需要,开发出各自的应用程序,建立各自的数据文件,如图 2-16 所示。这些应用程序和数据文件相互独立,而且每个应用程序的运行需要相应数据文件的支持。随着时间的推移,文件和应用程序会变得越来越多,文件系统会非常复杂。总之,传统文件系统下的数据管理,存在很多问题,如数据的冗余、程序与数据的相互依赖、缺乏灵活性、安全性差等。

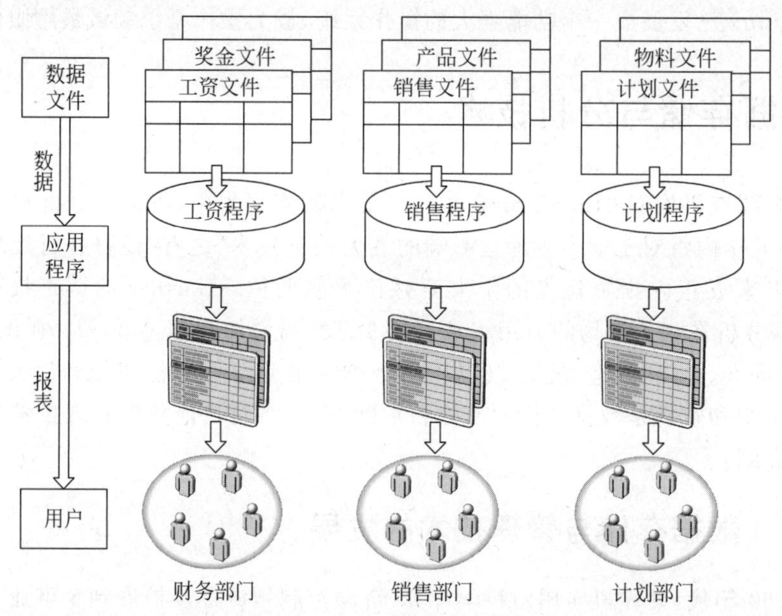


图 2-16 文件系统数据管理

3. 数据库管理阶段

数据库技术可以解决传统文件管理环境中存在的很多问题。数据库(database)是逻辑相关的记录和文件的集合,将所有数据收集并组织到一个数据库内,通过对数据的集中管理和最小化数据冗余,以有效地服务于多个应用程序。在数据库数据管理中,数据不再仅仅是服务于某个应用程序或用户,而成为一个组织甚至组织之间的共享资源,由数据库管理系统统一管理,实现了数据与程序的真正独立,并且最大限度地降低了数据冗余,充分做到了数据为多个用户共享,提高了数据的一致性,并且允许多个用户同时访问某一数据,也就是实现数据的并发使用,对数据的安全保密和完整性也有了保证措施。图 2-17 显示了数据库环境下的数据管理方式,即一个数据库可以服务于多个应用程序。

与传统的文件环境下的数据管理相比,数据库环境下的数据管理具有几方面的优点。

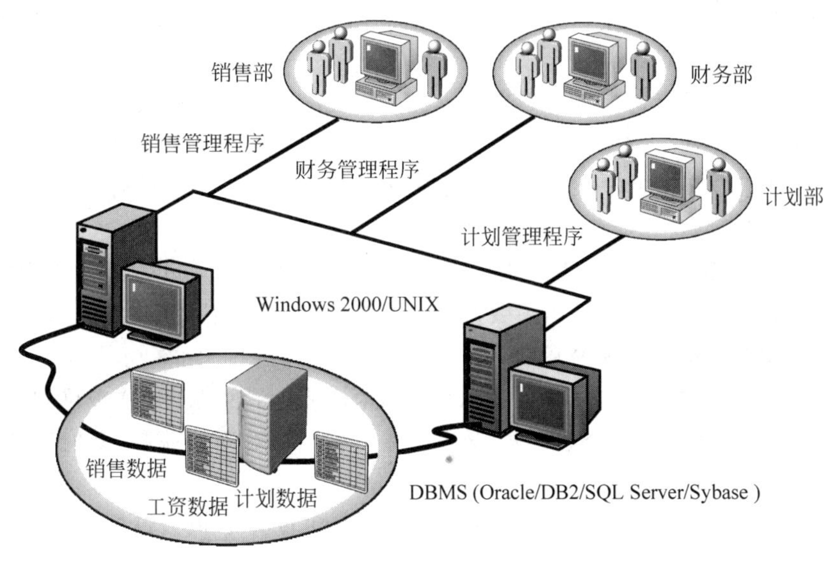


图 2-17 数据库环境下的数据管理

1）数据共享

整个组织的数据都可由需要数据的用户访问。对管理人员来说可方便地从整个企业访问进行全局信息的分析。

2）减少数据冗余

数据库系统将数据文件之间的重复降低到最小程度。组织中的所有数据可利用 DBMS 定义组织并存放在一个地方，可更有效地利用系统的存储空间。

3）提高了数据的一致性

由于减少了冗余，数据的不一致性也大大降低。在传统方法中，一个文件中某数据项变化后，其他包含该数据项的所有文件很难都同时做出相应的改变，而在数据库中没有包含相同数据项的独立文件，因此，不会出现一致性问题。

4）数据与应用程序之间的独立性

数据库系统将数据的描述和数据的应用相分离，避免了由于数据定义的改变而必须修改与此数据有关的所有应用程序，因而可以大大降低程序维护的开销。同时，由于相应文件结构的改变而修改应用程序的情况也大大减少。有些数据库用于存储数据的方法并不依赖所使用的存储介质，因此在购买新的磁盘驱动器后，不必重新组织数据，应用程序也能够访问。

## 2.5.2 数据库系统的产生和构成

### 2.5.2.1 数据库系统的产生

数据库是以一定的组织方式存储在一起的相关数据的集合，它能以最佳的方式，最少的数据冗余为多种应用服务，程序与数据具有较高的独立性。

数据库技术的萌芽可以追溯到 20 世纪 60 年代中期，20 世纪 60 年代末到 20 世纪 70 年代初数据库技术日益成熟，具有了坚实的理论基础，其主要标志为以下三个事件。

(1) 1969年,IBM公司研制开发了基于层次结构的数据库管理系统IMS(Information Management System)。

(2) 美国数据系统语言协商会(Conference on Data System Language,CODASYL)的数据库任务组(Data Base Task Croup,DBTC)于20世纪60年代末到70年代初提出了DBTC报告。DBTC报告确定并建立了数据库系统的许多概念、方法和技术。DBTC基于网状结构,是数据库网状模型的基础和代表。

(3) 1970年,IBM公司San Jose研究实验室研究员E. F. Codd发表了题为"大型共享数据库数据的关系模型"论文,提出了数据库的关系模型,开创了关系方法和关系数据研究,为关系数据库的发展奠定了理论基础。

20世纪70年代,数据库技术有了很大的发展,出现了许多基于层次或网状模型的商品化数据库系统,并广泛运行在企业管理、交通运输、情报检索、军事指挥、政府管理和辅助决策等各个方面。

这一时期,关系模型的理论研究和软件系统研制也取得了很大进展。1981年IBM公司San Jose实验室宣布具有Svstem R全部特性的数据库产品SQI/DS问世。与此同时,加州大学伯克利分校研制成功关系数据库实验系统INCRES,接着又实现了INCRES商务系统,使关系方法从实验室走向社会。

20世纪80年代以来,几乎所有新开发的数据库系统都是关系型的。微型机平台的关系数据库管理系统也越来越多,功能越来越强,其应用已经遍及各个领域。

#### 2.5.2.2 数据库系统的构成

数据库系统是由计算机系统、数据库、数据库管理系统和有关人员组成的具有高度组织的总体。数据库系统的主要组成部分有以下几点。

##### 1. 计算机系统

计算机系统指用于数据库管理的计算机硬软件系统。数据库需要大容量的主存以存放和运行操作系统、数据库管理系统程序、应用程序以及数据库、目录、系统缓冲区等,辅存方面,则需要大容量的直接存取设备。此外,系统应具有较高的网络功能。

##### 2. 数据库

数据库(Database,DB)是以一定的组织方式存储在一起的互相关联的数据的集合(逻辑相关的记录和文件的集合)。数据库既有存放实际数据的物理数据库,也有存放数据逻辑结构的描述数据库。

##### 3. 数据库管理系统

数据库管理系统(Database Management System,DBMS)是对数据库进行管理的特定软件,数据库管理系统是数据库系统的核心部分,利用数据库管理系统可以建立、维护数据库,并使得组织中的各个应用程序在不需要创建自己的数据文件或对所使用的数据进行复杂的定义的情况下根据自己的需要从数据库中方便地抽取数据。

4. 有关人员

(1) 数据库管理员。为了保证数据库的完整性、明确性和安全性，必须有人来对数据库进行有效的控制。行使这种控制权的人叫数据库管理员。他负责建立和维护模式，提供数据的保护措施和编写数据库文件。所谓模式，指的是对数据库总的逻辑描述。

(2) 系统程序员。是设计数据库管理系统的人员。他们必须关心硬件特性及存储设备的物理细节，实现数据组织与存取的各种功能，实现逻辑结构到物理结构的映射等。

(3) 用户。用户主要包括负责编制和维护应用程序(如库存控制系统、工资核算系统等)的程序员和通过交互方式进行信息检索和补充信息的专门用户。

## 2.5.3 数据库设计

信息是人们对客观世界各种事物特征的反映，而数据则是表示信息的一种符号。从客观事物到信息，再到数据，是人们对现实世界的认识和描述过程，这里经过了三个世界(或称领域)，如图 2-18 所示。

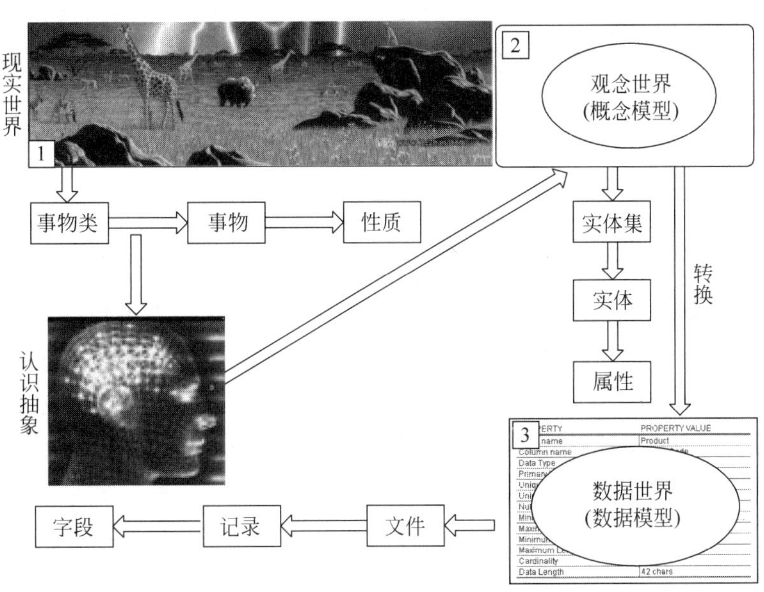


图 2-18　人类认识和描述客观世界的过程

(1) 现实世界

现实世界是在人们头脑以外的客观世界(real world)。对信息系统而言，组织的业务活动涉及物流、人、事、单位以及相关的数据，如库存管理所涉及的货物的存放、进出、查询等业务活动等的数据都属于现实世界的数据。这些数据为管理活动提供报表、统计分析图等信息。

(2) 观念世界

观念世界又称信息世界，是现实世界在人们头脑中的反映。人的认知有两种过程，一是从特殊到一般，即归纳；二是从一般到特殊，即演绎。人们将现实世界各种业务活动中客观存在、相互区别的事物或事件抽象为实体集。一个实体集具有由所有实体所归纳出的共同的性质(属性)。例如,学生实体集有姓名、年龄、性别等共同属性(实际上,实体集还有共同的行为或操作,这就是面向对象中的对象类)。从现实世界的事物到信息世界的实体集,是人们认识世界的一次飞跃,人们关注的是实体集(事物)的属性。

实体集中的具体实例称实体。具体的实体有具体的属性值,如某个学生姓名叫李四,年龄 22 岁,性别为男等。不同的属性值用来区别不同的实体。为了便于唯一地识别每个实体,常用某个属性(代码)或一组属性标识实体,称为实体标识符。

(3) 数据世界

数据世界又称机器世界,数据世界是数据的存储形式。信息世界的实体集和实体属性,必须转化为数据形式存储在计算机中。数据世界中要把数据转化为有用的信息,要用有意义的方法组织数据。在计算机中,数据以文件方式存储,并分为下列层次。

① 字段(field)或称数据项:字段是可以命名的最小数据单位,字段名表示实体的属性,字段值表示每个具体属性值或数据。字段一般分数值型和字符型两种。

② 记录(record):记录结构是字段的有序集合;记录描述一个具体实体,是字段值的有序集合,是实体属性的数据描述。

③ 文件(file):文件是同一实体集的所有记录的集合,所有的学生记录组成一个学生文件。其中,主关键字(key)简称主键,是能唯一标识文件中每个记录的字段或字段集,与观念世界中实体标识符的概念相对应。

从现实世界、观念世界到数据世界是一个认识的过程,也是抽象和映射的过程,与此相对应,设计数据库也要经历类似的过程。

### 1. 数据库设计的步骤

数据库就如同企业的自动化立体仓库一样。自动化立体仓库由货架、托盘及自动传送带等部分组成,如图 2-19 所示。托盘用来存放具体的货物,一个货架上有很多托盘,货物的入库和出库由自动传送带完成。数据库由数据字段、数据表及数据传输通道等部分组成,数据表由数据字段组成,数据字段用来存放具体的数据,数据表通常存放一类数据。自动化立体仓库设计的好与坏会直接影响到货物的出入库操作和仓库货物的管理水平。同样,数据库设计的好与坏会直接影响到数据的存取操作和数据的管理水平。信息系统中数据库的设

图 2-19 自动化立体仓库

计一般通过以下 4 个步骤实现。

1）数据需求分析

根据企业中的用户需求、企业所面临的环境，进行数据的收集、分类、汇总和分析等工作。在这一步中可借助于数据流程的分析来进行数据需求的分析。

2）概念结构设计

在需求分析的基础上，从各个用户出发，进行实体、实体的属性和实体之间关系的分析，建立概念数据模型。这一步常采用的工具是实体关系图(E-R 图)。E-R 图中包括：实体、关系、属性三种图素。由于企业中有很多用户，数据库实际设计中，首先从各个用户的信息需求出发，用 E-R 图描述他们的信息处理，然后对这些局部的 E-R 图进行综合，生成总体的 E-R 图，在集成的过程中，有可能增加新的联系，也可能删除一些联系。

3）逻辑结构设计

将所设计的概念模型与用户进行充分的意见交换，在此基础上将概念模型转换成所选用的 DBMS 所支持逻辑数据模型。例如将 E-R 图转换成关系数据模型。在转换实现后，在此步中还有一项非常重要的工作是进行数据分析，去掉设计中的一些不合理的地方，尽可能减少冗余以及数据的重复存储，将复杂的数据组分割开以建立较小的稳定的数据结构，也就是对数据库中的数据进行规范化。

4）物理设计

数据库在物理设备上的存储结构和存取方法的设计。这主要是由数据库专业人员或 DBA 根据 DBMS 所提供的技术支持进行设计的，如存储位置，存储空间的划分等。

下面我们重点介绍实体联系模型和数据模型。

### 2. 实体联系模型

实体联系模型(E-R 模型)反映的是现实世界中的事物及其相互联系，与此有关的概念有以下几个。

1）实体(entity)

“实体”是观念世界中描述客观事物的概念。实体可以是人，也可以是物或抽象的概念；可以指事物本身，也可以指事物间的联系，如一个人，一件物品，一个部门等都可以是实体。

2）属性

“属性”指实体具有的某种特性。属性用来描述一个实体。如学生实体可由学号、姓名、年龄、性别、系、年级等属性来刻画。

3）联系

现实世界的事物总是存在着这样或那样的联系，这种联系必然要在信息世界中得到反映。在信息世界中，事物之间的联系可分为两类：一是实体内部的联系，如组成实体的各属性之间的关系；二是实体之间的联系，这里我们主要讨论实体之间的联系。

实体有个体和总体之分。个体如“张三”、“李四”等。总体泛指个体组成的集合。总体又有同质总体(如职工)和异质总体之分。异质总体是由不同性质的个体组成的集合，如一个企业的所有事物的集合。一个异质总体可以分解出多个同质总体，数据文件描述的是同质总体，而数据库描述的是异质总体。

设 A、B 为两个包含若干个体的总体，其间建立了某种联系，其联系方式可分为三类：

(1) 一对一联系

如果对于 A 中的一个实体,B 中至多有一个实体与其发生联系,反之,B 中的每一实体至多对应 A 中一个实体,则称 A 与 B 是一对一联系。

(2) 一对多联系

如果对于 A 中的每一实体,实体 B 中有一个以上实体与之发生联系,反之,B 中的每一实体至多只能对应于 A 中的一个实体,则称 A 与 B 是一对多联系。

(3) 多对多联系

如果 A 中至少有一实体对应于 B 中一个以上实体,反之,B 中也至少有一个实体对应于 A 中一个以上实体,则称 A 与 B 为多对多联系。

概念模型的最常用的表示方法是实体-联系方法(Entity-Relation Approach,E-R 方法)。E-R 方法是由 P. P. S. Chen 于 1976 年提出的,其方法是用 E-R 图来描述某一组织的信息模型。

E-R 图由以下元素构成。

矩形:代表实体集(具有相同属性或特征的实体集合)。

椭圆:代表实体属性。

菱形:代表实体间的联系集(同一类型的所有联系的集合)。

线段:将属性与实体集相连或将实体集与联系集相连。

每个成分都标上它所代表的实体或联系。我们在考查了客观事物及其联系之后,即可着手建立 E-R 模型。在模型设计中,首先根据分析阶段收集到的材料,利用分类、聚集、概括等方法抽象出实体,并一一命名,再根据实体的属性描述其间的各种联系。图 2-20 是 E-R 图的示例。图 2-21 是某企业采购系统的 E-R 模型表示,为了图示简明起见,图中未画出属性。

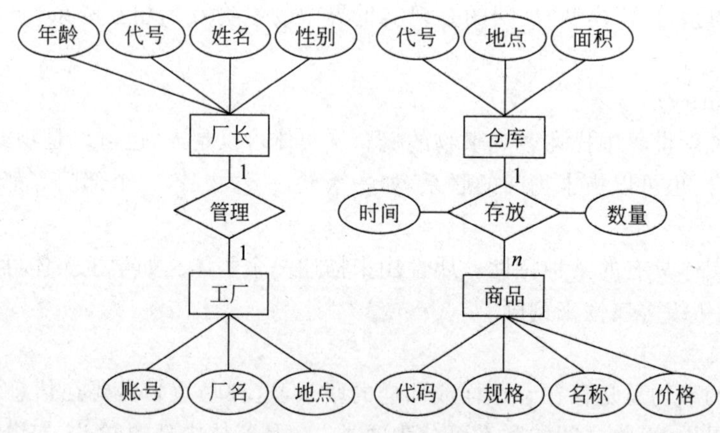


图 2-20 实体关系图示例

E-R 模型是对现实世界的一种抽象,它抽取了客观事物中人们所关心的信息、忽略了非本质的细节,并对这些信息进行了精确的描述。E-R 图所表示的概念模型与具体的 DBMS 所支持的数据模型相独立,是各种数据模型的共同基础,因而是抽象和描述现实世界的有力工具。

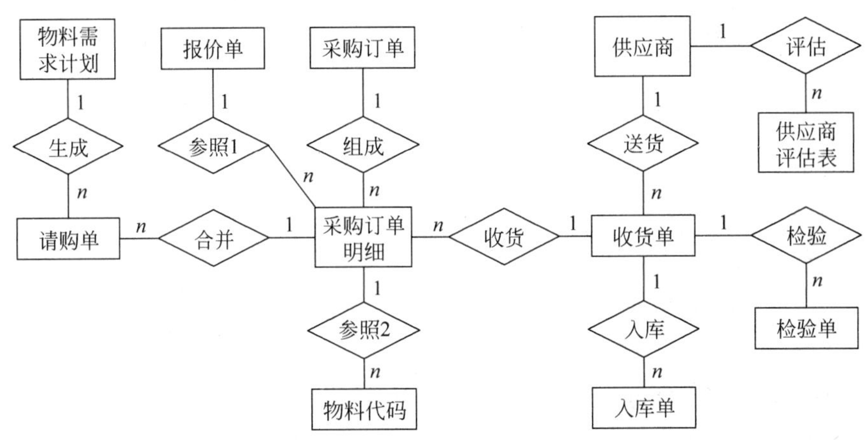


图 2-21　采购系统的 E-R 模型

### 3. 数据模型

数据模型是对客观事物及其联系的数据化描述。在数据库系统中,对现实世界中数据的抽象、描述以及处理等都是通过数据模型来实现的。数据模型是数据库系统设计中用于提供信息表示和操作手段的形式构架,是数据库系统实现的基础。目前,在实际数据库系统中支持的数据模型主要有三种：层次模型、网状模型和关系模型,其中关系模型是三种数据模型中最重要的模型。20 世纪 80 年代以来,计算机系统商推出的数据库管理系统几乎全部是支持关系模型的。许多以前支持层次模型和网络模型的产品也都加上了关系接口,当前数据库领域中的研究工作也大多以关系方法为基础。

1) 关系模型

关系模型是建立在数学概念的基础上,应用关系代数和关系演算等数学理论处理数据库系统的方法。应用这类方法进行数据处理最早是从 1962 年 CoDsYL 发表的"信息代数"开始的,其后,1968 年 David Child 在 7090 机上实现了"集合论的数据结构"(Set-Theretic Data Structure),但系统而严格地提出关系模型的是美国 IBM 公司的 E. F. Codd。他从 1970 年起连续发表了多篇论文,奠定了关系数据库的理论基础。

关系模型用表的集合来表示数据和数据间的联系。每个表有多个列,每列有唯一的列名。在关系模型下,数据的逻辑结构是一张二维表。

例如表 2-1、表 2-2 用二维表的形式表示了一种关系。每一行相当于一个记录,用来描述一个实体。

**表 2-1　关系模型中的一种关系——教师关系**

| 教工号 | 姓名 | 性别 | 职称 | 系编号 |
|---|---|---|---|---|
| 101001 | 田小林 | 男 | 教授 | 101 |
| 101002 | 李大强 | 男 | 副教授 | 101 |
| 201015 | 徐建亮 | 男 | 讲师 | 201 |
| ⋮ | ⋮ | ⋮ | ⋮ | ⋮ |

表 2-2 关系模型中的一种关系——学生关系

| 学号 | 姓名 | 性别 | 出生年月 | 籍贯 | 班级编号 |
|---|---|---|---|---|---|
| 031023 | 张莉 | 女 | 85/05/26 | 北京 | 10101 |
| 031056 | 王长宽 | 男 | 85/11/21 | 上海 | 10101 |
| 020001 | 刘俊忠 | 男 | 84/06/13 | 江苏 | 10102 |
| ⋮ | ⋮ | ⋮ | ⋮ | ⋮ | ⋮ |

关系模型中的有关术语如下。

(1) 关系：一个关系对应于一张二维表。

(2) 元组：表中一行称为一个元组。

(3) 属性：表中一列称为一个属性，列名即为属性名。

(4) 主码：表中的某个属性组，它的值唯一地标识一个元组。

(5) 域：属性的取值范围。

(6) 分量：元组中的一个属性值。

(7) 关系模式：对关系的描述，用关系名(属性 1，属性 2，…，属性 $n$)来表示。

2) 层次模型

层次模型是用树状结构表示实体集之间的联系(描述数据)。IBM 的 IMS(Information Management System)就是采用层次数据模型的数据库管理系统。层次数据模型的主要特征是一棵有向树，树的节点是记录类型，最上层的节点叫根节点，根节点只有一个，上下层的节点之间的关系为父子关系，一个父节点可以有多个子节点，而一个子节点有且只有一个父节点。

3) 网状模型

网状模型是层次数据模型的变形。事实上，为了使处理速度更快、处理更方便，可根据需要将层次数据库转换成网状数据库，或将网状数据库转换成层次数据库。层次数据模型主要用来描述一对多的数据逻辑关系，而网状模型能够更好地描述多对多的数据逻辑关系，也就是说父节点可以有多个子节点，子节点也可以有多个父节点。

4) 3 类数据库模型的优缺点

3 类数据库模型在企业中都有应用，它们各有自己的优缺点。

层次模型的主要优点在于其处理效率。因为层次模型中的数据关系比较简单，因此层次数据库系统较其他数据模型花费更少的处理时间。当数据自然形成层次时，就很适合采用层次模型。但层次模型在数据组织上缺乏灵活性，修改困难，且不易安装。一些组织中由于已采用的层次数据库系统的高效率或巨额投资而继续使用层次模型。网状模型在数据组织上较层次模型有更大的灵活性，但由于数据关系的复杂性，网状模型更难开发和使用。这种模型的数据库管理系统在企业中应用已不多。

关系数据库模型是应用最广泛的数据模型。数据组织直观，查询方便，能够在数据之间建立各种关系满足一些特殊的查询，并且设计、维护简单。其主要缺点是处理效率低。为了提高数据检索的效率，在大型关系数据库设计时可以有适当的数据冗余，也就是同一个数据元素在多个表中出现。在这种情况下要注意数据更新操作的同步性。

### 4. 关系数据库的规范化

关系数据库是以二维表作为数据模型的数据库系统。如给出一组数据，如何才能构造一个好的关系模式呢？对这个问题的研究，提出了关系数据库的规范化理论。规范化理论研究关系模型中各属性之间的依赖关系及其对关系模式性能的影响，探讨关系模式应该具备的性质和设计方法，提供判别关系模式优劣的标准，为数据库设计工作提供了严格的理论依据。

E. F. Codd 于 1971 年提出规范化理论。他定义了 5 种规范化模式(Normal Form，NF)。范式表示的是关系模式的规范化程度，也即满足某种约束条件的关系模式，根据满足的约束条件的不同来确定范式。如满足最低要求，则为第一范式(First Normal Form，1NF)。符合 1NF 而又进一步满足一些约束条件的称为第二范式(2NF)。在 5 种范式中，通常只用到前 3 种。

1) 第一范式(1NF)

属于第一范式的关系应满足的基本条件是元组中每一个分量都必须是不可分割的数据项。例如，图 2-22 和图 2-23 的关系不符合第一范式，而图 2-24 和图 2-25 的关系是经过规范化处理的。

| 员工编号 | 姓名 | 工资 | |
|---|---|---|---|
| | | 基本工资 | 附加工资 |
| 10000001 | 张兴 | 3000 | 2500 |
| 10000002 | 李明 | 3000 | 1000 |
| 10000003 | 王进 | 3000 | 2000 |
| 10000004 | 赵强 | 3000 | 1500 |

图 2-22　不符合第一范式的关系(1)

| 员工编号 | 姓名 | 电话 | |
|---|---|---|---|
| | | 家庭电话 | 办公电话 |
| 10000001 | 张兴 | 60247807 | 60227806 |
| 10000002 | 李明 | 60247808 | 60227807 |
| 10000003 | 王进 | 60257807 | 60227808 |
| 10000004 | 赵强 | 60257808 | 60227809 |

图 2-23　不符合第一范式的关系(2)

| 员工编号 | 姓名 | 基本工资 | 附加工资 |
|---|---|---|---|
| 10000001 | 张兴 | 3000 | 2500 |
| 10000002 | 李明 | 3000 | 1000 |
| 10000003 | 王进 | 3000 | 2000 |
| 10000004 | 赵强 | 3000 | 1500 |

图 2-24　符合第一范式的关系(1)

| 员工编号 | 姓名 | 家庭电话 | 办公电话 |
|---|---|---|---|
| 10000001 | 张兴 | 60247807 | 60227806 |
| 10000002 | 李明 | 60247808 | 60227807 |
| 10000003 | 王进 | 60257807 | 60227808 |
| 10000004 | 赵强 | 60257808 | 60227809 |

图 2-25　符合第一范式的关系(2)

2) 第二范式(2NF)

所谓第二范式,指的是这种关系不仅满足第一范式,而且所有非主属性完全依赖于其主码。例如图 2-26 所示关系是满足 1NF 的,但不满足 2NF。在表中,“学号”和“课程编号”共同组成主关键字,“姓名”、“年龄”、“性别”和“课程名称”、“课程成绩”是非主属性。非主属性不完全依赖于由“学号”和“课程编号”组成的主关键字。其中,“姓名”、“年龄”、“性别”只依赖于主关键字的一个分量——“学号”,而“课程名称”、“学分”只依赖于主关键字的另一个分量——“课程编号”。这种关系会引发下列问题。

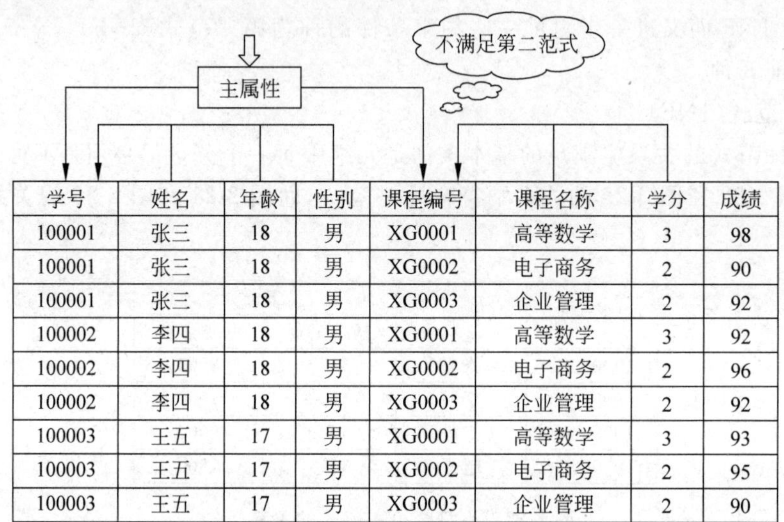


| 学号 | 姓名 | 年龄 | 性别 | 课程编号 | 课程名称 | 学分 | 成绩 |
|---|---|---|---|---|---|---|---|
| 100001 | 张三 | 18 | 男 | XG0001 | 高等数学 | 3 | 98 |
| 100001 | 张三 | 18 | 男 | XG0002 | 电子商务 | 2 | 90 |
| 100001 | 张三 | 18 | 男 | XG0003 | 企业管理 | 2 | 92 |
| 100002 | 李四 | 18 | 男 | XG0001 | 高等数学 | 3 | 92 |
| 100002 | 李四 | 18 | 男 | XG0002 | 电子商务 | 2 | 96 |
| 100002 | 李四 | 18 | 男 | XG0003 | 企业管理 | 2 | 92 |
| 100003 | 王五 | 17 | 男 | XG0001 | 高等数学 | 3 | 93 |
| 100003 | 王五 | 17 | 男 | XG0002 | 电子商务 | 2 | 95 |
| 100003 | 王五 | 17 | 男 | XG0003 | 企业管理 | 2 | 90 |

图 2-26 不符合第二范式的关系(1)

(1) 数据冗余:当某个学生学习了多个课程时,必须有多条记录,而这多条记录中,该学生的姓名、性别和年龄数据项完全相同,如图 2-27 所示。

数据冗余啦!

| 学号 | 姓名 | 年龄 | 性别 | 课程编号 | 课程名称 | 学分 | 成绩 |
|---|---|---|---|---|---|---|---|
| 100001 | 张三 | 18 | 男 | XG0001 | 高等数学 | 3 | 98 |
| 100001 | 张三 | 18 | 男 | XG0002 | 电子商务 | 2 | 90 |
| 100001 | 张三 | 18 | 男 | XG0003 | 企业管理 | 2 | 92 |
| 100002 | 李四 | 18 | 男 | XG0001 | 高等数学 | 3 | 92 |
| 100002 | 李四 | 18 | 男 | XG0002 | 电子商务 | 2 | 96 |
| 100002 | 李四 | 18 | 男 | XG0003 | 企业管理 | 2 | 92 |
| 100003 | 王五 | 17 | 男 | XG0001 | 高等数学 | 3 | 93 |
| 100003 | 王五 | 17 | 男 | XG0002 | 电子商务 | 2 | 95 |
| 100003 | 王五 | 17 | 男 | XG0003 | 企业管理 | 2 | 90 |

图 2-27 不符合第二范式的关系(2)

(2) 插入异常:新学生没有学习课程时,只有学号、姓名、年龄和性别信息,没有课程的信息,而课程编号是主关键字之一,缺少时无法输入课程信息。反之,当插入一门新的课程信息时也往往缺少相应的学生学号，以致无法插入，如图 2-28 和图 2-29 所示。

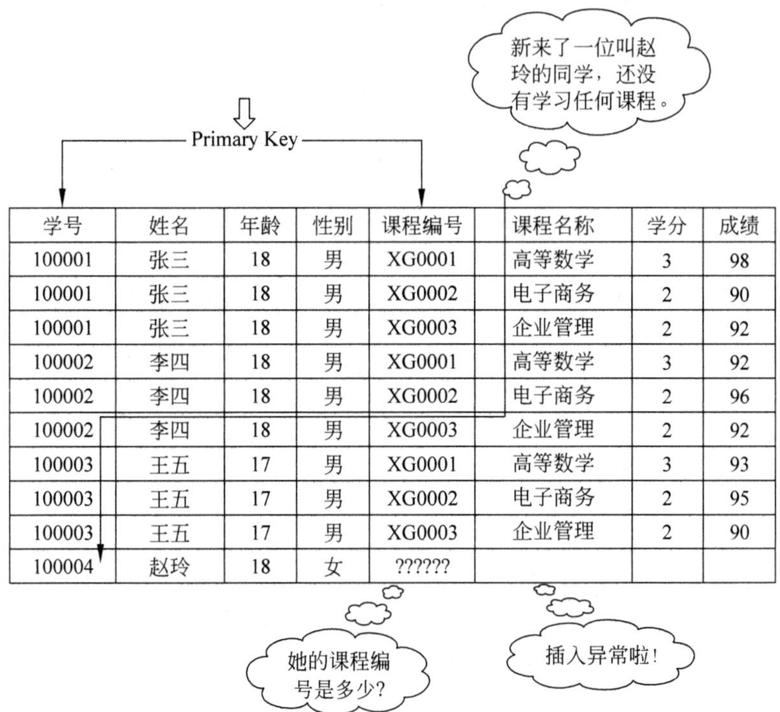


| 学号 | 姓名 | 年龄 | 性别 | 课程编号 | 课程名称 | 学分 | 成绩 |
|---|---|---|---|---|---|---|---|
| 100001 | 张三 | 18 | 男 | XG0001 | 高等数学 | 3 | 98 |
| 100001 | 张三 | 18 | 男 | XG0002 | 电子商务 | 2 | 90 |
| 100001 | 张三 | 18 | 男 | XG0003 | 企业管理 | 2 | 92 |
| 100002 | 李四 | 18 | 男 | XG0001 | 高等数学 | 3 | 92 |
| 100002 | 李四 | 18 | 男 | XG0002 | 电子商务 | 2 | 96 |
| 100002 | 李四 | 18 | 男 | XG0003 | 企业管理 | 2 | 92 |
| 100003 | 王五 | 17 | 男 | XG0001 | 高等数学 | 3 | 93 |
| 100003 | 王五 | 17 | 男 | XG0002 | 电子商务 | 2 | 95 |
| 100003 | 王五 | 17 | 男 | XG0003 | 企业管理 | 2 | 90 |
| 100004 | 赵玲 | 18 | 女 | ?????? | | | |

图 2-28 插入新同学信息异常

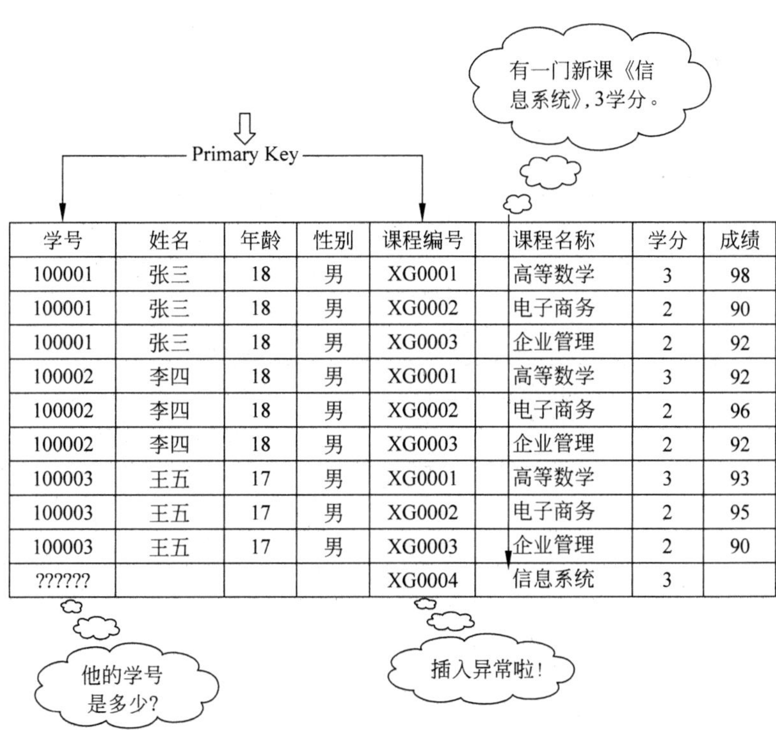


| 学号 | 姓名 | 年龄 | 性别 | 课程编号 | 课程名称 | 学分 | 成绩 |
|---|---|---|---|---|---|---|---|
| 100001 | 张三 | 18 | 男 | XG0001 | 高等数学 | 3 | 98 |
| 100001 | 张三 | 18 | 男 | XG0002 | 电子商务 | 2 | 90 |
| 100001 | 张三 | 18 | 男 | XG0003 | 企业管理 | 2 | 92 |
| 100002 | 李四 | 18 | 男 | XG0001 | 高等数学 | 3 | 92 |
| 100002 | 李四 | 18 | 男 | XG0002 | 电子商务 | 2 | 96 |
| 100002 | 李四 | 18 | 男 | XG0003 | 企业管理 | 2 | 92 |
| 100003 | 王五 | 17 | 男 | XG0001 | 高等数学 | 3 | 93 |
| 100003 | 王五 | 17 | 男 | XG0002 | 电子商务 | 2 | 95 |
| 100003 | 王五 | 17 | 男 | XG0003 | 企业管理 | 2 | 90 |
| ?????? | | | | XG0004 | 信息系统 | 3 | |

图 2-29 插入新课程信息异常

(3) 删除异常：当需要删除某学生的信息时，常常会丢失课程的信息，如图 2-30 所示，如删除学生赵六的信息，则会丢失信息系统课程的信息，出现删除异常，如图 2-31 所示。反之，当删除某门课程的信息时，常常会丢失学生的信息。

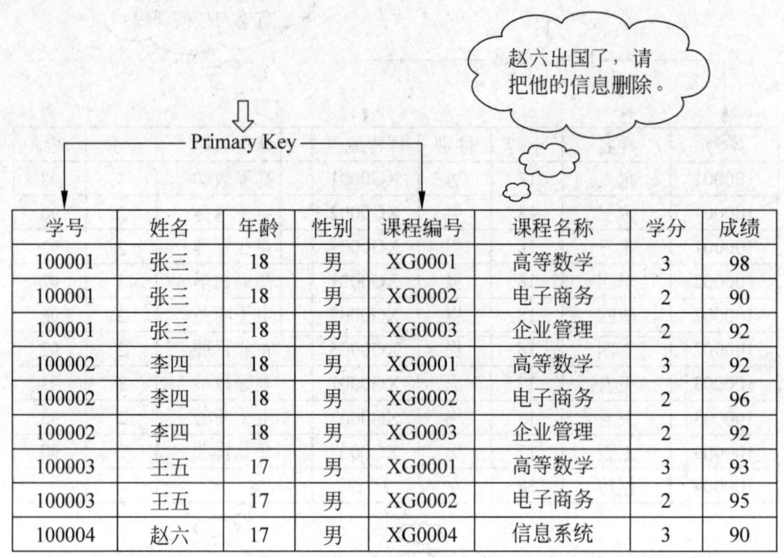


| 学号 | 姓名 | 年龄 | 性别 | 课程编号 | 课程名称 | 学分 | 成绩 |
|---|---|---|---|---|---|---|---|
| 100001 | 张三 | 18 | 男 | XG0001 | 高等数学 | 3 | 98 |
| 100001 | 张三 | 18 | 男 | XG0002 | 电子商务 | 2 | 90 |
| 100001 | 张三 | 18 | 男 | XG0003 | 企业管理 | 2 | 92 |
| 100002 | 李四 | 18 | 男 | XG0001 | 高等数学 | 3 | 92 |
| 100002 | 李四 | 18 | 男 | XG0002 | 电子商务 | 2 | 96 |
| 100002 | 李四 | 18 | 男 | XG0003 | 企业管理 | 2 | 92 |
| 100003 | 王五 | 17 | 男 | XG0001 | 高等数学 | 3 | 93 |
| 100003 | 王五 | 17 | 男 | XG0002 | 电子商务 | 2 | 95 |
| 100004 | 赵六 | 17 | 男 | XG0004 | 信息系统 | 3 | 90 |

图 2-30　需要删除赵六的信息

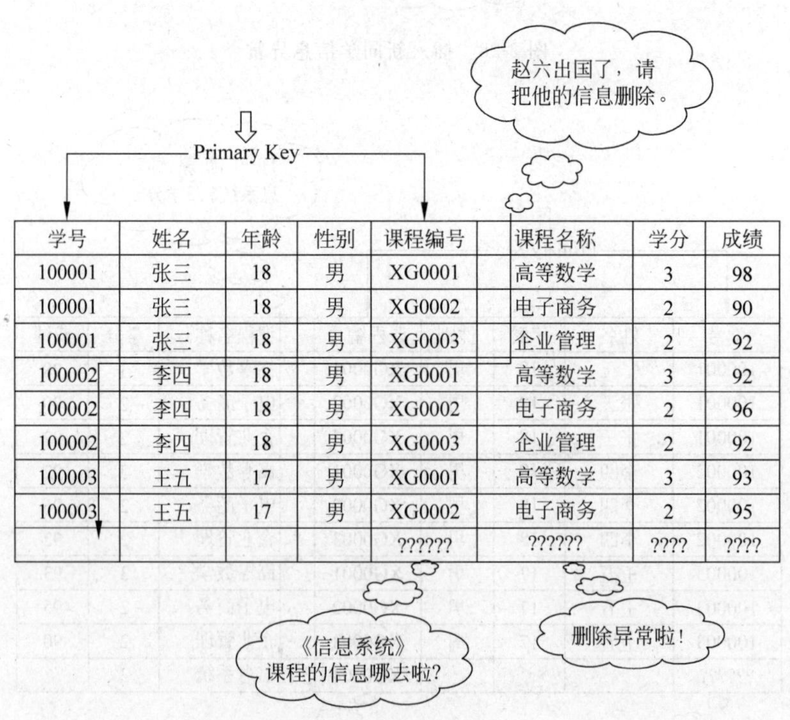


| 学号 | 姓名 | 年龄 | 性别 | 课程编号 | 课程名称 | 学分 | 成绩 |
|---|---|---|---|---|---|---|---|
| 100001 | 张三 | 18 | 男 | XG0001 | 高等数学 | 3 | 98 |
| 100001 | 张三 | 18 | 男 | XG0002 | 电子商务 | 2 | 90 |
| 100001 | 张三 | 18 | 男 | XG0003 | 企业管理 | 2 | 92 |
| 100002 | 李四 | 18 | 男 | XG0001 | 高等数学 | 3 | 92 |
| 100002 | 李四 | 18 | 男 | XG0002 | 电子商务 | 2 | 96 |
| 100002 | 李四 | 18 | 男 | XG0003 | 企业管理 | 2 | 92 |
| 100003 | 王五 | 17 | 男 | XG0001 | 高等数学 | 3 | 93 |
| 100003 | 王五 | 17 | 男 | XG0002 | 电子商务 | 2 | 95 |
|  |  |  |  | ?????? | ?????? | ???? | ???? |

图 2-31　删除信息异常

解决上述问题的方法是将一个非 2NF 的关系模式分解为多个 2NF 的关系模式。在本例中，可将其分解为如下三个关系，如图 2-32 所示。

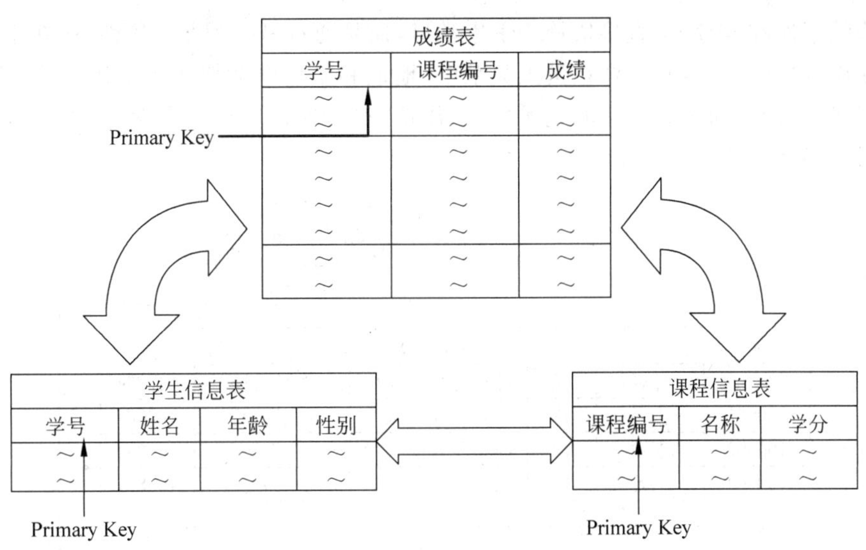


图 2-32　符合第二范式的关系

学生关系：学号、姓名、年龄、性别。

课程关系：课程编号、课程名称、学分。

学生与课程关系：学号、课程编号、成绩。

这些关系符合 2NF 要求。从图 2-33 可以看出，这些关系消除了大量的数据冗余。

| 学号 | 姓名 | 年龄 | 性别 | 课程编号 | 课程名称 | 学分 | 成绩 |
|---|---|---|---|---|---|---|---|
| 100001 | 张三 | 18 | 男 | XG0001 | 高等数学 | 3 | 98 |
| 100001 | 张三 | | | | 电子商务 | 2 | 90 |
| 100001 | 张三 | | | | 企业管理 | 2 | 92 |
| 100002 | 李四 | | | | 高等数学 | 3 | 92 |
| 100002 | 李四 | | | | 电子商务 | 2 | 96 |
| 100002 | 李四 | | | | 企业管理 | 2 | 92 |
| 100003 | 王五 | | | | 高等数学 | 3 | 93 |
| 100003 | 王五 | | | | 电子商务 | 2 | 95 |
| 100003 | | | | | 企业管理 | 2 | 90 |

| 学号 | 课程编号 | 成绩 |
|---|---|---|
| 100001 | XG0001 | 98 |
| 100001 | XG0002 | 90 |
| 100001 | XG0003 | 92 |
| 100002 | XG0001 | 92 |
| 100002 | XG0002 | 96 |
| 100002 | XG0003 | 92 |
| 100003 | XG0001 | 93 |
| 100003 | XG0002 | 95 |
| 100003 | XG0003 | 90 |

| 学号 | 姓名 | 年龄 | 性别 |
|---|---|---|---|
| 100001 | 张三 | 18 | 男 |
| 100002 | 李四 | 18 | 男 |
| 100003 | 王五 | 17 | 男 |

| 课程编号 | 课程名称 | 学分 |
|---|---|---|
| XG0001 | 高等数学 | 3 |
| XG0002 | 电子商务 | 2 |
| XG0003 | 企业管理 | 2 |

图 2-33　消除了数据冗余

3）第三范式(3NF)

所谓第三范式，不仅满足第二范式，而且它的任何一个非主属性都不传递于任何主关键字。如图 2-34 所示学生和员工关系满足第二范式(整个关系中只有一个主关键字——准考证号，它能唯一地确定关系中的其他项)，但不满足第三范式。在学生关系中，学校地址和邮政编码依赖于所在学校,不直接依赖于学生学号,而是通过另一个非主属性(所在学校)传递依赖于主属性(学生学号),同样在员工关系中,地址和单位电话依赖于工作单位,不直接依赖于员工代号,而是通过另一个非主属性(工作单位)传递依赖于主属性(员工代号)。因此图 2-34 所示关系不符合第三范式。

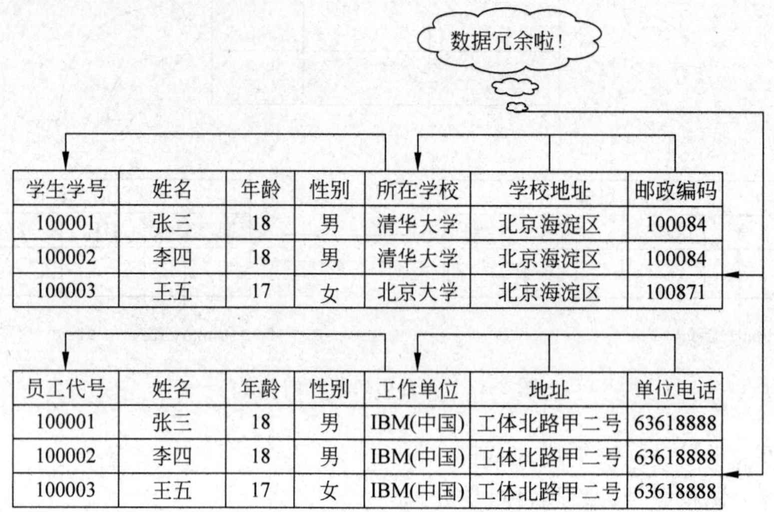


| 学生学号 | 姓名 | 年龄 | 性别 | 所在学校 | 学校地址 | 邮政编码 |
|---|---|---|---|---|---|---|
| 100001 | 张三 | 18 | 男 | 清华大学 | 北京海淀区 | 100084 |
| 100002 | 李四 | 18 | 男 | 清华大学 | 北京海淀区 | 100084 |
| 100003 | 王五 | 17 | 女 | 北京大学 | 北京海淀区 | 100871 |

| 员工代号 | 姓名 | 年龄 | 性别 | 工作单位 | 地址 | 单位电话 |
|---|---|---|---|---|---|---|
| 100001 | 张三 | 18 | 男 | IBM(中国) | 工体北路甲二号 | 63618888 |
| 100002 | 李四 | 18 | 男 | IBM(中国) | 工体北路甲二号 | 63618888 |
| 100003 | 王五 | 17 | 女 | IBM(中国) | 工体北路甲二号 | 63618888 |

图 2-34 不符合第三范式的关系

这样的关系同样存在着高度冗余和更新异常问题。消除传递依赖关系的办法是将原学生关系分解为如下几个 3NF 关系,如图 2-35 所示。

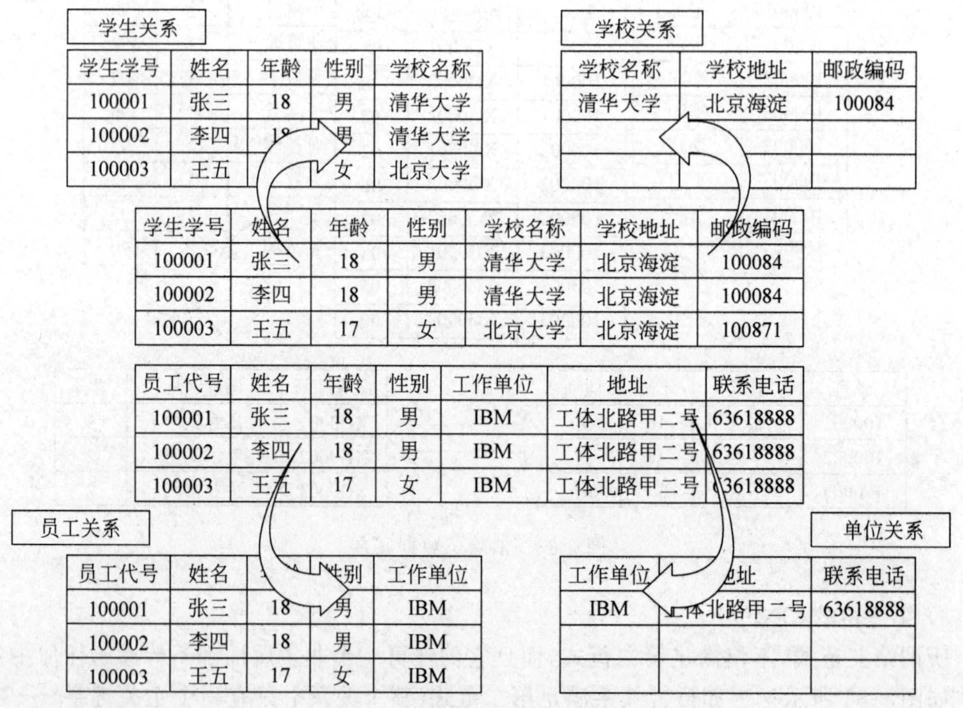

学生关系

| 学生学号 | 姓名 | 年龄 | 性别 | 学校名称 |
|---|---|---|---|---|
| 100001 | 张三 | 18 | 男 | 清华大学 |
| 100002 | 李四 | 18 | 男 | 清华大学 |
| 100003 | 王五 | [illegible] | 女 | 北京大学 |

学校关系

| 学校名称 | 学校地址 | 邮政编码 |
|---|---|---|
| 清华大学 | 北京海淀 | 100084 |
| | | |
| | | |

| 学生学号 | 姓名 | 年龄 | 性别 | 学校名称 | 学校地址 | 邮政编码 |
|---|---|---|---|---|---|---|
| 100001 | 张三 | 18 | 男 | 清华大学 | 北京海淀 | 100084 |
| 100002 | 李四 | 18 | 男 | 清华大学 | 北京海淀 | 100084 |
| 100003 | 王五 | 17 | 女 | 北京大学 | 北京海淀 | 100871 |

| 员工代号 | 姓名 | 年龄 | 性别 | 工作单位 | 地址 | 联系电话 |
|---|---|---|---|---|---|---|
| 100001 | 张三 | 18 | 男 | IBM | 工体北路甲二号 | 63618888 |
| 100002 | 李四 | 18 | 男 | IBM | 工体北路甲二号 | 63618888 |
| 100003 | 王五 | 17 | 女 | IBM | 工体北路甲二号 | 63618888 |

员工关系

| 员工代号 | 姓名 | [illegible] | 性别 | 工作单位 |
|---|---|---|---|---|
| 100001 | 张三 | 18 | 男 | IBM |
| 100002 | 李四 | 18 | 男 | IBM |
| 100003 | 王五 | 17 | 女 | IBM |

单位关系

| 工作单位 | 地址 | 联系电话 |
|---|---|---|
| IBM | 工体北路甲二号 | 63618888 |
| | | |
| | | |

图 2-35 符合第三范式的关系

学生关系：学生学号、姓名、年龄、性别、所在学校。

学校关系：学校名称、学校地址、邮政编码。

将原员工关系分解为如下几个 3NF 关系。

员工关系：员工代码、姓名、年龄、性别、工作单位。

工作单位关系：工作单位、地址、联系电话。

3NF 消除了插入异常、删除异常、数据冗余及修改复杂等问题，已经是比较规范的关系。

**5. 常见关系型数据库系统介绍**

目前在市场上能见到的数据库产品比较多，它们中市场占有份额较大的有 Oracle、Sybase、Informix、SQL Server、DB2、Access 和 FoxPro 等。这些产品各有千秋，现对其主要特点做简要介绍。

1) FoxPro

Foxpro 是 Fox Microsoft 公司的产品，它是针对 FoxBase 进行改造后的产品。与 FoxBase 相比，它主要在网络应用、多媒体数据处理、图形用户界面以及面向对象的编程等方面有所改进。与 FoxBase 相比主要有以下特点。

(1) 提供并引入了强有力的辅助工具，例如屏幕生成工具、报表生成工具、标签生成工具、菜单生成器以及项目管理工具。

(2) 可以使用 SQL 标准查询语言。

(3) 通过查询优化技术、按例相关查询技术以及新的索引结构等进行更快速方便的数据查询。

(4) 提供了与高级语言 C 语言的接口工具。

(5) 提供了编译工具，使所开发的应用系统可以完全脱离 FoxPro 环境运行。

FoxPro 主要适合于小型应用系统的开发，也可以作为数据库应用系统的前端开发工具。

2) Oracle

Oracle 8.0 是 Oracle 全能服务器(Universal Server)中的关系数据库模块，它是新一代信息管理系统，可以处理任何层次应用程序中的信息。Oracle 全能服务器提供了具有最高伸缩性和最高性能的开发平台。通过完备的网络(Web)、报文处理和多媒体支持，Oracle 8.0 全能服务器能够为信息系统提供完整的解决方案。Oracle 8.0 数据库是分布的、可移植的和开放的，它能够集成不同计算机、不同操作系统、不同的网络、甚至不同的数据库管理系统，实现资源共享。因此 Oracle 能够充分保护用户现有的硬件和软件的投资，同时提供给用户选择新技术的自由。Oracle 8.0 数据库在如下几方面具有其他数据库系统所无法比拟的优越性。

(1) 支持分布式数据库和分布式处理。

(2) 支持大型数据库，多用户高性能的事务处理：Oracle 8.0 支持大型数据库，其大小可达几百千兆，可充分利用硬件设备。支持大量用户同时在同一数据库上执行各种数据应用，并使数据盈余最小，保证数据一致性。系统维护具有高的性能，Oracle 每天可连续 24 小时工作，正常的系统操作不会中断数据库的使用。

(3) 具有高可用性：采用磁盘镜像技术，通过独立的后台进程支持完整的联机备份和恢复。

(4) 具有互操作性。

(5) 实施安全性控制、完整性和一致性控制：除了具有基于组操作权限的用户管理手段以外，还有基于用户角色的安全管理，数据完整性管理。

(6) 容易管理：Oracle 8.0 为系统管理员提供一个直观的界面，用于监控数据库系统的运行状态。数据库有系统维护及系统管理命令组成的菜单，大大方便了系统管理员的工作，使他们能够迅速地对整个系统进行精确的调整和管理。

(7) 具有可移植性、可兼容性和可连接性。

(8) 具有可靠数据备份及恢复能力。

3) Sybase

Sybase 支持企业内部各种数据库的应用需求，如数据仓库、联机事务处理、决策支持系统和小平台应用等。

Sybase 是一个面向联机事务处理，具有高性能、高可靠性的功能强大的关系型数据库管理系统。Sybase 数据库系统的多库、多设备、多用户、多线索等特点极大地丰富和增强了数据库的功能。正因为它的复杂性和多功能性，才使对 Sybase 数据库系统的管理变得十分重要，管理的好坏与数据库系统的性能息息相关。Sybase 还为用户提供了良好的开发工具和开发环境，并且支持组件创建和快速应用开发。

4) Informix

Informix 数据库产品最早是在 UNIX 系统下运行的关系数据库管理系统，以后又进行了扩展，其范围从以 UNIX 为基础的 PC 到运行 UNIX 的大型机，以及 MS-DOS、Windows、Netware 和 Windows NT 下运行的个人机都有相应的产品支持。其主要特点有：

(1) 它是 UNIX 系统上效率高，性能好的 DBMS。

(2) Informix 除本身 DBMS 有较好的工具之外，还有一种以 SQL 为基础的第 4 代语言——Informix 4GL，支持以格式为基础的交互式应用开发。此外，Informix 还有一种数据库访问工具——Informix-Wing2，它是一种具有扩展的数据访问和“前端处理”能力的电子数据表，它与数据库的紧密结合受到广泛称赞。

(3) Informix 不能在异构 DBMS 之间复制数据，这一点会影响 Informix 系统应用的广泛性。

5) Microsoft SQL Server

Microsoft 是世界上最大的、在个人机产业中最有影响的公司之一。它主要提供一流的个人机系统软件及应用软件。该公司的第一个数据库产品是 SQL Server，最早 SQL Server 是 Sybase DBMS 在 OS/2 上移植的产品，现在 SQL Server 还只在 Windows NT 上运行。

Microsoft 的 SQL Server 主要有以下的特点。

(1) 由于 Windows NT 技术对市场的重大作用，使得 SQL Server 这一产品更能引起用户的关注，尽管其他 DBMS 厂商的产品也支持 Windows NT，但毕竟 Windows NT 与 SQL Server 有更亲的“血缘”关系，在市场中有一定的优势。

(2) SQL Server 不能提供异构 DBMS 配置下在两个 DBMS 之间复制，但它可以通过 ODBC 从其他的 DBMS 中取得数据。ODBC 是 Microsoft 数据库技术中非常重要的一个组成部分。

它是一种以 SQL 为基础的访问应用程序接口，是一种 PC 数据库访问标准，很多数据库或前端开发的产品均支持 ODBC。

(3) SQL Server 所支持的语言是 Transact-SQL，它是 SQL Server 的增强版本，是应用程序与服务器之间通信的标准语言，Transact-SQL 包括语句、命令、流控制语言、存储过程、触发器、规则以及默认值。

(4) SQL Server 对 Internet 的支持是通过 Windows NT 中的 IIS 进行的。它与 Oracle、DB2 等数据库管理系统一样，采用基于服务器的方式来支持 Internet，这与像 Sybase 那样基于脚本的方式是不同的。在 SQL Server 中实现 Internet 支持时有一个专用服务器进程指定数据库的网关，它取出数据并以 HTML 能够识别的格式返回。在支持 Internet 方面，还有一个与 Microsoft SQL Server 一起交付的 SQL Server Assistant，它是 Web 应用的工具。由此可以看出 SQL Server 对 Internet 有较好的支持。

目前，适应客户机/服务器系统环境下的数据库管理系统有：Oracle 8.0、SQL Server 7、Sybase、Informix、Ingress 等。它们的功能比较完善，如共享能力、多用户并发控制、数据完整性约束、数据安全控制机制、数据备份及恢复应用、开发工具等都具备，能适用各种机型和多种复杂应用及各种规模的数据库应用系统。就目前及将来的发展来看，Oracle、SQL Server 与 Sybase 将占有数据库管理系统市场的绝大比重，它们的高性能是基于高超的设计技巧，采用了先进的体系结构，无论是分布式处理功能，还是开放性、高性能、容错机制、并发机制和安全管理几乎采用了同样的先进技术，并都提供了高质量的技术支持，因此它们都能够满足系统需求。

### 2.5.4 数据库技术的发展

#### 1. 分布式数据库系统

分布式数据库系统是数据库技术与网络技术结合的产物。集中式数据库系统中，数据集中在一台称为服务器的计算机上，数据管理和数据处理都由这台服务器完成。数据集中易于管理，可减少冗余，应用程序与数据之间有较高的独立性。但对大型数据库系统应用的设计和操作来说，采用集中式数据库会使得系统不灵活，安全性差，一旦数据服务器发生故障，将导致整个系统瘫痪。分布式数据库系统将数据库分散建立在多台服务器上，通过网络通信连接构成逻辑整体，具有数据分布性、逻辑整体性的特点。分布式数据库管理系统负责管理分布环境下逻辑集成数据的存取，是具有一致性、有效性和完整性的软件。

分布式数据库系统具有系统灵活、可扩展性好、可靠性高、局部应用响应速度快等优点，特别适合于采用分布式管理和控制的机构。但分布式数据库系统的数据安全性和保密性处理较困难；远程访问时，花费在通信上的开销较大，如系统并发控制、故障恢复和远程数据访问技术复杂。这些缺点正在逐步解决。分布式数据库系统是非常实用、有发展前景的数据库系统。

#### 2. 面向对象数据库

20 世纪 80 年代起流行的关系数据库，是继层次、网状数据库后的第二代数据库。关系数据库管理系统只能处理格式化的数据，不能处理大量的非格式化多媒体数据，如图形、图像、声音、正文等，也不能支持新的数据类型和嵌套、递归的数据结构，难以满足计算机应用领域的拓宽需要,如 CAD/CAM、CIMS、CASE、OA 等领域的应用。新一代数据库面向对象数据库,它是面向对象技术与数据库技术结合的产物。目前,面向对象数据库有两种模型:OR-DBMS 模型可在传统关系数据库的基础上,扩充 SQL 语言,支持新的数据类型和嵌套、递归的数据结构,处理非结构化数据的结构,也称为对象关系模型;OODBMS 是在程序设计语言 OOPL(如 C++)的基础上扩充的,能操作持久性数据,也称为面向对象模型。这两种面向对象数据库模型都是为适应计算机应用领域的拓宽,处理非结构化多媒体数据和复杂的数据结构而发展的。

### 3. 数据仓库

数据仓库是信息技术领域和企业界最新最热的流行词汇与概念之一。数据仓库(Data Warehouse)是信息的逻辑集合,这些信息来自于许多不同的业务数据库,并用于支持企业的分析活动和决策任务。数据仓库是对数据库概念的改进,它为用户提供改进的数据资源,使用户能够用比较直观的方式操纵和使用数据。

按"数据仓库之父"(W. H. Inmon)的定义,数据仓库是一个面向主题的、集成的、非易失的且随时间变化的数据集合,用来支持管理人员的决策。

数据仓库的 4 个基本特点如下。

1) 面向主题(Subject Oriented)

所谓主题,即企业管理中关注的主要问题,如客户、产品、经营活动等。

2) 集成性(Integrated)

数据从面向应用的操作环境中提取到数据仓库中时都要经过集成化,如一致的数据属性、一致的编码结构等。

3) 稳定性(Non Volatile)

由于数据仓库只有两种基本操作,即装载数据和访问数据,因此数据是相对稳定的,其修改和重组由管理员定期后台实现,这样数据仓库就可在物理层上做很多优化的工作。

4) 时间变异性(Time Variant)

在数据仓库中,数据记录总含有一个时间属性,仓库中记录了数据随时间变化的历史。数据仓库中的数据不仅数量庞大,而且质量非常高,因为广泛的数据清洗,即删除不正确和不连续的数据,使数据的质量比一般商业数据库的要高。数据仓库中的数据检索可以用多种不同方法实现,最常用的是人工智能和统计分析方法。这些方法所形成的检索模型由数据库管理系统内的性能分析模块保存。聚类(Clustering)是其中的一种统计技术,即按用户希望看到的方式安排数据,这类似于在超市摆放商品,要把相似的商品摆放在一起。

数据仓库需要在大型机上运行,因为在微机中存储相当多的数据是不现实的。数据可以存储在关系型数据库中。

如图 2-36 所示是 SAP 数据仓库系统的体系结构。主要由下面 4 部分组成。

(1) 应用平台管理。负责整个数据仓库系统的维护管理。

(2) 数据抽取。从各业务系统数据库中提取和清洗数据。

(3) 数据存储与管理。将经过清洗后的数据存储到数据仓库中。

(4) 业务展示。将基于数据仓库的各种业务应用(如各种统计报表、决策分析结果等)通过客户端工具展示出来,如图 2-37(a)、图 2-37(b)和图 2-37(c)所示。

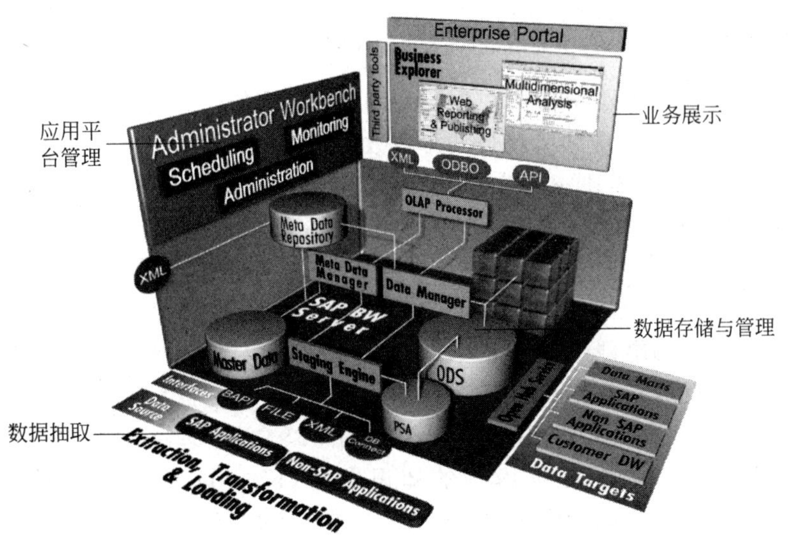


图 2-36　SAP 数据仓库的体系

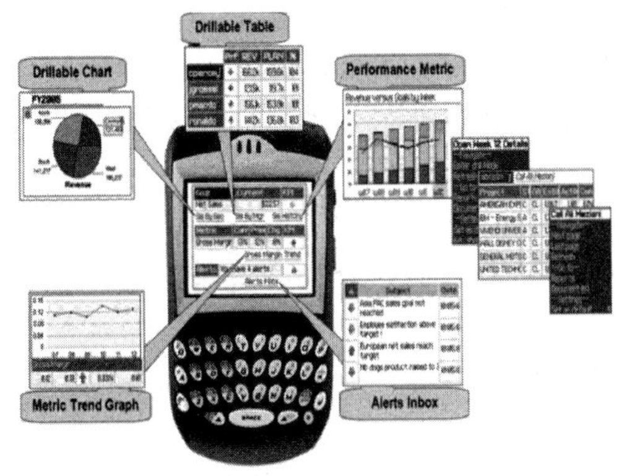


(a) 手机上展示多维数据分析

(b) 桌面交互式仪表盘

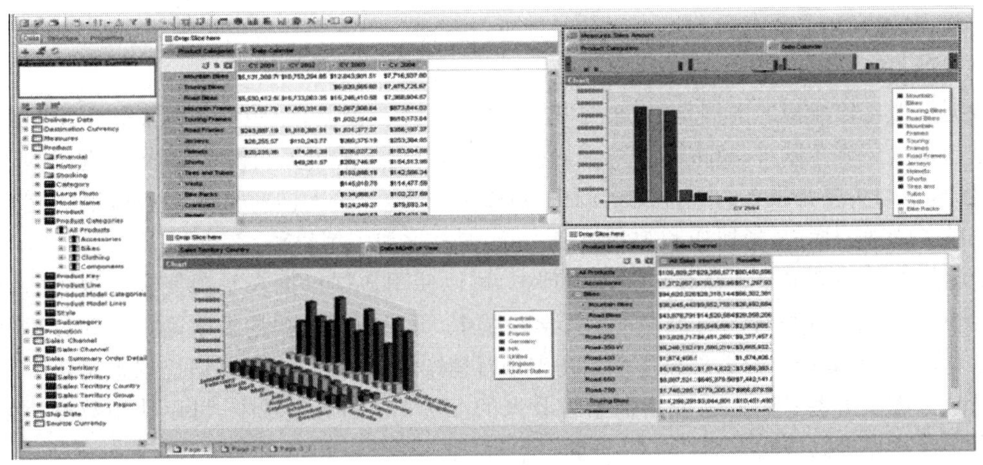

(c) 桌面展示多维数据分析

图 2-37　客户端工具

#### 4. 数据集市

建立数据仓库看起来是一项很大的挑战,事实也确实如此。实际上数据仓库非常庞大,所以有些专家建议采取折中的策略——实施数据集市(datamart)。数据集市是一个数据库,它所包含的数据仅仅描述一部分的公司运营情况。例如,一个公司可以有销售数据集市、人力资源数据集市等。

#### 5. 数据挖掘

在数据仓库的应用中,要对大量的数据进行分析,从中提取数据中隐含的某些事物的发展规律和事物之间的联系,这需要用到一些统计、建模、分析的技术和工具。数据挖掘(Data Mining)就是新兴的一种从大量数据中提取有用信息以支持管理决策的技术。

数据挖掘,也可以称为数据库中的知识发现(Knowledge Discovery in Database, KDD),是从大量数据中提取出可信、新颖、有效并能被人理解的模式的高级处理过程。

数据挖掘的重要性就来源于数据仓库中巨大的数据量。数据仓库组合许多不同来源的信息,创建一个具有比任何单个数据源有更多列或属性的数据实例。尽管这会增加数据挖掘工具的精确度,但是也会使得人们很难对大量的信息进行排序并寻找其中的规律,而且,因为数据仓库中信息太多,从而无法完全利用每一条信息。所有这些因素,都促使人们对数据仓库使用数据挖掘工具。数据挖掘的结果可以增加收入、降低费用,甚至二者兼而有之。

数据挖掘所涉及的学科领域和方法很多,如:

(1) 数据总结:其目的是对数据进行浓缩,给出它的紧凑描述。

(2) 数据分类:其目的是学会一个分类函数或分类模型(也称作分类器),该模型能把数据库的数据项映射到给定类别中的某一个。

(3) 数据聚类:把一组个体按照相似性归成若干类别,使属于同一类别的个体之间的距离尽可能地小,而不同类别的个体间的距离尽可能地大。

数据挖掘技术从一开始就是面向应用的。它不仅是面向特定数据库的简单检索查询调用,而且要对这些数据进行统计、分析、综合和推理,以指导实际问题的求解,发现事物间的相互关联,甚至利用已有的数据对未来的活动进行预测。为了实现数据挖掘,现在已经开发出许多软件工具,并且形成了若干产品。

数据挖掘比较典型的案例是“尿布与啤酒”的故事。在美国,一些年轻的父亲下班后经常要到超市去买婴儿尿布,超市通过对客户多年的购买记录采用关联模型挖掘,因此发现了一个规律,在购买婴儿尿布的年轻父亲们中,有30%~40%的人同时要买一些啤酒。超市随后调整了货架的摆放,把尿布和啤酒放在一起,明显增加了销售额。

数据挖掘的用途很多。在客户关系管理中,可以使用数据挖掘来发现使客户盈利的因素或促使客户转向竞争对手的因素;在医学领域中,可以使用数据挖掘来确定哪些过程更为有效,哪些病人最适合于做外科手术;在市场营销领域中,可以使用数据挖掘来确定哪些客户更感兴趣于哪些特定商品或增加销售收入的方法;在制造领域中,可以使用数据挖掘来确定哪些过程参数最能影响产品的质量。

数据挖掘工具(Data Mining Tools)是用户对数据仓库进行信息查询的软件工具。数据挖掘工具支持OLAP的概念,即通过对数据的处理来支持决策任务,数据挖掘工具包括查询与报表工具、智能代理和多维分析工具。

## 习题

2.1　简述计算机软件的类型。

2.2　什么是操作系统？操作系统的功能是什么？

2.3　简述多媒体的含义及类型。

2.4　叙述多媒体的主要应用。

2.5　简述计算机网络系统的组成。

2.6　简述网络系统在企业中的主要应用。

2.7　叙述网络操作系统的作用。

2.8　在企业网络中，C/S模式与B/S模式各有什么优点和缺点？

2.9　简述数据处理的发展阶段及特点。

2.10　关系模型有什么特点？

2.11　简述什么是第一、第二、第三范式。

2.12　叙述数据仓库含义及特点。

2.13　叙述数据挖掘的含义及功能。

2.14　表2-3是某学校学生成绩报告单，如要开发该学校的教务信息系统，请完成下述工作：

(1) 分析该成绩单中的实体并绘制实体属性图。

(2) 分析该成绩单中各实体的联系类型并绘制总的E-R图。

(3) 按照关系规范化理论的要求将实体和联系转换为关系模型。

**表2-3　××××××学校成绩报告单**

课程名称：　课程性质：　必修课　选修课　考核形式：　考试　考查　补考　重修

专业：　班级：　人数：

| 学号 | 姓名 | 性别 | 平时成绩 | 期末成绩 | 总评成绩 |
|---|---|---|---|---|---|
| | | | | | |
| | | | | | |
| | | | | | |
| | | | | | |
| | | | | | |
| | | | | | |
| | | | | | |
| | | | | | |
| | | | | | |
| | | | | | |

任课教师签字：

# 第3章 信息系统的系统规划

现代企业用于信息化的投资越来越多,例如沃尔玛公司的投资达数十亿元。由于系统建设投资大、周期长,它的成败将对企业经营产生重大影响。

“凡事预则立,不预则废”,科学、有效的系统规划对信息系统建设非常重要。大量事实说明,如果一个操作错误会造成几万元损失的话,那么一个设计错误就会损失几十万元,一个计划错误就会损失几百万元,而一个规划错误将损失几千万元甚至上亿元。调查结果表明,信息系统的失败差不多有70%是由于规划不当造成的。中国ERP第一案,钢铁行业ERP第一案等都可以归咎于系统规划不当。

系统规划的主要目标,就是根据组织的目标与战略制订出信息系统的目标与发展战略,确定信息系统建设的长期发展方案,决定信息系统在整个生命周期内的发展方向、规模和发展进程。系统规划不当,信息系统的建设就会偏离目标和方向,所以,我们必须把信息系统的规划摆到重要的战略位置上。

## 3.1 信息系统规划概述

### 3.1.1 信息系统发展的阶段论

1973年,诺兰(Nolan)提出了信息系统发展的阶段理论,这个理论被称为诺兰模型,这个模型在1980年得到进一步完善,该模型把信息系统的成长过程划分为图3-1所示的6个不同阶段。诺兰模型所表达的是信息系统在一个组织机构中投入应用,经过从初级到成熟,逐步成长、逐步扩散和逐步完善的一般性演进规律。

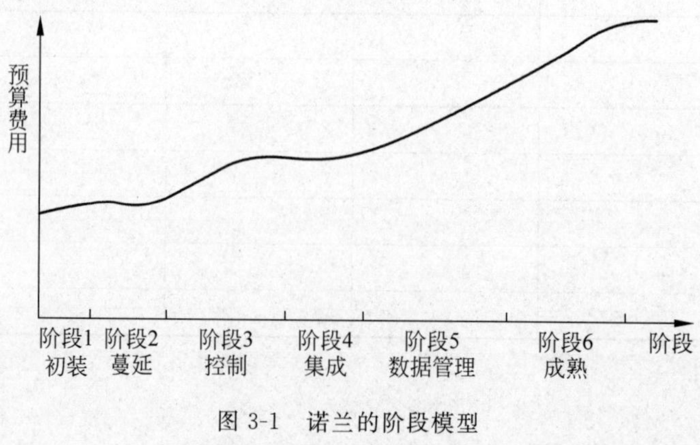


图3-1 诺兰的阶段模型

### 1. 第一阶段：初装

初装阶段指单位(企业、部门)购置第一台计算机并初步开发管理应用程序。该阶段,计算机的作用被初步认识到,个别人具有了初步使用计算机的能力。一般“初装”阶段大多发生在单位的财务部门。

### 2. 第二阶段：蔓延

随着计算机应用初见成效,信息系统(管理应用程序)从少数部门扩散到多数部门,并开发了大量的应用程序,使单位的事务处理效率有了提高,这便是所谓的“蔓延”阶段。显然,在该阶段中,数据处理能力发展得最为迅速,但同时出现了许多有待解决的问题,如数据冗余性、不一致性、难以共享等。可见,此阶段只有一部分计算机的应用收到了实际的效益。

### 3. 第三阶段：控制

管理部门了解到计算机数量超出控制,计算机预算每年以30%～40%或更高的比例增长,而投资的回收却不理想。同时随着应用经验逐渐丰富,应用项目不断积累,客观上也要求加强组织协调,于是就出现了由企业领导和职能部门负责人参加的领导小组,对整个企业的系统建设进行统筹规划,特别是利用数据库技术解决数据共享问题。这时,严格的控制阶段便代替了蔓延阶段。诺兰先生认为,第三阶段将是实现从以计算机管理为主到以数据管理为主转换的关键,一般发展较慢。

### 4. 第四阶段：集成

所谓集成,就是在控制的基础上,对子系统中的硬件进行重新连接,建立集中式的数据库及能够充分利用和管理各种信息的系统。由于重新装备大量设备,此阶段预算费用又一次迅速增长。

### 5. 第五阶段：数据管理

Nolan认为,“集成”之后,会进入“数据管理”阶段。20世纪80年代,美国尚处在第四阶段,因此,Nolan没能对该阶段进行详细的描述。

### 6. 第六阶段：成熟

一般认为,“成熟”的信息系统可以满足单位中各管理层次(高层、中层、基层)的要求,从而真正实现信息资源的管理。

诺兰阶段模型还指明了信息系统发展过程中的6种增长要素如下。

(1) 计算机硬软件资源：从早期的磁带向最新的分布式计算机发展。

(2) 应用方式：从批处理方式到联机方式。

(3) 计划控制：从短期的、随机的计划到长期的、战略的计划。

(4) MIS在组织中的地位：从附属于别的部门发展为独立的部门。

(5) 领导模式：一开始技术领导是主要的,随着用户和上层管理人员越来越了解MIS,上层管理部门开始与MIS部门一起决定发展战略。

(6) 用户意识：从作业管理级的用户发展到中、上层管理级。

诺兰的阶段模型总结了发达国家信息系统发展的经验和规律。一般认为模型中的各阶段都是不能跳跃的。

目前,我国大多数企事业单位,其信息系统的建设大都处于控制和集成阶段。信息系统的有效集成和信息的全面共享是现代企业提高管理水平、提升竞争能力的必备要求。信息系统建设是一项复杂的系统工程,其首要任务是系统规划,下面将阐述信息系统规划的重要性及信息系统规划的主要内容。

### 3.1.2 信息系统规划的重要性

信息系统规划是信息系统建设的起点,也是信息系统实践中的主要问题之一。现今,企业用于建设信息系统的投资越来越多。当然,能够认识到信息和信息系统对于企业的重要性是一件好事。但是,在具体的信息系统建设中一定要讲究方法和根据本企业的实际情况。信息系统建设不可能通过一年半载的大规模开发工作就能完全办妥,而是需要随管理水平的不断提高进行多次的开发和完善。它是个投资巨大、历时很长的工程项目。规划得好可以给企业带来明显的效益,规划得不好不仅自身的投资得不到回报,而且还会给企业带来无法衡量的间接损失。毫不夸张地说,信息系统规划的好坏直接影响着信息系统建设的成败和企业的运营情况。所以应把信息系统规划摆到重要的战略位置上。

计算机应用初期,人们建一个信息系统就像农民盖三间瓦房,大体估测一下就马上开工。由于企业内部各部门对信息的需求具有不同的特点,因此随着时间的推移,企业内部采用这种零打碎敲的方式盖起了很多这种"瓦房",这就是企业里所谓的"信息孤岛"。在信息系统建立之初,这些"信息孤岛"的确提高了工作效率,但随着企业的不断发展、变化,企业的生产、经营规模不断扩大,原有的"信息孤岛"很难再适应企业各个层次对信息的需求,因此企业迫切需要重新整合这些"信息孤岛",以实现信息资源共享。"信息孤岛"的重新整合,并非提供数据接口就行了。如果只是简单地把这些"瓦房"连成一片,那就是"臭皮匠"+"臭皮匠"+"臭皮匠"等于"臭皮匠",三个"臭皮匠"加起来,永远也不会等于一个诸葛亮。

现代企业对信息系统的要求已由简单的"瓦房"变成了"摩天大楼",摩天大楼不可能是简单瓦房的叠加,动工前需要规划、需要地质勘探,需要画出结构图、效果图、施工图,楼层越高,打地基就越需要下功夫。同样的道理,信息系统在建设之前,需要进行科学的规划和整体设计,要从全局的、长远的、发展的观点出发,来规划整个系统的建设。如果系统规划不得法,后果将是灾难性的,要么是半途而废,要么是推倒重来。所以做好信息系统的规划工作是信息系统建设的首要任务。在信息系统建设中,如果缺乏科学有效的系统规划,将会带来严重问题,具体表现如下:

(1) 系统建设与组织发展的目标和战略不匹配。

(2) 系统建成后对管理与业务状况并无显著改善。

(3) 不能适应环境变化和组织变革的需要。

(4) 组织结构陈旧,管理落后,企业主要业务流程效率与效益低下。

(5) 系统求大、求全,实用性差。

(6) 系统技术方案不合理,运行不稳定、不可靠。

(7) 领导不重视,系统使用人员的素质较低。

(8) 资金短缺,投入太少,而对系统的期望又过高。

科学的系统规划可以减少建设的盲目性，使系统有良好的整体性、较高的适应性。系统规划是决定信息系统建设成功与否的关键因素，它比具体项目的开发更为重要。

好的系统规划 + 好的开发 = 优秀的信息系统

好的系统规划 + 差的开发 = 较好的信息系统

差的系统规划 + 好的开发 = 差的信息系统

差的系统规划 + 差的开发 = 混乱的信息系统

### 3.1.3 系统规划的作用

信息系统规划的作用主要有以下几个方面。

(1) 确保信息系统正确的目标和任务。

(2) 合理分配和利用信息资源(信息、信息技术和信息生产者)，以节省信息系统的投资。

(3) 指导 MIS 系统开发，用规划作为将来考核系统开发工作的标准。

### 3.1.4 系统规划的原则

系统规划应遵循以下原则。

#### 1. 支持企业的总目标

企业的战略目标是系统规划的出发点。系统规划从企业目标出发，逐步导出信息系统的战略目标和总体结构。

#### 2. 第一把手参与

系统规划是信息系统建设的第一个阶段。在信息系统建设的起始阶段，争取企业高层领导的参与和支持是保证以后信息系统建设成功的关键。

#### 3. 整体上着眼于高层管理，兼顾各管理层的要求

企业建设信息系统的目的就是要满足企业管理者对信息的需求，离开管理者对信息的需求，信息系统就会偏离方向。

#### 4. 摆脱信息系统对组织机构的依从性

首先着眼于企业过程。企业最基本的活动和决策可以独立于任何管理层和管理职责。例如，“库存管理”可以定义为“原材料、零件和组件的收发控制和库存量的估计过程”。这个过程可以由一个部门单独完成，也可以由多个部门联合完成。组织机构可以有变动，但库存管理的过程大体上是不变的。对企业过程的了解往往从现行组织机构入手，只有摆脱对它的依从性，才能提高信息系统的应变能力。

### 3.1.5 系统规划的两个层次

信息系统规划包括两个层次的内容，即 IS 战略规划(Information System Strategic Planning，ISSP)和 IT 战略规划(Information Technology Strategic Planning，ITSP)。

IS 战略规划是在充分、深入研究企业的发展远景、业务策略和管理的基础上，形成信息系统的远景、信息系统的组成架构、信息系统各部分的逻辑关系，以支撑企业的战略规划(Business Strategic Planning，BSP)目标的达成。

IT 战略规划是在承接 IS 战略之后，对信息系统各部分的支撑硬件、支撑软件、支撑技术等进行计划与安排，简而言之，是围绕 T 来展开的。

BSP、ISSP、ITSP 的关系如图 3-2 所示。

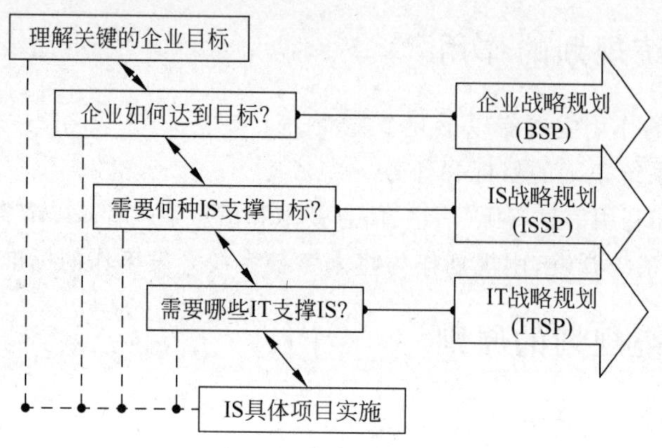


图 3-2 BSP、ISSP、ITSP 关系图

# 3.2 信息系统规划的目标和工作内容

## 3.2.1 信息系统规划的目标与任务

系统规划是信息系统生命周期的第一阶段，是信息系统的概念形成期。这一阶段的主要目标就是根据组织的目标与战略制订出信息系统的目标与发展战略，确定信息系统建设的长期发展方案，决定管理信息系统在整个生命周期内的发展方向、规模和发展进程。主要任务如下：

(1) 根据组织的发展目标与战略制订出信息系统的发展目标与战略。

(2) 改进或重新设计组织的核心业务流程，确定业务流程改革与创新方案。

(3) 确定信息系统的总体结构规划方案。

(4) 制订项目实施方案、制订信息系统建设的资源分配方案。

(5) 可行性研究。

上述任务也规定了信息系统规划工作进程的 5 个主要阶段，形成了信息系统规划 5 阶段模型的基本框架，如图 3-3 所示。

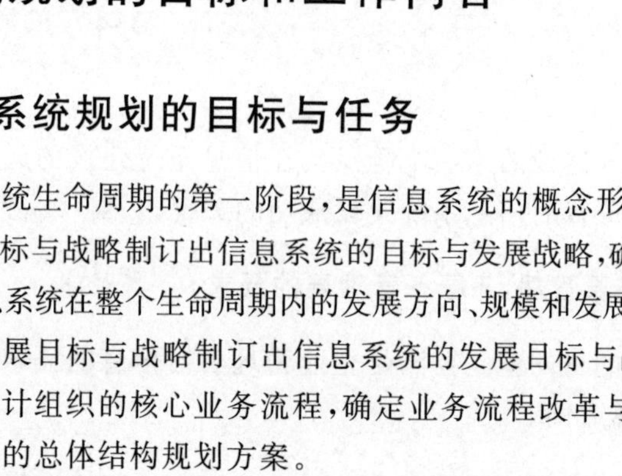

| 阶段1 | 阶段2 | 阶段3 | 阶段4 | 阶段5 |
|---|---|---|---|---|
| 信息系统战略规划 | 组织业务流程规划 | 系统总体结构规划 | 项目实施与资源分配规划 | 系统的可行性研究 |

①→②→③→④→⑤

图 3-3 信息系统规划的 5 个阶段

### 3.2.2 信息系统规划各阶段的工作内容

#### 1. 信息系统发展战略规划

1）信息系统发展战略规划的目的与任务

战略问题是指关于一个组织生存发展的全局性、关键性和长期性的问题。信息系统的战略规划就是针对上述这些问题提出来的，它通常包括主要发展目标、发展重点、实现目标的途径和措施等。信息系统的战略规划既可以看成是企业战略规划下的一个专门性规划，也可以看成是企业战略规划的一个重要组成部分。当一个企业制定或调整企业战略规划与核心业务流程时，可以借助已有的信息系统提供支持，因为信息系统能提供各种必要的信息来支持企业战略规划的制订和核心业务流程的改革与创新。因此，要强调信息系统战略规划与企业组织的战略规划之间的协调。也就是说，不论信息系统战略规划是作为企业战略规划的一部分，还是一个专门性的规划，它都应当与企业战略规划有机地配合。信息系统必须支持与促进组织的变革与发展。如何使一个组织中的信息系统发展战略与组织本身的发展战略保持一致，是信息系统战略规划工作的核心问题之一。

2）信息系统发展战略规划的主要内容

信息系统发展战略规划一般既包含3～5年长期规划，也包含1～2年的短期计划。长期规划部分指出了总的发展方向，而短期计划部分则为作业和资金工作的具体责任提供依据。一般来说，整个战略规划包含如下主要内容。

（1）信息系统的目标、约束与结构

信息系统战略规划应根据组织的战略目标，组织的业务流程改革与创新需求以及组织的内、外约束条件，来确定信息系统的总目标、发展战略规划。其中，信息系统的总目标为信息系统的发展方向提供准则，而发展战略规划则提出对完成工作的衡量标准。

（2）对目前组织的业务流程与信息系统的功能、应用环境和应用现状进行评价

了解当前的能力状况，制订改革业务流程，建设信息系统的政策、目标和战略。

（3）对影响计划的信息技术发展的预测

信息系统发展战略规划无疑要受当前和未来信息技术发展的影响。因此，计算机及其各项技术的影响应得到必要的重视，并在战略规划中有所反映。另外，对信息网络、数据库、软件的可用性、方法论的变化、周围环境的变化以及它们对信息系统产生的影响也属于所要考虑的因素之中。

（4）近期计划

在发展战略规划适用的几年中，应对即将到来的一段时期做出相应具体的安排，主要应包括：硬件设备的采购时间表、应用项目的开发时间表、软件维护与转换工作时间表、人力资源的需求计划以及人员培训时间安排、资金需求等。信息系统的战略规划并不是一经制订就再也不发生变化的。事实上，各种因素的变化都可能随时影响整个规划的适应性。因此，信息系统发展战略规划总是要做不断修改以适应变化的需要的。

在信息系统规划中，战略规划阶段的目标是制订同组织机构的目标和战略相一致、支持组织的管理决策与核心业务流程的信息系统目标、目的和战略。由于战略规划涉及组织的内、外环境因素较多，不确定性问题较突出，目前还没有一种规范的制订信息系统的战略规

划方法。一个科学的、合理的战略规划更多地取决于规划人员对组织内外环境及其发展趋势的正确估计和深刻理解,对发展目标及实现目标的途径的智谋和远见。各种规划方法可以起到辅助作用。

**2. 业务流程规划**

1) 企业的业务流程

业务流程定义为一个组织在完成其任务、实现其目标的过程中必需的、逻辑上相关的一组活动。例如,仓库收货的业务流程可能是:保管员验收货物并做记录、通知采购员、签收货物发运单、填写入库单并入库、分发入库单、填写送验单等。由于业务流程比组织内部的机构相对稳定,面向业务流程的信息系统在组织机构与管理体制变化时能够保持工作能力。然而,只是在20世纪90年代以来,业务流程才在管理改革与信息系统建设中受到特别关注。在此以前,人们更多关注的是企业管理的层次结构与职能结构。

20世纪后半叶以来,企业的生存环境发生了重大变化。社会经济与科学技术发展迅速。知识与信息正在成为社会经济发展的主导因素。经济全球化与市场国际化趋势加速,主要商品市场已由卖方市场转为买方市场,竞争日趋激烈,市场形势复杂多变,产品更新换代周期缩短,用户需求越来越多样化、个性化且愈加苛刻。工业经济时代形成的传统的企业组织管理模式难以适应新的市场竞争形势和社会经济发展的需要。

"成在营销、败在管理"是目前很多中国企业家的共识。对中国的绝大部分企业来讲,在竞争力这个木桶上,管理是所有木板中最短的一块,解决管理问题是企业二次创业的重头戏。解决管理问题就是要建立起有效的企业管理系统或管理模型,使企业的人力、物力、资金及信息得到充分的利用,使企业的物流、信息流、资金流得到有效的计划、协调、调度与控制。在企业管理系统中,建立起面向客户、合理、高效的业务流程体系是其成败的关键。信息系统不仅是一个整体的信息系统,更是一个统一的管理系统,它体现了企业的管理思想和管理方法。面向客户的业务流程体系是企业建设信息系统的基础,这好比翻译名著一样,译著的好坏首先决定于原著的质量。

2) 业务流程改进(BPI)与业务流程再造(BPR)

企业业务流程是企业管理系统的核心。在手工管理方式下,企业已形成了一个比较成型的企业流程和管理方法,而这种传统的企业管理模式下企业的业务流程,非增值环节多,信息传递缓慢,同一流程各个环节之间和不同流程间关系混乱,特别是完整的业务流程被不同职能部门分隔,大大降低了流程的效率与效益,难以及时捕获迅速变化的市场机会,致使整个企业效率与效益低下、竞争力弱,对市场形势与用户需求的变化反应迟钝,应变能力差。信息技术的应用有可能改变原有信息的采集、加工和使用方式,甚至使信息的质量、获取途径和传递手段等都发生根本性的变化。在信息系统建设中仅仅用计算机系统去模拟原有手工管理系统,并不能从根本上提高企业的竞争力,而必须应用现代信息技术与管理方法,对企业流程进行改革与创新,企业才能在新的经济环境与市场形势下得以生存与发展。

20世纪80年代以来,国际管理学术界和企业界兴起了管理改革的热潮。首先兴起的是业务流程改进(Business Process Improvement,BPI),寻求对企业的业务流程的连续、渐进的改进。然而,许多企业发现渐进的改进不能从根本上解决企业面临的挑战问题。1990年,美国的哈默(Micheal Hammer)博士把"再造"(Reengineering)的思想引入管理领域,提出了业务流程再造(Business Process Reengineering,BPR)的概念。哈默认为,BPR是指对企业的业务流程进行根本性的再思考和彻底的再设计,从而使企业的关键绩效指标如成本、质量、服务、效率等获得巨大的提高。哈默主张"推倒重来",倡导"在一张白纸上重新开始"。BPR在20世纪90年代成了西方管理界与企业界的热门话题,被认为是现代管理的一场革命。一些大企业,如福特汽车、通用汽车、IBM等从BPR获得了巨大成就。然而,据统计,BPR项目的失败率高达70%。这说明,实行BPI还是BPR,需视企业面临的问题和环境而定。

目前市场上有很多管理信息化软件,平心而论,目前我国大部分企业的现有管理模式与市场提供的信息化产品所代表的管理模式是有差距的。道理很简单,如同"没有放之四海而皆准的法则"一样,与千变万化的信息和信息资源紧密相连的企业怎么可能用同样一种模式去竞争呢？不同行业的企业不会,同一行业的企业也不会,甚至同一企业在不同发展水平、不同发展阶段也不会采用同一种管理模式。IT行业关于国外信息化产品的"流言"也证实了这种观点:"三分之一拿来就能用,三分之一修修改改才能用,三分之一根本不能用"。

出现这种情况也很正常,如果把国外信息化产品比做奔驰车的话,那它对路况的要求就非常高,也就是对企业基础管理的要求特别苛刻,可是麻烦就出在这里,中国企业的基础管理特别差,国有企业有章不循,私营企业无章可循,中国企业的路况实在太差,有时是羊肠小道,有时是泥泞马路,反正不是一级公路或高速公路,在这样的路上跑奔驰,不仅害了车,更害了买车的人,卖车的人也别偷着乐,业界的口碑相传是要命的。

基于上述原因,在规划信息系统时,必须在现有信息技术的基础上,根据信息技术的特点,借助先进的管理思想和管理方法改进或重新设计出科学的、合理的企业业务流程。

### 3. 信息系统总体结构规划

1) 信息系统总体结构规划的任务

信息系统总体结构规划是信息系统规划的中心环节,这一环节要完成的任务是:组织的信息需求分析、系统的数据规划、功能规划与子系统的划分以及信息资源配置规划。

2) 组织的信息需求分析

组织的信息需求分析是这一环节的基础工作。组织的业务流程,特别是核心业务流程是由组织的使命、目标与战略决定的。有效地支持业务流程高效率、高效益、高应变能力的运作,是信息系统的任务。因此,在准确识别和严格定义业务流程的基础上,要准确识别每个流程的高效率、高效益和应变能力需要什么信息支持,这些流程又会产生哪些信息以支持其他流程的运作。

3) 数据规划

数据是信息系统最重要的资源。科学、系统的数据规划是信息系统成功的基本条件。数据的混乱是导致信息系统失败的重要原因之一。必须在组织的信息需求分析的基础上,分类定义各主题数据,严格确定各类数据的来源、用途与规范,为将来系统开发时的数据管理打下坚实的基础。

4) 功能规划与子系统划分

功能规划与子系统划分是信息系统总体结构规划的核心与关键所在。这一环节的任务是在识别业务流程、明确组织信息需求、定义主题数据的基础上,确定信息系统为支持组织的目标与战略和业务流程的运作所要及时准确提供的信息,以及为提供这些信息而需收集和加工的信息,根据业务流程的性质和范围划分支持与处理有关信息的子系统,明确这些子系统的功能和子系统之间的数据联系。这就形成了功能规划与子系统划分的方案。

5) 信息资源配置规划

对信息系统的硬软件、数据存储与网络系统以及信息系统的组织与人员进行规划,为项目实施与资源分配规划打下基础。

#### 4. 项目实施与资源分配规划

用于信息系统开发的各类资源总是有限的,这些有限资源无法同时满足全部应用项目的实施。同时,一个组织内部各部分信息系统建设的需求与具备的条件是不平衡的。应该针对这些应用项目的优先顺序给予合理分配,这就是信息系统规划工作 4 阶段模型中的最后一个阶段——项目计划与资源分配阶段。这一阶段的主要工作如下。

1) 制定项目实施规划

通常把规划的整个信息系统划分成若干个应用项目,分期分批实施。即根据发展战略和系统总体结构,确定系统和应用项目的开发次序和时间安排。在确定一个应用项目的优先顺序时应该依据以下 5 个方面进行分析。

(1) 该项目的实施对组织的改革与发展有显著的推动作用。

(2) 该项目的实施预计可明显节省费用或增加利润,这是一种定量因素的分析。

(3) 无法定量分析其实施效果的项目,例如提高职工工资,往往可以激发职工的工作积极性,但这种积极性究竟能产生多大的经济效益则是无法定量估计的。

(4) 制度上的因素,即为了保证整个系统的开发研制工作能有条理地进行,有些原先并没有包括在系统开发工作之内的项目也应给予较高优先级。

(5) 系统管理方面的需要,例如有些项目往往是其他一些项目的前提,那么对于这样的项目就应该优先实施。

2) 制订资源分配方案

为规划中的每个项目实施而需要的硬软件资源,数据通信设备、人员、技术、服务、资金等进行估计,提出整个系统建设的概算。

#### 5. 可行性分析

可行性分析的任务就是确定是否值得开发新系统以及开发新系统的条件是否具备,即明确新系统开发的必要性和可行性,必要性来自对新系统开发的迫切性,而可行性则取决于开发新系统所具备的资源和条件。可行性分析是建立在对系统进行初步调查基础之上的。

1) 必要性分析

分析新系统开发的必要性,应从"显见"必要性和"预见"必要性两个方面考虑。所谓"显见"必要性是指现实系统已无法满足越来越高的管理需求,必须开发新的系统。例如,管理中要处理的数据量越来越大,无论是增加人力还是提高工作效率,都无法及时、正确地完成任务。而"预见"必要性是指根据对组织和技术发展趋势的预测,必须开发新的信息系统。

2) 可行性分析

对新系统开发的可行性分析的内容如下。

(1) 管理可行性

管理可行性是指管理人员对新系统开发的态度和管理方面的条件。如果高中层管理人员不支持新系统的开发,就有必要等一等,积极做工作,创造条件。管理方面的条件主要指管理方法是否科学,相应的管理制度改革的时机是否成熟,规章制度是否齐全以及原始数据是否正确等。

(2) 经济可行性

经济可行性包括对系统开发费用的分析和系统开发成功之后可能带来经济效益的分析。如果不能提供开发新系统所需的经费,系统的开发显然是不可行的。经济效益应从直接经济效益和间接经济效益两方面综合考虑,直接经济效益是指可以用钱衡量的效益,如加快流动资金周转,减少资金积压等;间接经济效益是指难以用钱表示的,例如提供更多、更高质量的信息,提高信息的存取速度等。

(3) 技术可行性

技术可行性主要考虑目前信息技术能否支持信息系统的整个开发过程。考虑的因素主要有硬件技术、软件技术及各类技术人员的数量、能力等。

#### 6. 系统总体规划报告和可行性研究报告

系统总体规划报告和可行性研究报告是系统开发人员对现行系统进行初步调查和研究之后的结论,它反映了系统开发人员对新系统开发的看法和设想。系统总体规划报告和可行性研究报告一般要提交到有企业决策者、部门领导、业务人员及系统开发人员等参加的正式会议上讨论,报告一旦正式通过,并且经过有关领导审核批准,系统规划阶段的工作即宣告结束。

## 3.3 信息系统规划常用的方法

信息系统规划常用的方法有多种,在此,我们只介绍企业系统规划法和关键成功因素法的基本原理。

### 3.3.1 企业系统规划法

#### 1. 企业系统规划法的作用

企业系统规划法(Business System Planning,BSP)是一种能够帮助规划人员根据企业目标制定出 MIS 战略规划的结构化方法,通过这种方法可以做到:

(1) 确定出未来信息系统的总体结构,明确系统的子系统组成和开发子系统的先后顺序。

(2) 对数据进行统一规划、管理和控制,明确各子系统之间的数据交换关系,保证信息的一致性。

BSP 法的优点在于利用它能保证信息系统独立于企业的组织机构,也就是能够使信息系统具有对环境变更的适应性。即使将来企业的组织机构或管理体制发生变化,信息系统的结构体系不会受到太大的冲击。

### 2. BSP 法的工作步骤

用 BSP 制定规划是一项系统工程,其主要的工作步骤如下。

(1) 准备工作。成立由最高领导牵头的委员会,下设一个规划研究组,并提出工作计划。

(2) 调研。规划组成员通过查阅资料,深入各级管理层,了解企业有关决策过程、组织职能和部门的主要活动和存在的主要问题。

(3) 定义业务过程(又称企业过程或管理功能组)。定义业务过程是 BSP 方法的核心。业务过程指的是企业管理中必要且逻辑上相关的、为了完成某种管理功能的一组活动,例如产品预测、材料库存控制等业务处理活动或决策活动。

(4) 业务流程重组。业务流程重组是在业务流程定义的基础上,找出哪些流程是正确的,哪些过程是低效的,需要在信息技术支持下进行优化处理,还有哪些流程不适合计算机信息处理的特点,应当取消。

(5) 定义数据类。数据类是指支持业务过程所必需的逻辑上相关的数据。对数据进行分类是按业务流程进行的,即分别从各项业务流程的角度将与该业务流程有关的输入数据和输出数据按逻辑相关性整理出来归纳成数据类。

(6) 定义信息系统总体结构。定义信息系统总体结构的目的是刻画未来信息系统的框架和相应的数据类,因此其主要工作是划分子系统,具体实现可利用 U/C 矩阵。有关内容将在下面另行阐述。

(7) 确定总体结构中的优先顺序。即对信息系统总体结构中的子系统按先后顺序排出开发计划。

(8) 完成 BSP 研究报告,提出建议书和开发计划。

### 3. 利用 U/C 矩阵定义系统的总体结构

BSP 方法将过程和数据类两者作为定义企业信息系统总体结构的基础,具体做法是利用过程/数据矩阵(也称 U/C 矩阵)来表达两者之间的关系。矩阵中的行表示数据类,列表示过程,并以字母 U(Use)和 C(Create)来表示过程对数据类的使用和产生。利用用 U/C 矩阵方法划分子系统的步骤为:

(1) 定义 U/C 矩阵。表 3-1 是由企业内各项管理功能组和数据类之间的关系形成的 U/C 矩阵,表中用功能与数据类交叉点上的符号 C 表示这类数据由相应功能产生,用交叉点上的符号 U 表示这类功能使用相应的数据类。例如,经营计划功能需要使用有关财务和成本数据,则在这些数据下面的经营计划一行上画一个 U 号,最后产生的是计划数据,则画上 C。同理,销售功能需要使用有关产品、客户和订货方面的数据,则画上 U 号,而销售区域数据产生于市场分析,因而画上 C。

(2) U/C 矩阵的正确性检验。U/C 矩阵中的数据项必须有一个且仅有一个产生者(C)和至少一个使用者(U),功能则必须有产生或使用(U 或 C)发生; U/C 矩阵中不允许有空行和空列。

(3) 对 U/C 矩阵作重新排列,即对其“功能”这一列,把功能按功能组排列,每一功能组内按功能发生的先后次序排列。然后调换“数据类”的横向位置,使得矩阵中 C 最靠近对角线(见表 3-2)。

表 3-1　功能与数据关系(1)

| 功能 \ 数据类 | 客户 | 订货 | 产品 | 工艺流程 | 材料表 | 成本 | 零件规格 | 材料库存 | 成本库存 | 职工 | 销售区域 | 财务计划 | 计划 | 设备负荷 | 物资供应 | 任务单 | 列号 *Y* |
|---|---|---|---|---|---|---|---|---|---|---|---|---|---|---|---|---|---|
| 经营计划 | | U | | | | U | | | | | | U | C | | | | 1 |
| 财务规划 | | | | | | U | | | | U | | C | C | | | | 2 |
| 资产规模 | | | | | | | | | | | | U | | | | | 3 |
| 产品预测 | C | | U | | | | | | | | U | | | | | | 4 |
| 产品设计 | U | | C | U | C | | C | | | | | | U | | | | 5 |
| 产品工艺 | | | U | | C | | C | U | | | | | | | | | 6 |
| 库存控制 | | | | | | | C | C | | | | | | | U | U | 7 |
| 调度 | | | U | U | | | | U | | | | | | U | | C | 8 |
| 能力计划 | | | | U | | | | | | | | | | C | U | | 9 |
| 材料需求 | | | U | | U | | | U | | | | | | | C | C | 10 |
| 工艺设计 | | | | C | C | | | | | | | | | U | U | U | 11 |
| 销售管理 | C | U | U | | | | | | U | | U | | | | | | 12 |
| 市场分析 | U | U | U | | | | | | | | C | | | | | | 13 |
| 订货服务 | U | C | U | | | | | | U | | U | | | | | | 14 |
| 发运 | | U | U | | | | | | U | | U | | | | | | 15 |
| 财务会计 | U | U | U | | | | | | U | U | | U | | | | | 16 |
| 成本会计 | | U | U | | | U | | | | | | U | | | | | 17 |
| 用人计划 | | | | | | | | | | C | | | | | | | 18 |
| 业绩考评 | | | | | | | | | | U | | | | | | | 19 |
| 行号 X | 1 | 2 | 3 | 4 | 5 | 6 | 7 | 8 | 9 | 10 | 11 | 12 | 13 | 14 | 15 | 16 | |

表 3-2　功能与数据关系(2)

| 功能 \ 数据类 | 计划 | 财务计划 | 产品 | 零件规格 | 材料表 | 材料库存 | 成品库存 | 任务单 | 设备负荷 | 物资供应 | 工艺流程 | 客户 | 销售区域 | 订货 | 成本 | 职工 |
|---|---|---|---|---|---|---|---|---|---|---|---|---|---|---|---|---|
| 经营计划 | C | U | | | | | | | | | | | | U | U | |
| 财务规划 | U | C | | | | | | | | | | | | | U | U |
| 资产规模 | | U | | | | | | | | | | | | | | |
| 产品预测 | | | U | | | | | | | | | U | U | | | |
| 产品设计开发 | U | | C | C | C | | | | | | | U | | | | |
| 产品工艺 | | | U | U | U | U | | | | | | | | | | |
| 库存控制 | | | | | | C | C | U | | U | | | | | | |
| 调 度 | | | U | | | | U | C | U | | U | | | | | |
| 生产能力计划 | | | | | | | | | C | U | U | | | | | |
| 材料需求 | | | U | | U | U | | | | C | | | | | | |
| 操作顺序 | | | | | | | | U | U | U | C | | | | | |
| 销售管理 | | U | U | | | | U | | | | | C | U | U | | |
| 市场分析 | | U | U | | | | | | | | | U | C | U | | |
| 订货服务 | | | U | | | | U | | | | | U | U | C | | |
| 发运 | | U | U | | | | U | | | | | | U | U | | |
| 财务会计 | U | U | U | | | | U | | | | | U | | U | | U |
| 成本会计 | U | U | U | | | | | | | | | | | U | C | |
| 用人计划 | | | | | | | | | | | | | | | | C |
| 业绩考评 | | | | | | | | | | | | | | | | U |

(4) 确定子系统。如在表3-2上将U和C最密集的地方框起来,给框起个名字,就构成子系统(见表3-3)。框外的U说明了子系统之间的数据流向。按照这种划分,整个系统被划分为经营计划、技术准备、生产制造、销售、财会和人事6个子系统。

**表3-3 功能与数据关系(3)**

| 功能 | 数据类 | 计划 | 财务计划 | 产品 | 零件规格 | 材料表 | 材料库存 | 成品库存 | 任务单 | 机器负荷 | 材料供应 | 工艺流程 | 客户 | 销售区域 | 订货 | 成本 | 职工 |
|---|---|---|---|---|---|---|---|---|---|---|---|---|---|---|---|---|---|
| 经营计划 | 经营计划 | C | U | | | | | | | | | | | | U | U | |
| | 财务规划 | U | C | | | | | | | | | | | | | U | U |
| | 资产规模 | | U | | | | | | | | | | | | | | |
| 技术准备 | 产品预测 | | | U | | | | | | | | | U | U | | | |
| | 产品设计开发 | U | | C | C | C | | | | | | | U | | | | |
| | 产品工艺 | | | U | U | U | U | | | | | | | | | | |
| 生产制造 | 库存控制 | | | | | | C | C | U | | U | | | | | | |
| | 调度 | | | U | | | | U | C | U | | U | | | | | |
| | 生产能力计划 | | | | | | | | | C | U | U | | | | | |
| | 材料需求 | | | U | | U | U | | | | C | | | | | | |
| | 操作顺序 | | | | | | | | U | U | U | C | | | | | |
| 销售 | 销售管理 | | U | U | | | | U | | | | | C | U | U | | |
| | 市场分析 | | U | U | | | | | | | | | U | C | U | | |
| | 订货服务 | | | U | | | | U | | | | | U | U | C | | |
| | 发运 | | U | U | | | | U | | | | | | U | U | | |
| 财会 | 财务会计 | U | U | U | | | | U | | | | | U | | U | | U |
| | 成本会计 | U | U | U | | | | | | | | | | | U | C | |
| 人事 | 人员计划 | | | | | | | | | | | | | | | | C |
| | 人员招聘/考评 | | | | | | | | | | | | | | | | U |

## 3.3.2 关键成功因素法

关键成功因素(Critical Success Factors,CSF)指的是对企业成功起关键作用的因素。CSF法就是通过分析找出使得企业成功的关键因素,然后再围绕这些关键因素来确定系统的需求并进行规划,关键成功因素法主要包括以下几个步骤。

(1) 了解企业或(MIS)的战略目标。

(2) 识别所有成功因素:主要是分析影响战略目标的各种因素和影响这些因素的子因素。

(3) 确定关键成功因素,不同行业的关键成功因素,例如,对汽车制造业可能是制造成本控制,而对保险业则是新项目开发和工作人员的效率控制。

(4) 明确各关键成功因素的性能指标和评估标准。

## 习题

3.1　信息系统规划与企业计算机应用计划有什么区别？

3.2　为什么要进行信息系统的总体规划？

3.3　Nolan 阶段模型有何实用意义？它把信息系统的成长过程划分为哪几个阶段？

3.4　简述系统规划的目标、任务及主要阶段。

3.5　比较企业系统规划法、关键成功因素法的作用有什么不同。

3.6　简述企业系统规划法 BSP 的作用及工作步骤。

# 第4章 信息系统的开发方法

信息系统的开发、实施是一个复杂的系统工程，它涉及计算机处理技术、系统理论、组织结构、管理模式、管理功能、数据的收集和处理过程、计算机软硬件系统的管理和应用、软件系统的开发等方面。这就增大了开发一个信息系统的工程规模和难度。需要研究出科学的方法和工程化的开发步骤，以确保整个开发工作能够顺利进行。这正是信息系统开发方法的任务。开发信息系统的方法有很多种，但目前还没有一种完备的开发方法。生命周期法、原型法、结构化开发方法及面向对象开发方法是开发信息系统的主要方法。生命周期法是最古老的信息系统开发方法。在生命周期法的基础上发展起来的结构化开发方法和面向对象开发方法是目前开发信息系统的主要方法，本章将对这些方法及其优缺点逐一加以论述。

## 4.1 生命周期法

生命周期法是信息系统传统的开发方法。它将信息系统比作生物的一个生命周期，有开始、中间及结束等不同的阶段。每个阶段都有特定的工作内容和标志性成果，完成本阶段的工作以后才能进入下一阶段。这种方法至今仍在许多复杂的大中型项目开发中被广泛采用。

### 1. 信息系统的生命周期

生命周期法(life cycle)是在系统生命周期概念的基础上，把整个系统开发过程分为若干活动，每个活动应用一系列标准规范和方法完成一个或多个任务，并形成符合规范的阶段性成果，直至最后系统的实施、运行和维护。第一个步骤和最后一个步骤首尾相连，形成一个系统的有生、有死、有再生的生命周期循环。按照生命周期法的理论，信息系统的开发过程应永远是置于这样一个循环的过程中。目前生命周期法也是普遍为人们接受的一种传统的主流方法。图4-1中所示的就是信息系统生命周期的各个阶段以及它们之间的关系。

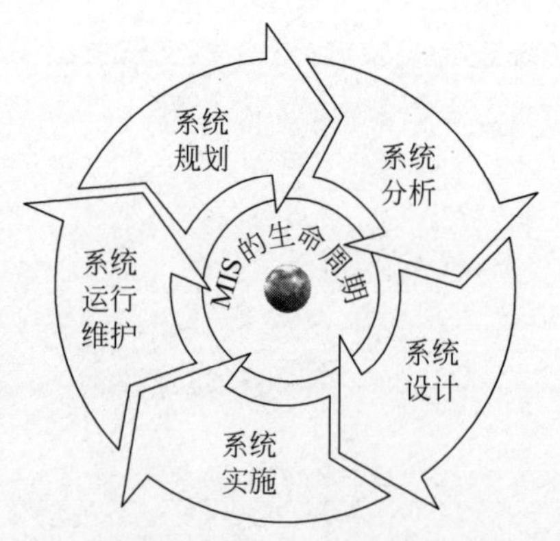

图4-1 信息系统的生命周期

1) 系统规划阶段

信息系统规划阶段的任务是对企业的环境、目标、现行系统的状况进行初步的调查，根据企业目标和发展战略，确定信息系统的发展战略，对建设新系统的需求做出分析和预测，同时考虑建设新系统所受的各种约束，研究建设新系统的必要性和可能性。根据需要与可能，给出拟建系统的备选方案。对这些方案进行可行性分析，写出可行性分析报告。可行性分析报告审议通过后，将新系统建设方案及实施计划编成系统设计任务书。

2）系统分析阶段

系统分析阶段的任务是根据系统设计任务书中所确定的范围，对现行系统进行详细调查，描述现行系统的业务流程，指出现行系统的不足之处，确定新系统的基本目标（这个目标必须包括信息系统开发项目在企业经营方面的目标）和逻辑功能要求，即提出新系统的逻辑模型。系统分析阶段的工作成果体现在系统说明书中。

3）系统设计阶段

系统设计阶段的任务是根据系统说明书中规定的功能要求，考虑实际条件，具体设计实现逻辑模型的技术方案，也即设计新系统的物理模型。新系统的模型用数据流图表示。通过应用结构化的工具和技术，可以定义主要的系统过程的逻辑，开发逻辑数据字典，定义满足整个系统数据需求的逻辑数据库设计。

这一阶段还包括一个详细设计过程，详细设计是定义新物理系统的过程，包括设计报告的布局，屏幕和输入文档，报表和物理文件结构，同时还包括详细的数据字典说明，记录系统中应用的所有数据项的数据名称和数据定义。详细设计完成了新系统的蓝图——程序、报表、屏幕、文档、过程的设计。整个系统设计阶段的技术文档是“系统设计说明书”。

4）系统实施阶段

系统实施阶段是将设计的系统付诸实施的阶段。这一阶段的任务包括程序的编写和调试，人员培训，数据文件转换，计算机等设备的购置、安装和调试，系统调试与转换等。该过程占整个系统开发工作的60%～70%。这个阶段的特点是几个互相联系、互相制约的任务同时展开，必须精心安排、合理组织。

系统实施是按实施计划分阶段完成的，每个阶段应写出实施进度报告。系统测试之后写出系统测试分析报告。

5）系统运行和维护阶段

系统投入运行后，需要经常进行维护和评价，记录系统运行的情况，根据一定的规格对系统进行必要的修改，评价系统的工作质量和经济效益。对于不能修改或难以修改的问题记录在案，定期整理成新需求建议书，为下一周期的系统规划做准备。经过一段时间的维护之后，会发现为了进一步提高效率，更好地满足用户的要求，要对系统做大量的改造。这时可能就要达到这个系统生命周期的终点了。一旦达到生命周期的终点，就有建立一个新的信息系统的必要了，这时一个新的生命周期便重新开始。

维护是在系统完成和运行期间所进行的必要的变动和升级。系统开发活动只需一个信息系统生命周期20%的时间，而系统维护却要占用80%的时间。

### 2. 生命周期法的特点与局限

生命周期法是将制造业中工程化的设计制造方法移植到软件行业的结果。归纳起来主要有以下4个特点。

1)“用户参与”原则

信息系统是为用户服务的,系统开发应当充分了解和满足用户的需求和欲望。因此,用户应当作为系统开发者的一部分参与系统的始终。这种做法的好处是可以提高系统建设的适用性、正确性及效率,减少系统开发的盲目性和失败等。

2)“先逻辑后物理”原则

在总结以往系统成功与失败经验教训的基础上,结构化生命周期法强调在进行系统的技术设计和编程实施之前,要进行充分的系统调查和分析论证,弄清楚系统到底要为用户解决哪些问题(即“做什么”),并将其抽象为系统的逻辑模型,然后再进入系统的物理设计与实施阶段,解决“怎么做”的问题。这样做既可以使系统开发这一复杂工程的建设,按照人们对一般事务的认识规律由浅入深、逐步向系统目标靠近,直至最后实现目标,又可以使系统开发工作有条不紊地有序进行,从而保证系统开发工作的质量和效率。

3)“自顶向下,分解协调”的原则

这个原则是结构方法一贯强调的工作方法,它要求系统开发者在把握系统总体目标和功能的基础上,从全局的观点来规划和设计系统,并且自顶向下地将系统逐级分解成一些子系统模块,并注意各模块之间的分工协调关系和数据交换的内容,以保证系统内部数据信息的完整性和一致性。这样做既可以使复杂系统简化处理,又可以使设计、实施及维护便于实现。

4)工作文档的规范化和标准化原则

由于生命周期法将系统开发过程划分为若干阶段,每个阶段都有其规定应完成的任务,而且后一阶段的工作又是在前段工作的基础上进行的,因此,工作文档便成为阶段性工作成果的描述,也成为下一阶段工作的依据。为了保证各阶段工作交流和衔接的顺畅,也为了便于系统以后的维护及与用户交流的方便,结构化方法强调工作文档应采取标准化、规范化的格式、术语和图标进行描述,从而使系统开发人员之间、系统维护人员之间与用户之间进行方便有效的交流,减少错误理解及传播。

生命周期法的这些特点是适应软件的社会化大生产的,与早年主要依靠个人技巧的手工作坊式的软件开发方式相比无疑是一个大进步。它不仅把软件从“艺术品”变成了“工业品”,而且使那些难以靠少数人完成的大型项目的开发成为可能。它特别适用于开发那些能够很好定义其需求、结构化程度又比较高的大型事务处理系统(TPS)和信息系统(MIS),许多复杂的技术系统如航空管制、航天系统等,要求有严密的系统分析和严密的开发控制,也适宜采用生命周期法进行开发。但是这种正规化的开发方式并不适于小系统的开发。值得注意的是,以微机为主的小型系统在20世纪90年代已经变得越来越多,很有成为主流的趋势。研究这些小系统的开发方法是很有现实意义的。

生命周期法的主要缺点是过于耗费资源。搜集资料和书写各种文档的工作量极大,不仅耗费大量的人力物力,而且耗费大量的时间。一个项目的开发周期可能要用3~8年的时间。在这么长的时间里,信息需求可能已经发生了变化,系统尚未开发出来可能就已经过时了。

生命周期法的另一个缺点就是缺乏灵活性。这种方法虽然对如何修改系统分析和系统设计的结果规定了相应的程序,但是因为每次修改的工作量太大(主要是更新各种文档和修改设计方案),实施起来有相当的困难,所以在实际开发中,开发方往往要求用户的管理人员对于已经完成的“用户需求报告”和“系统设计说明书”进行确认、签署，并且限制他们事后做大的修改。而用户当时并没有见到真正的系统，不知道是否好用，即使对用户需求和设计方案做出了确认，也带有一定的盲目性。等见到真正的系统时，发现问题，已经为时太晚，系统已经难以修改了。

生命周期法也不适于开发那些需求不明确的系统。用生命周期法开发系统时，系统结构的设计完全是从用户的需求中推导出来的，对那些用户需求难以事先确定的系统（比如决策支持系统），对那些结构化程度比较低，甚至一些无结构的系统，生命周期法就很难使用。有时即使用户写出了一些需求说明，开发者也导不出系统的结构。这类系统的开发可以考虑用下面将要介绍的原型法。

## 4.2 原型法

建立在周密细致的调查、分析和严格定义基础上的结构化生命周期是严密的，其方法和步骤在开发复杂的大系统中也是卓有成效的。但是，随着计算机及网络技术的发展，这种方法在实际应用中受到了一系列的挑战。20 世纪 80 年代初发展起了一种与结构化方法完全不同的系统开发研制方法——原型法。

### 1. 原型法概述

原型法是针对生命周期法的主要缺点而发展起来的一种快速、廉价的开发方法。它不要求用户提出完整的需求以后再进行设计和编程，而是先按照用户最基本的需求，迅速而廉价地开发出一个实验型的小型系统，称作“原型”。然后将原型交给用户使用。通过用户的使用，启发出用户的进一步需求，并根据用户的意见对原型进行修改，用户再对改进后的系统提出新的需求。这样不断反复修改，直至最后完成一个满足用户需求的系统。与生命周期法相比，原型法的用户需求是动态的，系统分析、设计与实现都是随着对一个工作模型的不断修改而同时完成的，相互之间并无明确的界限，也没有明确的人员分工。系统开发计划就是一个反复修改的过程。它把生命周期所有“计划外的修改”变成了“有计划的修正”。

由于原型法的基本思想是：在软件生产中，引进工业生产中在设计阶段和生产阶段的试制样品的方法，解决需求规格确立困难的问题。由于软件产品的“软”特点，从修改样品到生产成品这一过程就比工业生产中的试制样品容易多了。这是原型法的基本构思。它不苛求一次性完成系统的分析设计，也允许系统的初步分析与设计是不完善的，需要进一步修改。但需要一个快速反馈的开发环境，让用户参与和设计者一起共同完善、修改并确立需求规格。对于一种具体的开发方法，原型法也不是万能的，有其一定的适用范围，这主要表现在以下几个方面。

- 原型的开发周期必须短，成本应该低。
- 要求用户参与评价原型。
- 原型必须是可运行的。
- 根据原型的运行结果，先评价原型，再根据评价结果就很容易修改原型。

原型法的开发方法可以归纳为以下 4 个步骤。

1）确定用户的基本需求

该阶段可由用户向系统开发人员提出基本需求，如系统功能、人机界面、输入输出、应用范围、运行环境等。开发人员据此来确定哪些要求可以实现及大约需要的资源等。

2）建立系统初始原型

系统开发人员根据第一步骤确定的用户需求，在强有力的工具软件的支持下，迅速开发出一个系统的初步原型。

3）评价系统原型

用户通过实际使用原型，获得对系统最直接的感受，提出对原型改进的意见，供开发人员修改。

4）修改原型

系统开发人员根据用户对原型评价提出的意见，对原型进行修改、扩充、完善，再回到第3)步，直到用户满意为止。

**2. 原型开发工具**

用常规编程方法开发原型，即使是最容易实现的界面原型也需要相当的时间，至于需要仿真技术的功能和性能原型开发更是十分困难，且代价高昂。所以，在软件自动化技术不很发达的20世纪80年代初期，原型法并没有得到广泛的应用。随着CASE技术的深入发展，在建设信息系统时，重视可行性研究与计划、需求分析、初步设计和详细设计的指导思想下，原型法得到了相当大的发展和支持。例如，开发快捷、友好的用户界面原型。界面原型提供概念模型，使用户了解系统的基本面貌，在此基础上开发的功能原型可模拟屏幕对话以及对数据实体的操纵和编辑。第4代语言可用来开发更为复杂的系统模型。目前可实现的原型已能包括系统大部分功能，性能上也和实际系统相当。这种原型多是演化型原型，有时已经足够完善，甚至基本上不变动即可转为实际系统。

支持原型开发的软件工具大致可分为以下几类。

(1) 原型化工具。指以建立原型为目的的工具。这种工具的最大特点是突出一个“快”字，所以操作十分简单。特别是不需要营造产品环境的抛弃型原型，熟练者可在一两天内就做好一个有数十个功能画面的系统界面原型和功能接口原型，运行起来同真的一样。

面向应用的第4代语言(4GL)可被认为是一种生成功能原型的原型化工具。功能原型可以不考虑功能执行时的性能状况，对无效和例外输入数据也不进行检验及处理，它只给出一个输入正确条件下的完整的系统功能模型，让用户判断是否符合系统需求。

(2) CASE原型化工具。CASE原型化工具将原型化工具和支持其他软件工程方法的CASE工具集成在一起。使用GUI技术和仿真模拟技术来快速生成原型。由于与CASE工具集成在一起，所以原型环境和产品环境往往也集成在一起，可开发演化型或递增演化型原型。

(3) 可用于原型开发的工具。原型化工具与CASE原型化工具除了都以自动生成原型为目的外，还有一个特点是不用编程或基本不用编程。还有一些工具也可用来开发原型，特别是界面原型。不过，它们不是专门开发原型的工具，而且开发接口、功能级原型时需要编写一些程序，所以一般只用来开发演化型原型，不用来开发抛弃型原型。这种原型开发工具不如原型工具简单、迅速，但由于开发的原型可直接转为产品的一部分，所以在产品开发上比抛弃型原型化工具优越。

### 3. 原型法的优缺点

由于原型法不必事先对系统的需求进行完整的定义，而是根据用户的基本需求快速开发出系统原型，开发人员在与用户对原型的不断“使用—评价—修改”中，逐步完善对系统需求的认识和对系统的设计，因此原型法有以下一些优点。

(1) 改进了用户和系统设计者的信息交流方式。由于有用户的直接参与，就能直接而又及时地发现问题，并进行修正，因而可以减少产品的设计型错误。开发人员在开发周期中就能对系统做出改进。在大多数情况下，设计中的错误是对用户需求的一种不完善或不准确的翻译造成的，实质上也是一种信息交流通信上的问题。当用户和开发人员采用原型法后改善了信息的沟通状况，设计错误必然会大大减少。

原型法很具体，使用户能很快接触和使用系统，容易为不熟悉计算机应用的用户所接受，可提高用户参与系统开发的积极性。

(2) 用户满意程度提高。由于原型法向用户展示了一个活灵活现的原型系统供用户使用和修改，从而提高了用户的满意程度。当用户并不相信初始系统的需求时，采用现实系统模型做实验要比参加系统设计会议、回忆静态屏幕设计、输出以及查看文件资料更有意义。原型法向用户及设计人员提供了一个活灵活现的原型系统，可以直接供用户使用。这样，用户主动进行修改，必然会提高对系统的满意程度。

(3) 更加贴近实际。提供原型给用户使用，使用户参与更为实际，开发人员与用户交流更加方便直观，用户建议会更富有建设性。借助于原型系统，为用户建立正确的信息模型和功能模型，由用户和系统设计者、编程人员共同制定出正确的解决方案。由原型法得出的最终系统的需求并不只是书面上的或理论上的，这些需求将来自于原型系统的运行经验。正是这些正确的经验，为用户建立了正确的信息模型，完全符合用户的需求。

这样，再借助于系统设计者和编程人员之间改进的信息交流，就能为最终系统中困难的部分选择出正确的技术解决方案。

(4) 开发风险度降低。原型法减少了大量重复的文档编制时间，减少了开发风险。由于使用原型系统来测试开发思想及方案，只有当风险程度通过原型使用户和开发人员意见一致时，才能继续开发最终系统。在原型法的应用中无需多余的文档资料，尽管文档资料是原型法技术中的一个组成部分，但是那种为用于设计人员备份技术资料的工作也不需要了，一个原型就是一份最好的文档资料。用户和设计人员用于完善和实现最终系统的时间大大减少了，现在也无需大量的重复工作，因为设计人员和用户能互相交流他们的需求和问题。

(5) 原型法减少了用户培训时间，简化了管理。培训众多的用户时，系统开发的副产品不像以前单独作为一个阶段来执行。用户在审查评价原型时就已经得到了训练，用户有自己的要求和判断标准来评估原型系统。另外原型法能够简化信息系统开发的管理工作，一份原型系统的状态开发报告可成为改正原型系统的方案，省略了许多烦琐的步骤。

(6) 开发成本降低。由于开发时间短，培训少，用户满意，风险低，所以降低了系统开发成本。用户的培训时间短，是因为用户广泛地参与信息系统的开发。同时，一个原型系统开发之后，它就可以用于培训用户了。

(7) 实用的学习工具。原型法可以作为一种学习工具，服务于系统开发过程。无论设计人员有多少实际经验、多少技术手段,对于设计人员来说,他们在系统开发过程中还必须进行学习。特别是他们要学习特定应用开发环境及社会关系。与系统设计密切相关的用户,常常能比较透彻地了解自己的工作,并且自觉地去学习应掌握的其他方法。用户要学习数据处理,这种数据处理中既包括专门技术,使用户的工作更加规范,又包含通用技术,使用户在系统开发中占有主动地位。

(8) 应变能力强。原型法开发周期短,使用灵活,对于管理体制和组织结构不稳定、有变化的系统比较适合。由于原型法需要快速形成原型和不断修改演进,因此,系统的可变更性要好,易于修改。原型法的使用不会出现大规模的改动。原型法中很重要的方面经常要进行开发和测试。这是以较低的代价发现系统主要的漏洞。采用这种方法最好是具有形成原型和修改原型的支持工具,如系统分析和设计中各种图表的生成器、计算机数据字典、程序生成器等。这些支持工具正在研制与完善中,其发展与原型法的推广使用起着相辅相成的作用。

尽管原型法有上述优点但它仍不能代替细致的需求分析和结构化设计的方法,不能代替严谨的正规文档,也不能取代传统的生命周期法和相应的开发工具。第 4 代开发工具虽然能使原型的生成和修改变得更为快捷,但是仍然克服不了原型法的一些重大的局限性。

首先,原型法不适用于开发大的系统。除非做了彻底的需求分析,否则,人们至今尚不知道应该如何生成大系统的原型。如果能把大系统分解成一系列的小系统,就可以用原型法对每个小系统进行有效的开发,但是这种分解工作是十分困难的,一般也需要先做彻底的需求分析。对于批处理系统和含有复杂的逻辑处理功能的系统以及含有大量计算的小系统也不宜采用原型法开发。

其次,原型法开发的时候,测试和文档开发工作常常容易被忽略。开发者总是倾向于把测试工作简单地推给用户,这使测试工作进行的不彻底,将给系统留下隐患。开发者也容易忽略正式文档的编写,他们认为编写文档太费事,系统又太容易改变,即使做了文档又会很快地失效。由于缺乏有效完整的文档,使系统运行后很难进行正常的维护。

原型法的另一个缺点是运行的效率可能会比较低。最原始的原型结构不一定是合理的,以此为模板多次改进后的最终系统会保留这种结构的不合理性。用户一般都意识不到重新进行编码的必要性,而满足于系统已经具有了需要的功能。当系统运行于大数据量或者是多用户环境中的时候,运行的效率往往会降低。这种结构不合理的系统通常也是难以维护的。正确的方法是将其重新编写,但这要付出额外的代价。

其实,在原型法的应用中,一旦在演进中得到明确的系统需求,即应采纳行之有效的结构化方法来完成最终产品的开发。

由此可见,原型法比较适合用于用户需求定义不清、管理决策方法不确定、需求经常发生变化的情况,当系统规模不大也不太复杂时采用这种方法效果还是比较好的。

## 4.3 结构化开发方法

结构化系统开发方法(Structured System Development Method)亦称 SSA&D(Structured System Analysis and Design)或 SADT(Structured Analysis and Design Technologies),是自顶向下的结构化方法、工程化的系统开发方法和生命周期方法的结合。它是迄今为止开

发方法中应用最普遍、最成熟的方法之一。

### 1. 结构化系统开发方法的基本思想

实际上应该说没有任何一个方法可以非常确切地称之为结构化的系统开发方法，其实这是一类方法的总称。这类方法在开发系统上，有很多特征和做法是类似的。其最关键的一点是从系统的角度出发来分析问题和解决问题，面对要开发的系统，从层次的角度，自顶向下地分析和设计系统，认为任何系统都有一个从发生、发展到消亡的生命周期，新系统是上一个系统的继续。这里需要解释两个概念，“自顶向下”是指从抽象的高层向具体的低层逐层展开；所谓“结构化”实质是把复杂的事务和活动分解成一系列小的步骤，每一步都建立在上一步的基础上。

结构化系统开发方法的基本思想是：用系统工程的思想和工程化的方法，按用户至上的原则，结构化、模块化、自顶向下地对系统进行分析和设计。具体地说，就是先将整个信息系统开发过程划分出若干个独立的阶段，如系统规划、系统分析、系统设计、系统实施等。在前三个阶段坚持自顶向下地对系统进行结构化划分。在系统调查或理顺管理业务时，应从最顶层的管理业务入手，逐步深入至最基层。在系统分析，提出新系统方案和系统设计时，应从宏观整体考虑入手，先考虑系统整体的优化，然后再考虑局部的优化问题。在系统实施阶段，则应坚持自底向上地逐步实施。也就是说，组织人力从最基层的模块做起，然后按照系统设计的结构，将模块一个个拼接到一起进行调试，自底向上、逐渐构成整体系统。

### 2. 结构化方法的特点

作为一种传统的信息系统开发方法，结构化方法有着很多的特点。要采用结构化的系统开发方法，首先要把待解决的问题看成一个系统，就是说我们要建立的信息系统和建立这个信息系统的整个过程是一个系统问题，我们要按照系统的观点来分析和解决它。从系统的观点看问题，无非是强调目的性、整体性、相关性、环境适应性和层次性等特点。

1）目的性

拿来一个问题，要解决它，首先要明确目的，就是说我们在做这件事的时候，首先应该明确达到什么目的。对于信息系统开发来讲，关键就是要明确信息系统建立的目的，要把企业的需求搞清楚，不能含糊。

2）整体性

在系统目的清楚之后，要从系统整体的角度出发分析问题和解决问题，不能只顾局部的最优而忽视整体的最优。对于系统开发来说，就是要对系统进行整体的分析，要全系统地分析、规划和设计。这要求要从整体上分析原有的旧系统，不提倡单独开发局部的小的部门系统，因为这样做的结果就会使将来的优化成为大问题，达不到系统整体的优化。

3）用户至上

用户对系统开发的成败是至关重要的，故在系统开发过程中要面向用户，充分了解用户的需求和愿望。

4）深入的调查研究

强调在设计系统之前，深入到实际单位，详细地调查研究，努力弄清实际业务处理过程的每一个细节，然后分析研究，制定出合理的新系统设计方案。

5）相关性

在系统开发过程中，要注重子系统之间的各种联系，要在系统分析时就考虑子系统之间的这些关系，这样做的好处是数据库的存储冗余小，不会平白浪费计算机的存储空间和降低系统的运行速度。

6）环境适应性

因系统开发是一项耗费人力、财力、物力且周期很长的工作，一旦周围环境发生变化，都会影响到系统的开发工作，所以结构化开发方法强调在系统调查和分析时，对将来可能发生的变化给予充分的重视。可见环境适应性也是一项非常重要的原则，要考虑环境的变化，在环境变化时系统仍然能在很大程度上满足客户的需求。

7）层次性

信息系统的开发是从整体角度考虑问题，但是在具体实施时，是通过层次化的方法来实现的。开发过程中每一阶段的工作都以上一阶段的工作为基础，同时也为下一阶段的工作做准备。把整个信息系统化分成若干个层次，每个层次都有其明确的任务和目标，以便于计划和控制进度，有条不紊地协调各方面的工作。在实际开发过程中要求严格按照划分的工作阶段，一步步地展开工作，如遇到较小、较简单的问题，可跳过某些步骤，但不可打乱或颠倒它。

8）开发过程工程化

要求开发过程的每一步都要按工程标准规范化，文档资料也要标准化。在系统开发过程中的所有成果都要形成固定格式的文档存放。在使用工具进行分析和设计系统的时候，要统一采用规范化的图表设计。这样做的目的是可以保证系统开发的连续性，减少错误，增强沟通。

### 3. 结构化方法的系统分析与设计

正如上面所述，结构化方法是一种自顶向下的系统分析和设计方式，在实施的过程中要强调其层次性。所以了解它的实施步骤是很重要的。纵观整个结构化方法，主要有以下一些步骤：总体规划和可行性研究、系统详细调查与分析、建立新系统逻辑模型、系统总体结构设计、数据库设计、计算机和网络配置方案、系统详细设计、系统实施准备、程序设计、系统测试、系统转换和系统维护等。这其中的一些步骤在前面的内容中已经介绍了一些，下面针对结构化方法的特点重点做一些介绍。

结构化系统分析与设计的主要目标是确定系统的确切需求，从而设计出一个“正确”的系统。结构化方法采用了一系列图形工具和技术，用户轻而易举就可以理解它们。这种方式让分析阶段就能捕获错误，避免导致设计及系统开发的后续阶段的问题。

传统方法要求研究现行系统，包括数据文件、报告、过程和决策，开发系统的自动化版本。尽管这种方法开发效率很高，但很容易将现行系统的低效率之处自动化。现行系统产生的报表可能没有任何意义，要求的信息可能是不完全的、过时的或不精确的。如果只是将现行系统自动化，会遗留很多未发现的问题。相反，应用结构化方法分析设计系统，分析员收集到关于现行系统的工作程序、信息流、决策制定过程及各种报表的信息，用逻辑数据流图建立现行系统的逻辑模型。

结构化分析广泛地用于自顶向下定义系统的输入、处理过程和输出。它用一种图示的方法建立起信息流动的逻辑模型，这种图可以把整个系统分成若干层，每层包含有若干个模块。每个模块内部所发生的处理过程和数据转换以及模块间的联系与接口都要加以严格的描述和说明。它所用到的主要工具有数据流图(DFD)、数据字典和处理过程说明。

数据流图用来描述逻辑业务过程、信息需求和信息流——不是从物理角度描述系统元素。在数据流图中用4种符号来描述数据流入、流出一个系统和在系统内被转换的过程。外部实体,用方框表示数据的来源和终点,它代表数据流图所描述的系统外部的信息提供者或接收者,它可能是组织外部的顾客、供货方、政府机构,也可能是组织内部的雇员或组织的其他部门；数据存储,用开口的矩形来表示数据要被保存在的地方,它既可以表示计算机形成的数据存储,如计算机文件、数据库,又可以表示手工形成的数据存储,每个数据存储应起一个名字,写在数据存储符号中；处理过程,用带有圆角的矩形表示对输入数据的加工处理,每个处理过程都应该有一个名字和一个能与其他处理过程相区分的编号；数据流,用带有箭头的线条表示数据在处理过程、数据存储和外部实体之间的移动,在箭头的旁边要注明其所代表的内容。

数据字典定义了数据流图中的数据流和数据存储的内容,使系统开发者能准确地知道每个数据流和数据存储中具体包含了哪些数据。数据字典同时也提供了每一个数据项的含义与格式。处理过程说明描述最底层的数据流图的每个处理过程中的处理逻辑,描述了如何将输入的数据流加工成输出的数据流。结构化系统分析的结果将提交一套结构化的说明书。其中包括描述系统功能的数据流图、描述数据流和数据存储的数据字典、描述处理过程的说明书、输入输出文档以及安全、控制、运行和转换方面的其他要求。

根据结构化系统的设计思想,为了减少将来的维护系统工作,系统需求清楚以后,必须对系统的总体结构进行认真设计,其设计思路同样是自顶向下,逐步求精的做法,要根据系统的功能划分总体结构的各部分模块。模块的划分应该尽可能是独立的,最好是按功能来划分模块间的连接,应该是以数据耦合为主。结构化设计的结果可以用结构图来表示。结构图是一个自顶向下的图,表示出每一层次的设计。

#### 4. 结构化系统开发方法的优缺点

结构化系统开发方法是在对传统的、自发的系统开发批判的基础上,通过很多学者的不断探索和努力,而建立起来的一种系统化方法。这种方法的突出优点就是它强调系统开发的整体性和全局性,强调在整体优化的前提下来考虑具体的分析设计问题,即自顶向下的观点。它强调的另一个观点是严格地区分开发阶段,强调一步步地、严格地进行系统分析和设计,每一步工作都及时地总结,发现问题及时地反馈和纠正。这种方法避免了开发过程的混乱状态,是一种目前被广泛采用的系统的开发方法。

但是,随着时间的推移,这种方法也逐渐暴露出了很多缺点和不足。首先,结构化方法是一种面向过程的方法。它的侧重点在于数据转换过程而不是数据本身。人们已经越来越多地意识到,数据的转换处理过程是不稳定的、变化的,而数据本身却是相对稳定的,从而也更有价值。所以,当业务流程发生变化的时候,改变的往往是数据的处理方法,而数据本身却是稳定不变的。显然,目前更需要的是一种面向数据的开发方法与工具,使系统更加精简、灵活、易于修改,更能够对企业的经常变化做出更加快速、快捷的反应。其次,系统的开发周期常常也是结构化系统分析方法的一个缺点。由于要经过非常严格的系统分析、系统设计和系统实施三个阶段的工作,因此开发周期比较长,这样的结果就导致原来设想的方案和了解的需求都会因为环境的变化而不适合了。最坏的结果就会使系统开发出来以后,已经远远落后于形式,以至于无法有效地使用。就是我们常说的,系统还未开发出来就已经过时了。最后,由于在系统分析时就要确定系统的目标和需求,并以此为根据开发以后的系统。但因为管理者的专业素质等因素,会产生系统分析员和管理者通信误解的问题。虽然结构化分析方法采用了很多工具以减少或者消灭这些误解,但是由于现实世界的复杂性,这方面的问题还是非常大的。

## 4.4 面向对象的开发方法

通过上面的介绍,可以看到,传统的系统开发方法都有着各种各样不可避免的缺点。为了克服传统方法所存在的缺点,提高系统的稳定性、可维护性和可重用性,人们在实践中逐渐创造出了开发软件系统的一种方法,即面向对象的方法。

面向对象方法(Object Oriented),简称 OO 方法,是从 20 世纪 80 年代由各种面向对象的程序设计方法逐步发展而来的,近年来引起了国内外的广泛关注。同时,OO 方法被扩展到软硬件各个领域:OO 体系结构、OO 的硬件支持、OO 的软件开发环境、OO 的数据库等。人们把 OO 方法视为解决"软件危机的突破口"。

OO 方法将信息系统的开发过程大体分为以下 4 个阶段。

(1) 定义问题。定义问题也就是通常所说的需求分析和确定系统目标,对所要研究的系统进行系统需求调查分析,弄清目的是什么,给出前进的方向。

(2) 分析问题的性质和求解问题。在繁杂的问题空间中抽象地识别出对象以及其行为、结构、属性、方法等。这一阶段一般被称为面向对象分析,简称 OOA。

(3) 详细设计问题,从而给出对象的现实描述。整理问题、详细地设计对象,对分析结果做进一步的抽象、归纳、整理,最后以范式的形式确定对象。这一阶段一般被称为面向对象设计,简称 OOD。

(4) 程序实现。采用面向对象的程序设计语言实现抽象出来的范式形式的对象,使之成为程序软件。这一阶段一般被称为面向对象的程序,简称为 OOP。

本书将在第 7～10 章中详细介绍 OO 方法的基本思想、特点和开发过程。

不管使用何种设计方法,成功的关键在于对应用的深刻理解。因此,我们在使用面向对象方法进行系统分析与设计的时候,也需要有一个详细的需求分析报告。这和结构化方法的要求是相同的。

由于面向对象的方法更接近于现实世界,面向对象方法可以很好地限制由于不同的人对于系统的不同理解所造成的偏差,越到开发的底层,这种限制越明显。面向对象的方法以对象为基础,利用特定的软件工具直接完成从对象客体描述到软件结构之间的转换,这是面向对象方法最主要的特点和成就。面向对象方法的应用解决了传统结构化开发方法中客观世界描述工具和软件结构的不一致性问题,缩短了开发周期,解决了从分析和设计到软件模块结构之间多次转换映射的繁杂问题。同时,面向对象方法还导致了其他方法的变革。一旦对象库建立起来,设计及程序编写工作通常在系统分析文档未完成时便可进行。从理论上讲,只要系统的规格要求一制定出来,设计与编程工作就可以同时着手进行。

但是,同原型法一样,面向对象方法需要一定的软件基础支持才可以应用。另外,更重要的是，在大型的信息系统开发中如果不经过自顶向下的整体划分，而是一开始就自底向上地采用面向对象方法开发系统，很难得出系统的全貌，就会造成系统结构不合理、各部分关系失调等问题。虽然面向对象技术及编程工具的培训需求越来越大，但面向对象的软件开发技术仍处于不成熟的阶段，要让大多数公司采用，还需要做大量的验证。

尽管人们曾提出过几种面向对象的方法，但目前还没有公认的标准。因此，可以说目前十全十美的信息系统开发方法是不存在的，真正实用的开发方法是众多开发方法的结合应用，这要根据所开发系统的规模、系统的复杂程度、系统开发方法的特点、所能使用计算机软件开发工具等诸多因素综合考虑后决定。

## 4.5 计算机辅助开发方法

自计算机在工商管理领域应用以来，系统开发工程，特别是系统分析、设计和开发过程，就一直是制约信息系统发展的一个瓶颈。这个问题一直延续到20世纪80年代，计算机图形处理技术和程序生成技术的出现才得以缓和。解决这一问题的工具就是集图形处理技术、程序生成技术、关系数据库技术和各类开发工具于一身的CASE。CASE的全名是计算机辅助软件工程，是20世纪80年代末期从计算机辅助编程工具，4GL以及绘图工具发展而来的大型综合计算机辅助软件工程开发环境。早先的CASE是以工具和辅助开发环境的面貌出现的，它以自动化的编程环境来取代原有的那些结构简单、功能较弱的开发工具。随着技术的发展和人们认识的加深，CASE逐渐从可进行各种需求分析、功能分析、生成各种结构化图表(如数据流图、结构图、实体/关系图、层次化功能图、矩阵图)等演变成支持系统开发整个生命周期的大型综合系统，CASE的概念也从具体的工具发展成一门方法学。目前CASE的发展已从支持结构化开发方法、原型方法、OO方法到支持知识处理语言的大型综合开发环境，它是工具和方法相结合的产物。目前CASE还是一个发展中的概念，各家公司都有自己的CASE产品，没有一个统一固定的模式。

### 1. CASE方法的基本思路

CASE方法解决问题的基本思路是：在前面所介绍的任何一种系统开发方法中，如果从对象系统调查后，系统开发过程中的每一步都可以在一定程度上形成对应关系的话，那么就完全可以借助于专门研制的软件工具来实现上述一个个的系统开发过程。这些系统开发过程的对应关系包括：结构化方法中的业务流程分析→数据流程分析→功能模块设计→程序实现；业务功能一览表→数据分析、指标体系→数据、过程分析→数据分布和数据库设计→数据库系统等；OO方法中的问题抽象→属性、结构和方法定义→对象分类→确定范式的程序实现等。

另外由于在实际开发过程中上述几个过程很可能只是在一定程度上对应，故这种专门研制的软件工具暂时还不能一次“映射”出最终结果，还必须实现其中间过程。即对于不完全一致的地方由系统开发人员再做具体修改。上述CASE的基本思路决定了CASE环境的如下特点。

(1) 在实际开发一个系统时，CASE环境的应用必须依赖于一种具体的开发方法，例如结构化方法、原型方法、OO方法等，而一套大型完备的CASE产品，能为用户提供支持上述各种方法的开发环境。

(2) CASE只是一种辅助的开发方法。这种辅助主要体现在它能帮助开发者方便、快捷地产生出系统开发过程中各类图表、程序和说明性文档。

(3) 由于CASE环境的出现从根本上改变了开发系统的物质基础,从而使得利用CASE开发一个系统时,在考虑问题的角度、开发过程的做法以及实现系统的措施等方面都与传统方法有所不同,故常有人把它称之为CASE方法。

### 2. CASE工具

CASE工具是指CASE的最外层(即用户)使用CASE去开发一个应用系统所接触到的所有软件工具。这一层次的软件极多,各家公司的系统也不尽相同,各有所长。粗略地归纳起来大致有如下几类。

(1) 绘图工具。这是一种绘制流程图、结构图、实体-关系图或者与某种特定方法有关的其他图表的工具,能画出各种图中用到的符号。

(2) 语法测试器。根据某种特定的结构化方法的设计规则,对进入系统的信息的精确性和完整性进行检测。

(3) 原型设计工具。各类生成器允许分析员直接画出偏爱的屏幕、报表及系统菜单,免除了复杂的格式说明及编程工作,可支持生成一个原型。

(4) 信息存储库。这是核心的信息数据库,它用以存储各种软件资源——屏幕和报表的外观和布局、各种框图、数据定义、程序代码、项目安排及其他技术文档。这个信息库使各种信息得以协调一致,集成化,标准化,易于被分析员们存取、共享,并且可在以后的开发中重复使用。

(5) 代码生成器。此生成器可根据高层的规格说明生成可执行的代码模块。一些CASE工具利用图标表示各种程序功能,并且能将这些符号转化为程序。

(6) 开发方法。一些CASE产品包括了选择列表框或者描述性内容,对整个开发方法的细节做出描述和规定,这有助于监督和控制调整及系统的开发。

(7) 项目管理工具。一些CASE工具将其各个组成部件与独立的用于项目规划和资源估算的流行工具集成在一起,而一些则将项目管理软件合并在CASE工具包中。

### 3. 计算机辅助开发方法的优缺点

计算机辅助软件工程的CASE,是一种使系统开发得以自动化的工具。它与其他方法相比,一般来说,有如下几方面的优点。

(1) 解决了从客观世界对象到软件系统的直接映射问题,强有力地支持软件/信息系统开发的全过程。

(2) 使结构化方法更加实用。

(3) 自动检测的方法大大提高了软件的质量。

(4) 使原型化方法和OO方法付诸实施。

(5) 减少了重复工作量,简化了软件的管理和维护。

(6) 加速了系统的开发过程。

(7) 使开发者从繁杂的分析设计图表和程序编写工作中解脱出来,将精力集中到更需要创造力的工作中。

(8) 使软件的各部分能重复使用。

(9) 产生出统一的标准化的系统文档,并使团体的工作更加协调一致。共同分担开发工作的程序员通过相互审阅和修改已经完成的工作文件使合作变得更加容易。

(10) 使软件开发的速度加快而且功能进一步完善。

此外,由于CASE工具对整个信息系统或软件工程开发过程的全面支持,引起了系统开发方法学领域从技术、方法到观念、认知体系的变化。这种工具(CASE)引起了对方法学研究领域的冲击和挑战,使得CASE变成了一种独特的、以自动化的环境支持为基础的系统开发方法。传统的系统开发方法研究中的某些概念和界限在CASE方法中是模糊的、相容的,它全面支持各种方法的开发过程。

虽然CASE方法有以上一些优点,但现在还很难说出应用CASE方法能使生产效率提高多少。一些研究结果发现CASE工具能够提高生产效率,而另一些研究却指出CASE工具不但对生产效率提高没多大影响,相反对系统的质量还会产生副作用。这一问题仍然处于混乱不清的状态,因为软件开发过程中效率的提高一直难以衡量和量化。尽管CASE工具在系统开发中的一些方面提供了便利,它能够加快分析和设计的速度,利于重新设计,但它并不能做到系统设计的自动化,并且无法使业务上的需要自然而然地得到满足。系统设计者仍需了解一个公司业务上的需要以及业务是如何运作的。系统分析和设计工作仍然要依靠分析与设计者的分析技能。一些生产效率的提高其实并非是应用了自动化的CASE工具本身的结果,而是因为系统开发人员就一种标准化开发方法上达到了一致,并且因此加强了相互间的交流、合作以及程序的整体一致性。CASE工具提供了一系列的节省劳动力的开发工具,使软件开发得到了自动化。但实际上,要实行自动化的软件开发过程是由一种特定的开发方法决定的。如果公司不了解这种方法,CASE工具只能使完全不相干的工作自动化,而无法使这个公司的系统开发方式整体化、标准化。

## 习题

4.1　简述系统的生命周期概念并列举一种产品为例加以说明。

4.2　简述原型法的基本思想。

4.3　结构化系统开发方法的指导思想和主要步骤是什么?

4.4　叙述OO方法的基本思想和特点。

4.5　叙述CASE方法的基本思路。

4.6　试比较结构化开发方法、原型法、面向对象的开发方法的特点。

# 第5章 系统分析

系统分析工作是系统规划工作的继续。系统规划和系统分析两者的工作任务是不同的。系统规划的主要任务是识别关键性的企业目标和战略,确定信息系统的发展战略。根据信息技术的特点,科学、合理地规划企业的核心业务流程,确定信息系统的总体结构。系统规划是面向全局的、宏观的、高层次的系统分析。本章要讲的系统分析是具体的、详细的系统分析,其主要任务就是要在充分认识原信息系统的基础上,通过用户需求分析、详细调查、系统化分析,最后完成新系统的逻辑方案设计,或称逻辑模型设计。逻辑方案不同于物理方案,前者解决"做什么"的问题,是系统分析的任务,后者解决"怎么做"的问题,是系统设计的任务,前者为后者提供依据。

要解决系统"做什么"的问题,系统分析人员必须与用户友好地沟通和协商,认真调查和分析用户需求。

## 5.1 用户需求分析

所谓用户需求,是指用户希望目标系统必须满足的一些具体要求,通常包括目标系统的功能要求、性能要求、可靠性要求、安全保密要求、与其他信息系统之间的接口要求以及开发费用、开发周期、可使用的资源等方面的限制等。

由于用户对计算机应用的有关问题并不像软件开发人员一样十分清楚,用户很难从一开始就能提出准确和完整的系统需求,因此系统分析人员在系统分析过程中,要不断挖掘出用户没有明确表达出来的需求,要善于通过系统分析修正用户提出的要求。对于一个大型而复杂的信息系统,用户需求分析往往是一个动态化的过程,需要经过长时间的反复认识才逐步明确,有时用户甚至到了系统开发后期还会提出新的需求。用户需求分析是系统分析中一项重要而又关键的任务,主要是在逻辑上确定目标系统的功能,不涉及具体的物理实现。用户需求分析完成后,要形成规范的需求分析文档,需求分析文档是项目验收的主要依据,一般要以附件的形式列入项目开发合同文本。

下面是某单位在线考试系统的用户需求分析。

### 1. 系统功能需求

通过详细的系统调查与分析,了解到用户要求系统实现以下功能:

1）系统管理功能

主要实现用户管理、系统设置、批量授权管理、在线用户管理等基本功能。

用户管理：管理员对系统内的用户进行权限设置和管理，并导入、导出用户数据等。

系统设置：对系统重要参数进行设置，如版权、Logo图片、地址信息等。

批量授权管理：可以将某一权限同时授予同一类用户。

在线用户管理：管理在线用户的状态，包含强制下线、显示查询等功能。

2）门户管理功能

主要实现发布首页、公告管理、新闻管理、日历管理、支付设置、售卡设置及商品设置等功能。

发布首页：更新在线学习首页显示的内容。

公告管理：管理系统发布在首页上的公告，包括公告的查阅、添加、修改、删除等。

新闻管理：管理系统发布在首页的新闻，包括新闻查阅、添加、删除及类别设定等。

日历管理：设定课程开课时间和考试时间等。

支付设置：查阅、设定汇款地址、银行账号等付款信息。

售卡设置：设定充值卡的种类、金额等。

商品设置：设定图书、课程、资料等商品的销售价格及简介等。

3）教学管理功能

主要实现科目管理、教师管理、课件管理、习题管理、资料管理、学员管理等功能。

科目管理：对科目课程进行安排，包括对科目、课程的查询、增加、修改、删除等。

教师管理：管理教师基本信息，包括查阅、添加、删除教师信息，修改教师权限等。

课件管理：对教师上传的课件进行查看、播放、加密、删除、后台添加新课件等。

习题管理：对各个科目课程的习题进行查阅、修改、添加、删除等。

资料管理：对各个科目课程的学习资料进行上传、查阅、修改、添加、删除等。

学员管理：管理学员基本信息，包括查阅、添加、删除学员信息，修改学员权限等。

4）商城管理功能

管理课程、图书、培训资料等学习资源的销售，具有商品管理、配送管理等功能。

商品管理：管理图书、视频、光盘等学习资源，包括添加商品信息、查阅商品信息、修改或删除商品信息、设定商品售价等。

配送管理：管理售出的商品信息，包括查询售出的商品是否发货、查询发货方式（快递/邮寄/挂号/包裹等）、修改或删除发货信息等。

5）结算管理功能

管理课程、商品销售后的款项结算，具有支付设置、充值卡管理、用户充值明细管理、用户消费明细管理等功能。

支付设置：主要是设置支付宝、财付通、快钱等相关网银支付信息。

充值卡管理：销售和管理充值卡信息，包括生成充值卡，设定充值卡面额，修改或删除充值卡等操作。

用户充值明细管理：管理用户充值信息，包括用户充值的金额、充值时间、充值方式等。

用户消费明细管理：管理用户消费信息，包括用户订购商品(包括课件、图书、视频、音像制品等)的数量、订阅的课程、订购/订阅时间、到期时间、访问记录等。

6) 考试管理功能

管理和维护涉及考试方面的各种信息，具有题库管理、组卷管理、考试安排、成绩管理和准考证管理等功能。

题型管理：系统支持单选、多选、判断、填空、连线、简答、论述 7 种基本题型，管理员可以对这 7 种题型进行查阅、添加、修改、删除等操作。

题库管理：管理和维护试题库信息，具有题型设置(支持单选、多选、判断、填空、连线、简答、论述 7 种基本题型)及相应试题信息的查询、添加、修改、删除等功能。

组卷管理：可以自由设定试卷的题型及分值，并随机生成试卷。

考试安排：管理和维护考试信息，包括设定考试时间、对参加考试的学员授权、设定考试时长及考试成绩公布的时间等。

成绩管理：管理考生考试成绩，具有汇总、查阅、导出和打印考生考试成绩等功能。

准考证管理：管理考生准考证信息，具有生成准考证编号、查阅、打印准考证等功能。

7) 在线咨询功能

用户可以通过 QQ、Web 页面等方式与客服人员进行在线交流互动。

8) 统计分析功能

汇总统计各种信息，并可生成和打印各种报表，包括订单统计、充值卡统计、用户登录统计、科目统计、点击统计、访问统计、用户统计、广告统计、视频播放统计及下载统计等功能。

订单统计：统计各类商品的销售情况。

充值卡统计：统计充值卡的销售情况。

用户登录统计：统计用户访问、登录网站的情况。

科目统计：统计各个科目、课程的学习人数、课程安排情况。

点击统计：统计各个科目、课程、习题、广告、视频等资源的点击量。

访问统计：统计网站的访问量，包括页面点击率、注册人数、访问 IP 数量等。

用户统计：统计各个科目、课程的考生人数及成绩汇总分析等。

广告统计：统计页面广告的点击率。

视频播放统计：统计教学视频的点播量。

下载统计：统计教学资源的下载量，包括教学视频、课件、图片、压缩包等。

**2. 系统使用需求**

(1) 系统各个功能模块均要以模板形式出现，可以自由添加内容，模块可以自行设定为是否显示该模块内容，模块可以自由增加、删除、屏蔽。

(2) 系统内的网页内容添加以模板形式出现，不同的模板可以添加不同的内容。例如添加商品模板、添加新闻模板、添加课程模板、添加课件模板等。

(3) 系统能提供对各类教学资源的上传(含单个上传和批量上传)、在线浏览、下载、后台保存管理的功能。涉及的教学资源种类包括：

① 文档类：PPT 文档、DOC 文档、Excel 文档、TXT 文档、PDF 文档。

② 图片类：JPG图片、JPEG图片、PNG图片、BMP图片、GIF图片。

③ 视频类：MP4、FLV、RMVB、RM、DAT、WMV、ASF。

④ 音频类：MP3、WMA、WAV、AMR。

⑤ 压缩文件：RAR、ZIP、7z、ISO、Bin。

(4) 在线视频、在线音频要求具有防盗链、防下载功能；所有附件、教学资源都可以赋予免费下载、付费下载、注册用于下载、限定时间下载的权限。

### 3. 系统安全需求

(1) 系统使用人员拟分为4大类：超级管理员、管理员(领导)、教师(普通管理员)和学生(注册用户)。超级管理员拥有所有权限；管理员(领导)拥有查阅报表、统计结果的权限，能查阅的模块、报表范围由超级管理员设定；教师(普通管理员)具有教授课程范围内的管理权限以及管理课件、该课程资源附件的权限；学生(注册用户)只有一般使用权限，考试、观看收费视频等权限由超级管理员分配。

(2) 系统代码不能用明码表示，即网站浏览者不能通过另存为等方式查看网站后台代码。

(3) 网站内的资源不能用迅雷、快车、QQ旋风等下载工具下载。

(4) 网页屏蔽鼠标右键功能。

(5) 系统具备定期自动备份数据的功能。

### 4. 系统运行环境需求

系统主要用于远程教学和远程考试使用，可以满足局域网/因特网的需要，让用户实时监控教学、考试的过程。系统基于B/S架构运行，要能在以下软硬件环境中流畅运行：

1) 服务器端运行环境(表5-1)

表5-1 服务器端运行环境

| 设备名称 | 设备描述 |
| --- | --- |
| PC服务器 | CPU：1.0GHz；内存：2GB；硬盘：40GB |
| 操作系统 | Windows 2003 Server简体中文版 |
| 数据库 | SQL Server 2000标准版或企业版(支持高版本SQL) |
| 服务器Web支持 | IIS 5.0及以上，.NET 4.0框架 |
| 带宽 | 100Mbps独享带宽 |

2) 客户端运行环境(表5-2)

表5-2 客户端运行环境

| 设备名称 | 设备描述 |
| --- | --- |
| PC | CPU：1.0GHz；内存：2GB；硬盘：40GB |
| 操作系统 | Windows 2000/XP/Vista/7，64bit操作系统、Mac系统 |
| 浏览器 | IE 6.0以上版本、谷歌浏览器、FireFox、Opera、Safari等 |

#### 5. 系统性能及可靠性需求

(1) 在1000个用户并发下,事务响应时间小于3秒,服务器CPU峰值在70%左右。

(2) 系统提供7×24小时的连续运行,平均年故障时间<1天,平均故障修复时间<180分钟。

(3) 系统须能够防止各类误操作可能造成的数据丢失或破坏。

## 5.2 系统的初步调查

系统的初步调查是系统分析的第一步。系统初步调查的基本内容包括以下几点。

(1) 企业概况:企业发展历史、人员、产品、生产线及目前面临的主要问题等情况。

(2) 计算机应用现状:现有硬件情况、现有网络操作系统及数据库管理系统的类型、现有应用系统的种类、主要功能及存在的问题等情况。

(3) 组织机构:有哪些主要的职能部门及各职能部门的主要职能是什么?

(4) 物料库存:库房数量、位置及各库房主要存储哪些物料等情况。

(5) 供应商:现有哪些供应商或协作厂商? 选择供应商或协作厂商的标准是什么?

(6) 销售商:现有哪些主要的销售商和销售机构及其销售的主要产品是什么?

(7) 运输商:现有哪些主要运输商,如何合作?

(8) 态度:态度是指组织中各类管理人员对开发信息系统的态度,主要包括:对开发新系统的支持和关心的程度,对信息系统的认识程度和看法。

## 5.3 系统的详细调查

系统详细调查就是要对现行系统进行全面、深入、详细的调查分析,弄清现行系统的运行状况,发现问题和薄弱环节,收集资料,为新系统的逻辑方案设计做好准备。

### 5.3.1 详细调查的原则

#### 1. 用户参与

由组织的业务人员、主管人员和设计部门的系统分析人员、系统设计人员共同进行。设计人员熟悉计算机技术但对组织的业务不够清楚,而管理人员熟悉本身业务但不一定了解计算机技术。所以,只有将两者结合在一起,相互合作,共同协商,才能更深入地发现系统存在的问题,共同研讨解决的方案。

#### 2. 自顶向下全面展开

系统调查工作应严格按照自顶向下的系统化观点全面展开。首先从组织管理工作中的最顶层开始,然后再调查为确保最顶层工作的完成下一层(第二层)的管理工作的支持。完成了这两层的调查后,再深入一步调查为确保第二层管理工作的完成下一层(第三层)的管理工作支持。以此类推,直至摸清组织的全部管理工作。这样做的目的是使调查者既不会被组织内部庞大的管理机构搞得不知所措、无从下手,又不会因调查工作量太大而顾此失彼。

### 3. 工程化的工作方式

工程化的方法就是将每一步工作事先都计划好,对多个人的工作方法和调查所用的表格、图例都进行规范化处理,以使群体之间都能相互沟通,协调工作。

### 4. 全面调查与重点调查相结合

开发整个组织的 MIS,应该坚持全面调查和重点调查相结合的方法。尤其是某时期内需要开发企业的某一个局部的信息系统,更应该在调查全面业务的同时,侧重该局部业务相关的分支。

## 5.3.2 详细调查的方法

在做出开发新系统的决策之后,就应组织力量成立调查小组,采用多种方法对现有系统进行调查分析。

为了全面及时地完成调查分析工作,调查组应拟订详细的调查计划,规定调查研究的范围和方法,明确调查组每个成员的工作任务。通常采用的调查方法有以下 4 种。

### 1. 开调查会

开调查会是一种集中征询意见的办法,适于对系统的定性调查。可按两种组织方式进行:一是按职能部门召开座谈会,了解各个部门业务范围、工作内容、业务特点以及对新系统的想法和建议。二是召集各类人员联合座谈,着重听取使用单位对目前作业方式存在问题的介绍,对新系统解决问题的要求等。调查会要求吸收生产指挥人员和技术骨干参加。

### 2. 发问卷调查表

发问卷调查表就是由系统分析人员,将与系统开发有关的问题以问卷的形式,发给组织中的有关人员,通过回答问题的方式,了解系统现状和系统需求。其原则是:问卷的信息量不要太大,问题要简单、明确、直接,突出主题和中心思想。切忌表述不清、容易产生二义性的问题出现。问卷方式可以采用自由式问卷或选择式问卷。

### 3. 访问

访问是一种个别征询意见的办法,是收集数据的主要渠道之一。通过调查人员与被访问者的自由交谈,充分听取各方面的要求和希望,获得较为详细的定性、定量信息。访问时应从系统的输出、输入,信息的来源、去向,组织及处理等方面提出问题。

### 4. 直接参加业务实践

直接参加业务实践是系统分析人员深入、准确、完整了解系统中的一些复杂环节的最佳方法。通过参加业务实践,系统分析人员可以较深入地了解和掌握原系统数据的产生、输入、传递、处理、存储及输出的具体过程和内容,并能体验和找出系统中的各种缺陷、有可能出现的问题等。

### 5.3.3 详细调查的内容

系统调查的内容十分广泛,涉及企业的生产、经营、管理、资源与环境等各个方面,一般可从系统的定性调查和定量调查两个方面进行。

#### 1. 系统的定性调查

定性调查主要是对现有系统的功能进行总结,包括组织结构的调查,管理功能的调查,业务流程的调查,数据流程的调查与系统环境的调查等。

1)组织结构的调查

调查现行系统的组织机构、领导关系、人员分工和配备情况等。不仅可以了解现行系统的构成、业务分工,而且可以进一步了解人力资源,还可发现组织和人事等方面的不合理现象。

2)管理功能的调查

所谓功能,指的是完成某项工作的能力。为了实现系统目标,系统必须具有各种功能。各子系统功能的完成,又依赖于下面更具体的功能的完成。管理功能的调查是要确定系统的这种功能结构。

3)业务流程的调查

不同系统有着不同的功能,它们进行着不同的处理。分析人员需要尽快熟悉业务,全面细致地了解整个系统各方面的业务流程,主要是为发现和消除业务流程中不合理的环节。

4)数据流程的调查

在业务流程的基础上舍去物质要素,对收集的数据及统计和处理数据的过程进行分析和整理,绘制原系统的数据流图,为下一步分析做好准备。

5)系统环境的调查

系统环境是指不直接包括在计算机信息系统之中,但对计算机系统有较大影响的因素的集合。环境不是设计的对象,但对设计有所影响和限制。环境调查的内容包括处理对象的数据来源,处理结果的输出时间与方式等。

#### 2. 系统的定量调查

定量调查的目的是弄清数据流量的大小、时间分布和发生频率,掌握系统的信息特征,据此确定系统规模,估计系统建设的工作量,为下一阶段的系统设计提供科学依据。

1)收集各种原始凭证

通过这些凭证的收集,统计原始单据的数量,了解各种数据的格式、意义、产生时间、地点和向系统输入的方式,且对每张单据信息所占字节数做出估计,得出每月、每日、每时系统数据的流量。

2)收集各种输出报表

通过输出报表的收集,统计各种报表存储的字节数和印刷行数,分析其格式的合理程度。

3)统计各类数据的特征

通过对各类数据平均值、最大值、最大位数及其变化率等的统计,确定数据类型,重点弄清对系统影响大的静态数据的存储格式和存储量。

4）收集与新系统对比所需的资料

收集现行系统手工作业的各类业务工作量、作业周期、差错发生数等，供新旧系统对比时使用。

# 5.4 组织结构与管理功能分析

在系统详细调查的基础上，要对现行系统的组织结构及管理功能进行分析，主要有组织结构分析、组织与功能的关系分析及管理功能分析三部分内容。

## 5.4.1 组织结构分析

企业组织结构分析主要根据系统调查的结果，给出企业的组织结构图。据此分析企业各部门间的内在联系，判断各部门的职能是否明确，是否真正发挥作用。根据同类型企业的国际、国内先进管理经验，对组织结构设置的合理性进行分析，找出存在的问题。根据计算机管理的要求，为决策者提供调整机构设置的参考意见。

一个组织（企业、公司、部门等）的机构设置，自上而下一般是按级别、分层次构成的，呈树状结构，表示各组成部分之间的隶属关系或管理与被管理的关系，图5-1给出了某企业的组织结构示意图。

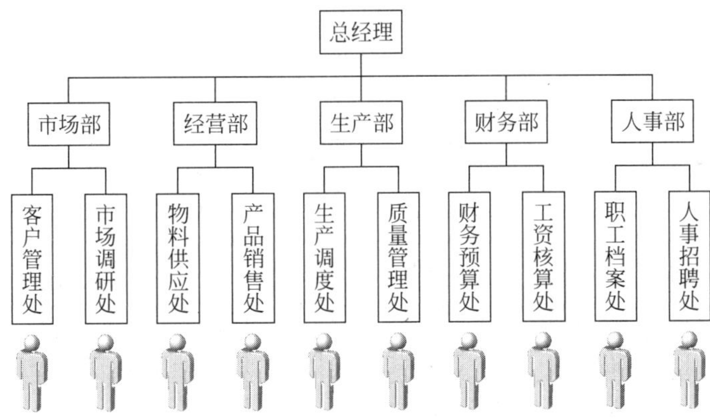


图5-1 企业组织结构图

## 5.4.2 组织与业务的关系分析

组织结构图反映组织内部各部门之间的上下级及隶属关系，但对于组织内部各部门之间的联系程度，各部门的主要业务职能及所承担的工作却反映不出来。借助组织/业务关系图，可将组织内各部门的主要业务职能、承担的工作及相互之间的业务关系清楚地反映出来，有助于后续的业务流程与数据流程的分析。组织/业务关系图中的横向表示各组织的名称，纵向表示业务过程名称，中间栏则表示组织在执行业务过程中的作用，如图5-2所示。

| 序号 | 联系的程度 组织 / 业务 | 计划科 | 质量科 | 设计科 | 工艺科 | 机动科 | 总工室 | 研究所 | 生产科 | 供应科 | 人事科 | 总务科 | 教育科 | 销售科 | 仓库 |
|---|---|---|---|---|---|---|---|---|---|---|---|---|---|---|---|
| 1 | 计划 | * | | | | | √ | | × | × | | | | × | × |
| 2 | 销售 | | √ | | | | | | | | | | | * | × |
| 3 | 供应 | √ | | | | | | | × | * | | | | | √ |
| 4 | 人事 | | | | | | | | | | * | √ | √ | | |
| 5 | 生产 | √ | × | × | × | | * | | * | × | | | | √ | √ |
| 6 | 设备更新 | | | | * | √ | √ | √ | × | | | | | | |

图中:"*"表示该项业务是对应组织的主要业务(即主持工作的单位);
"×"表示该单位是参加协调该项业务的辅助单位;
"√"表示该单位是该项业务的相关单位(或称有关单位);
空格:表示该单位与对应业务无关。

图 5-2 组织/业务关系图

### 5.4.3 管理功能分析

为了实现目标,系统必须具有各种功能。所谓功能,指的是完成某项工作的能力。调查中可以用功能层次图来描述从系统目标到各项功能的层次关系,图 5-3 表示了某销售系统的管理功能。

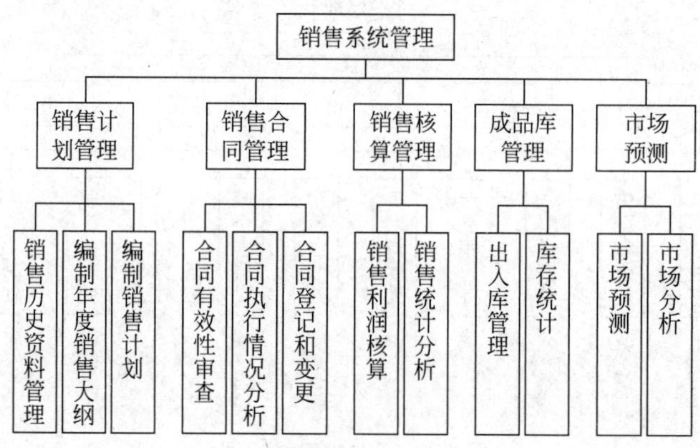


图 5-3 某销售系统的管理功能图

## 5.5 业务流程分析

在对系统的组织结构和功能进行分析时,需从一个实际业务流程的角度将系统调查中有关该业务流程的资料都串起来做进一步的分析。业务流程分析可以帮助我们了解该业务的具体处理过程,发现和处理系统调查工作中的错误和疏漏,修改和删除原系统的不合理部分,在新系统基础上优化业务处理流程。

前面已经将业务功能一一列出,而业务流程分析则是在业务功能的基础上将其细化,利用系统调查的资料将业务处理过程中的每一个步骤用一个完整的图形将其串起来。在绘制业务流程图的过程中发现问题，分析不足，优化业务处理过程。所以说绘制业务流程图是分析业务流程的重要步骤。

业务流程图（Transaction Flow Diagram，TFD）就是用一些规定的符号及连线来表示某个具体业务处理过程。业务流程图的绘制基本上按照业务的实际处理步骤和过程绘制。换句话说，就是一"本"用图形方式来反映实际业务处理过程的"流水账"。绘制出这本"流水账"对于开发者理顺和优化业务过程是很有帮助的。

业务流程图是一种用尽可能少、尽可能简单的方法来描述业务处理过程的方法。由于它的符号简单明了，所以非常易于阅读和理解业务流程。但它的不足是对于一些专业性较强的业务处理细节缺乏足够的表现手段，它比较适用于反映事务处理类型的业务过程。

### 1. 基本符号

目前业务流程图的绘制没有统一的标准，不同的教材所采用的符号也不尽相同。本教材推荐使用的符号如图 5-4 所示。

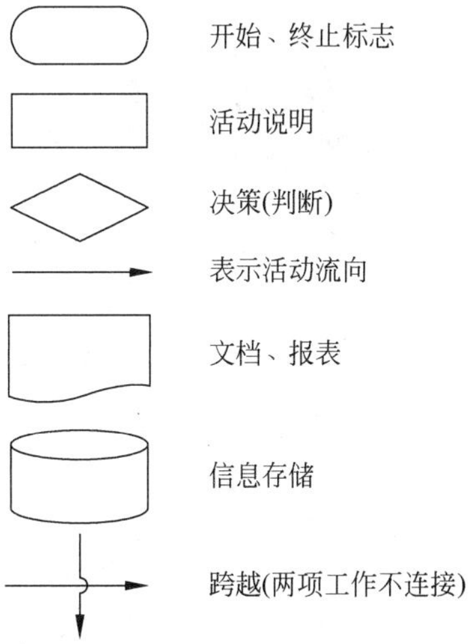

开始、终止标志

活动说明

决策(判断)

表示活动流向

文档、报表

信息存储

跨越(两项工作不连接)

图 5-4　业务流程图常用符号

### 2. 绘制业务流程图的基本步骤

通常信息系统涉及的业务流程较多，有的甚至很复杂，因此，在绘制业务流程图之前，应确定绘制业务流程图的基本步骤和方法。一般来说，绘制业务流程图应遵循以下几个基本步骤。

(1) 确定职能和工作任务。

(2) 划定工作起点和终点。

(3) 跟踪关键业务对象。

(4) 确定岗位（组织单元）及其活动。

(5) 绘制流程图草案。

(6) 流程图汇总分析。

(7) 确定流程图。

### 3. 业务流程图的绘制方法

目前关于业务流程图的绘制方法还没有形成统一的标准，本教材推荐的方法分为以下 4 个步骤。

(1) 横向列出岗位（组织单元）并标记为 A、B、C、D 等。

(2) 纵向按业务发生的顺序标记为 1、2、3 等。

(3) 图中标记流程使用部门、流程编号、流程名称、流程页码、编制日期、编制人、签发人、签发日期及密级等内容。

(4) 列表描述流程节点。节点由岗位标记和业务顺序号组成，如 A1 表示业务由岗位 A 开始。

(5) 流程图要尽量分布均匀，保持美观。

(6) 绘制草图。

(7) 审核。

(8) 绘制正规流程图，审核并存档。

### 4. 业务流程图绘制举例

图 5-5 是某书店邮购部的业务处理流程，邮购部设有收发员、经理、仓库管理员、财务会计等岗位，按照上述流程图绘制方法，其业务流程图如图 5-6 所示，业务流程节点描述如表 5-3 所示。

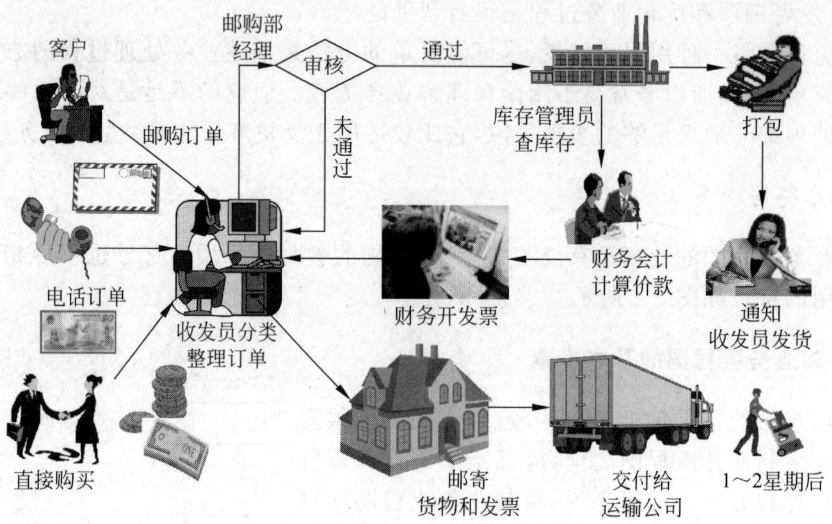


图 5-5 某书店邮购部业务处理流程

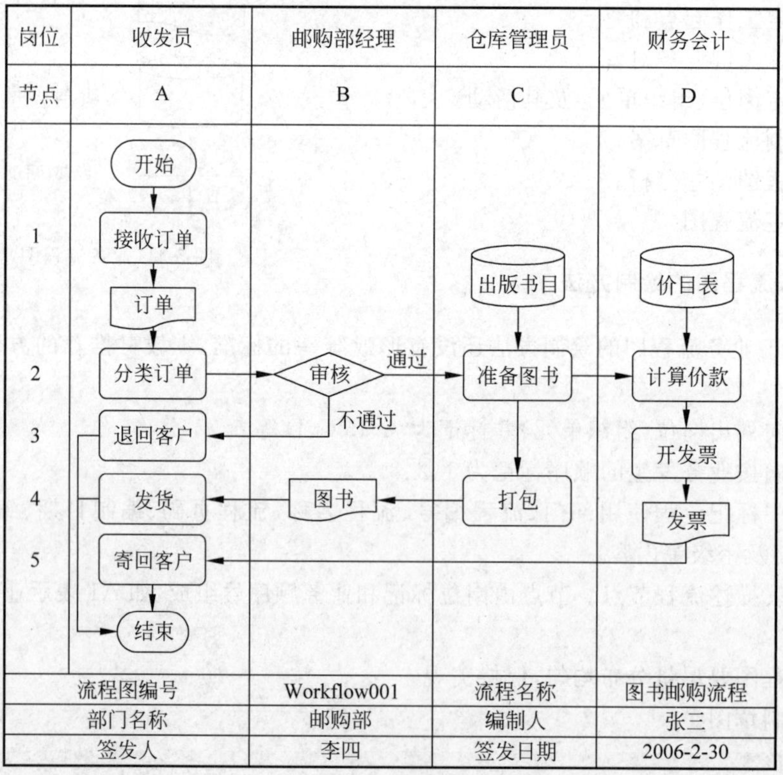

| 岗位 | 收发员 | 邮购部经理 | 仓库管理员 | 财务会计 |
|---|---|---|---|---|
| 节点 | A | B | C | D |
|  | 开始 |  |  |  |
| 1 | 接收订单 |  | 出版书目 | 价目表 |
|  | 订单 |  |  |  |
| 2 | 分类订单 | 审核（通过） | 准备图书 | 计算价款 |
| 3 | 退回客户 | 不通过 |  | 开发票 |
| 4 | 发货 | 图书 | 打包 | 发票 |
| 5 | 寄回客户 |  |  |  |
|  | 结束 |  |  |  |
| 流程图编号 | Workflow001 | 流程名称 | 图书邮购流程 |  |
| 部门名称 | 邮购部 | 编制人 | 张三 |  |
| 签发人 | 李四 | 签发日期 | 2006-2-30 |  |

图 5-6 某书店邮购部业务流程图

表 5-3　邮购部业务流程图节点描述

| 流程节点 | 节点业务描述 |
| --- | --- |
| A1 | 接收订单：收发员接收来自邮购客户的订单，并进行登记 |
| A2 | 分类订单：收发员对客户订单进行分类整理，并提交经理审批 |
| B2 | 审核：经理审核客户订单，合格订单交给库存管理员处理，不合格订单退回收发员处理 |
| C2 | 检查库存：库存管理员检查库存，准备图书 |
| D2 | 计算价款：财务会计计算图书价款 |
| A3 | 退回客户：不合格订单由收发员退回客户 |
| D3 | 开发票：财务会计根据图书价款开发票 |
| A4 | 发货：收发员到邮局邮寄图书 |
| C4 | 打包：库存管理员对图书进行打包 |
| A5 | 寄回客户：收发员到邮局邮寄发票 |

# 5.6　数据流程调查与分析

数据是系统要处理的对象。我们要把现实的业务抽象为数据，信息系统也是模拟现实业务的系统。在业务流程分析以后，就应该以数据为中心分析，确定信息的各种属性、信息流向以及信息处理的各个方面。数据流程分析是建立数据库系统和设计功能模块的基础。通常以数据流图作为分析的主要工具。

## 5.6.1　数据资料收集

数据资料收集是数据流程调查过程中的一项重要任务，其主要工作包括以下几点。

(1) 按业务过程收集原系统全部输入单据(如入库单、收据、凭证)、输出报表和数据存储介质(如账本、清单)的典型格式。

(2) 弄清各环节上的处理方法和计算方法。

(3) 在上述各种单据、报表、账本的典型样品上或用附页注明制作单位、报送单位、发生频度(如每月制作几张)、发生的高峰时间及发生量等。

(4) 在上述各种单据、报表、账册的典型样品上注明各项数据的类型(数字、字符)、长度、取值范围(指最大值和最小值)。

## 5.6.2　数据的汇总分析

数据汇总分析的主要任务是从整体系统的角度出发，对收集到的数据进行如下操作。

### 1. 数据正确性分析

数据正确性分析主要是分析数据的完备程度、一致性程度和冗余程度等。

### 2. 数据项特征分析

数据项特征分析包括以下几点。

(1) 分析数据的类型、精度及字长。

(2) 确定数据的取值范围,即确定有关数据项的最大值和最小值。

(3) 分析数据量,即单位时间内的业务量和使用频率等。

(4) 确定存储时间,确定有关数据的存储和保留的时间周期。

(5) 分析数据所涉及的业务,即U/C矩阵中每一行有U或C的列号。

### 5.6.3 数据流图

数据流程分析是把数据在组织(或原系统)内部的流动情况抽象地独立出来,舍去了具体组织机构、信息载体、处理工作、物资、材料等,单从数据流动过程来考查实际业务的数据处理模式。主要包括对信息的流动、传递、处理、存储等的分析。

数据流程分析的目的是要发现和解决数据流通中的问题,如数据流程不畅、前后数据不匹配、数据处理过程不合理等。一个畅通的数据流程是今后新系统实现这个业务处理过程的基础。

数据流程分析是通过数据流图(Data Flow Diagram,DFD)来实现的。数据流图是一种能全面地描述信息系统逻辑模型的主要工具,它可以用少数几种符号综合地反映出信息在系统中的流动、处理和存储的情况。数据流图具有抽象性和概括性。抽象性表现在它完全舍去了具体的物质,只剩下数据的流动、加工处理和存储;概括性表现在它可以把信息处理过程中的各种不同业务处理过程联系起来,形成一个整体。无论是手工操作部分还是计算机处理部分,都可以用它表达出来。

### 5.6.4 绘制数据流图的原则

就一般的信息系统而言,其需要处理或加工的数据可能有几百甚至几千个数据。为了准确、清晰地表达数据在系统中的流动,在绘制数据流图时应遵循下述原则。

(1) 按照业务流程图理出的业务流程顺序,将相应调查过程中所掌握的数据处理过程绘制成一套完整的数据流图,一边整理绘图,一边核对相应的数据和报表、模型等。

(2) 按照系统的观点,自顶向下地分层展开绘制。

(3) 由粗到细,逐步求精。

### 5.6.5 数据流图的基本符号

数据流图通常用如图5-7所示的符号来表示。

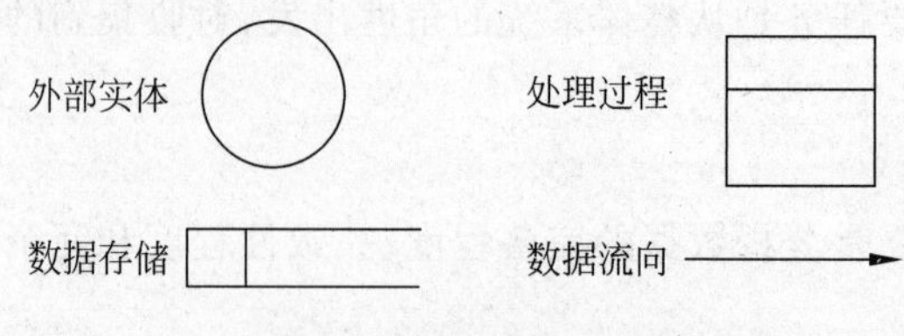


图5-7 数据流图基本符号

1. 外部实体

外部实体表示数据的来源或去向，通常是系统内、外的人或组织，如上级主管部门，供货单位等，或者是向本系统提供数据或接收数据的另一个数据处理系统。

2. 数据处理过程

处理过程是对数据进行变换操作，即把流向它的数据进行一定的变换处理，产生出新的数据。通常用矩形表示一个处理过程，图形下部填写处理过程的名字（如开发票、出库处理等），名字应适当反映该处理过程的含义，使之容易理解，上部填写处理过程的编号，标识它在数据流图中的层次。

3. 数据存储

数据存储指出了数据存储的地方（如数据文件、账本、表、单据等），这里所说的地方并不指保存数据的物理地点或物理存储介质，而是数据存储的逻辑描述。数据存储用一个右边开口的长方形表示。图形右部填写数据存储的名字，左边填写数据存储的标识。为了避免数据流线条的交叉，有时在一张图中会出现同样的数据存储。此时，可在重复出现的数据存储符号的左边再加一条或两条竖线或左上角画一条或两条斜线。

4. 数据流

数据流就是从源点向终点方向流动的数据，它可以是一项数据，也可以是一组数据（如报表、订单等），也可用来表示对数据文件的存储操作。一般用一条线表示数据流，用箭头指示流动方向。数据流可以由某一外部实体产生，也可以由处理过程或数据存储产生。对每一条数据流都要给予简单的描述，并标识在数据流箭头的上方，以便使用户和系统设计人员能够理解它的含义。

## 5.6.6 数据流图的绘制

对于一个完整的信息系统，需要处理的数据很多，不可能在一张数据流图里完整表达所有数据的处理过程，解决的办法是先把整个信息系统分解成若干个子系统。若子系统还是太大，可以继续分解成更小的子系统，直到每个数据处理过程可以画在一张图上为止。在此过程中，实际上是把整个流程图分解成若干个层次来画。把上述分解过程中得到的一套由抽象到具体的数据流图称为分层数据流图。

其中，顶层通常由一个数据处理和若干个输出输入数据组成，它规定了系统的边界和范围，描述的是系统的概貌。顶层由一些不必要细分的数据处理组成，这些数据处理过程称为基本数据处理过程。在顶层与底层之间可以有许多中间的层次，视具体系统而定，有的可能分为两层，有的可能分为三层，有的甚至更多。

在逐层分解的过程中，要保证分解前后的输入数据流、输出数据流数目相等。它保证了一个数据流图在分解前后的功能不变。

图 5-8～图 5-10 是根据图 5-5 和图 5-6 画出的数据流图，反映了书店邮购部业务处理过程中数据的流动情况。

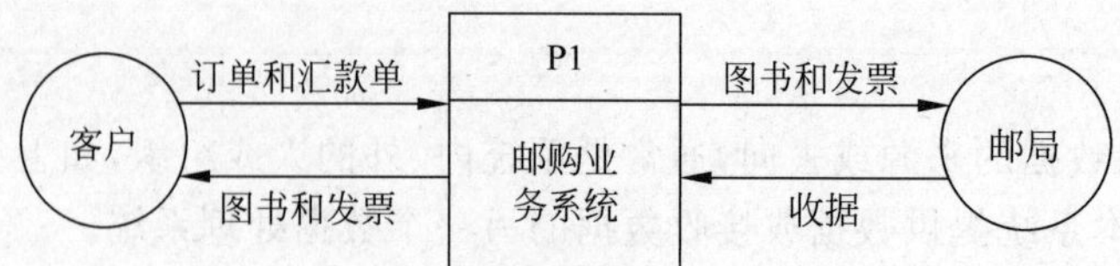


图 5-8 邮购部顶层数据流图

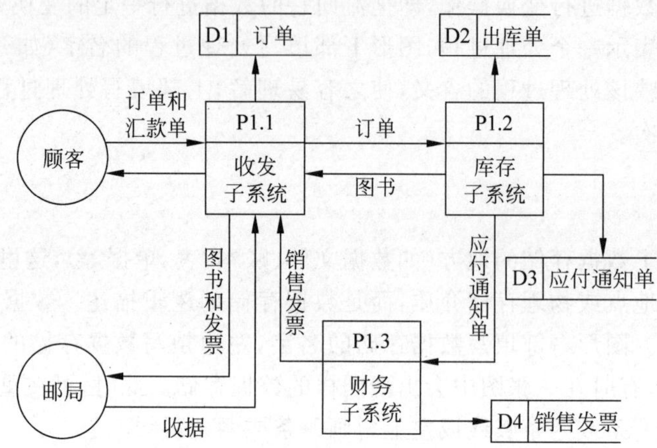


图 5-9 邮购部第二层数据流图

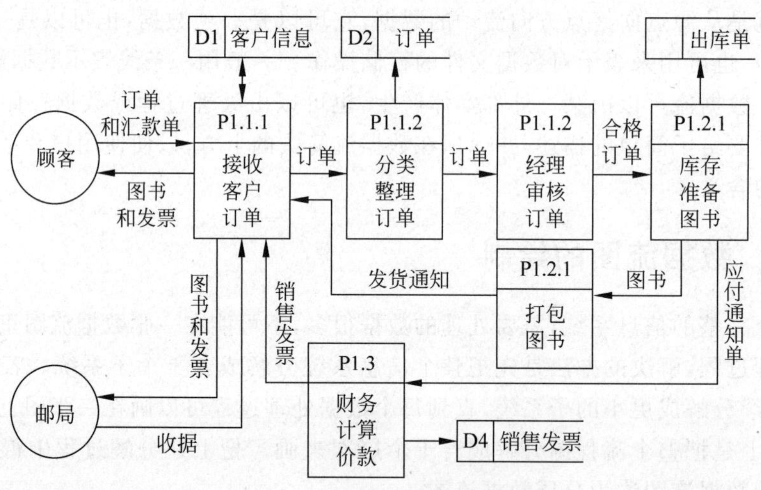


图 5-10 邮购部第三层数据流图

## 5.6.7 数据字典

数据流图描述了系统的分解，表明了系统由哪些部分所组成及各部分之间的相互关系，但对于组成系统中各部分的含义并没有给予必要的说明，如数据流的内容，文件的组成，数据加工的方法，数据项的特性等都没有予以说明。

为此，需对数据流图中的每一数据流，基本数据处理过程，数据存储及数据项下一个“严格定义”，所有这些定义按一定次序汇集而成，即为数据字典。数据流图描述系统的组成及相互关系，数据字典描述系统的具体细节，两者相互联系，相互补充，两者结合才能将系统表达清楚。数据字典是系统分析阶段的工具，也是系统设计阶段的工具。

数据流图是结构化系统分析中不可缺少的有力工具，它描述了系统的分解，即系统由哪些部分组成，各部分之间有什么联系等。但是，它还不能完整地表达一个系统的全部逻辑特征，特别是有关数据的详细内容。因此，仅仅一套数据流图并不能构成系统说明书，只有当图中出现的每一个成分都给出详细定义之后，才能较全面地描述一个系统。

数据流图中所有名字的定义及描述就构成了一本字典，它包括数据流、数据存储、外部实体和处理过程的详细条目。数据流、数据存储等数据型条目构成数据字典（Data Dictionary，DD），而逻辑分析的有关工具用于处理型条目。

数据字典把数据流图上所有数据都加以定义，并按特定格式予以记录，以备随时查询和修改。因此，数据字典是数据流图的辅助资料，对数据流图起注解作用。结构化系统分析中，数据字典主要用于描述数据流和数据存储的逻辑内容，以及外部实体和处理过程的某些数据特性。

数据字典中把数据的最小组成单位定义为数据项，而若干个数据项可以组成一个数据结构。数据字典是通过以数据项和数据结构的定义来描述数据流、数据存储的逻辑内容的。

### 1. 数据项

数据项是数据的最小组成单位，即不可再分的数据单位。例如，学生“姓名”可以看成是一个数据项，但要注意此时“姓”和“名”不能分开表示，如果分开表示，那么，“姓名”就不是数据项了。严格地说，一个人的出生日期和籍贯都不能算是一个数据项，因为出生日期由年、月、日三个数据项组成，而籍贯由省、市、区等组成。为了分析上的简便，也可把出生日期和籍贯看成是一个数据项。

数据字典中，数据项的定义有以下内容。

（1）数据项的名称：每个数据项均有一个名称加以标识。例如，职工号、职工名、产品名、考核成绩等都是数据项的名称。在整个系统中，数据项的名称应唯一地标识出这个数据项，以区别于其他数据项。数据项的名称应尽量反映该数据项的具体含义，以便容易理解和记忆。对于同一数据项，其名称可能不止一个，以适用多种场合下的应用。在这种情况下，还需对数据项的别名加以说明。

（2）数据项的值域：指数据项的取值范围以及每一个值的确切含义。例如，某企业职工的“工资”的值域就是500～2000元之间的数值。又如人事档案中“文化程度”数据项，如果规定只能取“小学”“初中”“高中”“中专”“大专”“本科”“研究生”这7个值中的任一个，则“文化程度”这一数据项的值域就是上述所列的7个值。如果用字母或缩写代替数据项的值，还需说明字母或缩写的含义，即说明数据项的取值含义。数据字典中应对每一个数据项的值域和取值含义都加以定义，以便在分析问题时加以使用。数据项的值域对于输入数据项时的检查、纠错起着重要的作用。

（3）数据项的数据类型：指取值的数据类型。基本类型有数值型（包括整数与实数）、字符型（包括汉字的使用）、逻辑型等。例如，职工“工资”数据项为数值型，“文化程度”为字符型。

(4) 数据项的长度：它规定该数据项所占的字符或数字的个数。如“文化程度”数据项的长度为6位(3个汉字所占的字符长度)。

除了上述4项主要内容外,必要时还须对数据项的简单描述、与之相关的数据项或数据结构、处理过程等加以说明。

**例**：数据项定义。

数据项编号：SOI—01。

数据项名称：账单号。

别名：账单号。

简述：主客在入店登记时由计算机自动生成的账单号,又称单号,也是该批客人在店时的账户编号。账单号采用的是自动递增的顺序码。

类型及宽度：字符型,6位。

取值范围：000 001～999 999。

### 2. 数据结构

数据结构用来定义数据项之间的组合关系。数据字典中的数据结构是对数据的一种逻辑描述,与物理实现无关。一个数据结构可以是若干个数据项的组合,也可以由若干个数据结构组成,还可以由若干个数据项和数据结构混合组成。

在数据字典中,对数据结构的定义如下。

(1) 数据结构的名称：用于唯一标识这个数据结构,以区别于系统中其他的数据结构。如“职工工资文件”“学生档案”“客人信息”等。

(2) 数据结构的组成：包括数据项或数据结构。如果引用了其他数据结构,那么,被引用数据结构应已被定义,这里只需列出被引用的数据结构的名称。

对数据结构的定义还包括数据结构的简单描述、与之相关的数据流、数据结构或处理过程以及该数据结构可能的组织方式。

下面给出一个数据结构定义示例。

**例**：数据结构定义。

数据结构编号：D03—01。

数据结构名称：客人信息。

简述：定义了一个客人或客人群的有关信息。

数据结构组成：手牌号＋账单号＋入店时间＋离店时间＋押金＋房费＋附加手牌费＋消费额＋是否主客＋已离开＋预定优惠情况＋实付金额＋结算方式。

### 3. 数据流

数据流表明数据项或数据结构在系统内传输的路径。在数据字典中,对数据流的定义如下。

(1) 数据流的来源：即数据流的源点,它可能来自系统的外部实体,也可能来自某一个处理过程或是一个数据存储单元。

(2) 数据流的去向：即数据流的终点,它可能终止于外部实体、处理过程或是数据存储。

(3) 数据流的组成：指它所包含的数据项或数据结构。一个数据流可能包含若干个数据结构，这时，需在数据字典中加以定义。如果一个数据流仅包含一个简单的数据项或数据结构，则该数据流无须专门定义，只需在数据项或数据结构的定义中加以标明。

(4) 数据流的流通量：指在单位时间内，该数据流的传输次数。例如，500 次/天。

(5) 高峰时的流通量。

下面给出一个数据流定义示例。

**例**：数据流定义。

编号：FIO。

数据流名称：餐饮账单。

简述：餐厅给客户的账单。

数据流来源：餐厅开台处理模块。

数据流去向：客户。

数据流组成：餐饮单号＋台号＋食品名称＋单价＋单位＋数量＋金额。

流通量：100 份/天。

高峰流量：150 份/天(晚上 6：00—9：00)。

### 4. 数据存储

数据存储指数据结构暂存或被永久保存的地方。在数据字典中，只能对数据存储从逻辑上加以简单的描述，不涉及具体的设计和组织。通常，定义数据存储的内容如下。

(1) 数据存储的名称以及必要时所给的编号。

(2) 流入流出的数据流。

(3) 数据存储的组成，即它所包含的数据结构。

(4) 存取分析以及关键字说明等。

下面给出一个数据存储定义示例。

**例**：数据存储定义。

数据存储编号：F03—08。

数据存储名称：食谱。

简述：餐饮部的菜谱。

数据存储组成：食品种类＋食品代码＋名称＋说明＋单位＋单价＋可点。

关键字：食品代码。

相关联的处理：P6.1 点菜、P6.2 加菜、P6.3 换/退菜。

数据字典中，强调的是对数据存储结构的逻辑设计，并用数据结构表达数据项之间的逻辑关系。但是，这种结果并不能满足系统分析阶段的要求。任何一个信息系统中，都可能有成百上千个数据项，仅仅描述这些数据项是不够的，更重要的是如何把它们以最优的方式组织起来，以满足系统对数据的要求。

### 5. 处理过程

对处理过程中具体操作的描述，不属于数据字典的范围。这里仅对处理过程的部分数据特性做简单的描述，以便从数据字典中能得到系统所有部分的说明，以利于检索和查对。数据字典中，对处理过程的描述有以下几项内容。

(1) 处理过程在数据流图中的名称、编号。

(2) 对处理过程的简单描述。

(3) 该处理过程的输入数据流、输出数据流及其来源与去向。

(4) 其主要功能的简单描述。

下面给出一个处理过程的定义示例。

**例**：处理过程定义。

处理过程编号：P02。

处理过程名称：入店确认。

简述：客户资料输入,账单建立。

输入的数据流：客户资料单,空房号,手牌号。

处理：建立客户账单,确定手牌和房号。

输出的数据流：房号返回到房态表；账号、手牌号、房号去向处理,餐饮及娱乐客户信息进入客户数据库。

### 6. 外部实体

数据字典中,对外部实体的定义包括：外部实体的名称、对外部实体的简述及有关数据流。一个信息系统的外部实体不应过多,人机界面,设法减少外部实体。否则系统的独立性不好,此时,需重新考虑系统。

下面给出一个外部实体定义示例。

**例**：外部实体定义。

外部实体编号：S03—01。

外部实体名称：客人。

简述：在酒店中消费的客人。

输入的数据流：客人登记单。

输出的数据流：客人账单、客人结算账单。

上述6个方面的定义构成了数据字典的全部内容,在实际应用中,常常将数据存储和处理过程的描述另立报告,而不在数据字典中描述。另外,有时也可省去一些内容,如外部实体的描述。但是,数据项、数据结构和数据流必须列入数据字典中并加以详细说明。

从上面的讨论可知,数据字典是对系统数据流图的详细、具体说明,是系统分析阶段的重要文件,也是内容丰富、篇幅很大的文件,因而,编写数据字典是一项十分重要而繁重的任务,特别是对一些中、大型的信息系统项目,其数据字典的编制工作量很大,往往需要多人共同完成。为了保证数据字典的正确、规范和统一,在编制数据字典的过程中,应遵循下述基本原则。

(1) 数据字典的内容要以数据流图为基础,随着数据流图自顶向下,逐层扩展而不断充实。

(2) 对数据流图上各种成分的定义必须明确、易理解、唯一。

(3) 命名、编号要与数据流图一致,必要时(如计算机辅助编写数据字典时)可增加编码,以方便查询、检索和维护。

(4) 符合一致性与完整性的要求,对数据流图上的成分定义与说明无遗漏项。数据字典中无内容重复或内容相互矛盾的条目。在数据流图中,同类成分的数据字典条目,无同名异义或异名同义者。

(5) 格式规范,风格统一,文字精练,数字与符号正确。

(6) 数据字典要随数据流图的修改与完善进行相应的修正,以保持数据字典的一致性和完整性。

数据字典的建立可以有两种方式:①由人工将有关内容随时建立在一叠卡片上,对卡片进行分类、排序,从而得到数据字典;②使用自动化数据字典系统,由计算机来代替人工登记、分类等工作。对于小规模的信息系统来说,人工建立数据字典是较为合适的,但对于中、大型的信息系统,则应建立一部自动化的数据字典,以提高工作效率。

数据字典的建立,对于系统分析人员、用户或是系统设计人员均有很大好处,他们可以从不同的角度分别从数据字典中得到有关的信息,便于认识整个系统和随时查询系统中的部分信息。随着系统开发工作的不断深入,数据字典所带来的效益也将越来越明显。

## 5.7 描述处理逻辑的工具

数据流图中每个处理已在数据字典中做了定义,在定义中除了指出其他特征外,还描述了每个处理所具有的功能。但是这种描述毕竟比较粗糙,不能充分作为系统设计员和程序员工作的依据,因而有必要采用一定的工具进行更为详细的描述。处理逻辑描述从另一个侧面刻画了系统的局部和细节。对数据流图做了必要的补充。数据流图、数据字典和处理逻辑说明三者构成了系统的逻辑模型。能够清楚表达处理逻辑的工具主要有结构化语言、判断树和判断表。

### 1. 结构化语言

结构化语言是专门用来描述功能单元的逻辑功能的一种规范化语言,它介于自然语言和程序设计语言之间。与程序设计语言的结构相似,结构化语言也只允许三种基本逻辑结构:顺序结构、选择结构和循环结构。结构化语言与自然语言的最大不同是它只使用极其有限的词汇和语句,以便简洁而明确地表达功能单元的逻辑功能。例如:

```
IF 欠款时间≤30 天
  IF 需要量≤库存量 THEN
立即发货
ELSE
    先按库存量发货,进货后再补发
ELSE
IF 欠款时间≤100 天 THEN
IF 欠款时间≤100 天 THEN
    IF 需求量≤库存量
THEN 先付款再发货
  ELSE
不发货
ELSE
    要求先付欠款
```

### 2. 判断树

当某个动作的执行不是只依赖于一个条件,而和若干个条件有关,如果仍然用结构化语言表达,可能要使用多层判断语句,就会比较复杂,不能一目了然。在这种情况下用判断树更为合适。判断树是用来表示逻辑判断问题的一种图形工具。它用“树”来表达不同条件下的不同处理,比用语言的方式更为直观。判断树的左边为树根,从左向右依次排列各种条件,左边的条件比右边的优先考虑。根据每个条件的取值不同,树可以产生很多分支,各分支的右端(即树梢)即为不同的条件取值状态下采取的行动,也称策略。

例如,上述问题可用判断树表示,如图 5-11 所示。

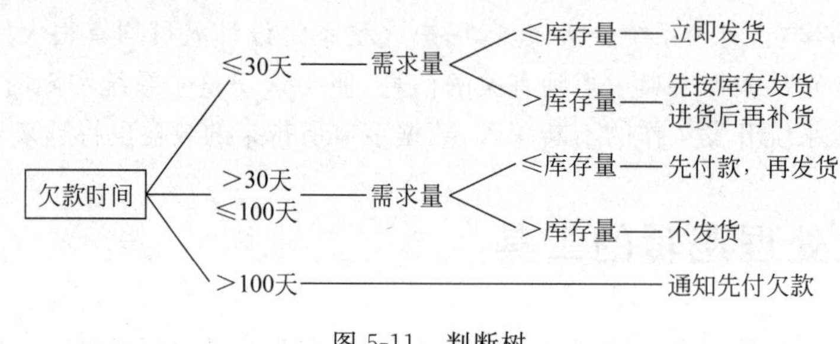


图 5-11 判断树

### 3. 判断表

判断表也是一种表达判断逻辑的工具,它以表格的形式给出各种条件的全部组合以及在各种组合下应采取的行动。当条件的个数较多、每一条件的取值有若干个、相应的动作也很多的情况下,使用判断表比判断树更加有效和清晰。图 5-8 所示的判断树用表 5-4 所示的判断表来表示。

表 5-4 判断表

| | 决策规则号 | 1 | 2 | 3 | 4 | 5 | 6 |
|---|---|---|---|---|---|---|---|
| 条件 | 欠款时间≤30 天 | Y | Y | N | N | N | N |
| | 欠款时间>100 天 | N | N | Y | Y | N | N |
| | 需求量≤库存量 | Y | N | Y | N | Y | N |
| 应采取的行动 | 立即发货 | √ | | | | | |
| | 先按库存发货,进货补 | | √ | | | | |
| | 先付款,再发货 | | | | | √ | |
| | 不发货 | | | | | | √ |
| | 要求先发货 | | | √ | √ | | |

## 5.8 系统分析说明书

系统分析说明书反映了这一阶段调查分析的全部情况,是系统分析阶段的最重要的文档。用户可以通过系统分析说明来验证和认可新系统的开发策略和开发方案,而系统设计师则可以用它来指导系统设计工作和以后的系统实施标准,此外系统分析说明还可用来作为评价项目成功与否的标准。

系统分析说明书主要包括以下内容。

(1) 概述：简要说明新系统的名称，主要目标及功能以及新系统与功能系统之间的主要差别，以及新系统开发的有关背景。

(2) 现行系统概况：用本章介绍的一些工具，如组织结构图、业务流程图、数据流图、数据字典等，详细描述现行组织的目标。现行组织中信息系统的目标，系统的主要功能、组织结构、业务流程等。另外，各个主要环节对业务的处理量、总的数据存储量、处理速度要求、处理方式和现有的各种技术手段等，都应做一个扼要的说明。

(3) 用户需求说明：在掌握了现行系统的真实情况的基础上，针对系统存在的问题，全面了解组织中各层次的用户对新系统的各种需求。包括用户对新系统的功能需求、性能需求、可靠性需求及安全保密需求等。

(4) 新系统的逻辑方案：根据原有系统存在的问题，明确提出更加具体的新系统目标。围绕新系统的目标，确定新系统的主要功能划分，新系统的各层次数据流图，新系统的数据字典等，并与原有系统进行比较。

(5) 新系统在各个业务处理环节拟采用的管理方法、算法和模型。

(6) 系统开发资源与时间进度估计。

## 习题

5.1 信息系统分析的任务是什么？

5.2 叙述业务流程图的含义及作用。

5.3 叙述数据流图的含义及作用。

5.4 简述数据字典的作用。

5.5 叙述系统分析的主要工作步骤。

5.6 系统分析报告应包括哪些内容？

5.7 某银行储蓄所取款过程如下：

(1) 储户将填好的取款单及存折送交给储蓄所业务员。

(2) 业务员核对账户和取款单，核对后按两种不同的情况进行处理。如果取款单或存折不符合要求或存在问题，则将取款单和存折直接退还给储户；如取款单和存折都符合要求则进行取款登记，登记后将现金和存折还给储户，同时保存储户的取款单，从而完成取款处理过程。试根据上述业务描述画出其业务流程图和数据流图。

5.8 某出版社选题论证过程主要业务描述如下。

(1) 作者将稿件寄给出版社编辑室，编辑室从作者信息库中查询作者信息。如果是新作者，就登记作者信息和稿件信息，并相应地存入作者信息库和稿件信息库，如果是老作者，就登记稿件信息，并存入稿件信息库。

(2) 编辑室编辑从稿件库中选取稿件，再根据印刷工价本和稿酬标准估算图书成本，最后将确定为选题的稿件送交编辑室主任审批，审批通过后再送交总编室，审批不通过就返回给编辑。

(3) 总编室根据各编辑室上报的选题，开选题论证会，论证会通过的选题列入年度选题计划，没有通过的选题返回给相应的编辑室。试根据上述业务描述画出其业务流程图和数据流图。

# 第6章 系统设计

系统分析阶段要回答的中心问题是系统"做什么",即明确系统功能,这个阶段的成果是系统的逻辑模型。系统设计要回答的中心问题是系统"怎么做",即如何实现系统分析报告中规定的系统功能。具体地讲,系统设计是在系统分析的基础上,根据新系统逻辑设计方案所提出的要求,结合组织的实际情况详细地设计出新系统处理流程和基本结构,并为系统实施阶段的各项工作准备好实施方案和必要的技术资料。

## 6.1 系统设计的任务和原则

### 6.1.1 系统设计的任务

系统设计又称物理设计,是根据新系统的逻辑模型来构造物理模型,主要工作如下:

(1) 总体设计,包括信息系统功能结构图设计和系统流程图设计等。

(2) 系统模块结构设计。

(3) 代码设计和设计规范的制定。

(4) 系统物理配置方案设计,包括外围设备配置、通信网络选择和设计、数据库管理系统的选择等。

(5) 数据存储设计,包括数据库设计、数据库的安全保密设计等。

(6) 输出输入设计,编写程序设计说明书等。

### 6.1.2 系统设计的原则

在系统设计中,应遵循以下原则。

(1) 系统性:系统设计要从整个系统的角度进行考虑,系统代码要统一,设计标准要规范,传递语言要一致,实现数据或信息全局共享,提高数据重用性。

(2) 灵活性:为了维持较长的系统生命周期,要求系统具有很好的环境适应性。为此,系统应具有较好的开放性和结构可变性。在系统设计中,应尽量采用模块化结构,提高数据、程序模块的独立性,这样,既便于模块的修改,又便于增加新的内容,提高系统适应环境变化的能力。

(3) 可靠性:是指系统抗干扰的能力及受外界干扰时的恢复能力。一个成功的信息系统必须具有较高的可靠性,如安全保密性、检错及纠错能力、抗病毒能力等。

(4) 经济性：是指在满足系统需求的前提下，尽量减少成本。一方面，在硬件投资上不能盲目追求技术上的先进，而应以满足应用需要为前提。另一方面，系统设计中应尽量避免不必要的复杂化，各模块应尽量简洁，以便缩短处理流程、减少处理费用。

(5) 用户友好性：指系统操作使用方便、灵活、简单，具有易被用户所接受和使用的能力。

① 用户友好，各种凭证输入层次清晰、方便，近于自然，各种账、表输出简单、直观，符合管理人员习惯；用户通信界面风格一致，并提供多种灵活的选择方式；用户需要帮助时，程序能提供有关程序功能、输入方式、运行状态及出错等方面的提示。

② 响应快速，系统对各种随机查询，能及时予以响应，各种核算、报表打印，能在用户可接受的时间内完成。

## 6.2 系统功能模块结构设计

系统功能模块结构设计是要根据系统分析的要求和组织的实际情况来对新系统的总体功能模块结构进行设计。

信息系统的各子系统可以看作是系统目标下层的功能。系统功能分解的过程就是一个由抽象到具体、由复杂到简单的过程。系统功能结构可以用功能结构图来表示。所谓功能结构图就是按功能从属关系画成的图表，如图 6-1 就表示某企业财务管理子系统的功能结构，图中每一个方框称为一个功能模块。在系统功能结构设计中，分解得最小的功能模块可以是一个程序中的每个处理过程，而较大的功能模块则可能是完成某一任务的一组程序。

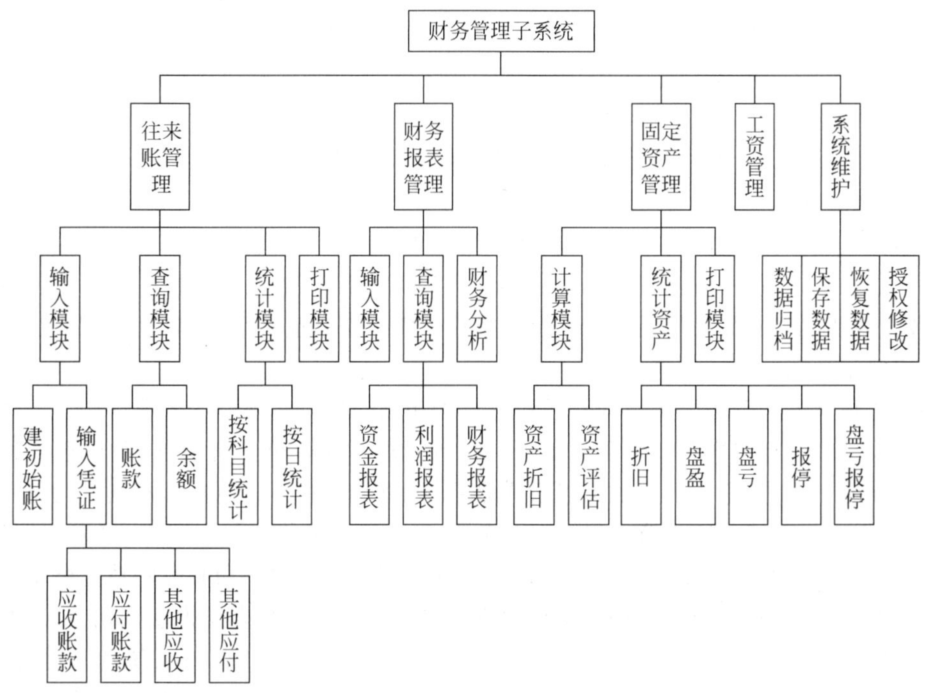


图 6-1 某企业财务管理子系统总体功能结构图

信息系统功能结构设计常用的方法是结构化设计方法,下面对这一方法做具体的介绍。

## 6.2.1 系统结构化设计方法

结构化设计思想是信息系统设计的一种重要思想。一个复杂的系统可以看成由许多相对独立的部分组成。再经过层层划分,分解为若干个组成部分进行设计。系统结构化方法主要有层次结构和模块化结构两种类型。

### 1. 层次结构

层次结构分析法一般有如下三种形式。

(1) 线型结构。线型结构简单,用来描述事物之间一对一的关系。

(2) 树状结构。树状结构所描述的事物之间的关系是:正关系是1对 $N$,逆关系为1对1。由根开始向下细分,下层的节点称为叶节点。

(3) 网状结构。网状结构用来描述多对多的事物间的关系。

### 2. 模块化结构

1) 模块

所谓模块是指一组程序语句或描述,它包括输入输出、逻辑处理功能、内部信息及其运行环境。

(1) 输入输出。模块的输入来源和输出去向在正常情况下都是同一个调用者,即模块从调用者处获得输入信息,经过模块本身的处理后,再将输出送回给调用者。

(2) 逻辑处理功能。模块的逻辑处理功能描述了该模块能够做什么,具备什么样的功能,即将输入信息能够加工成什么样的输出信息。

(3) 内部信息。模块的内部信息是指模块执行的指令和在模块运行时所需要的属于该模块自己的数据。

(4) 运行环境。模块的运行环境说明了模块调用与被调用的关系。

2) 模块化

所谓模块化,简单地说就是把系统(子系统)划分为若干个模块,每个模块完成一个特定的功能。这种结构不一定是树状的,每个模块应尽可能相对独立于其他模块。在模块化结构中,各个模块之间的关联是无序的。这些模块汇集起来组成一个整体(即系统或子系统),用以完成指定功能。

结构化设计方法采用层次结构和模块化结构相结合的方式来设计系统结构。它强调把一个系统设计成具有层次式的模块化结构。在系统规划和系统分析阶段,我们把信息系统划分为许多个子系统,这些子系统可以看作是系统目标下的第一层功能,对其中的每一个子系统,可根据需要继续分解为第二层、第三层、……甚至更多的功能。这样,经过层层分解,可以把一个复杂的系统分解为多个规模较小、功能简单、易于建立和修改的功能模块。每一个模块都有自己的输入、处理过程和输出结果。低层模块可以被高层模块调用,可以按照从上到下的顺序访问各模块。一方面,各个模块具有相对的独立性,都是系统的子部分,都承担着系统某一部分功能,另一方面,模块之间的相互关系(如信息交换、调用关系)则通过一定的方式予以说明。各模块在这些关系的约束下共同构成一个统一的整体,完成系统的功能。

结构化设计方法体现了自顶向下、逐层细化、逐步求精的原则，采用先全局后局部、先总体后细节、先抽象后具体等过程开发系统，从而使系统结构清晰，可读性好，修改、维护方便。

## 6.2.2 模块化设计

### 1. 模块化设计原则

把一个信息系统设计成若干模块的方法称作模块化设计。在模块化设计中，一般只关心模块的外部属性，即上下级模块、同级模块之间的数据传递和调用关系，而不关心模块的内部，也就是说，只关心它是什么，它能够做什么的问题，而不关心它是如何去做的。

系统结构化设计强调将一个系统设计成具有层次的模块化结构，希望设计的结构中的每个模块完成一个相对独立的特定功能且模块之间的接口简单。一般来说，模块之间的联系越多越复杂，它们之间的相互往来程度就越高，独立性就会降低。因此模块设计的基本原则如下。

(1) 所划分的模块其内部的凝聚性要好，即模块具有独立性，模块之间的联系要少。

(2) 模块之间的联结只存在上下级之间的调用关系，不能有同级之间的横向联系。

(3) 整个系统呈树状结构，不允许有网状结构或交叉调用关系出现。

(4) 所有模块必须严格地分类编码并建立归档文件。

### 2. 模块的耦合与聚合(内聚)

模块的独立性程度可由两个定性标准度量，这两个标准分别称为耦合与聚合。耦合是衡量不同模块彼此间互相依赖的紧密程度。聚合则是衡量一个模块内部各个元素彼此结合的紧密程度。耦合与聚合是相辅相成的两个原则，是模块设计的有力工具。我们希望系统中的每个模块具有高度的聚合性，它的各个元素之间是密切相关的，是为完成一个共同的功能而结合在一起的；对于模块之间的联系，尽可能使它们之间的耦合松散，使得模块之间的连接简单。

1) 模块的耦合

模块之间的耦合有以下 5 种形式。

(1) 数据耦合。两个模块之间通过参数交换信息，且每一个参数仅仅为数据，它是系统中一种最低的耦合，是一种理想的模块连接。

(2) 特征耦合。两个模块之间通过相同的模块特征进行连接。

(3) 控制耦合。两个模块之间传递的信息中有控制信息，传递的参数不仅仅有数据还有控制信息。控制耦合可通过适当的转化，成为数据耦合。

(4) 公共耦合。两个模块之间通过一个公共的数据区域传递信息，这种耦合方式会给数据的保护、维护等带来很大的困难，但如果两个模块之间需要传递大量的数据时，公共耦合可以作为一种补充形式代替数据耦合。

(5) 内容耦合。指一个模块需要涉及另一个模块的内部信息。内部耦合应尽量避免。

2) 模块的聚合(内聚)

模块内部的紧凑性主要表现在一个模块内部各组成部分之间的联系，共有 7 种不同类型的模块聚合。

(1) 偶然聚合。指一个模块所要完成的动作之间没有任何关系,或者即使有某种关系,也是非常松散的关系。

(2) 逻辑聚合。指一个模块内部的各个组成部分在逻辑上具有相似的处理动作,但功能上、用途上却彼此无关。

(3) 时间聚合。指一个模块内部的各个组成部分所包含的处理动作必须在同一时间内执行。如初始化模块需要为各种变量置初值,并同时打开若干个文件,而结束模块则要将变量全部清零并同时关闭文件。

(4) 过程聚合。指一个模块内部的各个组成部分所要完成的动作彼此间没有什么关系但必须以特定的次序执行,这里的次序可能是顺序、判断或循环。

(5) 通信聚合。指一个模块内部的各个组成部分所完成的动作都使用了相同的输入数据或产生了相同的输出数据。

(6) 顺序聚合。指一个模块内部的各个组成部分,如果前一部分处理动作的输出是后一部分处理动作的输入,则称为顺序聚合。顺序聚合模块中的各组成部分处理动作必须按照规定的逻辑顺序执行,不能出现前后跳转执行的情况。

(7) 功能聚合。指一个模块内部的各个组成部分全部属于一个整体执行同一功能。有时模块名称如工资核算、选择供货商、客人信息录入等可以直接表明模块功能聚合的特性。功能聚合模块都具有一个目的、有单一的功能。因而其界面非常清楚,与其他的模块联系少,可读性、可修改性、可测试性均很好。功能聚合是最为理想的聚合。

在模块设计中,应尽可能追求功能聚合,使某一模块执行单一的功能,提高模块的聚合程度,降低模块间的耦合程度,争取获得较高的模块独立性。

## 6.2.3 模块结构图

模块结构设计要解决的主要问题是把系统分解成一个个模块,并以结构图的形式表达出它们之间的内在联系。模块结构图的构成主要有 4 个基本元素,即模块、调用、数据和控制信息。模块结构图是一种表达系统内部各部分结构和相互关系的强有力工具。在模块结构图中常用的符号有如图 6-2 所示的 6 种。

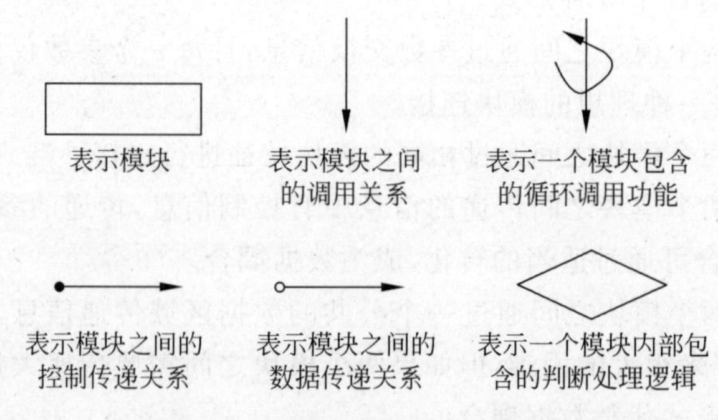


图 6-2 模块结构图常用的符号

模块结构图就是用上述 6 种符号来表示模块之间的调用关系的。模块间有 3 种调用关系,即顺序调用、选择调用和循环调用,模块间的调用关系及模块间的数据流动关系及其表示方法如图 6-3 所示。

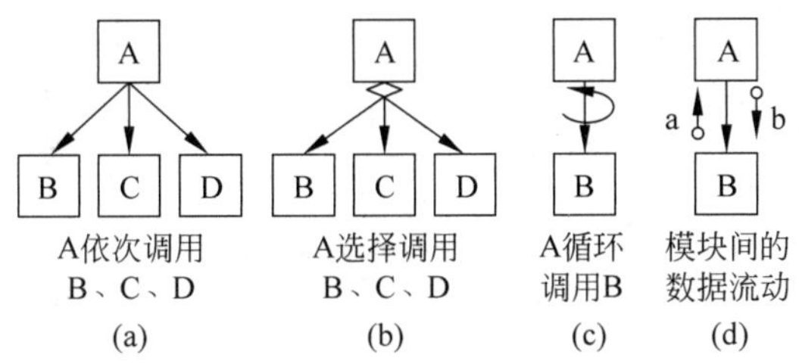


图 6-3 模块间的调用关系

### 6.2.4 模块结构图设计

(1) 数据流图导出模块结构图。设计模块结构图的基础和依据就是在系统分析阶段产生的数据流图。如图 6-4 所示,可以由分层的数据流图,导出系统的基本功能模块结构。

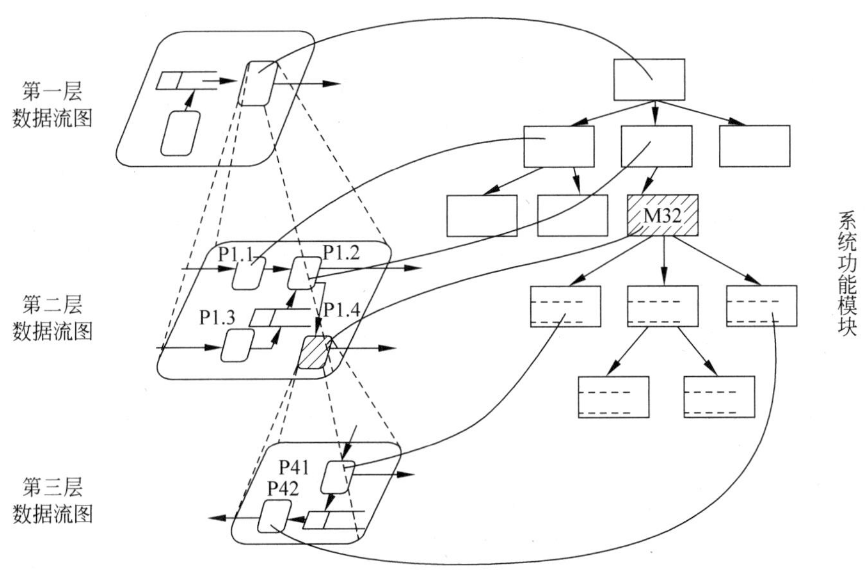


图 6-4 数据流图导出功能模块结构图

数据流图一般有两种典型的结构,即变换型结构和事务型结构。针对两种不同的数据流图,我们可以采取不同的方法来设计模块结构图。

变换型结构是一种线状结构,它可以明显地分为输入、主加工和输出三个部分,如图 6-5 所示。事务型结构中通常都可以定一个处理逻辑为系统的事务中心,该事务中心应该具有以下 4 种逻辑功能:获得原始的事务记录;分析每一个事务,从而确定它的类型;确定每一个事务都能够得到完全的处理;为每一个事务选择相应的逻辑路径,如图 6-6 所示。

这两种典型的结构分别通过"变换分析"和"事务分析"技术,就可以导出模块结构图的两种标准形式,即变换型结构图和事务型结构图。变换型和事务型模块结构都有较高的模块聚合度和较低的块间耦合度,因此便于修改和维护。

变换分析和事务分析这两种方法都是首先设计顶层模块,然后自顶向下,逐步细化,最

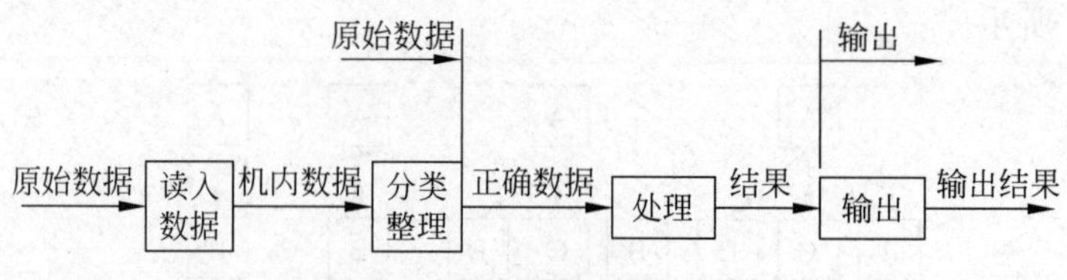


图 6-5 变换型数据流图示例

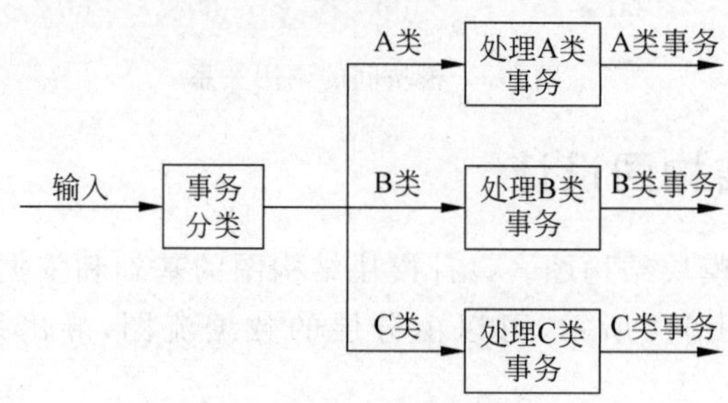


图 6-6 变换型数据流图示例

后得到一个符合数据流图处理功能、满足用户要求的系统模块结构图。

(2) 变换分析。变换型结构的数据流图由输入、主加工和输出三部分组成,其中,主加工部分执行系统的主要处理功能,对输入数据实行变换,是系统的中心部分,也称为变换中心。同时,把主加工的输入和输出数据流称为系统的"逻辑输入"和"逻辑输出"。显然,逻辑输入与逻辑输出之间的部分即是系统的变换中心。而系统输入端和系统输出端的数据流分别称为"物理输入"和"物理输出"。

运用变换分析从变换型结构的数据流图导出变换型模块结构图过程可分为以下三步。

① 确定主加工(或变换中心)。在数据流图中多股数据流的汇合处一般是系统的变换中心。若没有明显的汇合处,可先确定逻辑输入和逻辑输出的数据流,作为变换中心。从物理输入端开始,沿着数据流输入的方向向系统中间移动,直至到达不能被作为系统输入的数据流为止,则前一个数据流就是系统的逻辑输入。从系统的物理输出端开始,向系统的中间移动,可找出离物理输出端最远的,但仍可作为系统输出的部分就是系统的逻辑输出。逻辑输入和逻辑输出之间的部分是系统的变换中心。

② 设计模块结构图的顶层和第一层。系统模块结构图的顶层是主控模块,负责对全系统进行控制和协调,通过调用下层模块来实现系统的各种功能。在与变换中心对应的位置上画出主控模块,作为模块结构图的"顶",然后"自顶向下,逐步细化",每一层均按输入、变换中心、输出等分支来处理。

对于第一层,按如下规则转换。

a. 为数据流图中每个逻辑输入设计一个输入模块,它的功能是向主控模块提供逻辑输入数据。

b. 为数据流图中的每个逻辑输出设计一个输出模块,它的功能是把主控模块提供的数据输出。

c. 为数据流图中的变换部分设计一个变换模块,它的功能是对逻辑输入进行加工处理,变换成逻辑输出。

d. 设计中、下层模块。根据数据流图将系统模块结构图中第一层的各模块自顶向下逐级向下扩展，形成完整的结构图。输入模块的功能是向调用它的模块提供数据，故需要一个数据来源，因此，为每个输入模块设计两个下层模块：输入模块、变换模块，为每个输出模块设计两个下层模块：输出模块、变换模块，直到物理输入端或物理输出端为止。图 6-7 是变换型数据流图转换成结构图的例子。

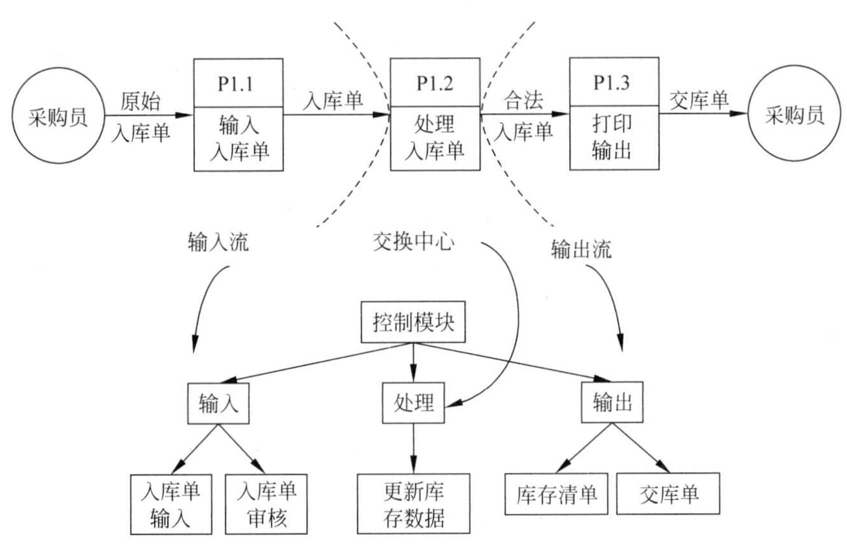


图 6-7　由变换型数据流图导出结构图示例

(3) 事务分析。从一般意义上讲，事务可以是指一个信号，或一个事件或一组数据，它们在系统中能引起一组处理动作。在数据处理工作中，事务是指一组输入数据，它可能属于若干种类型中的一种，对于输入到系统中的每一种事务都需要采用一组特定的处理动作。当数据流图呈现“束状”结构时，应采用事务分析的设计方法，它像变换分析法一样是结构化系统设计的重要方法。

用事务分析法设计模块结构图，与变换分析法大部分类似，分以下几个步骤进行。

① 分析数据流图，确定它的事务中心。如果数据沿着输入通路到达一个处理 T，这个处理根据输入数据的类型在若干动作序列中选出一个来执行，那么，处理 T 称为事务中心。

② 设计高、中、下层模块。自顶向下，逐层细化，对高层模块进行必要分解，形成完整的模块结构图。

图 6-8 为事务型数据流图转换成结构图的例子。

当初始的系统模块结构图完成后，应根据模块结构设计的原则进行检查和改进，特别是应按照“耦合小，聚合大”的标准对结构图进行检查和修改。

变换分析法和事务分析法是进行系统模块结构设计的两种基本方法，在实际应用中，数据流图往往是变换型或事务型共存互融的混合型，一般采用以变换分析为主，事务分析为辅的设计方法。找出主加工，设计出模块结构图的上层模块，再根据数据流图各部分的结构特点灵活地运用变换分析或事务分析导出初始的系统模块结构图。初始的系统模块结构图设计完成后，应根据模块结构设计原则对初始的模块结构图进行修改和优化，以求获得设计合理的模块结构图。

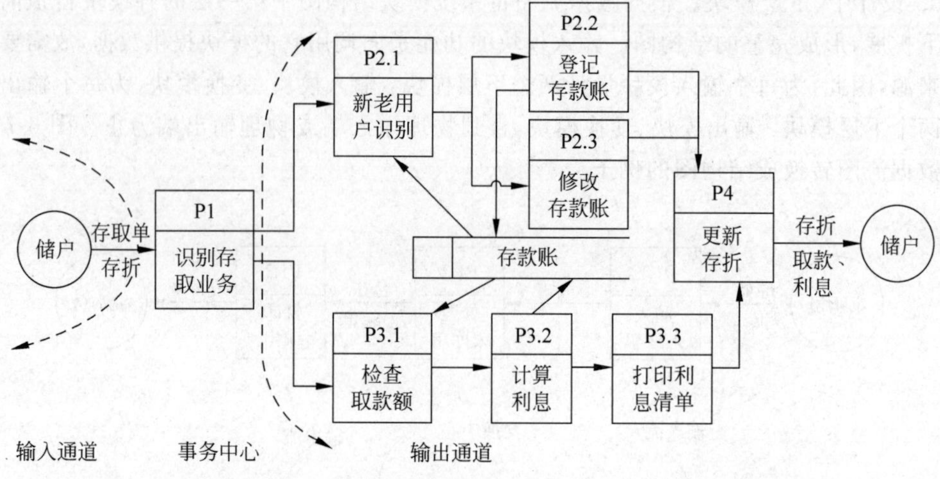


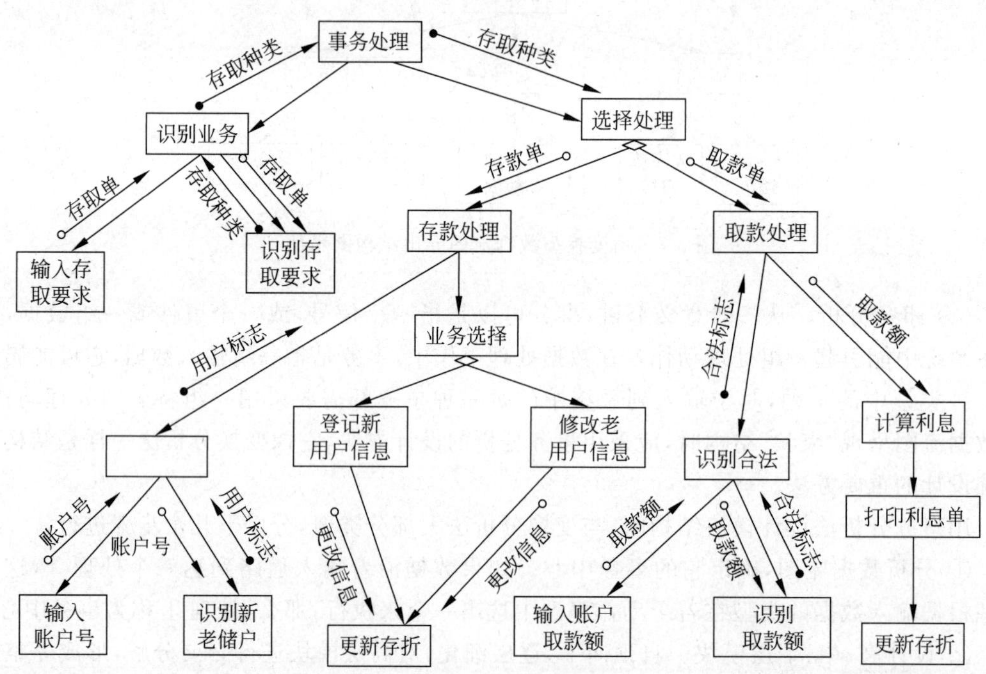


图 6-8 由事务型数据流图导出结构图示例

## 6.3 IPO 图

HIPO(Hierarchy Plus Input-Process-Output)图是 IBM 公司于 20 世纪 70 年代中期在层次结构图的基础上推出的一种描述系统结构和模块内部处理功能的工具。HIPO 图由层次结构图(H 图即模块结构图)和 IPO 图两部分构成,层次结构图用来描述系统功能模块的层次结构划分和组织,展示系统的全部内容,如图 6-9 所示,即为某企业销售管理子系统的 H 图。各模块的详细设计用 IPO 图来表示,IPO 图描述了模块中的各类处理的执行过程,以及模块的各类输入和执行过程中产生的各类输出。IPO 图描述的基本内容如图 6-10 所示，其中的输入和输出内容均应来源于数据字典中定义的数据。如图 6-11 所示是某企业销售系统的确定供货模块的 IPO 图。

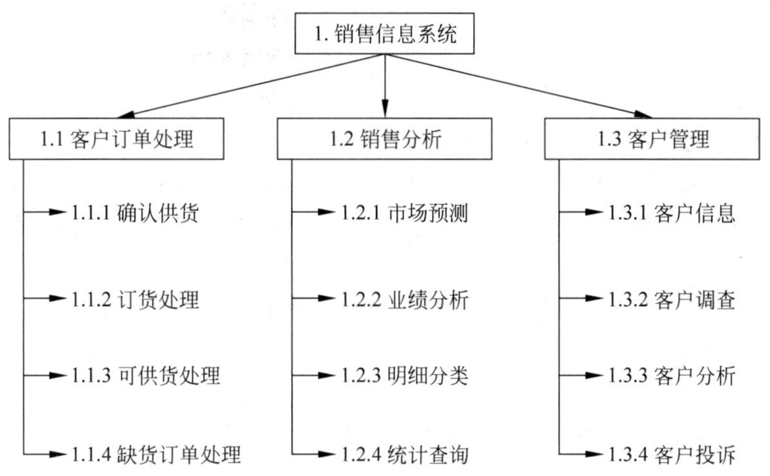


图 6-9 销售系统的层次结构图

| 系统名称： | 被调用模块： | |
|---|---|---|
| 模块名称： | 调用模块： | |
| 模块描述： | 设计人： | 设计日期： |
| 输入数据(I) | 处理过程(P) | 输出数据(O) |
| 输入数据来源于系统分析中的数据字典 | | 输出数据来源于系统分析中的数据字典 |

图 6-10 IPO 图的基本内容

| 系统名称：销售管理系统 | 设计人：张三 |
|---|---|
| 模块名：确定供货 | 日期：2009.10.18 |
| 模块编号： | |
| 调用模块：订货处理 | 被调用模块：可供货处理　缺货订单处理 |
| 输入数据：订单订货量 x 及相应货物库存量 y | 输出数据：可供货物名称及数量 |
| 处理：IF y－x＞0 THEN(调用“可供货处理”)<br>ELSE(调用“缺货订单处理”)<br>ENDIF | |
| 注释： | |

图 6-11 确定供货模块的 IPO 图

HIPO图一般由一张总的层次化模块结构图和若干张具体模块内部展开的IPO图组成。IPO图有时要借助判断树、判断表、问题分析图和过程设计语言等处理逻辑描述工具来描述比较复杂的处理过程。

IPO文档系统为编写系统文档提供了一种相当有用的技术。

(1) 它能够帮助系统分析员制作系统分析与设计报告。

(2) 它易于绘制和修改。

(3) 它使系统能够使用图形来描述系统设计。

(4) 它能够使系统之外的系统分析员快速地了解和掌握本系统。

(5) 它可以帮助缩短系统评估的周期,同时它可以帮助有效地制订开发进度和工作安排。

层次结构图为系统分析员进行系统总体设计提供了一种可选择的技术,而系统详细设计则可以不再使用程序代码和流程图来描述,取而代之用IPO图可以描述。

## 6.4 系统物理配置方案设计

随着信息技术的发展,多种多样的计算机技术产品为信息系统的建设提供了极大的便利,可以根据应用的需要选择性能各异的软硬件产品。

### 6.4.1 设计依据

(1) 系统吞吐量,即每秒钟执行的作业数。系统吞吐量越大,则系统的处理能力就越强。系统吞吐量与系统软硬件的选择有着直接的关系,如果要求系统具有较大的吞吐量,就应当选择具有较高性能的计算机和网络系统。

(2) 系统响应时间,是从用户向系统发出一个作业请求开始,经系统处理后给出应答结果的时间。如果要求系统具有较短的响应时间,就应当选择运算速度较快的CPU及具有较高传递速率的通信线路,如实时应用系统。

(3) 系统可靠性是系统可以连续工作的时间。例如,对于每天需要24小时连续工作的系统,可以采用双机双工结构方式。

(4) 集中式(Centralized Processing)或分布式(Distributed Processing)。如果一个系统采用集中式的处理方式,则信息系统既可以是主机系统,也可以是网络系统,若系统处理方式是分布式的,则应采用微机网络。

(5) 地域范围。对于分布式系统,要根据系统覆盖的范围决定采用广域网还是局域网。

### 6.4.2 计算机硬件及网络选择

计算机硬件的选择主要取决于数据处理方式和运行的软件系统。管理对计算机的基本要求是速度快、容量大、通道能力强、操作灵活方便,但计算机的性能越高,价格就越昂贵。一般来说,如果系统的数据处理是集中式的,系统应用的主要目的是利用计算机的强大计算能力,则可以采用主机-终端系统,以大型机或中小型机作为主机。对于企业管理分布式的应用,采用微机网络更为灵活、经济。

在考虑应用软件对计算机处理能力的需求方面,包括:①计算机主存;②CPU 时钟;③输入、输出和通信通道数目;④显示方式;⑤外接转储设备及其类型。

在计算机网络的选择方面,可以采用网络操作系统,例如 Netware、Windows NT、UNIX 等。UNIX 历史最早,是唯一能够适用于所有应用平台的网络操作系统。Netware 网络操作系统适用于文件服务器/工作站模式,具有较高的市场占有率。Windows NT 随着 Windows 操作系统的发展和客户机/服务器模式向浏览器/服务器模式延伸,是很有发展前景的网络操作系统。

### 6.4.3 数据库管理系统的选择

信息系统是以数据库系统为基础的,一个好的数据库管理系统对信息系统的应用有着举足轻重的重要影响。在数据库管理系统的选择上,主要考虑以下几点。

(1) 数据库的性能。

(2) 数据库管理系统的系统平台。

(3) 数据库管理系统的安全保密性能。

(4) 数据的类型。

目前,软件市场上有许多数据库管理系统,例如 Oracle、Sybase、SQL Server、Informix、FoxPro 等。Oracle、Sybase 是大型数据库管理系统,运行于客户机/服务器模式,是开发大型 MIS 的首选之一,FoxPro 是在小型 MIS 中最为流行的数据库管理系统之一。Microsoft 推出的 Visual FoxPro 在大型信息系统开发中也获得了大量应用,而 Informix 则适用于中型 MIS 的开发。

### 6.4.4 应用软件的选择

根据应用需求来开发信息系统最容易满足用户的特殊管理要求,但是成本较高。随着技术成熟、设计规范、管理思想先进的商品化应用软件的推广,系统设计人员就面临着对应用软件的选择问题:如果直接应用商品化软件,既可以节省投资,又能够规范管理过程、加快系统应用的进度,就不一定要自行开发,而可以选用这些成熟的商品化软件。

选择应用软件应考虑以下几点。

(1) 是否能够满足用户的需求。根据系统分析的结果,在软件功能上应注意以下问题。

① 系统必须处理哪些事件和数据?软件能否满足数据表示的需要?

② 系统能够产生哪些报告、报表、文档或其他输出?

③ 系统要存储的数据量有哪些及必须满足哪些查询需求?

(2) 软件的灵活性。由于存在管理需求上的不确定性,系统应用环境会经常发生变化。因此,应用软件要有足够的灵活性,以适应对软件的输入、输出和系统平台升级的要求。

(3) 软件的技术支持。对于商品化软件,稳定的技术支持是必需的。这一方面是为了保证软件能够满足需求的变化,另一方面是便于今后不断升级。

(4) 相关企业对应用软件的选择情况。

# 6.5 代码设计

计算机不能识别任何一种具体的物体和事件,而只能识别数字、英文字母及少数的一些特殊符号。因此,必须把物体和事件数字化、字符化,这就需要进行代码设计。所谓代码,是代表客观存在的实体及其各种属性的符号,如数字、字母或它们的组合。

## 6.5.1 代码设计原则

### 1. 代码设计的目的

在系统开发设计中,设计代码的目的如下。

(1) 鉴别:代码为现实世界的事物提供一个概要而唯一的标识。便于数据的存储和检索。

(2) 数据的一致性:同一事物的代码在系统中每个部分都相同,提高了数据的全局一致性。这样保证了系统的整体性,减少了因数据不一致而造成的错误。

(3) 提高处理效率:按代码对事物进行排序、累计或按某种规定算法进行统计分析。可以提高系统的处理效率。

计算机通过代码来识别客观事物及其属性,并进行相应的信息处理,因此,在信息系统中,重要的数据必须代码化。

### 2. 代码设计的原则

代码设计必须遵循的原则如下。

(1) 唯一性:每个代码都仅代表唯一的实体或属性。

(2) 系统性:系统所用代码要尽量标准化,尽量参照国家和行业标准。

(3) 合理性:代码结构要合理,尽量反映编码对象的特征,并与事物分类体系相适应,以便代码具有分类的标识作用。便于理解和交流。

(4) 稳定性:代码应能适应环境的变化,要预留足够的位置。要具有不能轻易改变的持久性、避免经常修改代码,具有稳定性。随便改变编码结构对设计工作来说是一种严重浪费。

## 6.5.2 代码分类

### 1. 顺序码

用连续数字代表编码对象,通常从 1 开始。如人员编号,甲为 001,乙为 002 等。顺序码的优点是简单,位数不多。但其没有逻辑含义,它本身不能说明对象的任何信息特征,仅用于识别。

组别码是顺序码的特例,将顺序码分为若干块,每块代表一定类型的编码对象。

例如,职工编号根据职工所在的车间分成大小任意的区段。

0001～0199　　为一车间职工

0201～0399　　为二车间职工

组别码的优点是能以较少的位数分成若干小组，缺点是不便于计算机处理。它通常在代码位数受限而又必须分组的情况下使用。

### 2. 区间码

区间码是把数据项分成若干组，每一区间代表一个组。码中的数字和位置都代表一定意义。区间码可分为以下几种类型。

(1) 层次码：在码的结构中，位数据项的各个属性各规定一个位置，其结构一般是由左到右排列，构成一定的层次。例如会计核算方面，用最左位代表核算种类，下一位代表核算项目。

(2) 十进制码：它是由层次码发展而来的。中国图书分类法就是采用这种分类编码，小数点左边的数字组合代表主要分类，小数点右边的代表子分类。十进制码的优点是分类比较清晰，其缺点是所占位数长短不一，不适合计算机处理。

(3) 多面码：一个数据项可能具有多方面的特性，如果在码的结构中，为这些特性各规定一个位置，就形成多面码。也就是从两个以上的属性识别和处理代码化的代码。例如学生的学号，身份证等都属于此类编码。

### 3. 助记码

用文字、数字或文字数字结合起来描述，将编码对象的名称、规格等作为代码的一部分，以帮助记忆。如：

TV-B-14　　14 寸黑白电视机

TV-C-20　　20 寸彩色电视机

助记码的优点是能原封不动地表示代码化对象属性，易读易记；缺点是位数太多，容易出现联想错误。

### 4. 校验码

代码作为计算机的重要输入内容之一，其正确性直接影响到整个处理工作的质量。为了保证输入的正确性，有意识地在编码设计结构中原有代码的基础上，加一位校验位，使它变为代码的一个部分。校验位通过事先规定的数学方法计算出来。输入时，计算机用同样的方法计算出校验位，并与输入的校验位比较，以证实输入的正确性。

校验位的确定方法有很多，常见的有算术级数法、几何级数法和质数法等。以算术级数法为例，校验码的确定过程如下。

原代码　　1 2 3 4 5

各乘以权　　6 5 4 3 2

乘积之和　　6＋10＋12＋12＋10＝50

以 11 位模去除乘积之和，把得出的余数作为校验码：50/11＝4…6

由此得出代码为：123456

在其中，几种方法相通的是：都是计算原代码的各个位数的加权和，然后除以模。得出的余数为校验码。

### 6.5.3 编码方法

#### 1. 分类方式

编码的关键在于分类,对编码对象有了合理的分类,建立编码就容易了。分类时既要保证处理问题的需要,又要保证科学管理的需要。常用的分类方法主要有以下两种。

(1) 线分类方法。线分类方法是从母项出发,一层层划分成若干子项,由大集合确定小集合,最后到具体的对象。形成一个层层的线性关系。线分类方法的原则是:唯一性和不交叉性。

(2) 面分类法。面分类法从面角度来考虑,具有修改容易,对计算机处理有良好的适应性的优点,缺点是不直观,难记忆。

#### 2. 代码设计步骤

(1) 确定代码对象,进行合理的分类。

(2) 尽量使用国家和行业标准化代码体系。

(3) 设计校验码。

(4) 编写代码表及详细说明。

## 6.6 数据库设计

数据库设计是依据系统分析中数据流程图和数据字典等内容,在选定的数据库管理系统里建立数据库的过程。数据库设计主要包括概念结构设计、逻辑结构设计和物理结构设计等几个阶段。

在系统分析过程中,我们对系统的数据处理流程进行了详细分析,并绘制了数据流程图,编制了数据字典,数据流程图和数据字典是我们设计数据库的重要依据。数据流程图中的数据流是原业务系统中手工处理的各种单据、凭证等,而这些单据里填写的数据是不可能直接以二维表的形式存储在数据库中,需要按照三范式理论来设计数据库(请参阅第 2 章的数据库设计技术章节),以完整地保存单据里填写的各种数据。

下面以表 6-1 所示的物料采购订单为例简单介绍数据库的设计过程。

#### 1. 数据库的概念结构设计

1) 确定采购订单中的实体

对具有明细信息的各种单据,一般可划分为单头和明细两部分,单头部分一般包括只填写一次的信息,明细部分则包括明细信息。表 6-1 所示采购订单所包含的实体可划分为:物料、供应商、部门、员工、订单头及订单明细 6 个实体,假设各实体具有的属性如下(实际应用中需要根据系统分析中编制的数据字典来确定实体属性):

物料(物料编号,物料名称,规格,型号,单位)

供应商(供应商编号,供应商名称,城市,地址,邮编,电话,传真,法人,网址)

部门(部门编号,部门名称,负责人,传真,电话)

员工(员工编号,姓名,性别,年龄,职务,电子邮件,手机,所属部门编号)
订单头(采购订单编号,供应商编号,总金额,制单日期,采购部门编号,审核人编号)
订单明细(采购订单编号,物料编号,单价,数量,金额)

**表 6-1 采购订单**

| 采购订单编号 | | | 供应商名称 | | | 总金额 | |
|---|---|---|---|---|---|---|---|
| 物料编号 | 物料名称 | 规格 | 型号 | 单位 | 单价 | 数量 | 金额 |
| | | | | | | | |
| | | | | | | | |
| | | | | | | | |
| | | | | | | | |

制单日期: 采购部门: 审核人:

2) 绘制 E-R 图

根据物料采购订单中的实体划分及实体之间的联系类型,绘制的 E-R 图如图 6-12 所示。

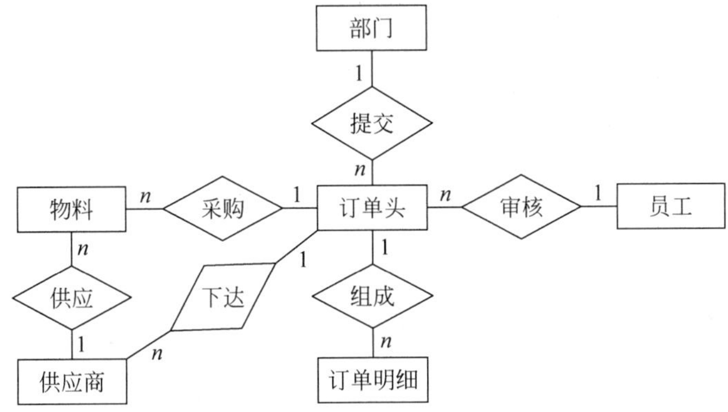


图 6-12 采购订单 E-R 图

## 2. 数据库的逻辑结构设计

数据库的逻辑结构设计就是要将 E-R 图转换成关系模式,即将 E-R 图中的实体及联系转换成数据关系表。表 6-2～表 6-7 所示即为采购订单 E-R 图所转换成的数据关系表,数据关系表中的“数据类型”“长度”“是否允许取空值”等需要根据系统分析中编制的数据字典来确定。

1) Material

**表 6-2 物料信息表**

| 列　　名 | 数据类型 | 长度 | 允许空 | 主键 | 说　　明 |
|---|---|---|---|---|---|
| MaterialID | nvarchar | 32 | | √ | 物料编号 |
| MaterialName | nvarchar | 50 | | | 物料名称 |
| MaterialStandard | nvarchar | 50 | √ | | 规格 |
| MaterialSpecSerial | nvarchar | 200 | √ | | 型号 |
| BaseUOM | nvarchar | 50 | √ | | 单位 |

2) vendor

表 6-3 供应商基本信息表

| 列名 | 数据类型 | 长度 | 允许空 | 主键 | 说明 |
|---|---|---|---|---|---|
| VendorID | nvarchar | 32 | | √ | 供货商编号 |
| VendorName | nvarchar | 255 | | | 供货商名称 |
| City | nvarchar | 50 | √ | | 城市 |
| Address | nvarchar | 255 | √ | | 地址 |
| PostCode | nvarchar | 10 | √ | | 邮编 |
| Tel | nvarchar | 20 | √ | | 电话 |
| Fax | nvarchar | 20 | √ | | 传真 |
| WebSite | nvarchar | 128 | √ | | 网址 |
| Corporation | nvarchar | 50 | √ | | 法人 |

3) Department

表 6-4 部门信息表

| 列名 | 数据类型 | 长度 | 允许空 | 主键 | 说明 |
|---|---|---|---|---|---|
| DepartmentID | varchar | 50 | | √ | 部门编号 |
| DepartmentName | varchar | 255 | | | 部门名称 |
| Principal | nvarchar | 20 | √ | | 负责人 |
| Fax | nvarchar | 20 | √ | | 传真 |
| Tel | nvarchar | 20 | √ | | 电话 |

4) Employee

表 6-5 员工信息表

| 列名 | 数据类型 | 长度 | 允许空 | 主键 | 说明 |
|---|---|---|---|---|---|
| EmployeeID | varchar | 50 | | √ | 员工编号 |
| EmployeeName | varchar | 20 | | | 员工姓名 |
| Sex | varchar | 20 | √ | | 性别 |
| Age | int | 10 | √ | | 年龄 |
| Duty | varchar | 20 | √ | | 职务 |
| Email | varchar | 64 | √ | | 电子邮件 |
| Mobile | varchar | 20 | √ | | 手机 |
| DepartmentID | varchar | 50 | √ | | 所在部门编号 |

5) PurchaseOrder

表 6-6 订单头信息表

| 列名 | 数据类型 | 长度 | 允许空 | 主键 | 说明 |
|---|---|---|---|---|---|
| PurchaseOrderID | varchar | 50 | | √ | 采购订单编号 |
| VendorID | varchar | 32 | | | 供货商编号 |
| TotalCost | float | | | | 总金额 |
| InputDate | datetime | | | | 制单日期 |
| DepartmentID | varchar | 50 | √ | | 采购部门编号 |
| InputUserID | varchar | 20 | | | 审核人编号 |

6）PurchaseOrderMaterial

表 6-7 订单明细信息表

| 列　名 | 数据类型 | 长度 | 允许空 | 主键 | 说　明 |
|---|---|---|---|---|---|
| PurchaseOrderID | varchar | 50 | | √ | 采购订单编号 |
| MaterialID | nvarchar | 32 | | √ | 物料编号 |
| UnitPrice | money | | √ | | 单价 |
| Quantity | float | | √ | | 数量 |
| TotalCost | float | | √ | | 金额 |

### 3. 数据库的物理结构设计

数据库的物理结构设计就是要在具体的数据库管理系统中创建具体的数据库，并设定数据库的存储路径、访问模式、用户访问权限、备份机制及划分存储空间等，数据库创建成功后，即可根据数据库的逻辑结构设计在数据库中创建各种数据表。由于数据库的物理结构设计与目标系统选定的数据库管理系统有关，在此不再介绍上述采购订单数据库物理结构的设计过程。

上述对信息系统中数据库设计的具体过程做了简单介绍。在实际应用中，信息系统数据库的设计需要根据系统分析提供的数据流程图和数据字典等内容，绘制出系统总的 E-R 图，再根据总的 E-R 图设计出完整的数据库。

# 6.7 输入输出设计

输入输出(I/O)设计是系统设计的一个重要组成部分。系统设计的最终目标是满足用户的要求。好的输入输出设计可以为用户和系统带来良好的工作环境，也可以为管理者提供对信息进行简洁、有效的管理和控制。

## 6.7.1 输入设计

输入模块承担着将系统外的数据以一定的格式送入计算机的任务。输入设计要考虑三方面的问题：输入设备、输入方式和数据校验。

### 1. 输入设计的基本原则

(1) 输入形式应尽量接收原始处理的形式。尽量控制数据输入量，输入时，只需要输入基本信息，其他的统计、计算由计算机系统完成。

(2) 可采用周转文件，批量输入等方式减少数据延迟。

(3) 采用有效的验证手段，减少输入错误。

### 2. 输入设计及输入方式的选择

随着计算机技术的发展，输入设备的种类越来越多。能够输入到计算机的信息的类型也随之增多。设计人员必须认真分析输入数据的类型，从方便用户使用的角度选择输入设备。常见的输入设备有键盘、扫描仪、触摸屏、多媒体输入设备(话筒、数字相机、数字摄像机等)和光电阅读器等。

(1) 键盘输入。主要适用于常规、少量的数据和控制信息的输入以及原始数据的录入。

(2) 利用光电设备采集数据。

(3) 多媒体输入。多媒体信息可通过多媒体设备输入。

(4) 网络传送。这既是输出信息的方式,也是输入信息的方式。对下级子系统是输出,对上级子系统是输入。此种情况可以直接通过网络传送数据。

(5) 磁盘输入。利用磁盘、光盘等外部存储设备在主-子系统之间传送数据。

#### 3. 输入格式及数据校验

数据输入格式应尽量与数据结构、报表输出格式保持一致。这样可以提高编程效率,降低设计难度。输入格式应尽量符合用户的使用习惯,操作简便。

在设计输入格式时,应注意以下几点。

(1) 尽量减少输入工作量,凡数据库中已有的数据,应尽量调用,避免重复输入。

(2) 允许按记录逐项输入,也可以按某一属性项输入。

(3) 输入格式关系到数据的存储结构,要使存储空间尽量小。

(4) 设计的格式应便于填写,同时保证输入精度。

由于信息系统中数据输入工作量往往较大,为了保证其正确性,一般都设置输入数据校验功能,对已经输入的数据进行校验。数据校验的方法一般有以下几种。

(1) 人工校验。输入数据后,显示或打印出来,由人进行校验。这种方式只适合少量数据,对于大批量的数据,效率太低。

(2) 重复校验。对同一数据,输入两次,若两次输入的数据不一致,则认为输入有误。这种方法方便快捷,适用于各种类型的数据。

(3) 数据平衡校验。对于财务报表、统计报表等完全数字型报表的输入校验,可以采用合计、小计等求和计数手段检验数据各项目间是否平衡。

此外,还有数据类型校验、格式校验、逻辑校验、界限校验、对照校验、校验位校验和顺序校验等。

### 6.7.2 输出设计

#### 1. 输出设计内容与方法

输出是指由计算机对输入的原始数据进行加工处理,使之具有一定的格式,提供给管理者使用。因而,输出是管理者直接面对的事物,往往具有固定的格式和数据要求,具有直观性,并直接反映了用户要求。输出的要求往往决定对输入的需求,例如在设计一张报表时,报表中需要的数据就是在输入阶段要提供的数据。

输出设计的主要内容如下。

(1) 输出信息的内容:输出数据项、位数和数据形式。

(2) 输出信息的格式:报表、凭证、单据和公文等格式。

(3) 输出信息使用方面的内容:使用者、使用目的、报表量、有效期、日期时间、保管方法、密级和复写份数等。

(4) 输出设备：打印机、显示终端、绘图仪等。

(5) 输出介质：输出到磁盘还是光盘或是输出用纸等。

### 2. 输出设计的方法与格式

在系统设计阶段，设计人员应给出系统输出的说明。它是实际输出设计的依据。输出可采用报表与图形方式。

(1) 以报表的形式提供信息输出。这种方式可以表示详细的数据。

(2) 以图形的形式提供信息输出。对于决策者或宏观管理部门，图形信息可以给出比例或综合发展趋势的信息，可以提供比较信息。

为了提高系统的规范化程度和编程效率，在输出设计上应尽量保持输出流内容和格式的一致性。打印输出时，根据纸张设计格式，使用已印有表头和文字说明等格式的专用纸，可直接套打。通用白纸则需要打印表头、格式及说明信息。

### 3. 用户界面设计

用户界面是人机对话的窗口，设计时应尽量保持友好、简便、实用、易于操作的原则，避免烦琐、花哨的界面。

用户界面设计包括菜单方式、会话方式、操作提示方式以及操作权限管理方式等。

(1) 菜单方式。菜单是信息系统功能选择操作的最常用方式。特别对于图形用户界面，菜单集中了系统的各项功能，直观、易操作。菜单的形式可以是下拉式、弹出式或快捷式菜单，也可以是按钮选择方式等。

菜单设计应注意以下几点。

① 菜单设计时应和系统的划分结合起来，尽量将一组相关的菜单放在一起。同一层菜单中，功能尽可能多，菜单的层次尽可能少。

② 一般功能选择性操作最好让用户一次就进入系统，避免让用户选择后再确定形式。对于一些重要操作，比如执行删除操作，终止系统运行执行退出操作时可以提示用户确认。

③ 菜单设计时在两个相邻的功能之间选择时，使用高亮度或强烈的颜色。使它们变化醒目。

(2) 会话管理方式。在系统运行中，当用户操作错误时，系统要向用户发出提示和警告性的信息；当系统执行用户操作指令遇到两种以上的可能时，系统提请用户进一步地说明；系统定量分析的结果通过屏幕向用户发出控制性的信息等。通常是让系统开发人员根据实际系统操作过程将会话语句写在程序中。

在开发决策支持系统时也常常会遇到大量的具有一定因果逻辑关系的会话。这类会话反映了一定的因果关系，具有一定的内涵，是双向式的。对于这类会话，我们可以将会话设计成数据文件中的一条条记录，系统运行时，根据用户的会话回答内容，执行相应的判断，从而调出下一句会话，显示出来。这种会话不需更改程序，只需对会话文件的记录更改即可。但是它的分析判断过程复杂，一般只用于少数支持决策、专家系统或基于知识的分析推理系统中。

(3) 提示方式。为了方便用户使用，系统应能提供相应的操作提示信息和帮助。在操作界面上,常常将提示以小标签的形式显示在屏幕上,或者以文字形式显示在屏幕的旁边。还可以将系统操作说明输入系统文件,建立联机帮助。

(4) 权限管理。为了保证系统的安全,可以控制用户对系统的访问。可以设置用户登录界面,通过用户名和口令及使用权限来控制对数据的访问。

## 6.8 系统设计说明书

系统设计阶段的主要成果是系统设计说明书,它既是目标系统的物理模型,也是系统实施的主要依据。系统设计说明书通常由下述内容组成。

### 6.8.1 引言

(1) 摘要：系统名称、目标及功能。

(2) 背景：项目开发者、用户、涉及的其他系统或机构及其关系。

(3) 系统环境及限制：系统软件、硬件及运行环境的限制；保密安全限制；软件文本,网络协议标准文本等。

(4) 参考资料及术语说明。

### 6.8.2 系统设计内容

(1) 系统总体结构设计方案。

(2) 网络设计方案。

(3) 代码设计方案。

(4) 数据库设计方案。

(5) 输入输出设计方案。

(6) HIPO图。

一旦系统设计被审查批准,整个系统开发工作进入系统实施阶段。

## 习题

6.1 系统设计的主要任务和原则是什么？

6.2 模块结构图和数据流图有什么区别和联系？

6.3 HIPO图是如何构成的？它的主要用途是什么？

6.4 信息系统在进行系统物理配置方案设计时的依据是什么？

6.5 简述代码设计的原则。

6.6 用几何级数法设计代码校验位：原代码共5位,从高位到低位依次取2,4,8,16,32作为权数；求出原代码与各位权数的乘积之和；用模11除乘积之和；取余数作为校验位。如果原代码是13579,问校验位是多少？

# 第7章 面向对象介绍

## 7.1 面向对象历史及发展

面向对象(Object Oriented,OO)是一种全新的软件技术,其概念来源于程序设计本身。过去的几十年中,从机器语言到汇编语言,到高级语言,直到面向对象语言,程序设计语言对抽象机制的支持程度不断提高(见图7-1)。汇编语言出现后,程序员就避免了直接使用0-1,而是利用符号来表示机器指令,从而更方便地编写程序;当程序规模继续增长的时候,出现了Fortran、C、Pascal等高级语言,这些高级语言使得编写复杂的程序变得容易,程序员们可以更好地对付日益增加的复杂性。但是,如果软件系统达到一定规模,即使应用结构化程序设计方法,局势仍将变得不可控制。作为一种降低复杂性的工具,面向对象语言产生了,面向对象程序设计也随之产生。

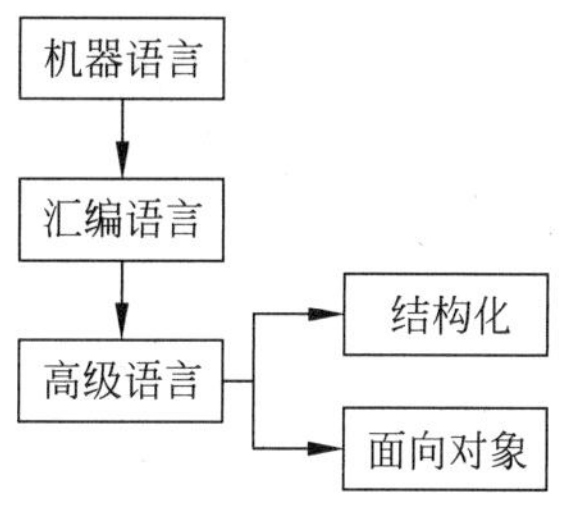

图7-1 程序语言的发展过程

这里把面向对象方法的发展史分为三个阶段:雏形阶段、完善阶段和繁荣阶段。

### 1. 雏形阶段

1967年挪威计算中心的Kisten Nygaard和Ole Johan Dahl开发了Simula 67语言,它提供了比子程序更高一级的抽象和封装,引入了数据抽象和类的概念,由此第一个面向对象语言宣告诞生。随后20世纪70年代的CLU、并发Pascal、Ada和Modula-2等语言对抽象数据类型理论的发展起到了重要作用,它们支持数据与操作的封装。犹他大学的博士生Alan Kay设计出来一个实验性的语言Flex,该语言从Simula 67中借鉴了许多概念,如类、对象和继承等。1972年Palo Alno研究中心发布了Smalltalk-72,其中正式使用了“面向对象”这个术语。Smalltalk的问世标志着面向对象程序设计方法的正式形成,但是这个时期的Smalltalk语言还不够完美。

### 2. 完善阶段

Palo Alno研究中心先后发布了Smalltalk-72、Smalltalk-76和Smalltalk-78等版本,直到1982年推出该语言的完善版本Smalltalk-80,Smalltalk-80被认为是最纯正的面向对象语言,它对后来出现的面向对象语言,如Object C、C++、Self、Eiffl都产生了深远的影响。

Smalltalk-80 是第一个完善的、能够实际应用的面向对象语言，但是随后的 Smalltalk 应用却不够广泛，造成这一现象的原因是：一种新的软件方法学被广泛地接受需要一定的时间；针对该语言的商品化软件开发工作到 1987 年才开始进行；追求纯 OO 的宗旨使得许多软件开发人员感到不便。

### 3. 繁荣阶段

从 20 世纪 80 年代中期到 20 世纪 90 年代，是面向对象语言走向繁荣的阶段。其主要表现是大批比较实用的面向对象编程语言的涌现，例如 C++、Objective C、Object Pascal、CLOS、Eiffel 和 Actor 等。这些面向对象的编程语言分为纯 OO 语言和混合 OO 语言。混合型语言是在传统的过程式语言基础上增加了 OO 语言成分形成的，在实用性方面具有更大的优势。此时的纯 OO 语言也比较重视实用性。现在，在面向对象编程方面，普遍采用语言、类库和可视化编程环境相结合的方式，如 Visual C++、JBuilder 和 Delphi 等。面向对象方法也从编程发展到设计、分析，进而发展到整个软件生命周期。

到 20 世纪 90 年代，面向对象的分析与设计方法已多达数十种，这些方法都各有所长。目前，统一建模语言 UML(Unified Modeling Language)已经成为世界性的建模语言，适用于各种开发方法。把 UML 作为面向对象的建模语言，不但在软件产业界的支持率高，在学术界影响面也很大。在面向对象的过程指导方面，目前还没有国际规范发布。

当前，面向对象方法几乎覆盖了计算机软件领域的所有分支。例如，已经覆盖了面向对象的编程语言、面向对象的分析、面向对象的设计、面向对象的测试、面向对象的维护、面向对象的图形用户界面、面向对象的数据库、面向对象的数据结构、面向对象的智能程序设计、面向对象的软件开发环境和面向对象的体系结构等。此外，许多新领域都以面向对象理论为基础或作为主要技术，如面向对象的软件体系结构、领域工程、智能代理和基于构件的软件工程等。

## 7.2 面向对象与面向过程

“面向过程”是一种以事件为中心的编程思想，在面向对象程序设计方法出现以前，结构化程序设计占据着主流。结构化程序设计是一种自上而下的设计方法，通常使用一个主函数来概括出整个程序需要做的事情，而主函数由一系列子函数所组成。对于主函数中的每个子函数，又都可以被分解为更小的函数。

结构化程序设计思想就是把大的程序分解为具有层次结构的若干个模块，每个模块再分解为下一层模块，如此自顶向下、逐步细分。结构化程序设计的优点是易于理解和掌握，这种模块化、结构化、自顶向下与逐步求精的设计原则，与大多数人的思维和解决问题的方式比较接近。在结构上，结构化程序设计首先确定的是程序的流程怎么走、函数间的调用关系怎么样、函数间的依赖关系是什么。一个主函数依赖于其子函数，子函数又依赖于更小的子函数，而在程序中，越小的函数处理的往往是细节实现，具体的实现又常常变化。这种变化的结果就是程序的核心逻辑依赖于外延的细节，程序中本来应该比较稳定的核心逻辑，也因为易变化的部分而变得不稳定起来，一个细节上的小改动也有可能在依赖关系上引发一系列变动。

"面向过程"存在着以下三大问题。

### 1. 重用性差

重用性是指同一事物不经修改或稍加修改就可多次重复使用的性质。软件重用性是软件工程追求的目标之一。

### 2. 可维护性差

软件工程强调软件的可维护性,强调文档资料的重要性,规定最终的软件产品应该由完整、一致的配置成分组成。在软件开发过程中,始终强调软件的可读性、可修改性和可测试性是软件重要的质量指标。实践证明,用传统方法开发出来的软件,维护时其费用和成本仍然很高,其原因是可修改性差,维护困难,导致可维护性差。

### 3. 开发出的软件不能满足用户需要

用传统的结构化方法开发大型软件系统涉及各种不同领域的知识,在开发需求模糊或需求动态变化的系统时,所开发出的软件系统往往不能真正满足用户的需要。

用结构化方法开发的软件,其稳定性、可修改性和可重用性都比较差,这是因为结构化方法的本质是功能分解,从代表目标系统整体功能的单个处理着手,自顶向下不断把复杂的处理分解为子处理,这样一层一层地分解下去,直到仅剩下若干个容易实现的子处理功能为止,然后用相应的工具来描述各个最底层的处理。因此,结构化方法是围绕实现处理功能的"过程"来构造系统的。然而,用户需求的变化大部分是针对功能的,因此,这种变化对于基于过程的设计来说是灾难性的。用这种方法设计出来的系统结构常常是不稳定的,用户需求的变化往往造成系统结构的较大变化,从而需要花费很大代价才能实现这种变化。

面向对象技术是一种以对象为基础、以事件或消息来驱动对象执行处理的程序设计技术。它是一种自下而上的程序设计方法,它不像面向过程程序设计那样一开始就需要使用一个主函数来概括出整个程序,面向对象程序设计往往从问题的一部分着手,一点一点地构建出整个程序。面向对象设计是以数据为中心,使用类作为表现数据的工具,类是划分程序的基本单位。而函数在面向对象设计中成了类的接口,以数据为中心而不是以功能为中心来描述系统。面向对象方法与传统方法的比较如表 7-1 所示。

**表 7-1　面向对象方法与传统方法的比较**

| 传 统 方 法 | 面向对象方法 |
|---|---|
| 数据结构＋算法＝程序设计 | 以对象为中心组织数据与操作 |
| 数据 | 对象的属性 |
| 操作 | 对象的服务 |
| 类型与变量 | 类与对象实例 |
| 函数(过程)调用 | 消息传送 |
| 类型与子类型 | 一般类与特殊类,继承 |
| 构造类型 | 整体-部分结构(聚合) |
| 指针 | 关联 |

## 7.3 面向对象主要概念

面向对象(Object-Oriented)不仅是一些具体的软件开发技术与策略,而且是一整套关于如何看待软件系统与现实世界的关系,以什么观点来研究问题并进行求解,以及如何进行系统构造的软件方法学。概括地说,面向对象方法的基本思想是:从现实世界中客观存在的事物(即对象)出发来构造软件系统,并在构造中尽可能运用人类的自然思维方式。面向对象方法强调直接以问题域(现实世界)中的事物为中心来思考问题、认识问题,并根据这些事物的本质特征,把它们抽象地表示为系统中的对象,作为系统的基本构成单位(而不是用一些与现实世界中的事物相差较远,并且没有对应关系的其他概念来构造系统)。这可以使系统直接地映射问题域,保持问题域中事物及其关系的本来面貌。如果我们在软件开发范围内讨论面向对象方法,则可对"面向对象方法"做如下定义:面向对象方法是一种运用对象、类、继承、封装、聚合、消息传送、多态性等概念来构造系统的软件开发方法。

### 7.3.1 对象

对象(Object)是系统中用来描述客观事物的一个实体,它是构成系统的一个基本单位。一个对象由一组属性和对这组属性进行操作的一组服务构成。属性和服务,是构成对象的两个主要因素,其定义是:属性是用来描述对象静态特征的一个数据项。服务是用来描述对象动态特征(行为)的一个操作序列。现实中的任何事物都可以称作对象,它是大量的、无处不在的。不过,人们在开发一个系统时,通常只是在一定的范围(问题域)内考虑和认识与系统目标有关的事物,并用系统中的对象来抽象地表示它们。在实际运用中,需要考虑以下几点:第一,对象只是描述客观事物本质的、与系统目标有关的特征,而不考虑那些非本质的、与系统目标无关的特征。这就是说,对象是对事物的抽象描述。第二,对象是属性和服务的结合体,二者是不可分的;而且对象的属性值只能由这个对象的服务来读取和修改,这就是封装的概念。第三,对象这个概念是有时间和空间属性的,即系统中的一个具体对象是不断演进的,在软件生命周期的各个阶段可能有不同的表现形式。例如,在分析与设计阶段是用某种 OOA/OOD 方法所提供的表示法给出比较粗略的定义,而在编程阶段则要用一种 OOPL 写出详细而确切的源代码。

### 7.3.2 类

把众多的事物归纳、划分成一些类(Class)是人类在认识客观世界时经常采用的思维方法。分类所依据的原则是抽象,即忽略事物的非本质特征,只注意那些与当前目标有关的本质特征,从而找出事物的共性;把具有共同性质的事物划分一类,得出一个抽象的概念。类的定义是:类是具有相同属性和服务的一组对象的集合,它为属于该类的全部对象提供了统一的抽象描述,其内部包括属性和服务两个主要服务。对象与类的关系可以用 IS-A 关系来表示,换句话说,对于一个具体的类定义和一个具体的对象,类给出了属该类的全部对象的抽象定义,而对象则是符合这种定义的一个实体。所以,一个对象又称为类的一个实例(Instance)事物(对象)即具有共同性,也具有特殊性。运用抽象的原则舍弃对象的特殊性,抽取其共同性，则得到一个适应一批对象的类。如果在这个类的范围内考虑定义这个类时舍弃的某些特殊属性，则在这个类中只有一部分对象具有这些特殊性，而这些对象彼此是共同的，于是得到一个新的类。它是前一个类的子集，称作前一个类的特殊类，而前一个类称作这个新类的一般类。一般类和特殊类的定义体现了面向对象方法中抽象的层次性。关于特殊类和一般类的定义是：如果类 A 具有类 B 的全部属性和全部服务，而且具有自己特有的某些属性和服务，则 A 叫作 B 的特殊类，B 叫作 A 的一般类。

### 7.3.3　封装

封装(Encapsulation)就是把对象的属性和服务结合成一个独立的系统单位，并尽可能隐蔽对象的内部细节。封装是面向对象方法的一个重要原则，也是面向对象技术必须提供的一种机制，称之为封装机制。一方面，封装把对象的全部属性和全部服务结合在一起，形成一个不可分割的独立单位(对象)。另一方面，封装尽可能隐蔽对象的内部细节，对外形成一个边界，只保留有限的对外接口使之与外部发生联系。封装的这种含义称为信息隐蔽。封装的原则具有很重要的意义。对象的属性和服务紧密结合反映了这样一个基本事实：事物的静态特征和动态特征是事物不可分割的两个方面，通过封装使对象的属性和服务成一个集中而完整描述一个事物的结合体。封装的信息隐蔽性反映了事物的相对独立性。就如我们在使用一个集成电路芯片时，只关心它的接口参数(电压、信号等)，对于它内部怎么运作并没有必要关心；同样，作为对象的使用者，只关心对象对外呈现什么行为，而不必关心它的内部细节。

### 7.3.4　继承

继承(Inheritance)是面向对象方法中一个十分重要的概念，并且是面向对象技术可提高软件开发效率的重要原因之一。继承的定义是：特殊类的对象拥有一般类的全部属性与服务，称作特殊类对一般类的继承。继承具有重要的实际意义，它简化了人们对事物的认识和描述。在软件开发过程中，在定义特殊类时，不需要把它的一般类已经定义过的属性和服务重复地书写一遍，只需要声明它是某个类的特殊类，并定义它自己的特殊属性与服务。

### 7.3.5　消息

对象通过它对外提供的服务在系统中发挥自己的作用。当系统中的其他对象(或其他系统成分)请求这个对象执行某个服务时，它就响应这个请求，完成指定的服务所应完成的职责。在面向对象方法中所向对象发出的服务请求称为消息(Message)。通过消息进行对象之间的通信，也是 OO 方法的一个原则，它与封装的原则有密切的关系。封装使对象成为一些各司其职、互不干扰的独立单位；消息通信则为它们提供了唯一合法的动态联系途径，使它们的行为能够互相配合，构成一个有机的运动的系统。OO 方法中对消息的定义是：消息就是向对象发出的服务请求，它应该含有下述信息：提供服务的对象标识、服务标识、输入信息和回答信息。

### 7.3.6 结构与连接

对于任一问题域,事物与事物之间并不是孤立、各不相关的,而是具有一定关系,并因此构成一个有机的整体。为了使系统能够有效地映射问题域,系统开发者需要认识并描述对象之间的各种关系,相对主要有以下几种关系:对象的分类关系;对象之间的组成关系;对象属性之间的静态联系;对象行为之间的动态联系。OO 方法中运用一般-特殊结构(Generalization-Specialization Structure)、整体-部分结构(Whole-Part Structure)、实例连接(Instance Connection)和消息连接(Message Connection)描述对象间的上述 4 种关系。

#### 1. 一般-特殊结构

一般-特殊结构又称为分类结构(Classification Structure),是由一组具有一般-特殊关系(继承关系)的类所组成的结构。这是一个以类为节点,以继承关系为边的连通有向图。如果图中仅存在单继承关系的类形成的结构又称作层次结构(Hierarchy Structure),它是一个以最上层的一般类为根的树状结构;由一些存在多继承关系的类形成的结构又称为网格结构(Lattice Structure),它是一个半序的连通有向图。

#### 2. 整体-部分结构

整体-部分结构又称为组装结构(Composition Structure),它描述对象之间的组成关系,即:一个(或一些)对象是另一个对象的组成部分。整体-部分结构有两种实现方式:紧密的组成方式和松散的组成方式。

#### 3. 实例连接

实例连接反映对象与对象之间的静态联系。实例连接与整体-部分结构很相似,但是没有那种明显的整体与部分语义。

#### 4. 消息连接

消息连接描述对象之间的动态联系,即若一个对象在执行自己的服务时,需要(通过消息)请求另一个对象为它完成某个服务,则就第一个对象与第二个对象之间存在着消息连接。

### 7.3.7 多态性

对象的多态性(Polymorphism)是指一般类中定义的属性或服务被特殊类继承后,可以具有不同的数据类型或表现出不同的行为。

### 7.3.8 永久对象

永久对象(Persistent Object)就是生存期可以超越程序的执行时间而长期存在的对象。

### 7.3.9 主动对象

主动对象(Active Object)的定义是:主动对象是一组属性和一组服务的封装体,其中至少有一个服务不需要接收消息就能主动执行(称作主动服务)。主动对象的作用是描述问题域中具有主动行为的事物以及在系统设计时识别的任务,它的主动服务描述相应的任务所应完成的操作。

## 7.4　面向对象基本特征

### 1. 抽象性

把众多的事物进行归纳、分类是人们在认识客观世界时经常采用的思维方法,“物以类聚,人以群分”就是分类的意思,分类所依据的原则是抽象。抽象(Abstract)就是忽略事物中与当前目标无关的非本质特征,更充分地注意与当前目标有关的本质特征。从而找出事物的共性,并把具有共性的事物划为一类,得到一个抽象的概念。例如,在设计一个学生成绩管理系统的过程中,考查学生张华这个对象时,就只关心他的班级、学号、成绩等,而忽略他的身高、体重等信息。因此,抽象性是对事物的抽象概括描述,实现了客观世界向计算机世界的转化。将客观事物抽象成对象及类是比较难的过程,也是面向对象方法的第一步。

### 2. 继承性

客观事物既有共性,也有特性。如果只考虑事物的共性,而不考虑事物的特性,就不能反映出客观世界中事物之间的层次关系,不能完整地、正确地对客观世界进行抽象描述。运用抽象的原则就是舍弃对象的特性,提取其共性,从而得到适合一个对象集的类。如果在这个类的基础上,再考虑抽象过程中各对象被舍弃的那部分特性,则可形成一个新的类,这个类具有前一个类的全部特征,是前一个类的子集,形成一种层次结构,即继承结构。

继承(Inheritance)是一种连接类与类的层次模型。继承性是指特殊类的对象拥有其一般类的属性和行为。继承意味着“自动地拥有”,即特殊类中不必重新定义已在一般类中定义过的属性和行为,而它却自动地、隐含地拥有其一般类的属性与行为。继承允许和鼓励类的重用,提供了一种明确表述共性的方法。一个特殊类既有自己新定义的属性和行为,又有继承下来的属性和行为。尽管继承下来的属性和行为是隐式的,但无论在概念上还是在实际效果上,都是这个类的属性和行为。当这个特殊类又被它更下层的特殊类继承时,它继承来的和自己定义的属性和行为又被下一层的特殊类继承下去。因此,继承是传递的,体现了大自然中特殊与一般的关系。

在软件开发过程中,继承性实现了软件模块的可重用性、独立性,缩短了开发周期,提高了软件开发的效率,同时使软件易于维护和修改。这是因为要修改或增加某一属性或行为,只需在相应的类中进行改动,而它派生的所有类都自动地、隐含地做了相应的改动。

由此可见,继承是对客观世界的直接反映,通过类的继承,能够实现对问题的深入抽象描述,反映出人类认识问题的发展过程。

### 3. 多态性

多态性是指相同的操作或函数、过程可作用于多种类型的对象上并获得不同的结果。不同的对象,收到同一消息可以产生不同的结果,这种现象称为多态性。多态性允许每个对象以适合自身的方式去响应共同的消息。多态性增强了软件的灵活性和重用性。

**4. 封装性**

封装(Encapsulation)就是把对象的属性和行为结合成一个独立的单位,并尽可能隐蔽对象的内部细节。封装有两个含义:一是把对象的全部属性和行为结合在一起,形成一个不可分割的独立单位。对象的属性值(除了公有的属性值)只能由这个对象的行为来读取和修改。二是尽可能隐蔽对象的内部细节,对外形成一道屏障,与外部的联系只能通过外部接口实现。

封装的信息隐蔽作用反映了事物的相对独立性,可以只关心它对外所提供的接口,即能做什么,而不注意其内部细节,即怎么提供这些服务。例如,用陶瓷封装起来的一块集成电路芯片,其内部电路是不可见的,而且使用者也不关心它的内部结构,只关心芯片引脚的个数、引脚的电气参数及引脚提供的功能,利用这些引脚,使用者将各种不同的芯片连接起来,就能组装成具有一定功能的模块。

封装的结果使对象以外的部分不能随意存取对象的内部属性,从而有效地避免了外部错误对它的影响,大大减小了查错和排错的难度。另一方面,当对象内部进行修改时,由于它只通过少量的外部接口对外提供服务,因此同样减小了内部的修改对外部的影响。同时,如果一味地强调封装,则对象的任何属性都不允许外部直接存取,要增加许多没有其他意义,只负责读或写的行为。这为编程工作增加了负担,增加了运行开销,并且使得程序显得臃肿。为了避免这一点,在语言的具体实现过程中应使对象有不同程度的可见性,进而与客观世界的具体情况相符合。

封装机制将对象的使用者与设计者分开,使用者不必知道对象行为实现的细节,只需要用设计者提供的外部接口让对象去做。封装的结果实际上隐蔽了复杂性,并提供了代码重用性,从而降低了软件开发的难度。

继承性和多态性的结合,可以生成一系列虽类似但独一无二的对象。由于继承性,这些对象共享许多相似的特征;由于多态性,针对相同的消息,不同对象可以有独特的表现方式,实现特性化的设计。

## 7.5 面向对象软件工程方法

### 7.5.1 面向对象软件工程学概念

对象及面向对象方法最初从语言发展而来,但仅限于编程语言并不能从本质上对软件工程方法改进或提高。面向对象方法的本质,就是主张从客观世界固有的事物出发来构造系统,提倡用人类在现实生活中常用的思维方法来认识、理解和描述客观事物,强调最终建立的系统能够映射问题域,即系统中的对象以及对象之间的关系能够如实地反映问题域中的固有事物及其关系。也就是说,如果能够从分析阶段就采用面向对象的思想,才能发挥面向对象方法在软件工程领域的优势。因此,将面向对象方法实施于软件工程全过程,是一种必然。面向对象软件工程方法如图 7-2 所示。

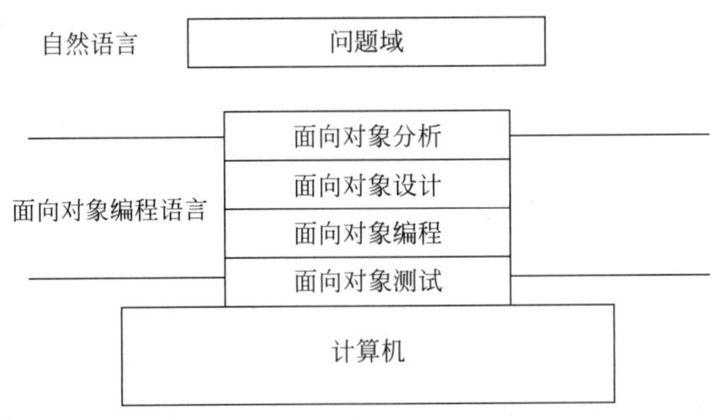


图 7-2 面向对象软件工程方法

## 7.5.2 各种面向对象软件工程方法介绍

面向对象方法起源于 20 世纪 60 年代末期的语言 Simula 67，到了 20 世纪 70 年代末期，软件行业正受到软件危机的困扰，结构化的开发方法不能够很好地解决软件危机。面向对象语言 Smalltalk 的出现，进一步发展和完善了面向对象的程序设计语言，从此面向对象和开发方法开始结合，出现了面向对象的开发方法。自 20 世纪 80 年代后期以来，相继出现了多种面向对象开发方法。下面将其中几种典型的方法介绍如下。

### 1. OMT/ Rumbaugh

OMT(Object Modeling Technique)方法最早是由 Loomis、Shan 和 Rumbaugh 在 1987 年提出的，曾扩展应用于关系数据库设计。Jim Rumbaugh 在 1991 年正式把 OMT 应用于面向对象的分析和设计。

OMT 覆盖了分析、设计和实现三个阶段，它包括一组相互关联的概念：类(Class)、对象(Object)、一般化(Generalization)、继承(Inheritance)、链(Link)、链属性(Link Attribute)、聚合(Aggregation)、操作(Operation)、事件(Event)、场景(Scene)、属性(Attribute)、子系统(Subsystem)、模块(Module)等。OMT 方法包含分析、系统设计、对象设计和实现 4 个步骤，它定义了三种模型，这些模型贯穿于每个步骤，在每个步骤中被不断地精化和扩充。这三种模型是：对象模型，用类和关系来刻画系统的静态结构；动态模型，用事件和对象状态来刻画系统的动态特性；功能模型，按照对象的操作来描述如何从输入给出输出结果。分析的目的是建立可理解的现实世界模型。系统设计确定高层次的开发策略。对象设计的目的是确定对象的细节，包括定义对象的界面、算法和操作。实现对象则在良好的面向对象编程风格的编码原则指导下进行。

### 2. OOD/ Booch

OOD(Object Oriented Design)方法是 Grady Booch 从 1983 年开始研究，1991 年后走向成熟的一种方法。OOD 主要包括下述概念：类(Class)、对象(Object)、使用(Uses)、实例化(Instantiates)、继承(Inherits)、元类(Meta Class)、类范畴(Class Category)、消息(Message)、域(Field)、操作(Operation)、机制(Mechanism)、模块(Module)、子系统(Subsystem)、过程(Process)等。其中，使用及实例化是类间的静态关系，而动态对象之间

仅有消息传递的连接。元类是类的类。类范畴是一组类，它们在一定抽象意义上是雷同的。物理的一组类用模块来表达。机制是完成一个需求任务的一组类构成的结构。Booch 方法在面向对象的设计中主要强调多次重复和开发者的创造性。方法本身是一组启发性的过程式建议。OOD 的一般过程：在一定抽象层次上标识类与对象；标识类与对象的语义；标识类与对象之间的关系(如继承、实例化、使用等)；实现类与对象。

### 3. RDD/ Wirfs-Brock

RDD(Responsibility-Driven Design)方法是 Wirfs-Brock 在 1990 年提出的。这是一个按照类、责任以及合作关系对应用进行建模的方法。首先定义系统的类与对象，然后确定系统的责任并划分给类，最后确定对象类之间的合作来完成类的责任。这些设计将进一步按照类层次、子系统和协议来完善。RDD 方法主要包含以下概念：类(Class)、继承(Inheritance)、责任(Responsibility)、合作(Collaboration)、合同(Contract)、子系统(Subsystem)。对每个类都有不同的责任或角色以及动作。合作是为完成责任而需要与之通信的对象集合。责任进一步精化并被分组为合同。合同又进一步按操作精化为协议。子系统是为简化设计而引入的，是一组类和低级子系统，也包含由子系统中的类及子系统支持的合同。RDD 分为探索阶段和精化阶段：探索阶段确定类、每个类的责任以及类间的合作；精化阶段精化类继承层次、确定子系统、确定协议。RDD 按照类层次图、合作图、类规范、子系统规范、合同规范等设计规范来完成实现。

### 4. OOAD/ Coad-Yourdon

OOAD(Object-Oriented Analysis and Design)方法是由 Peter Coad 和 Edward Yourdon 在 1991 年提出的。这是一种逐步进阶的面向对象建模方法。在 OOA 中，分析模型用来描述系统的功能，主要包括以下概念：类(Class)、对象(Object)、属性(Attribute)、服务(Service)、消息(Message)、主题(subject)、一般/ 特殊结构(Gen-Spec-Structure)、全局/部分结构(Whole-Part-Structure)、实例连接(Instance Connection)和消息连接(Message Connection)等。其中，主题是指一组特定的类与对象。OOA 使用了基本的结构化原则，并把它们同面向对象的观点结合起来。OOA 完成系统分析，包括以下 5 个步骤：确定类与对象、标识结构、定义主题、定义属性和定义服务。OOA 本质上是一种面向对象的方法，适用于小型系统的开发。OOD 负责系统设计，包括以下 4 个步骤：设计问题域(细化分析结果)；设计人机交互部分(设计用户界面)；设计任务管理部分(确定系统资源的分配)；设计数据管理部分(确定持久对象的存储)。

### 5. OOSE/ Jacobson

OOSE(Object-Oriented Software Engineering)是 Ivar Jacobson 在 1992 年提出的一种使用事例驱动的面向对象开发方法。OOSE 主要包括下列概念：类(Class)、对象(Object)、继承(Inherits)、相识(Acquaintance)、通信(Communication)、激励(Stimuli)、操作(Operation)、属性(Attribute)、参与者(Actor)、使用事例(Use Case)、子系统(Subsystem)、服务包(Service Package)、块(Block)、对象模块(Object Module)。相识表示静态的关联关系，包括聚合关系。激励是通信传送的消息。参与者是与系统交互的事物，它表示所有与系

统有信息交换的系统之外的事务,因此不关心它的细节。参与者与用户不同,参与者是用户所充当的角色。参与者的一个实例对系统做一组不同的操作。当用户使用系统时,会执行一个行为相关的事务系列,这个系列是在与系统的会话中完成的,这个特殊的系列称为使用事例,每个使用事例都是使用系统的一条途径。使用事例的一个执行过程可以看作是使用事例的实例。当用户发出一个激励之后,使用事例的实例开始执行,并按照使用事例开始事务。事务包括许多动作,事务在收到用户结束激励后被终止。在这个意义上,使用事例可以被看作是对象类,而使用事例的实例可以被看作是对象。OOSE 开发过程中有以下 5 种模型,这些模型是自然过渡和紧密耦合的。

(1) 需求模型。需求模型包括由领域对象模型和界面描述支持的参与者和使用事例。对象模型是系统的概念化的、容易理解的描述。界面描述刻画了系统界面的细节。需求模型从用户的观点上完整地刻画了系统的功能需求,因此按这个模型与最终用户交流比较容易。

(2) 分析模型。分析模型是在需求模型的基础上建立的。主要目的是要建立在系统生命期中可维护、有逻辑性、健壮的结构。模型中有三种对象。界面对象刻画系统界面。实体对象刻画系统要长期管理的信息和信息上的行为。实体对象生存在一个特别的使用事例中。第三种是按特定的使用事例作面向事务的建模的对象。这三种对象使得需求的改变总是局限于其中一种。

(3) 设计模型。设计模型进一步精化分析模型并考虑了当前的实现环境。块描述了实现的意图,分析模型通常要根据实现做相应的变化,但分析模型中基本结构要尽可能保留。在设计模型中,块进一步用使用事例模型来阐述界面和块间的通信。

(4) 实现模型。实现模型主要包括实现块的代码。OOSE 并不要求用面向对象语言来完成实现。

(5) 测试模型。测试模型包括不同程度的保证。这种保证从低层的单元测试延伸到高层的系统测试。

### 6. VMT/ IBM

VMT(Visual Modeling Technique)方法是 IBM 公司于 1996 年公布的。VMT 方法结合了 OMT、OOSE、RDD 等方法的优点,并且结合了可视化编程和原型技术。VMT 方法选择 OMT 方法作为整个方法的框架,并且在表示上也采用了 OMT 方法的表示。VMT 方法用 RDD 方法中的 CRC(Class-Responsibility-Collaboration)卡片来定义各个对象的责任(操作)以及对象间的合作(关系)。此外,VMT 方法引入了 OOSE 方法中的使用事例概念,用以描述用户与系统之间的相互作用,确定系统为用户提供的服务,从而得到准确的需求模型。VMT 方法的开发过程分为三个阶段:分析、设计和实现。分析阶段的主要任务是建立分析模型。设计阶段包括系统设计、对象设计和永久性对象设计。实现阶段就是用某一种环境来实现系统。

OMT 方法覆盖了应用开发的全过程,是一种比较成熟的方法,用几种不同的观念来适应不同的建模场合,它在许多重要观念上受到关系数据库设计的影响,适合于数据密集型的信息系统的开发,是一种比较完善和有效的分析与设计方法。

Booch 方法并不是一个开发过程,只是在开发面向对象系统时应遵循的一些技术和原则。Booch 方法从外部开始,逐步求精每个类直到系统被实现。因此,它是一种分治法,支持循环开发,它的缺点在于不能有效地找出每个对象和类的操作。

RDD 是一种用非形式的技术和指导原则开发合适的设计方案的设计技术。它用交互填写 CRC 卡片的方法完成设计,对大型系统设计不太适用。RDD 采用传统的方法确定对象类,有一定的局限性。另外,均匀地把行为分配给类也十分困难。在 OOAD 方法中,OOA 把系统横向划分为 5 个层次,OOD 把系统纵向划分为 4 个部分,从而形成一个清晰的系统模型。OOAD 适用于小型系统的开发。

OOSE 能够较好地描述系统的需求,是一种实用的面向对象的系统开发方法,适合于商务处理方面的应用开发。

VMT 基于现有面向对象方法中的成熟技术,采用这些方法中最好的思想、特色、观点以及技术,并把它们融合成一个完整的开发过程。因此 VMT 是一种扬长避短的方法,它提供了一种实用的能够处理复杂问题的建模方法和技术。

1995 年 10 月,Grady Booch 和 Jim Rumbaugh 联合推出了 Unified Method 0.8 版本。这个方法力图实现 OMT 方法和 Booch 方法的统一。同年秋天,Ivar Jacobson 加入了 Booch 和 Rumbaugh 所在的 Rational 软件公司,于是 OOSE 方法也加入了统一的过程中。1997 年 9 月 1 日产生了 UML 1.1,并被提交到了 OMG(Object Management Group),同年 11 月被 OMG 采纳。

就这样,在上述几种方法的基础上产生了统一建模语言(UML),并像它的名字一样成为业界普遍采用的标准。在下一章中我们将重点介绍 UML,并使用 UML 来进行面向对象的分析与设计。

## 习题

7.1 什么是面向对象方法?

7.2 面向对象方法与传统方法有何不同?

7.3 什么是类?

7.4 简述面向对象的基本特征。

7.5 对 6 种面向对象软件工程方法进行比较。

# 第8章 UML

## 8.1 UML 起源

公认的面向对象建模语言出现于20世纪70年代中期。从1989年到1994年，其数量从不到10种增加到了50多种。在众多的建模语言中，语言的创造者努力推崇自己的产品，并在实践中不断完善。但是，OO方法的用户并不了解不同建模语言的优缺点及相互之间的差异，因而很难根据应用特点选择合适的建模语言，于是爆发了一场“方法大战”。20世纪90年代，一批新方法出现了，其中最引人注目的是Booch 1993、OOSE和OMT-2。

Booch是面向对象方法最早的倡导者之一，他提出了面向对象软件工程的概念。1991年，他将以前面向Ada的工作扩展到整个面向对象设计领域。Booch 1993比较适合于系统的设计和构造。

Rumbaugh等人提出了面向对象的建模技术(OMT)方法，采用了面向对象的概念，并引入各种独立于语言的表示符。这种方法用对象模型、动态模型、功能模型和用例模型，共同完成对整个系统的建模，所定义的概念和符号可用于软件开发的分析、设计和实现的全过程，软件开发人员不必在开发过程的不同阶段进行概念和符号的转换。OMT-2特别适用于分析和描述以数据为中心的信息系统。

Jacobson于1994年提出了OOSE方法，其最大特点是面向用例(Use-Case)，并在用例的描述中引入了外部角色的概念。用例的概念是精确描述需求的重要武器，但用例贯穿于整个开发过程，包括对系统的测试和验证。OOSE比较适合支持商业工程和需求分析。

此外，还有Coad/Yourdon方法，即著名的OOA/OOD，它是最早的面向对象的分析和设计方法之一。该方法简单、易学，适合于面向对象技术的初学者使用，但由于该方法在处理能力方面的局限，目前已很少使用。

概括起来，首先，面对众多的建模语言，用户由于没有能力区别不同语言之间的差别，因此很难找到一种比较适合其应用特点的语言；其次，众多的建模语言实际上各有千秋；第三，虽然不同的建模语言大多雷同，但仍存在某些细微的差别，极大地妨碍了用户之间的交流。因此在客观上，极有必要在精心比较不同的建模语言优缺点及总结面向对象技术应用实践的基础上，组织联合设计小组，根据应用需求，取其精华，去其糟粕，求同存异，统一建模语言。

1994年10月，Grady Booch和Jim Rumbaugh开始致力于这一工作。他们首先将Booch 93和OMT-2统一起来，并于1995年10月发布了第一个公开版本，称之为统一方法

UM 0.8(Unitied Method)。1995 年秋,OOSE 的创始人 Ivar Jacobson 加盟到这一工作。经过 Booch、Rumbaugh 和 Jacobson 三人的共同努力,于 1996 年 6 月和 10 月分别发布了两个新的版本,即 UML 0.9 和 UML 0.91,并将 UM 重新命名为 UML(Unified Modeling Language)。

1996 年,一些机构将 UML 作为其商业策略已日趋明显。UML 的开发者得到了来自公众的正面反应,并倡议成立了 UML 成员协会,以完善、加强和促进 UML 的定义工作。当时的成员有 DEC、HP、I-Logic、Itellicorp、IBM、ICON Computing、MCI Systemhouse、Microsoft、Oracle、Rational Software、TI 以及 Unisys。这一机构对 UML 1.0(1997 年 1 月)及 UML 1.1(1997 年 11 月 17 日)的定义和发布起了重要的促进作用。

UML 是一种定义良好、易于表达、功能强大且普遍适用的建模语言。它融入了软件工程领域的新思想、新方法和新技术。它的作用域不限于支持面向对象的分析与设计,还支持从需求分析开始的软件开发的全过程。

面向对象技术和 UML 的发展过程可用图形来表示,标准建模语言的出现是其重要的成果。在美国,截至 1996 年 10 月,UML 获得了工业界、科技界和应用界的广泛支持,已有 700 多个公司表示支持采用 UML 作为建模语言。1996 年年底,UML 已稳占面向对象技术市场的 85%,成为可视化建模语言事实上的工业标准。1997 年 11 月 17 日,OMG 采纳 UML 1.1 作为基于面向对象技术的标准建模语言。UML 代表了面向对象方法的软件开发技术的发展方向,具有巨大的市场前景,也具有重大的经济价值和国防价值。

UML 是一个标准的图形表示法,它不是面向对象的分析和设计,也不是一种方法,它仅仅是一组符号而已。

## 8.2 UML 构成

UML 作为一种对软件系统进行规约、构造、可视化和文档化的语言,融合了 Booch 方法、OMT 方法和 OOSE 方法的核心概念,取其精华形成了一个统一的、公共的、具有广泛适用性的建模语言。

UML 语言从 4 个抽象层次上对 UML 的概念、模型元素和结构等进行了全面的定义,并规定了相应的表示法和图形符号。4 个层次分别如下。

### 1. 元元模型层(Metametamodel)

位于结构的最底层,组成 UML 最基本的元素"事物",代表要定义的所有事物。

### 2. 元模型层(Metamodel)

组成 UML 的基本元素,包括面向对象和面向组件的概念。这一层的每个概念都是元模型层中"事物"的实例。

### 3. 模型层(Model)

组成 UML 的模型,这一层中的概念都是元模型层中概念的实例化。

#### 4. 用户模型层(Usermodel)

该层的每个实例都是模型层和元模型层概念的实例。

4层体系结构定义了UML的所有内容,具体来说UML的核心是由视图(Views)、图(Diagrams)、模型元素(Model Element)和通用机制(General Mechanism)组成的。

视图是表达系统的某一个方面特征的UML建模元素的子集,它并不是具体的图,是由一个或多个图组成对系统某个角度的抽象。通过定义多个反映系统不同方面的视图,才能做出完整、精确的描述。

图由各种图片组成,用于描述一个视图的内容,图并不仅仅是一个图片,而是在某一抽象层面上对建模系统的抽象表示。最常用的图包括用例图、类图、序列图、状态图、活动图、构件图和部署图。

模型元素包括事物和事物之间的关系。事物描述了面向对象概念,如类、对象、消息、关系等。事物之间的联系能够把事物联系起来,组成有意义的结构模型。常用的联系包括关联关系、依赖关系、泛化关系、实现关系和聚合关系等。

通用机制用于为模型元素提供额外的信息,如注释、模型元素的语义等,同时它还提供了扩展机制,允许用户对UML语言进行扩展,以便适应特殊的方法、组织或用户。

### 8.2.1 视图

UML利用模型来描述系统的结构、静态特征、行为或动态特征,它从不同的视角为系统的架构建模形成系统的不同视图(View)。由于UML中的各种构件和概念之间没有明显的划分界限,为了方便,选用视图来划分这些概念和构件。视图只是表达系统某一方面特征的UML建模构件的子集。

#### 1. 用例视图

用例视图(Use-Case View)用于描述系统应该具有的功能集。它是从系统的外部用户角度出发,对系统的抽象表示。

用例视图所描述的系统功能依靠于外部用户或另一个系统触发激活,为用户或另一个系统提供服务,实现用户或另一个系统与系统的交互。系统实现的最终目标是提供用例视图中描述的功能。

用例视图中可以包含若干个用例(Use-Case)。用例用来表示系统能够提供的功能(系统用法),一个用例是系统用法(功能请求)的一个通用描述。

用例视图是其他视图的核心和基础。其他视图的构造和发展依赖于用例视图中所描述的内容。因为系统的最终目标是提供用例视图中描述的功能,同时附带一些非功能性的性质,因此用例视图影响着所有其他的视图。

用例视图还可用于测试系统是否满足用户的需求和验证系统的有效性。

用例视图主要为用户、设计人员、开发人员和测试人员而设置。用例视图静态地描述系统功能,为了动态地观察系统功能,偶尔也用活动图(Activity Diagram)描述。

### 2. 逻辑视图

用例视图只考虑系统应提供什么样的功能,对这些功能的内部运作情况不予考虑,为了解释系统内部的设计和协作状况,要使用逻辑视图描述系统。

逻辑视图(Logical View)用来显示系统内部的功能是怎样设计的,它利用系统的静态结构和动态行为来刻画系统功能。静态结构描述类、对象和它们之间的关系等。动态行为主要描述对象之间的动态协作,当对象之间彼此发送消息给给定的函数时产生动态协作,一致性(Persistence)和并发性(Concurrency)等性质,以及接口和类的内部结构都要在逻辑视图中定义。

静态结构在类图和对象图中描述,动态建模用状态图、序列图、协作图和活动图描述。

### 3. 组件视图

组件视图(Component View)用来显示代码组件的组织方式。它描述了实现模块(Implementation Module)和它们之间的依赖关系。

组件视图由组件图构成。组件是代码模块,不同类型的代码模块形成不同的组件,按照一定的结构和依赖关系呈现。组件的附加信息(例如,为组件分配资源)或其他管理信息(例如,进展工作的进展报告)也可以加入到组件视图中。组件视图主要供开发者使用。

### 4. 并发视图

并发视图(Concurrency View)用来显示系统的并发工作状况。并发视图将系统划分为进程和处理机方式,通过划分引入并发机制,利用并发高效地使用资源、并行执行和处理异步事件。除了划分系统为并发执行的控制线程外,并发视图还必须处理通信和这些线程之间的同步问题。并发视图所描述的方面属于系统中的非功能性质方面。

并发视图供系统开发者和集成者(Integrator)使用。它由动态图(状态图、序列图、协作图、活动图)和执行图(组件图、部署图)构成。

### 5. 展开视图

展开视图(Deployment View)用来显示系统的物理架构,即系统的物理展开。例如,计算机和设备以及它们之间的连接方式。其中计算机和设备称为节点(Node)。它由部署图表示展开。视图还包括一个映射,该映射显示在物理架构中组件是怎样展开的。例如,在每台独立的计算机上,哪一个程序或对象在运行。展开视图提供给开发者、集成者和测试者。

## 8.2.2 图

UML 中最常用的图(Diagram)包括用例图、类图、对象图、状态图、序列图、协作图、活动图、组件图、部署图等。

### 1. 用例图

用例图(Use-Case Diagram)用于显示若干角色(Actor)以及这些角色与系统提供的用

例之间的连接关系，如图 8-1 所示。用例是系统提供的功能(即系统的具体用法)的描述。通常一个实际的用例采用普通的文字描述，作为用例符号的文档性质。当然，实际的用例可以用活动图描述。用例图仅仅从角色(触发系统功能的用户等)使用系统的角度描述系统中的信息，也就是站在系统外部察看系统功能，它并不描述系统内部对该功能的具体操作方式。用例图定义的是系统的功能需求。

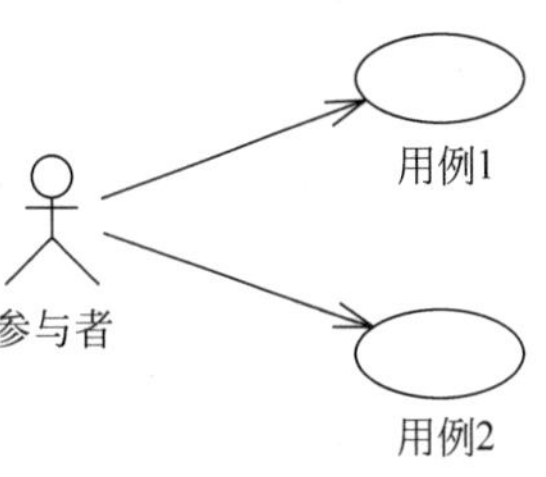


图 8-1 用例图示例

### 2. 类图

类图(Class Diagram)用来表示系统中的类和类与类之间的关系，它是对系统静态结构的描述，如图 8-2 所示。

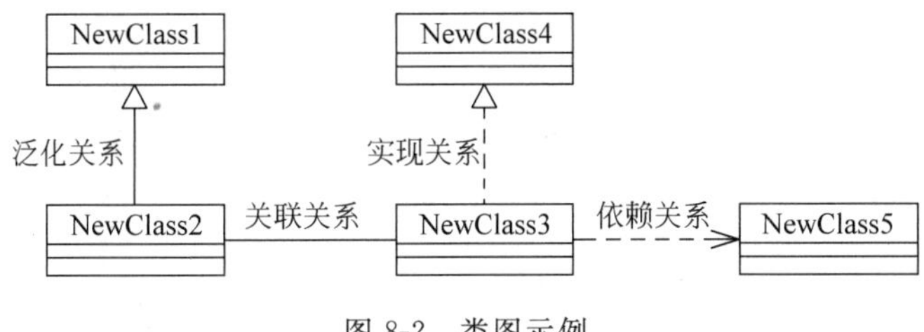


图 8-2 类图示例

类用来表示系统中需要处理的事物。类与类之间有多种连接方式(关系)，如关联(彼此间的连接)、依赖(一个类使用另一个类)、通用化(一个类是另一个类的特殊化)或打包(Packaged)(多个类聚合成一个基本元素)。类与类之间的这些关系都体现在类图的内部结构之中，通过类的属性(Attribute)和操作(Operation)这些术语反映出来。在系统的生命周期中，类图所描述的静态结构在任何情况下都是有效的。

一个典型的系统中通常有若干个类图。一个类图不一定包含系统中所有的类，一个类还可以加到几个类图中。

### 3. 对象图

对象图是类图的变体，两者之间的差别在于对象图表示的是类的对象实例，而不是真实的类。对象图是类图的一个范例(Example)，它及时具体地反映了系统执行到某处时系统的工作状况。

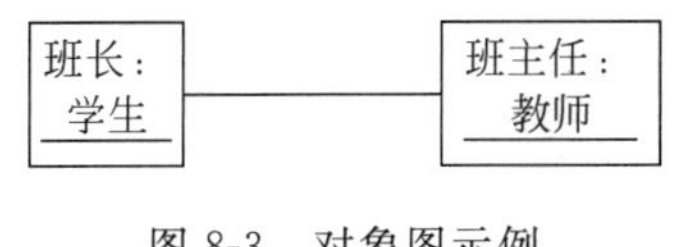


图 8-3 对象图示例

对象图中使用的图示符号与类图几乎完全相同，只不过对象图中的对象名加了下划线，而且类与类之间关系的所有实例也都画了出来，如图 8-3 所示。

对象图没有类图重要，对象图通常用来示例一个复杂的类图，通过对象图反映真正的实例是什么，它们之间可能具有什么样的关系，帮助对类图的理解。对象图也可以用在协作图中作为其一个组成部分，用来反映一组对象之间的动态协作关系。

### 4．状态图

一般来说，状态图是对类所描述事物的补充说明，它显示了类的所有对象可能具有的状态，以及引起状态变化的事件，如图 8-4 所示。事件可以是给它发送消息的另一个对象或者某个任务执行完毕(例如，指定时间到)。状态的变化称作转移(Transition)。一个转移可以有一个与之相连的动作(Action)，这个动作指明了状态转移时应该做些什么。

并不是所有的类都有相应的状态图。状态图仅用于具有下列特点的类：具有若干个确定的状态，类的行为在这些状态下会受到影响且被不同的状态改变。

另外，也可以为系统描绘整体状态图。

### 5．序列图

序列图用来反映若干个对象之间的动态协作关系，也就是随着时间的流逝，对象之间是如何交互的，如图 8-5 序列图主要反映对象之间已发送消息的先后次序，说明对象之间的交互过程，以及系统执行过程中，在某一具体位置将会有什么事件发生。

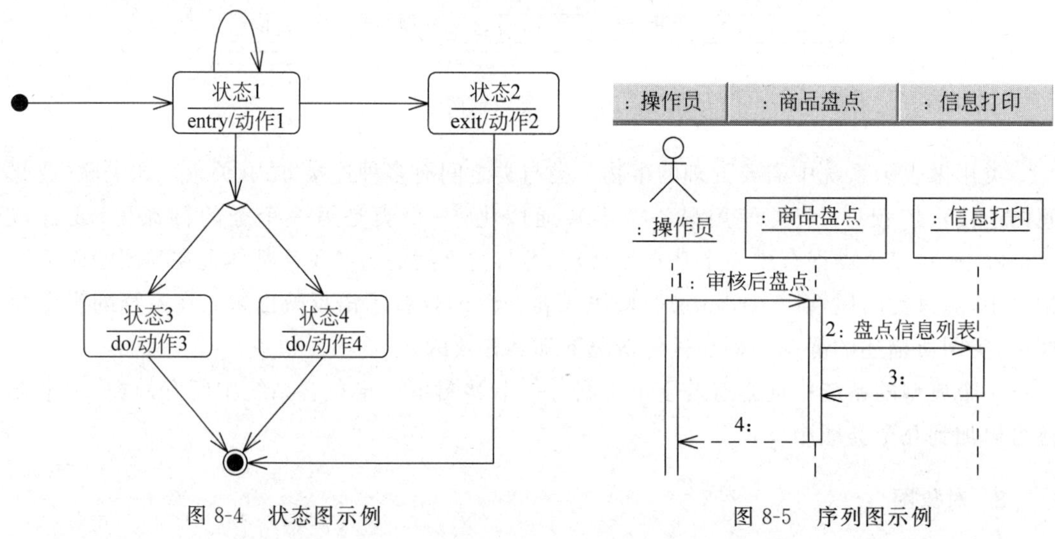


图 8-4　状态图示例

图 8-5　序列图示例

序列图由若干个对象组成，每个对象用一个垂直的虚线表示(线上方是对象名)，每个对象的正下方有一个矩形条，它与垂直的虚线相叠，矩形条表示该对象随时间流逝的过程(从上至下)，对象之间传递的消息用消息箭头表示，它们位于表示对象的垂直线条之间。时间说明和其他的注释作为脚本放在图的边缘。

### 6．协作图

协作图和序列图的作用一样，反映的也是动态协作。除了显示消息变化(称为交互)外，协作图还显示了对象和它们之间的关系(称为上下文有关)。由于协作图或序列图都反映对象之间的交互，所以建模者可以任意选择一种反映对象间的协作。如果需要强调时间和序列，最好选择序列图；如果需要强调上下文相关，最好选择协作图。

协作图与对象图的画法一样，图中含有若干个对象及它们之间的关系(使用对象图或类图中的符号），对象之间流动的消息用消息箭头表示，箭头中间用标签标识消息被发送的序号、条件、迭代（Iteration）方式、返回值等，如图 8-6 所示。通过识别消息标签的语法，开发者可以看出对象间的协作，也可以跟踪执行流程和消息的变化情况。

协作图中也能包含活动对象，多个活动对象可以并发执行。

### 7. 活动图

活动图（Activity Diagram）反映一个连续的活动流，如图 8-7 所示。相对于描述活动流（例如，用例或交互）来说，活动图更常用于描述某个操作执行时的活动状况。

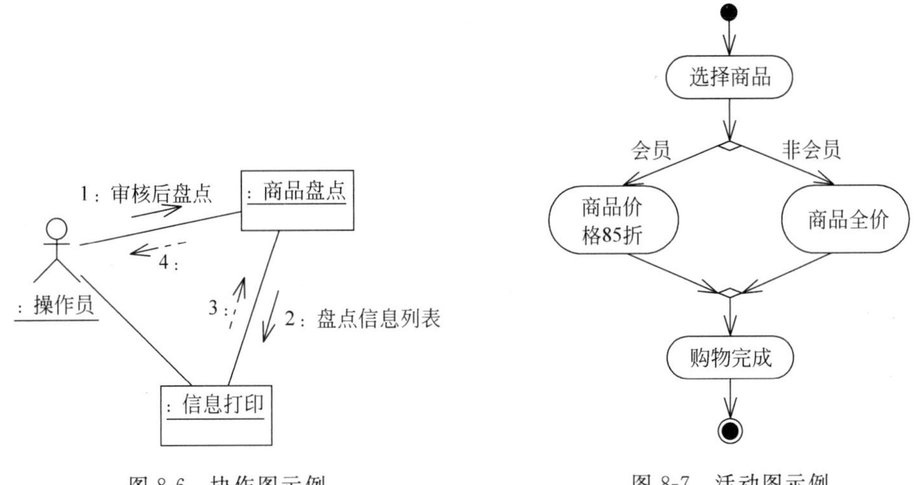


图 8-6 协作图示例　　图 8-7 活动图示例

活动图由各种动作状态（Action State）构成，每个动作状态包含可执行动作的规范说明。当某个动作执行完毕，该动作的状态就会随着改变。这样，动作状态的控制就从一个状态流向另一个与之相连的状态。

活动图中还可以显示决策、条件、动作状态的并行执行、消息（被动作发送或接收）的规范说明等内容。

### 8. 组件图

组件图（Component Diagram）用来反映代码的物理结构。

代码的物理结构用代码组件表示。组件可以是源代码、二进制文件或可执行文件组件。组件包含了逻辑类或逻辑类的实现信息，因此逻辑视图与组件视图之间存在着映射关系。组件之间也存在依赖关系，利用这种依赖关系可以很容易地分析一个组件的变化会给其他的组件带来怎样的影响。

组件可以与公开的任何接口（比如，OLE /COM 接口）一起显示，也可以把它们组合起来形成一个包（Package），在组件图中显示这种组合包。实际编程工作中经常使用组件图（图 8-8）。

### 9. 部署图

部署图（Deployment Diagram）用来显示系统中软件和硬件的物理架构。通常部署图中

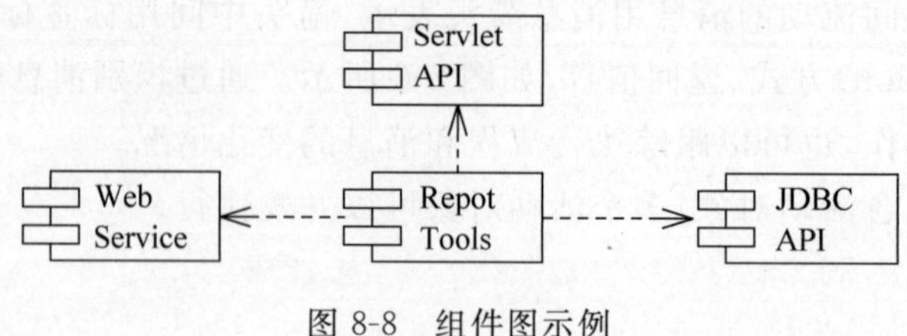


图 8-8 组件图示例

显示实际的计算机和设备(用节点表示),以及各个节点之间的关系(还可以显示关系的类型)。每个节点内部显示的可执行的组件和对象清晰地反映出哪个软件运行在哪个节点上。组件之间的依赖关系也可以显示在部署图中。

正如前面所陈述,部署图用来表示展开视图,描述系统的实际物理结构。用例视图是对系统应具有的功能的描述,它们两者看上去差别很大,似乎没有什么联系。然而,如果对系统的模型定义明确,那么从物理架构的节点出发,找到它含有的组件,再通过组件到达它实现的类,再到达类的对象参与的交互,直至最终到达一个用例也是可能的。从整体来说,系统的不同视图给系统的描述应当是一致的,如图 8-9 所示。

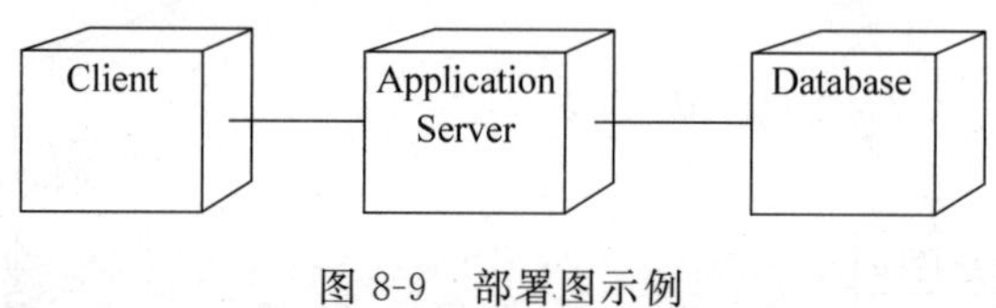


图 8-9 部署图示例

### 8.2.3 模型元素

UML 中的模型元素包括事物和事物之间的联系。事物是 UML 中重要的组成部分,它代表任何可以定义的东西。事物之间的关系能够把事物联系在一起,组成有意义的结构模型。每一个模型元素都有一个与之相对应的图形元素。模型元素的图形表示使 UML 的模型图形化,而图形语言的简明和直观使其成为人们建立问题模型的有力工具。

#### 1. 事物

UML 中的事物可分为结构事物、动作事物、分组事物和注释事物 4 类。这些事物是 UML 模型中面向对象的基本的建筑块,它们在模型中属于静态部分,代表物理上或概念上的元素。

1) 结构事物

结构事物共有 7 种,类、接口、协作、用例、活动类、组件和节点。各元素如图 8-10 所示。

类是对具有相同属性、方法、关系和语义的对象的抽象,一个类可以实现一个或多个接口。

接口是为类或组件提供特定服务的一组操作的集合。接口描述了类或组件的对外可见的动作。一个接口可以实现类或组件的全部动作,也可以只实现其中的一部分。

协作定义了交互操作。一些角色和其他元素一起工作,提供一些合作的动作,这些动作比元素的总和要大。一个给定的类可能是几个协作的组成部分,这些协作代表构成系统的模式的实现。

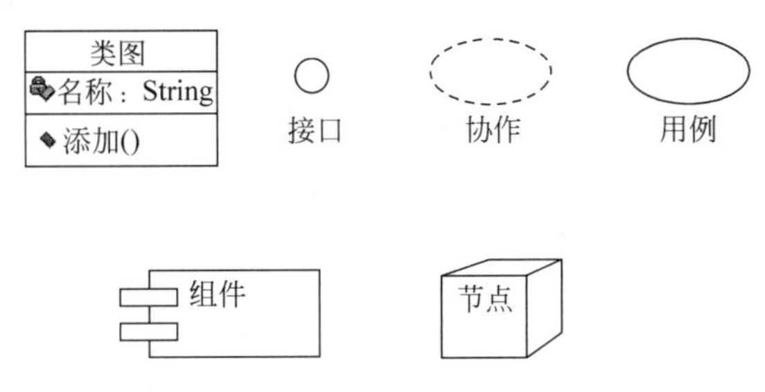


图 8-10 结构事物模型元素示例

用例用于表示系统所提供的服务，它定义了系统是如何被参与者使用的，它描述的是参与者为了使用系统所提供的某一完整功能而与系统之间发生的一段对话。

活动类是类对象有一个或多个进程或线程的类。活动类与类类似，只是它的对象代表的元素的行为和其他的元素同时存在。大部分 UML 工具中，活动类和类的表示方法相似，只是边框用粗线条。

组件是实现了一个接口集合的物理上可替换的系统部分。

节点是在运行时存在的一个物理元素，它代表一个可计算的资源，通常占用内存并具有处理能力。一个组件集合一般来说位于一个节点，但也可能从一个节点转到另一个节点。

2）动作事物

动作事物是 UML 模型中的动态部分，它们是模型的动词，代表时间和空间上的动作。交互和状态机是 UML 模型中最基本的动态元素，如图 8-11 所示。

图 8-11 动作事物模型元素示例

交互是一组对象在特定上下文中，为达到某种特定的目的而进行的一系列消息交换的动作。在交互中组成动作的对象的每个操作都要详细列出，包括消息、动作次序（消息产生的动作）、连接（对象之间的连接）。

状态机由一系列对象的状态组成。

3）分组事物

分组事物是 UML 模型中组织的部分，分组事物只有一种，称为包。包是一种将有组织的元素分组的机制，结构事物、动作事物甚至其他的分组事物都可以放在一个包中。包只存在于开发阶段，它不像组件一样可以存在运行阶段。

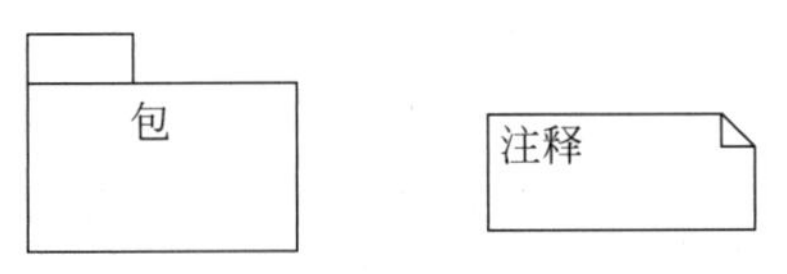


图 8-12 注释事物模型元素示例

4）注释事物

注释事物是 UML 模型的解释部分。样式如图 8-12 所示。

**2. 关系**

UML 模型是由各种事物以及事物之间的各种关系构成的。关系是指支配、协调各种模型元素相互使用的规则。UML 中主要包含 4 种关系，分别是依赖、关联、泛化和实现，如图 8-13 所示。

1）关联关系

关联关系连接元素和连接实例，它用连接两个模型元素的实线表示，在关联的两端可以

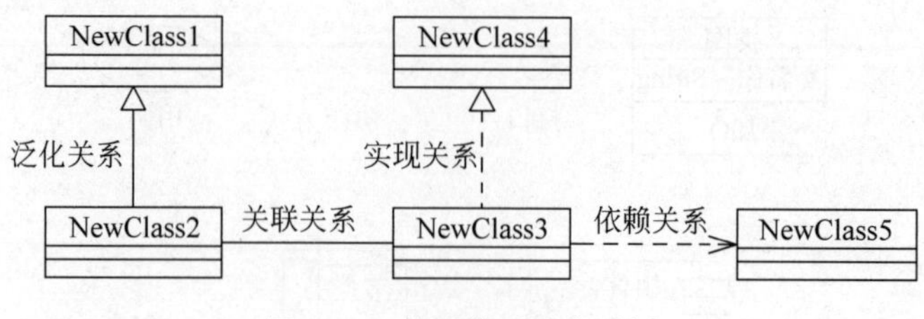


图 8-13 关系模型元素示例

标注关联双方的角色和多重性标记。

2) 依赖关系

依赖关系描述一个元素对另一个元素的依附。依赖关系用源模型指向目标模型的带箭头的虚线表示。

3) 泛化关系

泛化关系也称为继承关系,这种关系意味着一个元素是另一个元素的特例。泛化用一条带空心三角箭头的实线表示,它从表示特殊性事物的模型元素指向表示一般性事物的模型元素。

4) 实现关系

实现关系描述一个元素实现另一个元素。实现关系用一条带空心三角箭头的虚线表示,箭头从源模型指向目标模型,表示源模型元素实现目标元素模型。

### 8.2.4 通用机制

UML 语言利用通用机制为图附加一些信息,这些信息通常无法用基本的模型元素表示。常用的通用机制有修饰(Adornment)、规格说明(Specification)等。

#### 1. 修饰

在图的模型元素上添加修饰为模型元素附加一定的语义。这样,建模者就可以方便地把类型与实例区别开。

当某个元素代表一个类型时,它的名字被显示成黑体字;当用这个元素代表其对应类型的实例时,它的名字下面加下划线,同时还要指明实例的名字和类型的名字。例如,类用长方形表示,其名字用黑体字书写(例如,计算机)。如果类的名字带有下划线,它则代表该类的一个对象(例如,丁一的计算机)。对节点的修饰方式也是一样的,节点的符号既可以是用黑体字表示的类型(例如,打印机),也可以是节点类型的一个实例(丁一的 HP 打印机)。其他的修饰有对各种关系的规范说明。例如重数(Multiplicity),重数是一个数值或一个范围,它指明涉及关系的类型的实例个数。修饰紧靠着模型元素书写。在众多修饰符中还有一种修饰符比较特殊,即注释。注释是一种非常重要并且能单独存在的修饰符,它可以附加在模型元素或元素集上表示约束或注释信息。

#### 2. 规格说明

模型元素含有一些性质,这些性质以数值方式体现。一个性质用一个名字和一个值表示,又称作标记值(Tagged Value)。标记值用整数或字符串等类型详细说明。UML 中有许多预定义的性质,如文档(Documentation)、响应(Responsibility)、持续性(Persistence)和并发性(Concurrency)。性质一般作为模型元素实例的附加规格说明,例如,用一些文字逐条列举类的响应和能力。这种规范说明方式是非正式的,并且也不会直接显示在图中,但是在某些 CASE 工具中,通过双击模型元素,就可以打开含有该元素所有性质的规格说明窗口,通过该窗口就可以方便地读取信息了。

### 3. 扩展机制

UML 语言具有扩展性,因此也适用于描述某个具体的方法、组织或用户。这里介绍三种扩展机制：版型(Stereotype)、标记值(Tagged Value)和约束(Constrains)。

1) 版型

版型扩展机制是指在已有的模型元素基础上建立一种新的模型元素。版型与现有的元素相差不多,只不过比现有的元素多一些特别的语义罢了。版型与产生该版型的原始元素的使用场所是一样的。版型可以建立在所有的元素类型上,例如类、节点、组件、注释、关系(关联、通用化和依赖)。UML 语言中已经预定义了一些版型,这些预定义的版型可以直接使用,从而免去了再定义新版型的麻烦,使得 UML 语言用起来比较简单。

版型的表示方法是在元素名称旁边添加一个版型的名字。版型的名字用字符串(用双尖角括号括起来)表示。版型也可以用一个图形表示(如图标)。

版型是非常好的扩展机制,它的存在避免了 UML 语言过于复杂化,同时也使 UML 语言能够适应各种需求,很多需求的新模型元素已做成了 UML 语言的基础原型(Prototype),用户可以利用它添加新的语义后定义新的模型元素。

2) 标记值

标记值是由一对字符串组成的,这对字符串包含一个标记字符串和一个值字符串,从而用来存储有关模型元素或表达元素的相关信息。标记值可以被用来扩展 UML 构造块的特性,也可以根据需求来创建新元素。标记值可以与任何独立元素相关,包括模型元素和表达元素。标记值是当需要对一些特性进行记录的时候而给定的元素值。例如,一个标记为"图书",而值是该"图书"元素的名称,即《信息系统分析与设计》。

3) 约束

约束是对元素的限制。通过约束限定元素的用法或元素的语义。如果在几个图中都要使用某个约束,可以在工具中声明该约束,当然,也可以在图中边定义边使用。约束使用大括号和大括号内的字符串表示。约束可以附加在表元素、依赖元素或注释上。例如"{信息等待时间小于 1 分钟}"。

## 8.3 统一过程简介

RUP(Rational Unified Process,统一过程)并非是因为 UML 才诞生的。统一过程归纳和整理了很多在实践中总结出来的软件工程的最佳实践,是一个采用了面向对象思想,使用 UML 作为软件分析设计语言,并结合了项目管理、质量保证等许多软件工程知识综合而成的一个完整庞大的软件方法。

## 8.3.1 统一过程的特点

(1) 迭代式开发。在软件开发的早期阶段就想完全、准确地捕获用户的需求几乎是不可能的。实际上,我们经常遇到的问题是需求在整个软件开发工程中经常会改变。迭代式开发允许在每次迭代过程中需求可能有变化,通过不断细化来加深对问题的理解。迭代式开发不仅可以降低项目的风险,而且每个迭代过程都可以执行版本结束,可以鼓舞开发人员。

(2) 管理需求。确定系统的需求是一个连续的过程,开发人员在开发系统之前不可能完全详细地说明一个系统的真正需求。RUP 描述了如何提取、组织系统的功能和约束条件并将其文档化,用例和脚本的使用已被证明是捕获功能性需求的有效方法。

(3) 基于组件的体系结构。组件使重用成为可能,系统可以由组件组成。基于独立的、可替换的、模块化组件的体系结构有助于管理复杂性,提高重用率。RUP 描述了如何设计一个有弹性的、能适应变化的、易于理解的、有助于重用的软件体系结构。

(4) 可视化建模。RUP 往往和 UML 联系在一起,对软件系统建立可视化模型帮助人们提供管理软件复杂性的能力。RUP 告诉我们如何可视化地对软件系统建模,获取有关体系结构中组件的结构和行为信息。

(5) 验证软件质量。在 RUP 中软件质量评估不再是事后进行或单独小组进行的分离活动,而是内建于过程中的所有活动,这样可以及早发现软件中的缺陷。

(6) 控制软件变更。迭代式开发中如果没有严格的控制和协调,整个软件开发过程很快就陷入混乱之中,RUP 描述了如何控制、跟踪、监控、修改以确保成功的迭代开发。RUP 通过软件开发过程中的制品,隔离来自其他工作空间的变更,以此为每个开发人员建立安全的工作空间。

## 8.3.2 开发模型

RUP 软件开发生命周期是一个二维的软件开发模型。横轴通过时间组织,是过程展开的生命周期特征,体现开发过程的动态结构,用来描述它的术语主要包括周期(Cycle)、阶段(Phase)、迭代(Iteration)和里程碑(Milestone);纵轴以内容来组织自然的逻辑活动,体现开发过程的静态结构,用来描述它的术语主要包括活动(Activity)、产物(Artifact)、工作者(Worker)和工作流(Workflow),如图 8-14 所示。

## 8.3.3 阶段和里程碑

RUP 中的软件生命周期在时间上被分解为 4 个顺序的阶段,分别是初始阶段(Inception)、细化阶段(Elaboration)、构造阶段(Construction)和交付阶段(Transition)。每个阶段结束于一个主要的里程碑(Major Milestones);每个阶段本质上是两个里程碑之间的时间跨度。在每个阶段的结尾执行一次评估以确定这个阶段的目标是否已经满足。如果评估结果令人满意的话,可以允许项目进入下一个阶段。

### 1. 初始阶段

初始阶段的目标是为系统建立商业案例并确定项目的边界。为了达到该目的必须识别

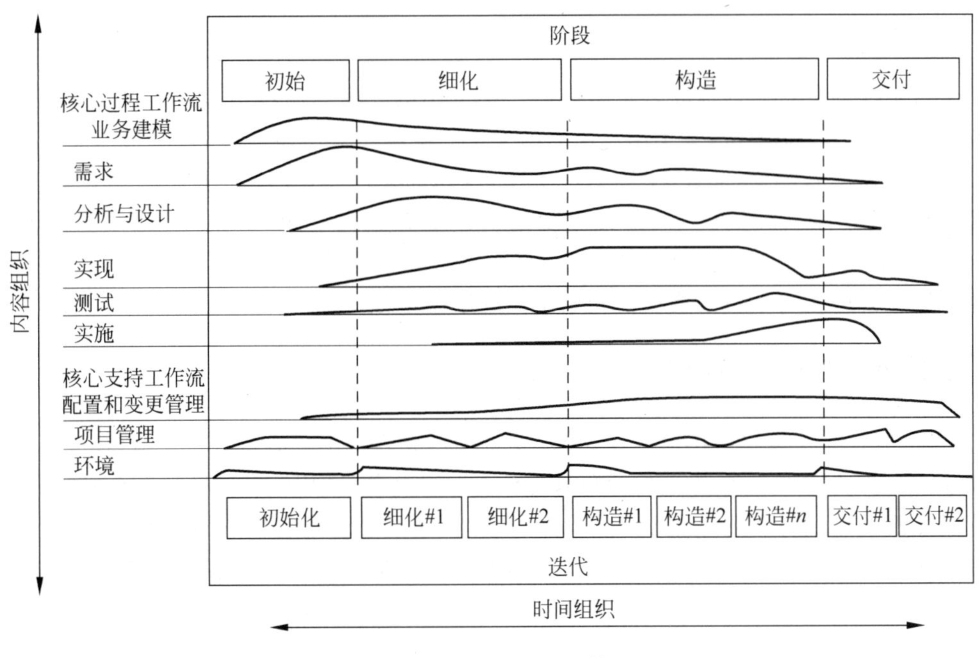


图 8-14 统一过程开发模型

所有与系统交互的外部实体，在较高层次上定义交互的特性。本阶段具有非常重要的意义，在这个阶段中所关注的是整个项目进行中的业务和需求方面的主要风险。对于建立在原有系统基础上的开发项目来讲，初始阶段可能很短。初始阶段结束时是第 1 个重要的里程碑：生命周期目标(Lifecycle Objective)里程碑。生命周期目标里程碑评价项目的基本生存能力。

### 2. 细化阶段

细化阶段的目标是分析问题领域，建立健全的体系结构基础，编制项目计划，淘汰项目中最高风险的元素。为了达到该目的，必须在理解整个系统的基础上，对体系结构做出决策，包括其范围、主要功能和诸如性能等非功能需求。同时为项目建立支持环境，包括创建开发案例，创建模板、准则并准备工具。细化阶段结束时第 2 个重要的里程碑：生命周期结构(Lifecycle Architecture)里程碑。生命周期结构里程碑为系统的结构建立了管理基准并使项目小组能够在构建阶段中进行衡量。此刻，要检验详细的系统目标和范围、结构的选择以及主要风险的解决方案。

### 3. 构造阶段

在构造阶段，所有剩余的构件和应用程序功能被开发并集成为产品，所有的功能被详细测试。从某种意义上说，构造阶段是一个制造过程，其重点放在管理资源及控制运作以优化成本、进度和质量。构造阶段结束时是第 3 个重要的里程碑：初始功能(Initial Operational)里程碑。初始功能里程碑决定了产品是否可以在测试环境中进行部署。此刻，要确定软件、环境、用户是否可以开始系统的运作。此时的产品版本也常被称为 beta 版。

#### 4. 交付阶段

交付阶段的重点是确保软件对最终用户是可用的。交付阶段可以跨越几次迭代,包括为发布做准备的产品测试,基于用户反馈的少量的调整。在生命周期的这一点上,用户反馈应主要集中在产品调整,设置、安装和可用性问题上,所有主要的结构问题应该已经在项目生命周期的早期阶段解决了。在交付阶段的终点是第 4 个里程碑:产品发布(Product Release)里程碑。此时,要确定目标是否实现,是否应该开始另一个开发周期。在一些情况下这个里程碑可能与下一个周期的初始阶段的结束重合。

### 8.3.4 核心工作流

RUP 中有 9 个核心工作流(Core Workflows),分为 6 个核心过程工作流(Core Process Workflows)和 3 个核心支持工作流(Core Supporting Workflows)。尽管 6 个核心过程工作流可能使人想起传统瀑布模型中的几个阶段,但应注意迭代过程中的阶段是完全不同的,这些工作流在整个生命周期中一次又一次被访问。9 个核心工作流在项目中轮流被使用,在每一次迭代中以不同的重点和强度重复。

#### 1. 商业建模(Business Modeling)

商业建模工作流描述了如何为新的目标组织开发一个构想,并基于这个构想在商业用例模型和商业对象模型中定义组织的过程、角色和责任。

#### 2. 需求(Requirements)

需求工作流的目标是描述系统应该做什么,并使开发人员和用户就这一描述达成共识。为了达到该目标,要对需要的功能和约束进行提取、组织、文档化;最重要的是理解系统所解决问题的定义和范围。

#### 3. 分析和设计(Analysis & Design)

分析和设计工作流将需求转化成未来系统的设计,为系统开发一个健壮的结构并调整设计使其与实现环境相匹配,优化其性能。分析设计的结果是一个设计模型和一个可选的分析模型。设计模型是源代码的抽象,由设计类和一些描述组成。设计类被组织成具有良好接口的设计包(Package)和设计子系统(Subsystem),而描述则体现了类的对象如何协同工作实现用例的功能。设计活动以体系结构设计为中心,体系结构由若干结构视图来表达,结构视图是整个设计的抽象和简化,该视图中省略了一些细节,使重要的特点体现得更加清晰。体系结构不仅仅是良好设计模型的承载媒介,而且在系统的开发中能提高被创建模型的质量。

#### 4. 实现(Implementation)

实现工作流的目的包括以层次化的子系统形式定义代码的组织结构;以组件的形式(源文件、二进制文件、可执行文件)实现类和对象;将开发出的组件作为单元进行测试以及集成由单个开发者(或小组)所产生的结果,使其成为可执行的系统。

### 5. 测试(Test)

测试工作流要验证对象间的交互作用,验证软件中所有组件的正确集成,检验所有的需求已被正确地实现,识别并确认缺陷在软件部署之前被提出并处理。RUP 提出了迭代的方法,意味着在整个项目中进行测试,从而尽可能早地发现缺陷,从根本上降低了修改缺陷的成本。测试类似于三维模型,分别从可靠性、功能性和系统性能来进行。

### 6. 部署(Deployment)

部署工作流的目的是成功地生成版本并将软件分发给最终用户。部署工作流描述了那些与确保软件产品对最终用户具有可用性相关的活动,包括:软件打包、生成软件本身以外的产品、安装软件、为用户提供帮助。在有些情况下,还可能包括计划和进行 beta 测试版、移植现有的软件和数据以及正式验收。

### 7. 配置和变更管理(Configuration & Change Management)

配置和变更管理工作流描绘了如何在多个成员组成的项目中控制大量的产物。配置和变更管理工作流提供了准则来管理演化系统中的多个变体,跟踪软件创建过程中的版本。工作流描述了如何管理并行开发、分布式开发、如何自动化创建工程。同时也阐述了对产品修改原因、时间、人员保持审计记录。

### 8. 项目管理(Project Management)

软件项目管理平衡各种可能产生冲突的目标,管理风险,克服各种约束并成功交付使用户满意的产品。其目标包括:为项目的管理提供框架,为计划、人员配备、执行和监控项目提供实用的准则,为管理风险提供框架等。

### 9. 环境(Environment)

环境工作流的目的是向软件开发组织提供软件开发环境,包括过程和工具。环境工作流集中于配置项目过程中所需要的活动,同样也支持开发项目规范的活动,提供了逐步的指导手册并介绍了如何在组织中实现过程。

# 8.4 Rational Rose 介绍

## 8.4.1 Rational Rose 发展历史

Rational Rose 是 Rational 公司设计开发的一种可视化建模工具。对 UML 的创建具有特殊意义的 Grady Booch、Jim Rumbaugh 和 Ivar Jacobson 都曾在 Rational 公司担任首席工程师,这就意味着在 UML 形成之初,Rational 公司就占尽优势。当 UML 成为业界标准的时候,Rational Rose 也就成了支持这一业界标准的标准工具。

在前面介绍 UML 的发展历史时也提到过,在各种方法出现以前,人们为了支持这种新的面向对象建模技术,各个厂家根据自己的方法论创建了各种各样的建模工具。而

Rational 同样也是这样,支持先进的软件工程技术是 Rational 早期软件开发规划产品的最重要理论。Rational 首先支持的是在前面提到的 Grady Booch 创建的 Booch 方法。Booch 方法根据实际应用的结果不断进行改进,Rose 不仅支持 Booch93 的面向对象方法的方法论,还支持 OMT 方法,Booch93 和 OMT 是目前软件工程开发领域拥有最多使用者的面向对象分析与设计方法。自 1994 年 Jim Rumbaugh 加入到 Rational 后,即与 Booch 共同努力于融合两种方法的优点。Rose 同时还参考其他方法论,如 Ivar Jacobson 的面向对象方法论。最终在这三个人的努力下 UML 成了业界标准。Rational Rose 软件也就成为支持这一业界标准的标准工具了。

在 Rational 与 IBM 合并之前,Rational Rose 发布的每一版本都会包括以下三种工具。

Rose Modeler:仅仅用于创建系统模型,但是不支持代码生成和逆向工程。

Rose Professional:可以创建系统模型,包含了 Rose Modeler 的功能,并且还可以使用一种语言来进行代码生成。

Rose Enterprise:Rose 的企业版工具,支持前面 Rose 工具的所有功能,并且支持各种语言,包括 C++,Java,Ada,CORBA,Visual Basic,COM 等,还包括对 XML 的支持。

2002 年,Rational 推出了 Rational XDE 软件,并且为当时出现的编程技术 Java 和 Microsoft .NET 提供了一个可扩展的开发环境。

## 8.4.2 Rational Rose 对 UML 的支持

Rational Rose 建模工具能够为 UML 提供很好的支持,可以从以下 6 个方面进行说明。

### 1. Rational Rose 提供基本的绘图功能

为 UML 提供了基本的绘图功能是 Rational Rose 作为一个建模语言工具的基础。Rational Rose 提供了众多的绘图元素,形象化的绘图支持使得绘制 UML 图形变得轻松有趣。Rational Rose 工具不仅对 UML 的各种图中元素的选择、放置、连接以及定义提供了卓越的机制,还提供了用于支持和辅助建模人员绘制正确的图机制。Rational Rose 工具能够“理解”图中各种元素的语义信息,当图中的一个元素用法不当或一个特定操作与其他的操作不一致的时候,Rational Rose 就会向用户发出一条警告信息。Rational Rose 同时也提供了对 UML 的各种图的布局设计的支持,包括允许建模人员重新排列各种元素,并且自动重新排列那些表示消息的直线,以便后者互不交错。

### 2. Rational Rose 提供模型库

Rational Rose 的支持工具维护着一个模型库,这个模型库相当于一个数据库,该数据库中包含模型中使用的各种元素的信息,而不管这些信息是来自哪个图。

Rational Rose 通用模型库提供了一个包含来自所有图(这些图是为了确保模型的一致性而必须存在的)的全部信息的模型库,并且该模型库使通用工具能够进行文档化和重用。借助于模型库提供的支持,Rational Rose 建模工具可以执行以下几项任务。

1) 非一致性检查

如果某个元素在一个图中的用法与其他图中的不一致,那么 Rational Rose 就会提出警告或禁止这种行为,当删除某个模型元素的时候,在所有的图中这个模型元素都会被删除。

相反，当某个图中删除某个元素的时候，只是删除在该图中使用的这个元素，不会在所有图中删除该元素。

2）审查功能

利用 Rational Rose 模型库中的信息，可以通过 Rational Rose 提供的相关功能对模型进行审查，指出那些还未明确定义的部分，或者对模型应用试探性的探索方法显示出那些可能的错误或不合适的解决方案。

3）报告功能

Rational Rose 可以通过相关功能产生关于模型元素或图的相关报告，例如可以选择 Report|Show Usage 命令来报告在图中的某个模型元素的使用情况。

4）重用建模元素和图功能

Rational Rose 支持模型元素和图的重用，这样在一个项目中创建的建模方案或部分方案可以很容易地被另一个项目的建模方案或部分方案重用。

### 3. Rational Rose 提供导航功能

在使用多个视图或图来共同描述一个解决方案的时候，允许用户在这些视图或图中进行导航，这是很重要的，因为这样可以避免不必要的麻烦，为使用者带来很大的方便。导航功能不仅适用于各种模型的系统，而且能够便于浏览。在 Rational Rose 中，不仅允许用户方便地浏览不同的图，并且可以执行搜索某个模型元素的操作。

在 Rational Rose 的每个模型元素中都具有关于这个模型元素的一些超链接信息，这些信息在图上通常是看不到的，只能通过 UML 工具来访问它们。可以通过 Rational Rose 提供的一些功能来访问这些信息，例如当用户右击某个模型时，快捷菜单中将列举出一些常用操作，并且为用户提供相关功能的导航操作。另外，Rational Rose 允许用户对包进行展开操作并查看整个包的内容，以及对包进行折叠操作，以便查看其周围的包。

在 Rational Rose 中也提供了一些功能来处理复杂的图，如 ref、par 等，通过这些功能可以分离出或突出显示用户对该图感兴趣的某些方面，并且还能够对图中的某些部分进行细化。

### 4. Rational Rose 提供代码生成功能

Rational Rose 的代码生成功能可以针对不同类型的目标语言生产相应的代码，这些目标语言包括 C++、Ada、Java、CORBA、Oracle、Visual Basic 等。这种有 Rational Rose 的工具生成的代码通常是一些静态信息，例如类的相关信息，包括类的属性和操作，但是类的操作通常只有方法的声明信息，而包含实际代码的方法体通常是空白的，需要由编程人员自己来填补。

### 5. Rational Rose 提供逆向工程功能

逆向工程与代码生成功能正好相反。利用逆向工程功能，Rational Rose 可以通过读取用户编写的相关代码，在进行分析以后生成显示用户代码结构的相关 UML 图。一般来说，根据代码的信息只能创建出静态结构图，如类图，然后依据代码中的信息列举出类的名称、类的属性和相关操作。但是从代码中无法提取详细的动态信息。

利用逆向工程的一项很大好处就是可以对那些购买的未知代码、手工编写的代码或利用代码生成器功能产生的代码进行逆向生成,并将生成的相关 UML 图提供给用户进行鉴别。当对那些未知代码进行逆向工程操作时,未知代码的结构对结果将产生很大影响,如果代码的结构良好就会产生很好的 UML 图形,但是如果这些代码的结构不好,复杂的 UML 图形则会变得让人非常头痛,因为那些没有进行很好组织的代码一旦经过逆向工程操作则必然原形毕露。人们在购买未知代码或类库时,对其使用逆向工程操作,从而得到一个代表该代码或类库的整体概括图,这对于理解这些代码是非常有帮助的。

**6. Rational Rose 提供模型互换功能**

当利用不同的建模工具进行建模的时候,常常遇到这样一种情况:在一种建模工具中创建了模型并将其输出后,接着想在另外一种建模工具中将其导入,由于各种建模工具之间提供了不同的保存格式,这就造成了导入往往是不可能实现的。为了实现这种功能,一个必要的条件就是在两种不同的工具之间采用一种用于存储和共享模型的标准格式。XML 元数据交换(XML Metadata Interchange,XML)模式就为 UML 提供了这种用于存储和共享模型的标准。XML 模式定义了模型对象的标准格式,并为建模人员提供了一种共享对象复杂信息的工具。XML 是一种依赖着 XML 的文件格式并将 XML 作为其共享数据的机制,不仅提供一种信息的交流方式,同时也提供关于该信息的结构,即元数据的交流方式。OMG 组织已经定义了一个 XML 规范,以便用 XML 来表达各种模型,这将使人们得以利用已经定义的通用方式保存和交换 UML 文件。

## 8.4.3 Rational Rose 的 4 种视图模型

使用 Rational Rose 建立的 Rose 模型中分别包括 4 种视图,分别是用例视图(Use Case View)、逻辑视图(Logical View)、构件视图(Component View)和部署视图(Deployment View)。在 Rational Rose 中创建一个工程的时候就会自动包括这 4 种视图,如图 8-15 所示。

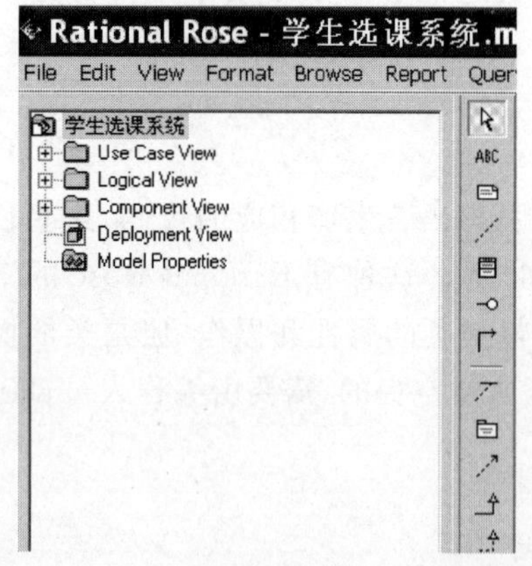


图 8-15 Rational Rose 4 种视图

**1. 用例视图**

在用例视图中包括了系统中的所有参与者、用例和用例图,必要时还可以在用例图中添加顺序图、协作图、活动图和类图等。用例视图与系统中的实现是不相关的,它关注的是系统功能的高层抽象,适合于对系统进行分析和获取需求,而不关注于系统的具体实现方法。

1) 包(Package)

包是在用例视图和其他视图中最通用的模型元素组的表达形式。使用包可以将不同的功能进行区分。但是在大多数情况下,在用例视图中使用包的功能很少,基本上不用。这是因为用例图基本上是用来获取需求的,这些功能集中在一个或几个用例图中才能更好地进行把握,而一个或几个用例图通常不需要使用包来划分。

如果需要对很多的用例图进行组织，这个时候可使用包的功能。在用例视图的包中，可以再次创建用例视图内允许的所有图形。事实上也可以将用例视图看成是一个包。

2）用例（Use Case）

用例用来表示在系统中所提供的各种服务，它定义了系统是如何被参与者所使用的，它描述的是参与者为了使用系统提供的某一完整功能而与系统之间发生的一段对话。在用例中可以再创建各种图，包括协作图、序列图、类图、用例图、状态图和活动图等。

3）参与者（Actor）

参与者是指存在于被定义系统外部并与该系统发生交互的人或其他系统，参与者代表了系统的使用者或使用环境。在参与者中可以创建参与者的属性（Attribute）、操作（Operation）、嵌套类（Nested Class）、状态图（Statechart Diagram）和活动图（Activity Diagram）等。

4）类（Class）

类是对某个或某些对象的定义。它包含相关对象动作方面的信息，包括它的名称、方法、属性和事件。在用例视图中可以直接创建类。在类的下面也可以创建其他的模型元素，包括类的属性（Attribute）、类的操作（Operation）、嵌套类（Nested Class）、状态图（Statechart Diagram）和活动图（Activity Diagram）等。

5）用例图（Use Case Diagram）

在用例视图中，用例图显示了各个参与者、用例以及它们之间的交互。在用例图下可以连接用例图相关的文件和 URL 地址。

6）类图（Class Diagram）

在用例视图下允许创建类图。类图提供了结构图类型的一个主要实例，并提供一组记号元素的初始集，以供其他结构图使用。在用例视图中，类图主要提供各种参与者和用例中的对象的细节信息。与用例图相同，在类图下也可以创建连接类图的相关文件和 URL 地址。

7）协作图（Collaboration Diagram）

在用例视图下也允许创建协作图来表达各种参与者与用例直接的交互协作关系。与用例图相同，在协作图下也可以创建连接协作图的相关文件和 URL 地址。

8）序列图（Sequence Diagram）

在用例视图下也允许创建序列图，序列图用于表达各种参与者和用例之间的交互序列关系。在序列图下也可以创建链接序列图的相关文件和 URL 地址。

9）状态图

在用例视图下，状态图主要用来表达各种参与者或类的状态之间的转换。在状态图下也可以创建各种元素，包括状态、开始状态、结束状态以及连接状态图的文件和 URL 地址等。

10）活动图（Activity Diagram）

在用例视图下，活动图主要用来表达参与者的各种活动之间的转换。同样，在活动图下也可以创建各种元素，包括状态（State）、活动（Activity）、开始状态（Start State）、结束状态（End State）、泳道（Swimlane）和对象（Object）等，以及包括连接活动图的相关文件和 URL 地址。

11) 文件(File)

文件是指能够连接到用例视图中的一些外部文件。它可以是详细介绍使用用例视图的各种信息,甚至包括错误处理等信息。

12) URL地址(URL)

URL是指能够连接到用例视图的一些外部URL地址。这些地址用于介绍用例视图的相关信息。

在项目开始的时候,项目开发小组可以选择用例视图来进行业务分析、确定业务功能模型、完成系统的用例模型。客户、系统分析人员和系统的管理人员根据系统的用例模型和相关文档来确定系统的高层视图。一旦客户同意了用例模型的分析,就可以确定系统的范围,然后在逻辑视图(Logical View)中继续进行开发。

### 2. 逻辑视图

逻辑视图关注于系统如何实现用例中所描述的功能,主要是对系统功能性需求提供支持,即在为用户提供服务方面系统所应该提供的功能。在逻辑视图中,用户将系统更加仔细地分解为一系列的关键抽象,将这些大多数来自于问题域的事物通过采用抽象、封装和继承的原理,使之表现为对象或对象类的形式,借助于类图和类模板等手段提供系统的详细设计模型图。类图用来显示一个类的集合和它们的逻辑关系:关联、使用、组合、继承等。相似的类可以划分为类集合。类模板关注于单个类,它们强调主要的类操作,并且识别关键的对象特征。如果需要定义对象的内部行为,则使用状态转换图或状态图来完成。公共机制或服务可以在工具类中定义。对于数据驱动程度高的应用程序,可以使用其他形式的逻辑视图(如E-R图)来代替面向对象的方法。

在逻辑视图下的模型元素可以包括类、类工具、用例、接口、类图、用例图、协作图、顺序图、活动图和状态图等。充分利用这些细节元素,系统建模人员可以构造出系统的详细设计内容。

1) 类(Class)

在逻辑视图中主要是对抽象出来的类进行详细定义,包括确定类的名称、方法和属性。系统的参与者在这个地方也可以作为一个类存在。在类下还可以创建其他的模型元素,这些模型元素包括类的属性(Attribute)、类的操作(Operation)、嵌套类(Nested Class)、状态图(Statechart Diagram)和活动图(Activity Diagram)等,与前面在用例视图中创建的信息相同。

2) 工具类(Class Utility)

工具类仍然是类的一种,是对公共机制或服务的定义,通常存放一些静态的全局变量,从而方便其他类对这些信息进行访问。在工具类下也可以像类一样创建工具类的属性(Attribute)、操作(Operation)、嵌套类(Nested Class)、状态图(Statechart Diagram)和活动图(Activity Diagram)等信息。

3) 用例(Use Case)

在逻辑视图中仍然可以存在用例,目的是围绕用例添加各种图,从而详细描述该用例。在用例中也可以再创建各种图,包括协作图、序列图、类图、用例图、状态图和活动图等。

4) 接口(Interface)

接口和类不同,类可以有它的真实实例,然而一个接口必须至少由一个类来实现它。接口和类相同的是：在接口中可以创建接口的属性（Attribute）、操作（Operation）、嵌套类（Nested Class）、状态图（Statechart Diagram）和活动图（Activity Diagram）等。

5）包（Package）

使用包可以将逻辑视图中的各种 UML 图或模型元素按照某种规则进行划分。在逻辑视图的包下仍然可以创建各种图和模型元素。

6）类图（Class Diagram）

类图用于浏览系统中的各种类、类的属性、操作以及类与类之间的关系。类图在建模的过程中是一个非常重要的概念，至少存在两个必须了解类图的重要理由：一是它能够显示系统分类的静态结构，系统分类器是类、接口、数据类型和构件的统称；而类图为 UML 描述的其他结构图提供了基本标记功能。

7）用例图（Class Case Diagram）

在逻辑视图中也可以创建用例图，其功能和在用例视图中介绍的一样，只是放在不同的视图区域中了。与在用例视图下相同，在用例图下也可以创建连接用例图的相关文件和 URL 地址。

8）协作图（Collaboration Diagram）

协作图主要用于按照各种类或对象交互发生的一系列协作关系显示这些类或对象之间的交互。协作图中可以有对象和主角实例，以及描述它们之间关系和交互的连接和消息。通过说明对象间如何通过互相发送消息来实现通信，协作图描述了参与的对象中发生的情况。可以为用例事件流的每一个变化形式制作一个协作图。

9）序列图（Sequence Diagram）

序列图主要用于按照各种类或对象交互发生的一系列顺序显示各种类或对象直接的交互。

10）状态图（Statechart Diagram）

状态图主要用于描述各个对象自身所处状态的转换，用于对模型元素的动态行为进行建模，更具体地说，就是对系统行为中受事件驱动的方面进行建模。

11）活动图（Activity Diagram）

在一个活动图中包括的元素有活动状态、活动的转移、活动决策、同步连接等。

12）文件（File）

File 是指能够连接到逻辑视图中的一些外部文件，用来详细介绍使用逻辑视图的相关信息。

13）URL 地址（URL）

URL 是指能够连接到逻辑视图的一些外部 URL 地址。这些地址用于介绍逻辑视图的相关信息。

### 3. 构件视图

构件视图用来描述系统中各个实现模块以及它们之间的依赖关系。构件视图包括模型代码库、执行文件、运行库和其他构件的信息，但是按照内容来划分构件视图时，其主要由包、构件和构件图构成：包括与构件相关的组；构件是不同类型的代码模块，它是构造应用的软件单元，构件可以包括源代码构件、二进制代码构件以及可执行构件等。在构件视图中也可以添加构件的其他信息,构件图用于显示构件及其之间的关系,构件视图主要由构件图构成。一个构件图可以表示一个系统全部或者部分的构件体系。从组织内容来看,构件图显示了软件构件的组织情况以及这些构件之间的依赖关系。

1) 包

包在构件视图中仍然担当的是划分的功能。使用包可以将构件视图中的各种构件划分,不同功能的构件可以放置到不同的逻辑视图的包中。在将构件放置在某个包中的时候,需要认真考虑包与包之间的划分关系,这样才能达到在以后的开发程序中的重要目的。

2) 构件

构件图中最重要的模型要素就是构件,构件是系统中实际存在的可更换部分,它实现特定的功能,符合一套接口标准并实现一组接口。构件代表系统中的一部分物理实施,包括软件代码(源代码、二进制代码或可执行代码)或其等价物(如脚本或命令文件)。构件使用一个带有标签的矩形来表示。在构件下可以创建连接构件的相关文件和 URL 地址。

3) 构件图

构件图的主要目的是显示系统构件间的结构关系。在 UML 1.1 中一个构件表现了实施项目,如文件和可运行的程序。但是同时,构件通常和 COM 构件这些更为普遍的指代相冲突。随着时间的推移及 UML 连续版本的发布,UML 构件已经失去了最初的绝大部分含义。在 UML 2.0 中构件正式改变了原本概念的一些本质意思,它被认为是在一个或多个系统或子系统中能够独立地提供一个或多个接口的封装单位。在构件图下也可创建连接构件的相关文件和 URL 地址。

4) 文件(File)

File 是指能够连接到构件视图中的一些外部文件,用来详细介绍使用构件视图的相关信息。

5) URL 地址(URL)

URL 是指能够连接到构件视图的一些外部 URL 地址。这些地址用于介绍构件视图的相关信息。

在以构件为基础的开发中,构件视图为构件设计师提供一个为解决方案建模的自然形式。构件视图允许架构设计师验证系统的必需功能是由构件实现的,这样确保了最终系统将会被接受。除此之外,构件视图在不同的小组的交流中还担当交流工具的作用。对于项目负责人来说,构件视图将系统的各种实现连接起来的时候,构件视图能够展示对将要被建立的整个系统的早期理解。对于开发者来说,构件视图提供了将要建立的系统的高层次的架构视图,这将帮助开发者开始建立实现的路标,并决定关于任务分配及增进需求技能。对于系统管理员来说,他们可以获得将运行于他们系统上的逻辑软件构件的早期视图。

#### 4. 部署视图

与系统的逻辑结构不同,部署视图显示的是系统的实际部署情况,它是为了便于理解系统如何在一组处理节点上的物理分布而在分析和设计中使用的框架视图。在系统中只包含一个部署视图,用来说明各种处理活动在系统各节点的分布。但是这个部署视图可以在每次迭代过程中都加以改进。部署视图中的进程、处理器和设备等。进程是在自己的内存空间中执行的线程；处理器是任何有处理功能的机器，一个进程可以在一个或多个处理器上运行；设备是指任何没有处理功能的机器。

1）处理器

处理器是指任何有处理功能的节点。节点是各种计算资源的通用名称，包括处理器和设备两种类型。在每一个处理器中允许部署一个或几个进程，并且在处理器中可以创建进程，它们是拥有自己内存空间的线程。线程是进程中的实体，一个进程可以拥有多个线程，一个线程必须有一个父进程。线程不拥有系统资源，它与父进程的其他线程共享该进程所拥有的全部资源。线程可以创建和撤销，从而实现程序的并发执行。

2）设备

设备是指任何没有处理功能的节点，例如打印机。

3）文件(File)

File 是指能够连接到部署视图中的一些外部文件，用来详细介绍使用部署视图的相关信息。

4）URL 地址(URL)

URL 是指能够连接到部署视图的一些外部 URL 地址。这些地址用于介绍部署视图的相关信息。

部署视图考虑的是整个解决方案的实际部署情况，所描述的是在当前系统结构中所存在的设备、执行环境和软件运行的体系结构，它是对系统拓扑结构的最终物理描述。系统的拓扑结构描述了所有的硬件单元，以及在每个硬件单元上执行的软件结构。在这样的一种体系结构中可以通过部署视图查看拓扑结构中的任何一个特定节点，了解正在该节点上组件的执行情况、该组件中包含了哪些逻辑元素(例如类、对象、协作等)，并且最终能够从这些元素追溯到系统初始的需求分析阶段。

### 8.4.4 Rational Rose 的其他技术

Rational Rose 作为一种很强大的 UML 建模工具，不仅通过视图建立不同详细程度的模型，从而对 UML 提供非常好的支持，而且还提供了一些其他的技术来完善软件开发，其中 Rational Rose 使用模型生成代码、使用逆向工程从代码生成模型以及对 XML 的支持都是一些很重要的技术，这些同时也是 Rational Rose 被称为强大和堪称真正的建模工具的理由之一。

Rational Rose 可以进行代码生成以及逆向工程：代码生成能够使在 Rational Rose 中设计的解决方案的架构信息在一开始就转换为相关目标语言的代码，这样就不需要再重新创建这些代码了；逆向工程使所创建的代码逆向转换为对应的模型，能够使设计者或程序员把握系统的静态结构，并且帮助程序员编写良好的代码。

#### 1. 代码生成

使用 Rational Rose 生成代码时可以通过以下 4 个步骤进行。

1）选择带转换的目标模型

在 Rational Rose 中打开已经设计好的目标图形，选择需要转换的类、构件或包。使用

Rational Rose 生成代码一次可以生成一个类、一个构件或一个包,通常在逻辑视图的类图中选择相关的类,在逻辑视图或构件视图中选择相关的包或构件选择相应的包后,在这个包下的所有的类模型都会转化成目标代码。

2) 检查 Java 语言的语法错误

Rational Rose 拥有独立于各种语言之外的模型检查功能,通过该功能能够在代码生成以前保持模型的一致性。在生成代码前最好进行一下模型检查,发现模型中的错误和不一致性,使代码能够正确生成。

可以通过选择 Tools|Check Model 命令来检查模型的正确性。

3) 设置代码生成属性

在 Rational Rose 中可以对类、类的属性、操作、构件和其他一些元素设置一些代码生成属性。通常 Rational Rose 提供默认的设置。可以通过选择 Tools|Options 命令来自定义设置这些代码的生成属性。

4) 生成代码

在使用 Rational Rose Professional 或 Rational Rose Enterprise 版本进行代码生成之前,一般来说需要将一个包或组件映射到一个 Rational Rose 的路径目录中指定生成路径。可以通过选择 Tools|Java/J2EE|Project Specification 命令进行设置项目的生成路径,在工具栏中选择项目规范(Project Specification)。

在设定完成路径后可以通过在工具栏中选择 Tools|Java/J2EE|Generate Code 命令来进行代码生成。

**2. 逆向工程**

在 Rational Rose 中可以通过收集有关类、类的属性、类的操作、类与类之间的关系以及包和构件等静态信息,将这些信息转化成为对应的模型,并在相应的图中显示出来。Rational Rose 除了能够将代码直接转换成类图以外,还能够通过代码间的关系转换成相关图形,从而表达类与类之间的关系。

一系列关于 XML 的技术表明,XML 已经成为数据交换标准的主流。除了考虑各种数据进行交换以外,还考虑将 XML 应用到程序的设计当中,即许多组织希望将 XML 应用程序的设计与他们的其他应用程序设计结合起来,并采用一种或一组通用的工具进行它们之间的交换,其中对程序的建模工具也考虑到了这一点。XML 元数据交换模式就是为 UML 提供了这种用于存储和共享模型的标准,它为建模人员提供了一种共享复杂信息的工具。Rational Rose 同时也提供了对 XML 的支持,即 XML_DTD。通过它可以将模型导出为 XML 的文件格式,并作为在其他建模中共享信息的一种交流方式。在创建 XML 文件的时候,需要对 UML 和 XML 之间的数据映射有较好把握,这需要建立在对 XML 和 UML 数据建模技术熟练的基础之上。

## 习题

8.1 简述 UML 的起源和发展。

8.2 UML 从哪几个抽象层次上进行描述?

8.3 UML 由哪几部分构成？

8.4 简述 UML 中常用的几种图。

8.5 UML 都包括哪些模型元素？

8.6 什么是统一过程(RUP)，它具有哪些特点？

8.7 简述 Rational Rose 建模工具对 UML 有哪些支持。

# 第9章 面向对象分析

## 9.1 面向对象分析介绍

### 9.1.1 面向对象分析概念

面向对象技术最早是用于程序设计的一种技术，进入 20 世纪 90 年代后逐渐从程序设计转向系统分析和设计。

面向对象分析(Object Oriented Analysis，OOA)就是利用面向对象的方法进行需求分析。OOA 的基本任务是运用面向对象方法，对问题域和系统责任进行分解和理解，对其中的事物和它们之间的关系产生正确的认识，找出描述问题域及系统责任所需的类及对象，定义这些类和对象的属性与服务，以及它们之间所形成的结构、静态联系和动态联系。OOA 的最终目的是产生一个符合用户需求，并能够直接反映问题域和系统责任的 OOA 模型及其详细说明。

面向对象分析经常用到的概念包括以下几种。

**1. 问题域(Problem Domain)和系统责任(System Responsibilities)**

问题域是指开发系统的应用领域，即在现实世界中由这个系统进行处理的业务范围。系统责任即所开发系统应该具备的职能。二者有很大的重合，但不一定完全相同。如图 9-1 所示。

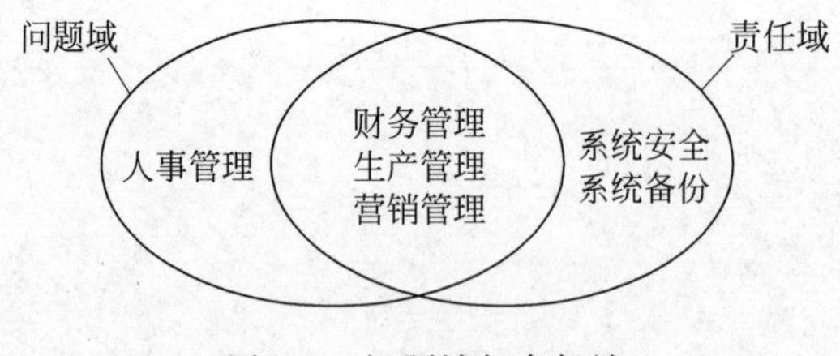


图 9-1　问题域与责任域

**2. 系统边界(System Border)**

系统边界是指一个系统所包含的所有系统成分与系统以外各种事物的分界线。这里所说的系统是指被开发的计算机软硬件系统，而不是泛指问题域的全部事物所构成的现实系统。问题域的某些事物(例如使用系统的人员)将被看成是位于系统边界之外，与系统进行交互的参与者。系统成分是指那些在OOA和OOD中定义并且在编辑时加以实现的系统元素。在面向对象的开发中，这些元素就是在OOA和OOD的类图中定义，并且编程时实现的那些类和对象。有些因素（例如与系统进行交互的人或其他事物）尽管需要分析员去认识，或者以某种方式加以描述（例如有些OOA方法建议把参与者也用一个类来描述），但它只是起到以启发分析员认识和定义某些系统成分的作用，它本身并不需要用程序中的某种成分来实现。另外，系统的范围多大与开发者的责任有关。

#### 3. 参与者（Actor）

参与者（Actor）指在系统之外（透过系统世界）与系统进行交互的任何事物。只有全面地考查系统与边界以外的各种事物的交互情况才能全面了解系统对外部世界所发挥的作用。与系统进行交互的事物往往不局限于人员，还可能包括一些设备和与当前系统相关联的其他系统。最常见的参与者有人员（例如系统操作员或系统的直接服务对象）、设备（例如在实时监控系统中向系统提供信息的采集器，或在生产自动化系统中由系统控制运行的数控机床）和外系统（例如当前系统的子系统、上级系统或任何与它相关联的其他系统）。

### 9.1.2　系统分析面临的主要问题

在系统分析工作中经常会面临一些问题，其中包括以下几点。

#### 1. 问题域与系统责任

对问题域和系统责任进行深入的调查研究，产生准确透彻的理解是成功开发一个系统的首要前提，也是分析工作的第一个难点。这项工作困难的主要原因是：软件专业出身的分析人员，他们多半不是问题域专家。即使他们为某个领域开发过一两个系统，当他们面临新的领域时也仍然是外行。但是分析工作要求他们在不长时间内掌握问题域的基本情况和关键问题。问题域专家可以协助或参与分析工作，他们多半不是软件专家，他们的领域知识与系统开发的要求有很大距离（这个距离的大小在很大程度上与采用什么分析方法有关）。

分析员对问题域的理解往往需要比这个领域的工作人员更加深入和准确。许多工作人员长期从事某一领域的业务，却很少考虑他们司空见惯的事物所包含的信息和行为，以及它们如何构成一个有机的系统。分析员则必须透彻地了解这些。许多系统的开发并不局限于简单地模拟问题域并用自动化代替人工操作，而需充分发挥计算机处理的优势，对现实系统的运作方式进行改造，这需要系统分析员具有比领域专家更高明的见解。

当今系统所面临的问题域比以往更为广阔和复杂，系统比以往更为庞大。计算机硬件性能的提高和价格的下降，使人们把越来越多、越来越复杂的问题域交给计算机解决。软件的发展也使编程效率不断提高。相对而言，问题域和系统责任的复杂化对需求分析的压力比其他开发阶段更为巨大。

#### 2. 交流问题

人与人之间的交流是分析工作面临的另一个重要问题。分析人员与其他人员的交流包括以下几个方面。

(1) 与用户和领域专家的交流——为了了解用户的需求和理解问题域。

(2) 分析人员之间的交流——为了分工、合作、问题切磋和系统衔接。

(3) 与用户和领域专家的再交流——为了检验用户需求和问题域的理解是否正确；为了帮助用户更改或放弃某些需求，或改进现实系统的某些运作制度。

(4) 与设计人员交流——工作交接，这种交流主要通过分析文档来表达，也不排除口头的说明和相互讨论。

(5) 管理人员的交流——工作的审核、认可、进度检查、计划调整等。

**3. 需求的不断变化**

需求变化是在大多数项目中司空见惯的事。需求变化最常见的起因多半来自用户，客观原因是问题域本身在系统开发过程中发生了变化；主观原因是用户在立项的开始可能对需求提法不完全或不恰当，他们随着系统的开发而逐渐成熟，常常补充或更改早期提出的需求。竞争因素也是引起变化的原因，为了有利于竞争，可能要为系统增加某些需求，也可能为降低成本，加快开发而削减某些需求。另外还有经费因素，技术因素等。

**4. 复用的要求**

软件复用是提高软件开发效率，改善软件质量的重要途径。20 世纪 80 年代中期以前的软件复用主要着眼于程序(包括源程序和可执行程序)的复用。到 20 世纪 80 年代末期，人们已开始提出对软件复用的广义理解，注意到分析结果和设计结果的复用将产生更显著的效果。分析结果的复用是把已有的分析模型中的成分组织成可复用的构件，以便在进行相同的或相似领域的新系统的分析时复用；此外，还可以在把一个老系统改造为基于新的软硬件支持的新系统时尽量地复用旧的分析结果。

这些问题的出现给分析方法的选择提出了更高的要求。要求分析方法采用与问题域一致的概念、术语及系统成分，产生一个较好的映射问题域、准确反映系统责任的系统模型；要求分析方法使用与问题域一致的概念及术语，尽可能体现人类的日常思维方式，使各类人员具有共同语言。要求分析方法把系统中最容易变化的因素隔离起来，并使系统的各个单元之间接口尽可能少；要求系统模型的基本成分具有完整性(能完整地对应问题域中的事物)和独立性(与其他成分接口尽量少)。

面向对象分析方法的出现，成功地解决了这些问题。在接下来的章节中将介绍是如何利用面向对象分析方法解决这些问题的。

## 9.1.3 OOA 方法的主要原则

**1. 抽象**

抽象是指从许多事物中舍弃掉个别的、非本质的特征，抽取出共同的、本质性的特征。抽象是形成概念的必需手段。

对于分析而言，抽象原则有两方面的意义。第一，尽管问题域中的事物是很复杂的，但是分析员并不需要了解和描述它们的一切，只需要分析研究其中与系统目标有关的事物及其本质性特征。第二，通过舍弃个体事物在细节上的差异，抽取其共同特征而得到一批事物的抽象概念。

抽象是面向对象方法中使用最为广泛的原则。抽象原则包括过程抽象和数据抽象两个方面。过程抽象是指任何一个完成确定功能的操作序列，其使用者都可以把它看作一个单一的实体，尽管实际上它可能是由一系列更低级的操作完成。数据抽象是根据施加于数据之上的操作来定义数据类型，并限定数据的值只能由这些操作来修改和观察。数据抽象是OOA的核心原则。它强调把数据（属性）和操作（服务）结合为一个不可分的系统单位（即对象），对象的外部只需要知道它做什么，而不必知道它如何做。

### 2. 封装

封装就是把对象的属性和服务结合为一个不可分的系统单位，并尽可能隐蔽对象的内部细节。封装的原则对于OOA具有很重要的意义。对象的属性和服务紧密结合使对象能够集中而完整地描述一个具体的事物。封装的信息隐蔽作用反映了事物的相对独立性。当我们站在对象以外的角度观察一个事物时，只需要注意它对外呈现什么行为（做什么），而不必关心它的内部细节（怎么做）。由此可见，封装实际上也是抽象原则的一种具体应用，它既体现了过程抽象，也体现了数据抽象。

### 3. 继承

特殊类的对象拥有其一般类的全部属性与服务，称作特殊类对一般类的继承。在OOA中运用继承原则，就是在每个由一般类和特殊类形成的一般-特殊结构中，把一般类的对象实例和所有特殊类的对象实例都共同具有的属性和服务，一次性地在一般类中进行显式的定义。在特殊类中不再重复地定义一般类中已定义的东西，但是在语义上，特殊类却自动地、隐含地拥有它的一般类（以及所有更上层的一般类）中定义的全部属性和服务。运用继承原则的好处是使系统模型比较简练也比较清晰。

### 4. 分类

分类就是把具有相同属性和服务的对象划分为一类，用类作为这些对象的抽象描述。分类原则实际上是抽象原则运用于对象描述时的一种表现形式。运用分类原则意味着通过不同程度的抽象而形成一般-特殊结构（又称分类结构）；一般类比特殊类的抽象程度更高，运用分类原则可以集中地描述对象的共性，清晰地表示对象与类的关系（即is-a关系）以及特殊类与一般类的关系（即is-akind-of关系），从而使系统的复杂性得到控制。

### 5. 聚合

聚合又称组装，其原则是把一个复杂的事物看成若干比较简单的事物的组装体，从而简化对复杂事物的描述。在OOA中运用聚合原则就是区分事物的整体和它的组成部分，分别用整体对象和部分对象来进行描述，形成一个整体-部分结构，以清晰地表达它们之间的组成关系（称作has-a关系，或反过来称为is-a-part-of关系）。

聚合原则可以在以下几种情况下使复杂性得到控制。

(1) 对象的描述过于复杂，从中分离出一些独立的部分，则简化了对整体的描述。

(2) 由于其他原因已经定义的某个类，如果恰好可以描述整体对象中属性与服务的一个子集，则可以用它所定义的对象作为整体对象的一部分，而不必在整体对象中再一一描述这些属性与服务。

(3) 整体对象的某些部分在数量上是可变的,把它们独立出来则容易进行处理。

(4) 对象的某些部分在描述方式上是动态变化的,把它们分离出来作为部分对象则有益于适应这种变化。

#### 6. 关联

关联是人类思考问题时经常运用的思想方法,即通过一个事物联想到另外的事物。能使人发生联想的原因是事物之间确实存在着某些联系。在OOA中运用关联原则就是在系统模型中明确地表示对象之间的静态联系。

#### 7. 消息通信

消息通信要求对象之间只能通过消息进行通信,而不允许在对象之外直接地存取对象内部的属性。通过消息进行通信是由于封装原则而引起的。在OOA中要求用消息连接表示出对象之间的动态联系。

#### 8. 粒度控制

一般来讲,人在面对一个复杂的问题域时,不可能在同一时刻既能纵观全局,又能洞察秋毫,因此需要控制自己的视野。考虑全局时,注意其大的组成部分,暂时不详查每一部分的具体细节;考虑某部分的细节时则暂时撇开其余的部分。这就是粒度控制原则。

#### 9. 行为分析

现实世界中事物的行为是复杂的。由大量的事物所构成的问题域中各种行为往往相互依赖、相互交织。控制行为复杂的原则有以下几点。

(1) 确定行为的归属和作用范围。

(2) 认识事物之间行为的依赖关系。

(3) 认识行为的起因,区分主动行为和被动行为。

(4) 认识系统的并发行为。

(5) 认识对象状态对行为的影响。

### 9.1.4 面向对象分析建模

面向对象分析是将现实世界中的问题进行分析和理解,理清其中的关系并映射到系统层面的一个过程。这个过程可以分为两个阶段,即需求分析阶段和系统分析阶段。

需求分析阶段主要是了解用户的需求,对现实问题进行分析,确定用户需求。在此阶段可以用用例来捕获用户需求。通过建立用例模型来描述对系统感兴趣的外部角色及其对系统(用例)的功能要求。

系统分析阶段是将需求分析的结果确定系统的范围和主要功能。此阶段主要关心问题域中的主要概念(如抽象、类等)和机制,需要识别这些类以及它们相互间的关系,并用UML类图来描述。此阶段可以根据用例来创建分析模型。

### 1. 用例模型

用例模型是系统既定功能及系统环境的模型,它可以作为客户和开发人员的契约。用例是贯彻整个系统开发的一条主线。用例模型即为需求分析的结果,可以作为分析设计工作流程以及测试工作流程的输入使用。

用例模型在系统建模过程中是十分重要的,它影响着其他视图的建立和系统的实现。对不同的人员来说,用例模型具有不同的用处。客户使用它,详细说明系统应有的功能,并描述系统的使用方法。开发人员使用它,有助于理解系统的需求,为后续阶段的工作(如分析、设计和实现)奠定基础。系统集成和测试人员使用它,验证最终实现的系统是否与用例模型说明的功能一致。文档人员使用它,为编写用户手册提供参考。

如图 9-2 所示,用例模型主要包括以下内容。

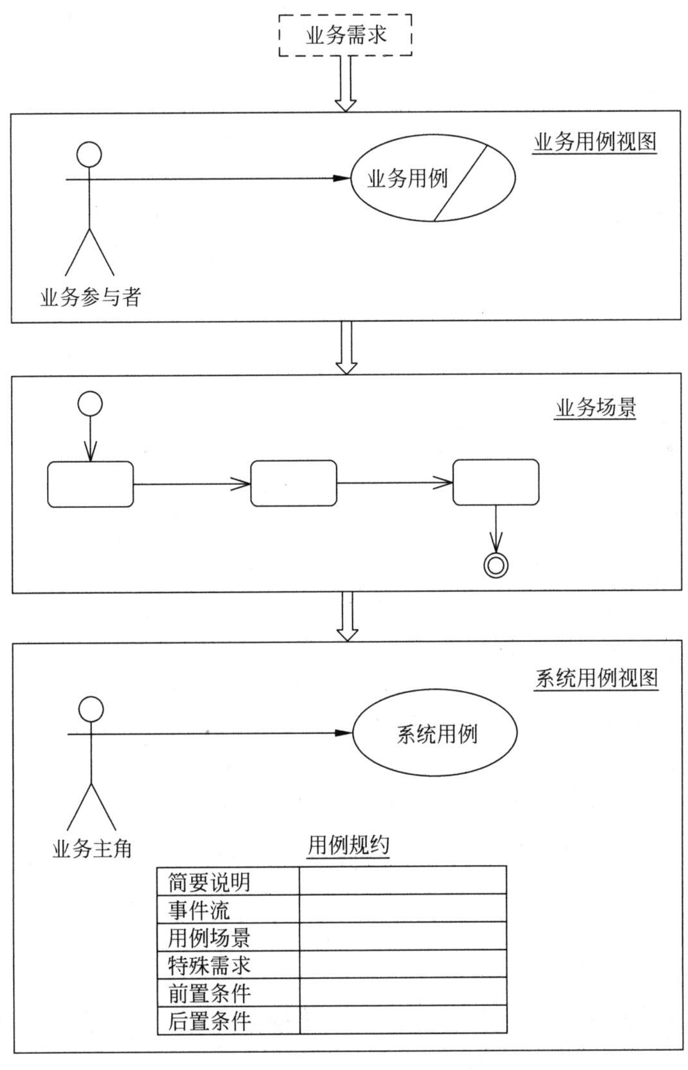


图 9-2 用例模型

1）业务用例

业务用例是专门用于需求阶段的业务建模。业务建模是针对客户业务的模型，严格来说它与计算机系统建模是无关的，它只是业务领域的一个模型，通过业务模型可以得到业务范围，帮助需求人员理解客户业务，并在业务层面上和客户达成共识。

2）业务场景

业务场景是针对业务用例的实现过程进行场景的模拟。业务场景通常使用活动图来描述。通过业务场景可以对获取正确的业务用例和检查已经获得业务用例有很好的帮助。

3）系统用例

系统用例也可以直接称为用例。系统用例是对业务用例和业务场景进行分析，从系统的视角来描述整个用例过程。系统用例定义了系统的全部范围，是需求阶段的交付品。

4）用例规约

用例规约采用文档形式描述了参与者如何启动和终止用例，参与者如何用用例完成目标，用例的执行事件流和相应的规则等内容。用例规约是对用例图的详细描述和规则补充，针对每一个用例都应该有一个用例规约文档与之相对应。

用例规约基本上是用文本方式来表述的，为了更加清晰地描述事件流，也可以选择使用状态图、活动图或序列图来辅助说明。只要有助于表达的简洁明了，就可以在用例中任意粘贴用户界面和流程的图形化显示方式，或是其他图形。如活动图有助于描述复杂的决策流程，状态转移图有助于描述与状态相关的系统行为，序列图适合于描述基于时间顺序的消息传递。

### 2. 分析模型

分析模型是跨越需求和设计实现的桥梁，分析模型是采用分析类，在系统架构和框架的约束下来实现用例场景的产物。分析模型是高层次的系统视图，在语义上，分析类不代表最终的实现。它是计算机系统元素的高层抽象。对分析模型可以从以下几个方面理解。

分析模型是采用分析类，在系统架构和框架的约束下，来实现用例场景的产物。在需求分析阶段，用例模型中规定了业务范围和要求，分析模型阶段就是通过分析用户需求，通过分析类来满足需求。常用的分析类包括边界类、实体类和控制类。

分析模型是高层次的系统视图，在语义上，分析类不代表最终的实现，它是计算机系统元素的高层抽象。分析类具体化以后产生真正的实现类，即所谓的设计类，也就是在设计阶段应用的类图。

分析模型是面向对象设计的前提和核心，而设计类是面向对象的实现手段。

分析模型是 MVC 模式的经典应用。MVC 中的 Model、View、Control 刚好对应了分析类中的实体类、接口类和控制类。

如图 9-3 所示，分析模型主要包括以下内容。

1）静态视图

静态视图用于描述事物的静态结构，而不是描述动态行为。在本阶段，静态视图包括分析类图、包图。其中分析类图是整个分析模型的核心。

2）动态视图

动态视图用于描述事物的动态行为。需要注意的是，动态视图不能单独存在，它必须特

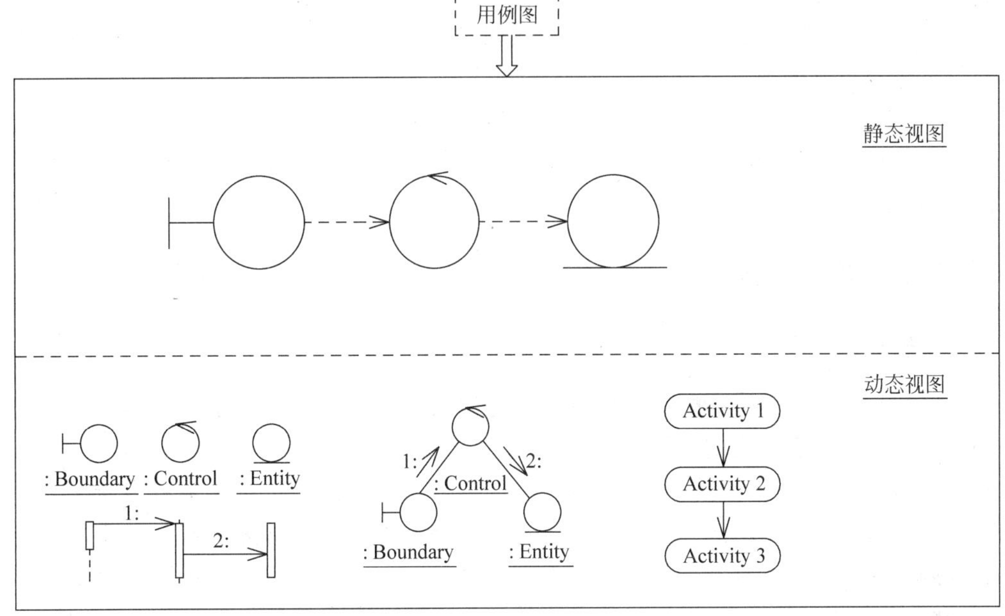


图 9-3 分析模型

指一个静态视图或 UML 元素，说明在静态视图规定的事物结构下它们的动态行为。动态视图包括序列图、协作图、状态图、活动图等。

在接下来的篇幅中，将使用需求建模和分析建模中的方法，以案例的方式来说明面向对象分析过程。

## 9.2 获取需求建立用例模型

### 9.2.1 案例说明

某学校打算将学生选课系统网络化，以减轻教务工作的强度，同时满足校领导对课程情况实时把握的需求，在校领导的支持下，由教务处管理员牵头对学生选课系统提出以下要求。在新学期开始之前，任课教师需要将所开的课程上报教务处。其中包括课程的名称，适合的专业，选修课还是必修课，学分，课时，课程设置人数等。

教务处课程管理人员结合各专业课程大纲和教师所提交的授课内容，对课程进行筛选，并最终确定新学期要开设的课程。

在课程确定后，学生可以根据课程要求选择课程。其中必修课为必选内容，此部分不能选择，学生可以根据兴趣爱好选择选修课。选修课的数量不能大于 6 门，且上课时间不能冲突。

当课程的选课人数已达到课程设置人数时，学生将不能再选择此门课程。

在一段时间内，学生可以修改所选的课程。当选课时期结束后，学生只能查看已选课程。在选课结束后，教师可以查看所开课程的选课人数。若人数少于课程设置人数的 1/5

时，教师可以选择是否取消课程。

在课程考试结束后，教师可以对学生的成绩进行维护和分析。可以查看课程的平均分数，成绩的分布情况等等。

学生可以查看已结课程的分数，并可以自动计算平均分，已获得的学分等。

校领导可以随时查看学生信息、教师信息、选课信息、课程成绩等，并可以对教师、学生情况进行评估。

### 9.2.2 准备工作

#### 1. 了解问题领域

软件项目总是从了解问题领域开始的，这是因为软件的价值就在于它能够符合问题领域的需求，并达到人们解决问题的要求。

在学校提出学生选课系统的需求之前，我们需要对现有的学生选课流程有所了解。在没有使用系统以前，学生的选课方式是通过填写表格并上交到教务处完成的。在新学期开始前，教师需要填写一份预开课程的单子上交到教务，教务将课程汇总，待确认无误后形成适合各专业各年级的选课单，并下发给各班的学生。学生选课后交由各班班长汇总后，上交教务处。教务对选课结果进行汇总，对不符合要求的选课内容重新下发各班修改，待确认无误后将选课结果转告任课教师，并由教师判断是否开课。在课程结束后，教师需要把课程成绩提交教务处。教务处将收到的成绩按班级公布给学生。

从上面的描述可见，整个过程比较烦琐。教务处是学生和教师间选课的中间环节，随着学生和教师授课数量的增加，整个汇总工作变得越来越复杂，同时也增加了出现差错的概率。由于有些环节是需要反复的，例如教师课程的确定，学生选课的确定，所以整个过程时间不容易控制。由于所有工作都是在系统外进行的，对数据的汇总和统计工作将会耗费很多的精力。

通过以上的分析，我们可以找到学生选课系统的目标。

- 为教务管理人员服务，提高工作效率，减少工作差错。
- 为学生服务，选课更加方便快捷。
- 为教师服务，课程管理更加轻松。
- 为校领导服务，实时统计分析，更容易得到想要的数据。

在了解了学校面临的问题后，我们将进行涉众分析。

#### 2. 涉众分析

涉众是与要建设的业务系统相关的一切人和事。涉众不等于用户，通常意思的用户是指系统的使用者，而这仅是涉众中的一部分。可以说凡是和此系统相关的人和事物都属于涉众，他们都可能对系统的开发产生影响。

对于软件项目来说，可以通过以下几类来发现项目中的涉众。

1）业主

业主是系统建设的出资方，它不一定是业务方。例如可以假设这个选课系统的建设是由学校的网络中心投资开发的，它本身并不参与选课。了解业主的期望是必需的和重要的。

若系统建设不符合业主的期望，撤回投资，那么再好的愿望也是空的。

一般来说，业主关心的是建设成本，建设周期以及建成后的效益。虽然这些看上去与系统需求没什么大的关系，但是建设成本、建设周期将直接影响到可以采用的技术，可以选用的软件架构，可以承受的系统范围。一个不能达到业主成本和周期要求的项目是一个失败的项目，同样，一个达到了业主成本和周期要求，但却没有赚到钱的项目仍然是一个失败的项目。

2）业务提出者

业务提出者是业务规则的制定者。他们的期望非常重要，但同时他们的期望一般比较原则化和粗略化，但是却不能违反和误解，否则系统将有彻底失败的危险。业务提出者一般最关心系统建设能够带来的影响，效率改进和成本节约。换句话说，他们只关心统计意义而不关心具体细节，但是，如果建设完成的系统不能给出他们满意的统计结果，这必定是一个失败的项目。本例中的业务提出者为校领导。

3）业务管理者

业务管理者是指业务的执行人员，他们的期望也很重要，一般也是系统的主要用户之一。他们关心系统将如何实现他们的管理职能，如何能方便地得知业务执行的结果。业务管理者的期望相对比较细化，是需求调研过程中最重要的信息来源。系统建设的好坏与业务管理者的关系最多。在本例中，业务管理者为教务处的管理人员。

4）业务执行者

业务执行者是指底层的操作人员，是与将来的计算机直接交互最多的人员。他们最关心的内容是系统会给他们带来什么样的方便，会怎样改变他们的工作模式。他们的需求最细化，系统的可用性、友好性、运行效率与他们关系最多。在本例中，业务执行者包括教务人员、教师和学生。

5）第三方

第三方是指与这项业务关联的，但并非业务方的其他人或事。比如在本事例中，教务人员在确定新学期课程时，要参考各专业课程大纲。则课程大纲也属于涉众的范围。第三方的期望对系统来说不起决定性意义，但会起到限制作用。最终在系统中，这种期望将体现为标准、协议和接口等。

6）用户

用户是一个抽象的概念，是指预期的系统使用者。用户可能包括上述的任何一种涉众。用户涉众模型建立的意义是，每一个用户将来都可能是系统中的一个角色，是实实在在参与系统的，需要编程实现。而上述的其他涉众，则有可能只是在需求阶段有用，最终并不与系统发生交互。在建模过程中，用例模型和分析模型的建立都是从用户开始分析，而不再理会其他的涉众。在本例中用户包括教务人员、教师、学生、校领导等。

### 3. 确定业务范围

在进行需求访谈之前，还需要对业务范围进行规划。业务范围的确定需要考虑项目的周期、成本和可行性等众多因素。业务范围并不是系统的建设范围，而是需求调研的范围。业务范围可以从业务目标，涉众期望开始。例如在本例中教务人员在确定新学期开课目录前，需要参考各专业课程设置。而专业课程设置并没有在系统中维护，同时在确定新学期开课目录时，需要考虑的因素较为众多。所以可以取消计算机进行新学期课程设置的功能，而改为线下进行。

#### 4. 需求调研准备

在确定了业务的范围后,就可以准备开展需求调研来获取用户需求。获取需求中最大的困难是沟通的问题。系统分析人员是计算机专家,而业务人员是业务专家(在本例中业务人员是教师和学生,但在更多的情况下是某些具有较深业务要求的行业)。由于从事的工作不同,看待问题的出发点也就各不相同。这就要求系统分析人员在需求调研过程中,能够用客户的语言说话。不仅要弄清楚业务是什么,还要了解业务为什么,避免用计算机开发的思路与客户讨论。

需求调研是一个渐进的过程,这就是说不可能通过一次调研就可以了解到业务的细节,并理顺需求。它要求我们需要对多类不同的人群进行访谈,对于重点用户要多次访谈。这是由于系统分析人员对业务的不熟悉,经常会在调研中问很多细节的内容,进而迷失方向而不能抓住重点。这就要求系统分析人员在做需求调研前,一定要做好准备工作,对业务问题,访谈人的背景有一个充分的了解。在访谈过程中能够理清用户的业务问题。同时对于某些核心问题,往往会涉及多个业务人员的工作,为了理清这一业务,需要系统分析人员能够针对这一问题,将问题设计各方组织起来进行专项讨论以达到理清业务需求的目的。

其次,沟通双方都有自己习惯的沟通方式。所以在双方能够达成默契之前,不要急于深入业务细节,而是先就一些大框框进行沟通,借此了解对方的沟通方式。客户是喜欢开放型问题,还是封闭型问题?客户是很健谈的还是很含蓄的?客户是主导型沟通者还是被动型沟通者?客户是具有很强逻辑性思维的人,还是一个发散型思维的人?如果双方的沟通方式不能切合,则必定造成沟通的障碍。再次,客户的时间是有限的,很多时候不能够有整块的时间来配合需求调研。而同时,项目周期也是有限的。因此每一次会面都需要争分夺秒,用最快的时间把问题搞清楚。最后,人都是善忘的,因此不要总是责怪客户朝令夕改。客户总是很容易忘记他曾经说过什么,这是因为他并不需要对需求调研结果负责。这就要求系统分析员能将每一次的会谈结果记录下来,并有正式的反馈和确认过程,这样到最后需求变更时,将有据可查。

#### 5. 制订项目计划

在准备工作的最后,最重要的一项工作就是制订项目计划。一个项目计划的好坏,往往决定着整个项目的命运。好的项目计划可以合理地安排工作进度,及时发现项目中的问题,并做出调整;而且为每个阶段设定了工作目标,更重要的意义是控制项目质量,进而提高工作效率,节约成本。项目计划更重要的是对于用户而言,可以提供一个完整的项目前景,使用户可以对整个项目有所把控,提高用户的满意度。

### 9.2.3 获取需求

通过9.2.2节的准备工作后,我们将进行有计划的需求访谈工作,并从中获得业务需求。在获取需求之前,先对将要使用的图形——用例图做一个介绍。

### 9.2.3.1 用例图介绍

**1. 用例图的基本概念**

用例图(Use Case Diagram)是由软件需求分析到最终实现的第一步，它描述人们希望如何使用一个系统。用例图显示谁将是相关的用户、用户希望系统提供什么服务，以及用户需要为系统提供的服务，以便使系统的用户更容易地理解这些元素的用途，也便于软件开发人员最终实现这些元素。用例图在各种开发活动中被广泛地应用。

当用例视图在外部用户前出现时，它捕获到系统、子系统或类的行为。它将系统功能划分成对参与者(即系统的理想用户)有用的需求。而交互部分被称作用例。用例使用系统与一个或多个参与者之间的一系列消息来描述系统中的交互。

用例图主要包含 4 种元素，分别是：参与者、用例、关联和系统边界。

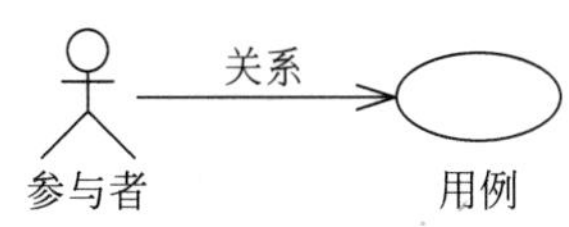

图 9-4　用例图

用例图可以包含注释和约束，还可以包含包，用于将模型中的元素组合成更大的模块。有时，可以将用例的实例引入到图中。用例图模型如图 9-4 所示，参与者用人形图标表示，用例用椭圆形符号表示，连线表示它们之间的关系。

**2. 用例图的组成**

用例图主要由参与者、用例、关系和系统边界组成。下面分别介绍这几个元素。

1) 参与者

参与者(Actor)是系统外部的一个实体，它以某种方式参与用例的执行过程。参与者通过向系统输入或请求系统输入某些事件来触发系统的执行。参与者由参与用例时所担当的角色来表示。在 UML 中，参与者用名字写在下面的人形图标表示，如图 9-5 所示。

图 9-5　参与者

每个参与者可以参与一个或多个用例。它通过交换信息与用例发生交互(因此也与用例所在的系统或类发生了交互)，而参与者的内部实现与用例是不相关的，可以用一组定义其状态的属性充分描述参与者。

参与者有三大类：系统用户、与所建造的系统交互的其他系统和一些可以运行的进程。第一类参与者是真实的人，即用户，是最常用的参与者，几乎存在于每一个系统中。命名这类参与者时，应当按照业务而不是位置命名，因为一个人可能有很多业务。例如汽车租赁公司的客户服务代表，通常情况下是客户服务代表，但是如果他自己要租车的时候，就变成了客户。所以，按照业务而不是位置命名可以获得更稳定的参与者。

第二类参与者是其他的系统。例如汽车租赁系统可能需要与外部应用程序建立联系，验证信用卡以便付款。其中，外部信用卡应用程序是一个参与者，是另一个系统。因此在当前项目的范围之外，需要建立与其他系统的接口。这类位于程序边界之外的系统也是参与者。第三类参与者是一些可以运行的进程，如时间。当经过一定时间触发系统中的某个事件时，时间就成了参与者。例如，在汽车租赁系统中，到了还车的时间客户还没有归还汽车，系统会提醒客户服务代表致电客户。由于时间不在人的控制之内，因此它也是一个参与者。

参与者可以划分为发起参与者和参加参与者。发起参与者发起用例的执行过程，一个用例只有一个发起参与者，但可以有若干个参加参与者。

参与者还可以划分为主要参与者和次要参与者，主要参与者是执行系统主要功能的参与者，次要参与者是使用系统次要功能的参与者。通过主要参与者有利于找出系统的核心功能，往往也是用户最关心的功能。

寻找参与者可以从以下几个问题入手。

- 系统开发出来后，主要功能被谁使用？
- 谁需要借助系统来完成日常工作？
- 系统需要从哪里获得数据？
- 系统会为哪些人或其他系统提供数据？
- 系统会与哪些系统交互？
- 系统由谁负责管理和维护？
- 谁对本系统的结果感兴趣？

通过询问以上几个问题，基本可以找到系统相关的参与者。但需要注意的是，在寻找过程中，不要只把目光停留在使用系统的人身上，直接或间接与系统交互的任何人和事都是参与者。

2）用例

用例是外部可见的系统功能单元，这些功能由系统单元所提供，并通过一系列系统单元与一个或多个参与者之间交换的消息所表达。用例的用途是在不揭示系统内部构造的前提下定义连贯的行为。

用例的定义包含它所必需的所有行为——执行用例的主线次序、标准行为的不同变形、一般行为下的所有异常情况及其预期反应。从用户角度来看，上述情况很可能是异常情况。从系统角度来看，它们是必须被描述和处理的附加情况。更确切地说，用例不是需求或功能的规格说明，但是也展示和体现其所描述的过程中的需求情况。在 UML 中，用例用一个椭圆来表示，用例的名字可以书写在椭圆的下方，如图 9-6 所示。

图 9-6 用例

识别用例最好的方法就是从分析系统的参与者开始，考虑每个参与者是如何使用系统的。使用这种策略的过程中可能会发现新的参与者，这对完善整个系统的建模有很大的帮助。用例建模的过程就是一个迭代和逐步精华的过程，系统分析者首先从用例的名称开始，然后添加用例的细节信息。这些信息由简短的描述组成，它们被精华成完整的规格说明。

在识别用例的过程中，通过回答以下的几个问题，系统分析者可以获得帮助。

- 特定参与者希望系统提供什么功能？
- 系统是否存储和检索信息，如果是，由哪个参与者触发？
- 当系统改变状态时，是否通知参与者？
- 是否存在影响系统的外部事件？
- 哪个参与者通知系统这些事件？

用例的粒度指的是用例所包含的系统服务或功能单元的多少。用例的粒度越大，用例包含的功能越多，反之则包含的功能越少。

对于同一个系统的描述，不同的人可能会产生不同的用例模型。其中最大的区别是用例的粒度。如果用例的粒度很小，得到的用例数就会很多。反之，如果用例粒度很大，得到的用例个数就会很少。如果用例个数过多，就会造成模型过大并引起设计困难的大大提高；如果用例数目过少则会造成用例的粒度太大，不便于进一步分析。

如图 9-7 的例子所示，系统管理员对于用户的维护，包括添加用户信息、修改用户信息和删除用户信息。这既可以抽象为一个用例，也可以分为三个用例。

一般对于比较简单的系统，因为系统复杂度比较低，可以适当加大用例模型的复杂度；而对于比较复杂的系统，因为系统的复杂度已经很高了，需要加强控制用例模型的复杂度。

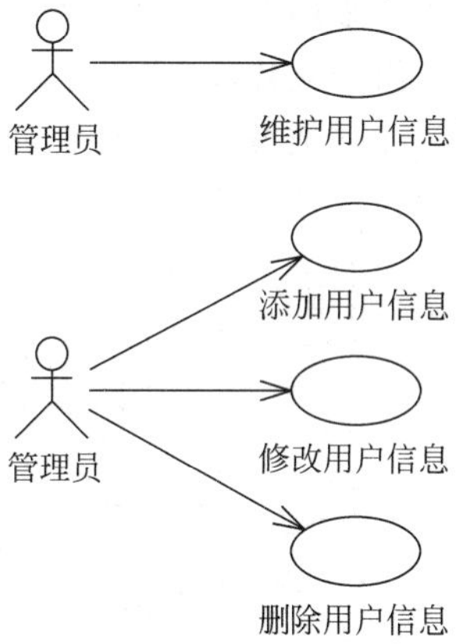

管理员 维护用户信息

添加用户信息

管理员 修改用户信息

删除用户信息

图 9-7 用例粒度示例

3）关系

关系是指用例图中参与者与用例，用例与用例之间的联系。除用例与其参与者发生关联外，还可以具有系统中的多个关系，这些关系包括关联关系、包含关系、扩展关系和泛化关系。应用这些关系的目的是为了从系统中抽取出公共行为和其变体。

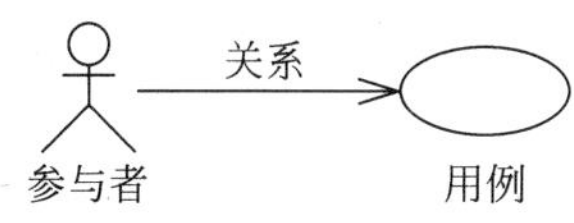

图 9-8 关联关系示例

（1）关联关系

关联关系描述参与者与用例之间的关系。在 UML 中，关联关系使用箭头来表示，如图 9-8 所示。关联关系表示参与者用例之间的通信。不同的参与者可以访问相同的用例，一般来说它们和该用例的交互是不一样的，如果一样的话，说明它们的角色可能是相同的。如果两种交互的目的也相同，说明它们的角色是相同的，就可以将它们合并。

（2）包含关系

虽然每个用例的实例都是独立的，但是一个用例可以用其他的更简单的用例来描述。这有点像通过继承父类并增加附加描述来定义一个类。一个用例可以简单地包含其他用例具有的行为，并把它所包含的用例行为作为自身行为的一部分，这被称作包含关系。在这种情况下，新用例不是初始用例的一个特殊例子，并且不能被初始用例所代替。在 UML 中，包含关系表示为虚线箭头加<<included >>字样，箭头指向被包含的用例，如图 9-9 所示。

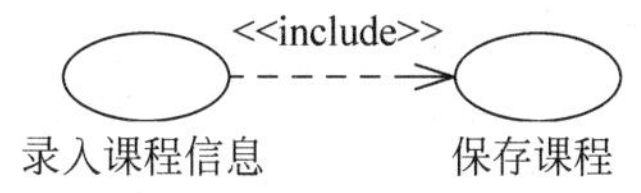

图 9-9 包含关系示例

包含关系把几个用例的公共步骤分离成一个单独的被包含用例。被包含用例称作提供者用例，包含用例称作客户用例，提供者用例提供功能给客户使用。用例间的包含关系允许包含提供者用例的行为到客户用例的事件中。

（3）扩展关系

一个用例也可以被定义为基础用例的增量扩展，这称作扩展关系，扩展关系是把新的行为插入到已有用例中的方法。同一个基础用例的几个扩展用例可以在一起应用。基础用例的扩展增加了原有的语义，此时是基础用例而不是扩展用例被作为例子使用。在 UML 中，扩展关系表示为虚线箭头加<<extend >>字样，箭头指向被扩展的用例（即基础用例），如图 9-10 所示。

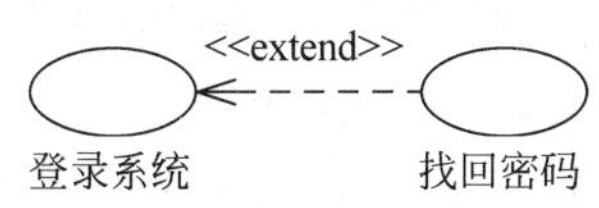

图 9-10 扩展关系示例

基础用例提供了一组扩展点，在这些新的扩展点中可以添加新的行为，而扩展用例提供了一组插入片段，这些片段能够被插入到基础用例的扩展点上。基础用例不必知道扩展用例的任何细节，它仅为其提供扩展点。事实上，基础用例即使没有扩展用例也是完整的，这点与包含关系有所不同。一个用例可能有多个扩展点，每个扩展点也可以出现多次。但是一般情况下，基础用例的执行不会涉及扩展用例，只在特定的条件下发生，扩展用例才被执行。扩展关系为处理异常或构建灵活的系统框架提供了一种十分有效的方法。

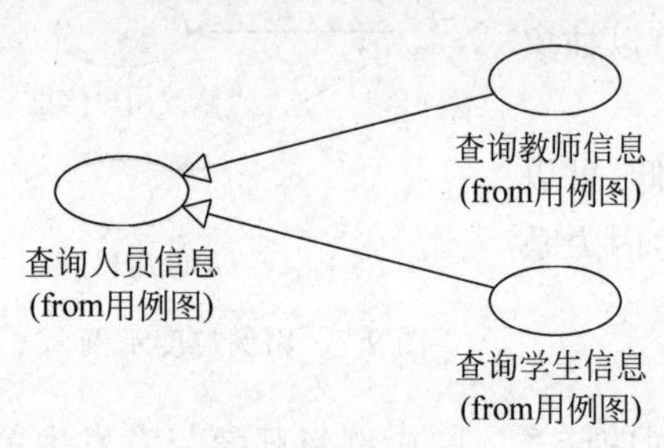


图 9-11　泛化关系示例

(4) 泛化关系

一个用例可以被特别列举为一个或多个子用例，这被称作用例泛化。当父用例能够被使用时，任何子用例也可以被使用。在 UML 中，用例泛化与其他泛化关系的表示法相同，用一个三角箭头从子用例指向父用例，如图 9-11 所示。

在用例泛化中，子用例表示父用例的特殊形式。子用例从父用例处继承行为和属性，还可以添加、覆盖或改变继承的行为。如果系统中一个或多个用例是某个一般用例的特殊化时，就需要使用用例的泛化关系。

4) 系统边界

系统边界是指系统之间的界限。通常所说的系统可以认为是由一系列的相互作用的元素形成的具有特定功能的有机整体。系统同时又是相对的，一个系统本身可以是另一个更大系统的组成部分，因为系统与系统之间需要使用系统边界进行区分，把系统边界以外的同系统相关联的其他部分统称为系统环境。

用例图中的系统边界用来表示正在建模系统的边界。边界内表示系统的组成部分，边界外表示系统外部。虽然有系统边界存在，但在使用 RationalRose 画图时，并不画出系统边界；若采用 MicrosoftViso 画图，系统边界在用例图中用方框表示，参与者画在边界外面，用例画在边界里面。

系统边界决定了参与者，例如对于一个银行的自动取款系统来说，它的参与者是银行客户，但如果将边界扩大到整个银行系统，那么系统参与者还将包括银行职员等。

#### 9.2.3.2　获取业务用例

##### 1. 发现业务参与者

继续回到案例中来。在前一阶段的准备工作中我们对系统做了涉众分析。在本阶段我们将通过需求调研，从涉众中找出业务参与者。不是所有的涉众都是参与者，只有那些直接参与业务流程的涉众才能被称为业务参与者。另一方面，一个涉众也可以衍生出多个参与者，如图 9-12 所示。

图 9-12　业务参与者示例

业务参与者(Business Actor)是参与者的一个版型，专门用于定义业务相关的参与者。业务参与者在遵守参与者定义的同时，也有其自身的特点。业务参与者的特点在于，它针对的是业务人员而不是系统使用者。所以在查找业务参与者的时候，要抛开计算机的概念。业务参与者是实际业务工作的参与者，没有抽象的计算机角色。要确认参与者是否为业务参与者可从以下几个问题入手。

- 业务参与者的名称是否是客户的业务术语？
- 业务参与者的职责是否在客户的岗位手册中查到？
- 业务主角的业务用例是否为客户的业务术语？
- 客户是否可以对业务主角顺利理解？

根据以上定义，在本例中我们通过需求调研，找到以下业务参与者，如图 9-13 所示。

### 2. 获取业务用例

业务用例是用例版型中的一种，它专门用于需求阶段的业务建模。业务建模是针对客户业务的模型，也就是现在客户的业务是怎么来建立模型的。通过业务模型可以得到业务范围，帮助需求人员理解客户业务，并在业务层面上和客户达成共识，如图 9-14 所示。

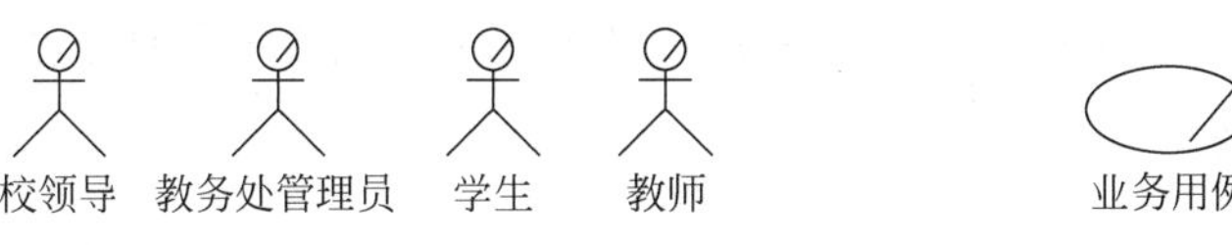


图 9-13 案例中的业务参与者　　图 9-14 业务用例示例

业务用例面对的问题领域是客观存在的业务领域，没有将来的计算机系统的参与。相应的，它的参与者就是业务参与者。

获取业务用例的方法很多，既可以从用户相关的文档中获取，如岗位手册、业务流程指南、职务说明等文件，也可以从涉众分析中获得借鉴。但重要的一个环节是对业务参与者的访谈。在上一部分我们已经确定了业务的参与者，在接下来的工作中将对这些业务参与者进行需求调研，了解他们对业务的需求。

在进行需求访谈前，我们往往需要先准备一份调查问卷给用户，使用户有所准备，提高访谈的效率。调查问卷的样式不尽相同，但内容可以从以下几个方面考虑。

- 现在的业务流程是什么？有什么问题？
- 对系统的期望是什么？
- 希望系统能够帮助做哪些工作？
- 做这件事的目的是什么？
- 希望有一个什么样的结果？

做好以上准备后，我们就可以着手开始需求访谈了。

访谈对象一：教务处管理员。

之所以选定教务处管理员为首要访谈对象，是因为教务处管理员是整个项目的发起者，选课系统的开发最主要的是来满足他们的需求的。在经过几次访谈后，将教务处管理员的需求汇总如下。

根据教学大纲，教师开课安排制定新学期课程安排。

确认教师新学期的开课安排。

对学生的选课情况进行汇总确认最终选课结果。

在需求访谈过程中，系统分析人员作为计算机方面的专业，要能够随时判断哪些是系统可以实现哪些是系统不能实现的,并能够及时做出反馈,对需求范围进行控制。教务处管理员提出的第一条需求是希望能够制定新学期的课程安排,就需要在需求访谈中确认是系统帮助制定课程安排,还是教务人员根据系统提供的信息进行人工安排。由于课程安排是一个复杂的过程,其中不仅要参考教学大纲,教师的申报课程,有时候还要考虑到学生对课程的接受程度、教师平均的工作量、时间安排等众多因素。在与教务处管理员讨论后,管理员决定课程安排仍由管理员来人工安排,但希望系统能够提供必要的信息,并可以对课程安排进行维护,如图 9-15 所示。

访谈对象二:校领导。

将校领导的需求进行汇总后,得出以下需求。

可以查看学生信息,包括各专业各年级学生的数量、学生平均成绩、学生排名等。

可以查看教师信息,包括教师的基本信息、开课情况、授课学生数量等。

可以查看选课信息,包括课程的任课老师、参加的学生等。

可以查看课程成绩,包括按专业、按年级、按教师等不同的成绩统计方法。

具体如图 9-16 所示。

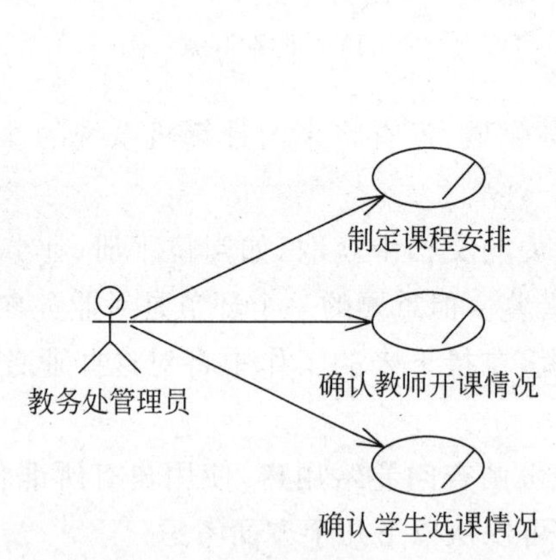


图 9-15 教务处管理员业务用例

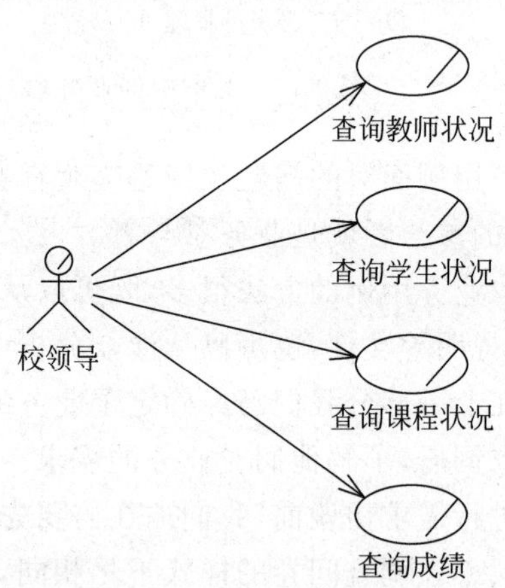


图 9-16 校领导业务用例

访谈对象三:教师。

经过需求调研对教师的需求进行汇总如下。

选择新学期希望开的课程,并通过教务确认开课安排。

查看学生选课情况,并可以根据选课情况做出调整。

学期结束后,可以对学生成绩进行管理。

可以随时查询所开课程的学生成绩情况。

具体如图 9-17 所示。

访谈对象四:学生。

学生在访谈中提出以下需求。

可以自动筛选中自已想要的课程,并可以实现选课。

可以查询已完成课程的成绩。

具体如图 9-18 所示。

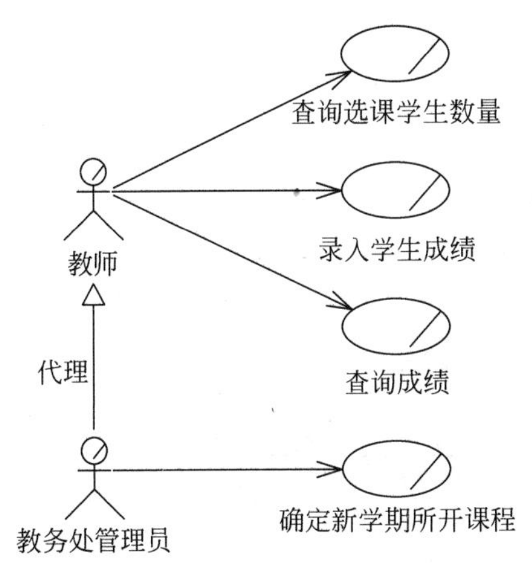


图 9-17　教师业务用例

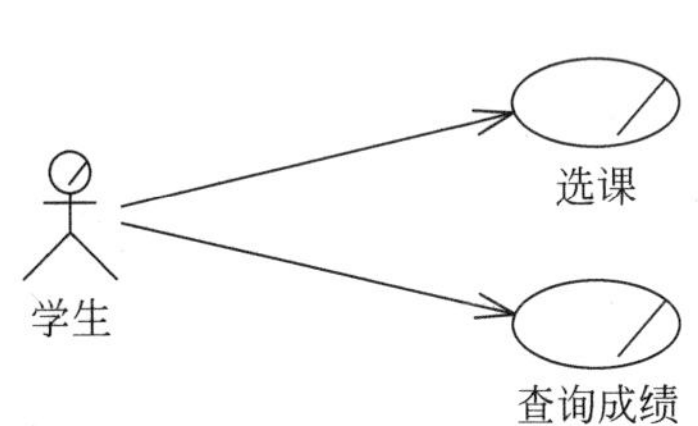


图 9-18　学生业务用例

### 3. 建立业务模型

在完成了业务用例分析后，要为每一个业务用例绘制一幅活动图。活动图描述了这个业务用例中，用户可能会进行的操作序列。活动图有个很重要的使命就是从业务用例分析出系统用例。活动图的具体用法在分析模型部分会有详细介绍。

下面从需求出发，对已经画出的业务用例图分别配以活动图。

在访谈过程中，尽量避免从计算机系统的角度与客户交谈，但是项目最终的交付品是学生选课系统，所以尽管未谈系统，但一些隐含的信息是需要系统分析员去发现的。例如：系统的身份识别及安全问题。为了能够在系统中识别不同的用户，同时保证用户操作的安全(例如：课程安排是由教务人员来做的，教师和学生不能擅自改动)，使用系统前需要有一个身份验证的过程。根据访谈结果，结合业务用例图，制作活动图如图 9-19～图 9-22 所示。

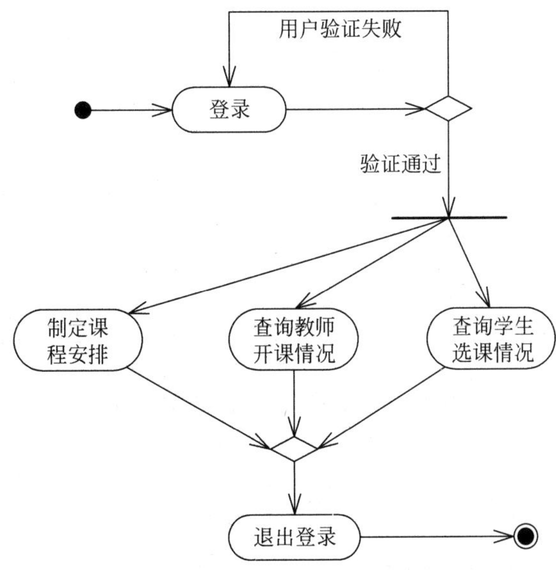


图 9-19　活动图一：教务课程管理

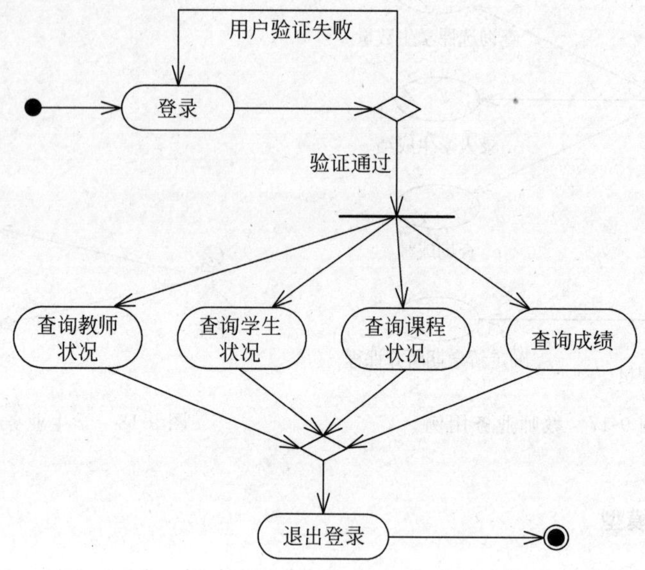


图 9-20 活动图二：校领导查询

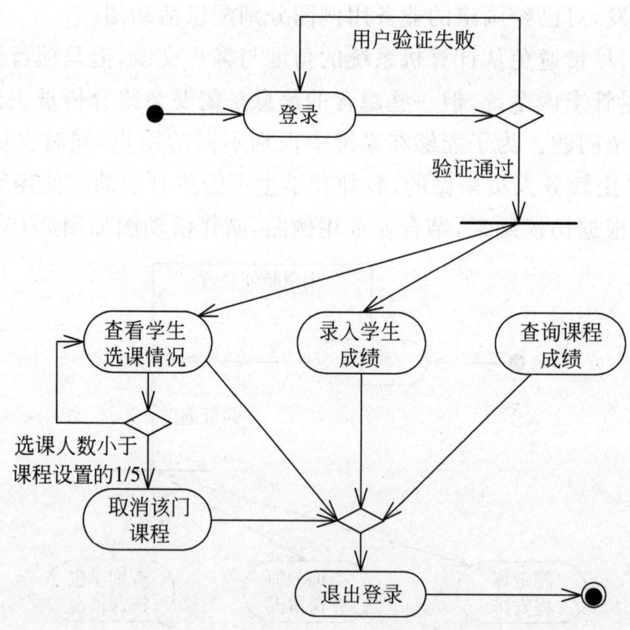


图 9-21 活动图三：教师管理课程

## 9.2.4 需求分析

在这一节中，我们将针对获取的需求进行需求分析。在前一阶段获取了业务用例图和相关的活动图，在这一阶段将对需求从系统的角度分析，形成用例图和用例规约。

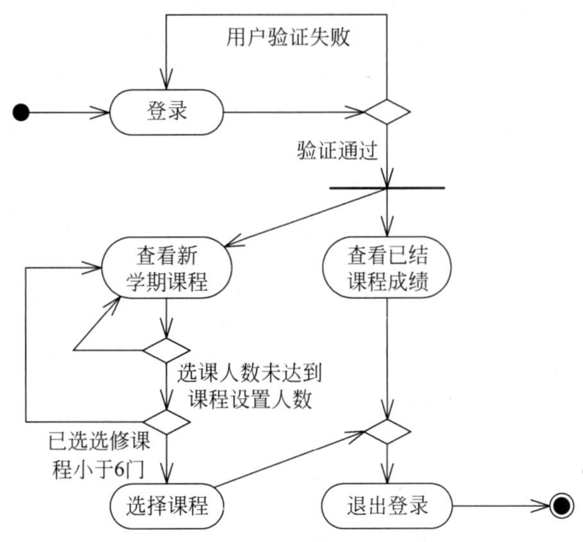


图 9-22　活动图四：学生选课

### 1. 建立系统用例

从活动图中可以看到一个业务用例可能对应着多步系统操作，其中很多“活动”很可能是一个系统用例（当然不是每个都是），例如所有的活动图中都包含备选系统用例：登录系统。所以将每个业务用例都绘制出相应的活动图，再将其中的“活动”整合，就得出所有备选系统用例。

一个系统用例应该是实际使用系统的用户所进行的一个操作，代表着一项完成的功能。经过分析后，得到6个系统用例，分别为：课程设置用例，课程情况查询用例，教师课程管理用例，学生选课管理用例，人员信息管理用例和账号管理用例。用例图如图 9-23～图 9-28 所示。

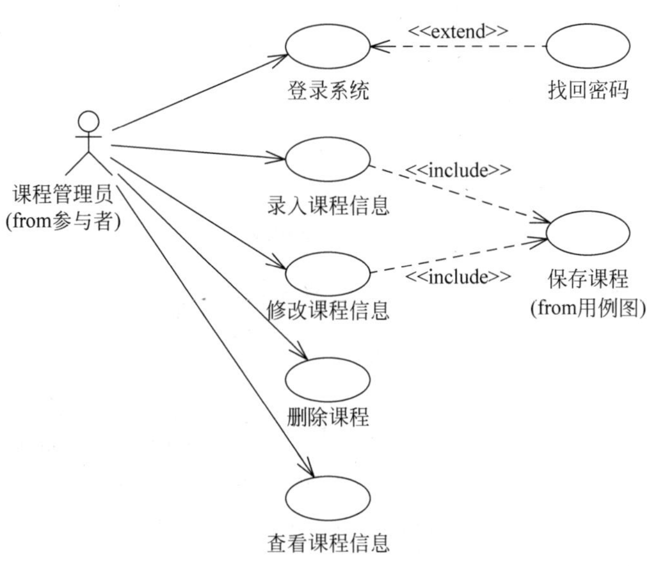


图 9-23　课程管理员系统用例

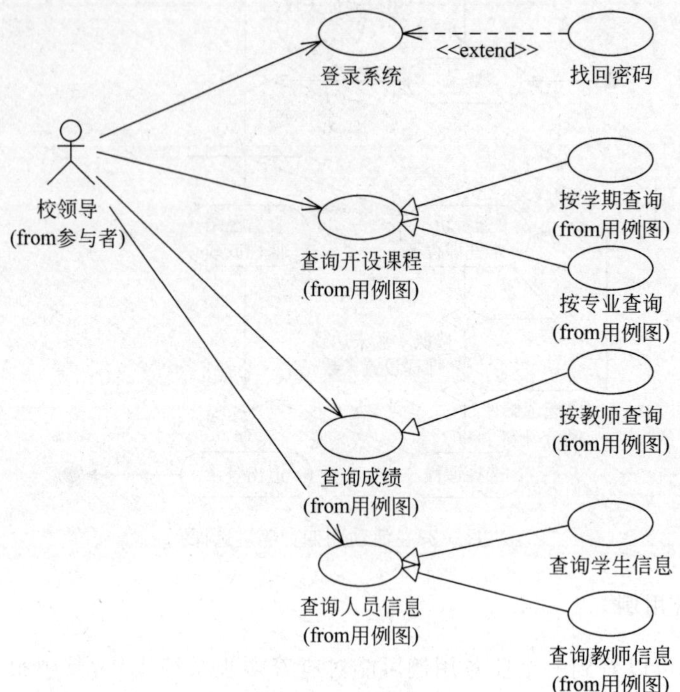


图 9-24 校领导系统用例

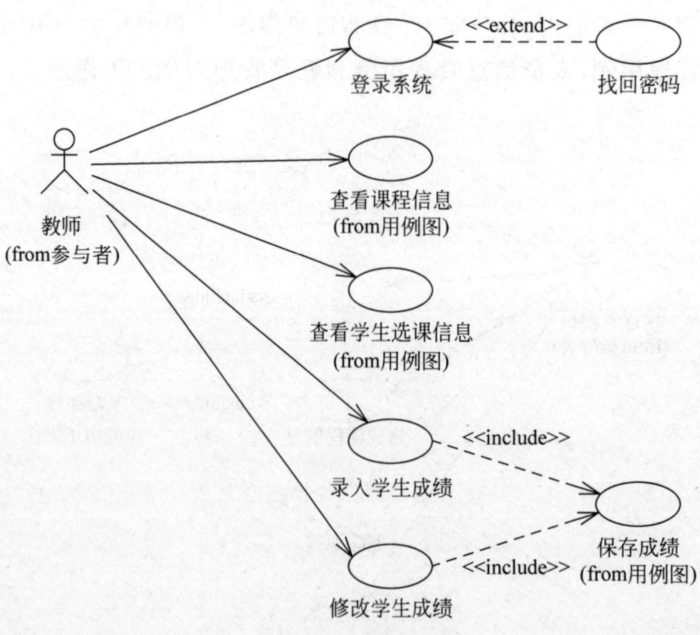


图 9-25 教师系统用例

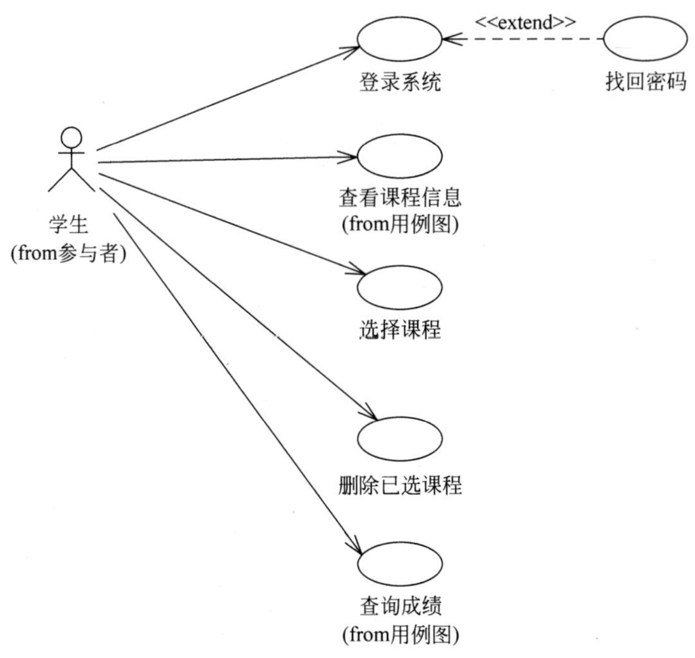


图 9-26 学生系统用例

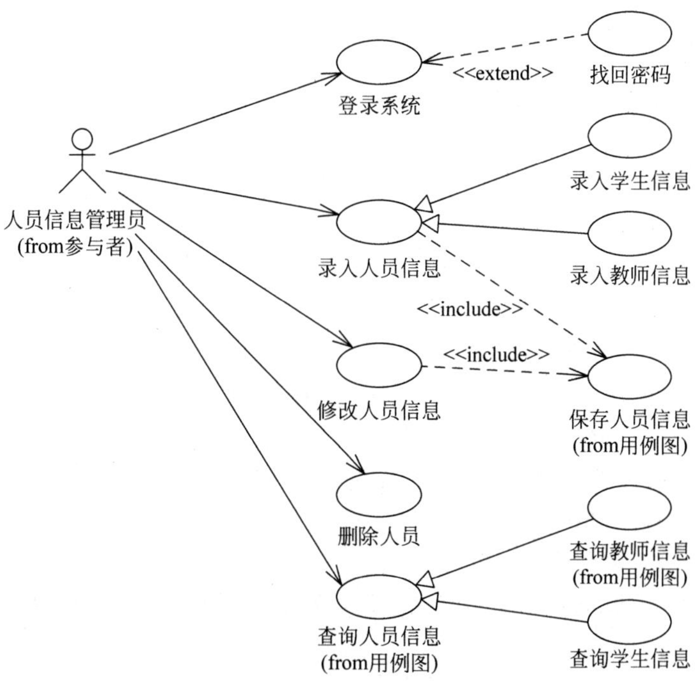


图 9-27 人员信息管理员系统用例

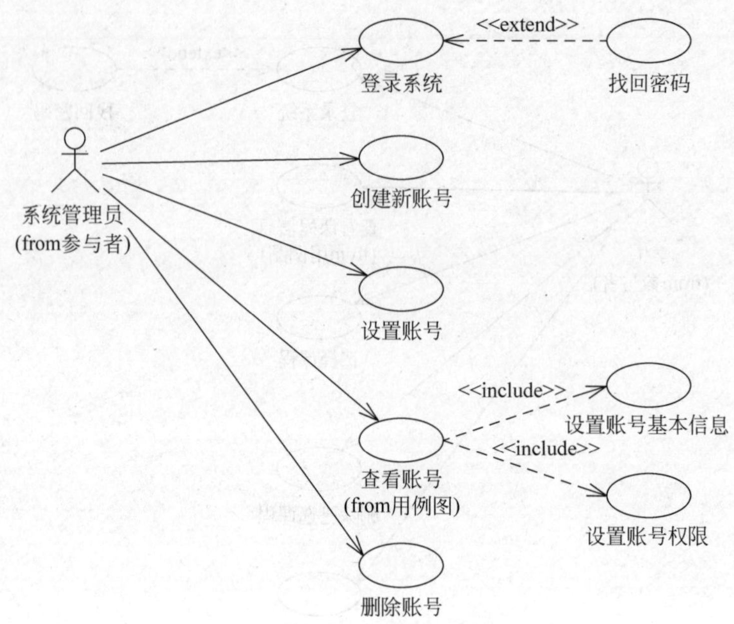


图 9-28 系统管理员系统用例

**2. 建立用例规约**

用例图只是在总体上大致描述了系统所提供的各种服务,让用户对系统有一个总体的认识。但对于每一个用例还需要有详细的描述信息,以便让其他人对整个系统有一个更加详细的了解,这些信息包含在用例规约中。用例规约一般没有通用的格式,用例规约最大的要求就是"清晰易懂",但通常来说,用例规约应该包含以下内容。

简要说明(Brief Description):简要介绍该用例的作用和目的。

事件流(Flow of Event):包括基本流和备选流,基本流描述的是用例的基本流程,是指用例"正常"运行时的场景;备选流描述的是用例执行过程中可能发生的异常或偶然情况。基本流和备选流综合起来能够覆盖一个用例所有可能发生的场景。

用例场景(Use-Case Scenario):同一个用例在实际执行的时候会有很多不同的情况发生,称之为用例场景。用例场景就是用例的实例,包括成功场景和失败场景。在用例规约中,由基本流和备选流组合来对场景进行描述。在描述用例的时候要注意覆盖所有的用例场景。此外场景还能帮助测试人员进行测试,帮助开发人员检查是否完成所有的需求。

特殊需求(Special Requirement):描述与该用例相关的非功能性需求(包括性能、可靠性、可用性和可扩展性等)和设计约束(所使用的操作系统、开发工具等)。

前置条件(Pre-Condition):执行用例之前系统必须所处的状态,例如前置条件是要求用户有访问的权限或是要求某个用例必须已经执行完。

后置条件(Post-Condition):用例执行完毕后系统可能处于的一组状态,例如要求在某个用例执行完成后,必须执行某一用例。

由于每一个用例都会对应一个用例规约,为了避免累赘下面以教师登记成绩用例为例说明用例规约的写法。

用例名称:录入学生成绩

参与者：教师

简要说明：本例允许教师提交上学期完成的一门或多门课程学生的成绩。

用例图如图 9-29 所示。

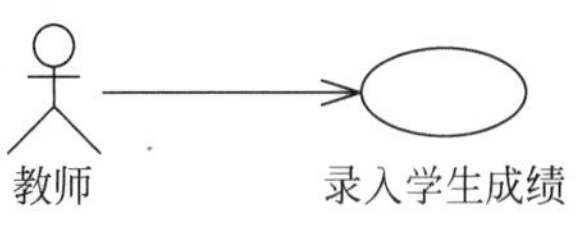


图 9-29 用例图

基本流：

当教师希望提交上学期课程的学生成绩时，本用例开始执行。

(1) 系统显示教师上学期所教的课程列表。

(2) 教师选择所教课程。

(3) 系统检索出已注册此课程的学生列表，显示每个学生及其以前所给的成绩。

(4) 对于列表中的每个学生，教师输入成绩，系统记录所提供课程的学生成绩。如果教师希望跳过某个特定的学生，其相应的成绩可以为空，以后再进行填写。教师可以修改学生的成绩。

备选流：

在主流程中，如果教师在上学期没有教课，系统将显示错误信息，教师接受此信息，用例结束。

特殊需求：无。

前提条件：用例开始之前，教师必须在系统登录成功。

后续条件：如果用例执行成功，所提供课程的学生成绩被更新；否则，系统状态不变。

备注：无。

## 9.3 建立系统分析模型

### 9.3.1 建立静态视图

#### 1. 类图介绍

类图是描述类、接口、协作以及它们之间关系的图，用来显示系统中各个类的静态结构。类图是一种模型类型，确切地说，是一种静态模型类型。一个类图是根据系统中的类以及各个类之间的关系描述系统的静态视图。类不仅显示了系统内信息的结构，也描述了系统内信息的行为。类图中的类可以直接在某种面向对象编程语言中被实现。虽然一个类图仅仅显示的是系统中的类，但是存在一个变量，确定了显示各个类的真实对象实例的位置(对象图)。类图是面向对象系统建模中最常用的图，它是定义其他图的基础，在类图的基础上，可以使用状态图、协作图、组件图和配置图等进一步描述系统其他方面的特性。类图包含 7 个元素：类、接口、协作、依赖关系、泛化关系、关联关系以及实现关系。如图 9-30 所示为类图中的几种模型元素。

对象图中包含对象和链，其中对象是类的特定实例，链是类之间关系的实例，表示对象之间的特定关系，如图 9-31 所示。

对象图所建立的对象模型描述的是某种特定情况，而类图所建立的模型描述的是通用情况。类图与对象图之间的区别如表 9-1 所示。

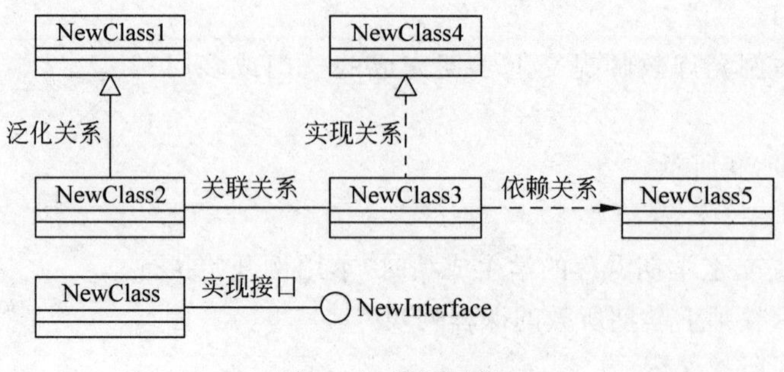


图 9-30 类图示例

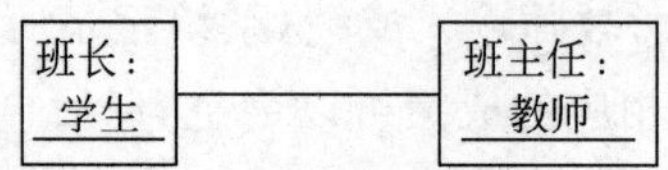


图 9-31 对象图示例

**表 9-1 类图与对象图之间的区别**

| 类 图 | 对 象 图 |
| --- | --- |
| 类图包含 3 部分:类名、属性和操作 | 对象图包含两部分:对象名称和属性 |
| 类名称栏只包含类名 | 对象的名称栏包含对象名和类名 |
| 类的属性栏定义了所有属性的特征 | 对象的属性栏定义了当前值 |
| 类中列出了操作 | 对象图中不包含操作,因为对于属于同一个类的对象而言,其操作是相同的 |
| 类使用了关联连接,关联中使用名称、角色以及约束等特征定义 | 对象使用链连接,链中包含名称和角色 |
| 类是对象的抽象,类不存在多重性 | 对象具有多重性 |

类图用于对系统的静态视图建模,静态视图主要支持系统的功能需求,也就是系统要提供给最终用户的服务。当对系统的静态视图建模时,通常以下面的三种方式之一使用类图。

(1) 对系统的词汇建模。使用 UML 构建系统最先都是构造系统的基本词汇,以描述系统的边界。对系统的词汇建模要做出如下的判断:哪些抽象是建模系统中的一部分,哪些抽象是处于建模系统边界之外的。这是非常重要的一项工作,因为系统最基本的元素在这里被确定。系统分析者可以用类图详细描述这些抽象和它们的职责。

(2) 对简单的协作建模。协作是一些共同工作的类、接口和其他元素的群体,此群体提供的一些合作行为强于所有这些元素的行为之和。现实世界中的事物是普遍联系的,将这些事物抽象成类之后,情况也是如此。因此系统中的类极少有孤立存在的,它们总是与其他的类协同工作,以实现强于单个类的语义。系统分析者可以用类图将这组类以及它们之间的关系进行可视化和详述。

(3) 对逻辑数据库模式建模。在设计数据库时,通常将数据库模式看作为数据库概念设计的蓝图。在很多领域中,都需要在关系数据库或面向对象数据库中存储永久信息,系统分析者可以用类图对这些数据库的模式建模。

## 2. 类图的组成

类图由类、接口等模型元素以及它们之间的关系构成。类图的目的在于描述系统的构成方式,而不是系统如何协作运行。

1) 类

类是面向对象系统组织结构的核心。类是对一组具有相同属性、操作、关系和语义的对象的描述。这些对象包括了现实世界中的物理实体、商业事物、逻辑事物、应用事物和行为事物等,甚至也包括了纯粹概念性的事物,它们都是类的实例。

类定义了一组有着状态和行为的对象。其中,属性和关联用来描述状态。属性通常用没有身份的数据值表示,如数字和字符串。关联则用有身份的对象之间的关系表示。行为由操作来描述,方法是操作的实现。对象的生命期则由附加给类的状态机来描述。

在 UML 中,类用矩形来表示,如图 9-32 所示,并且该矩形被划分为三个部分:名称部分(Name)、属性部分(Attribute)和操作部分(Operation)。其中,顶端的部分存放类的名称,中间的部分存放类的属性、属性的类型及其值,底部的部分存放类的操作、操作的参数表和返回类型。虽然这些部分可以使用像 C++,Java 等编程语言的语法来描述,但实际上,它们的语法是独立于编程语言的。

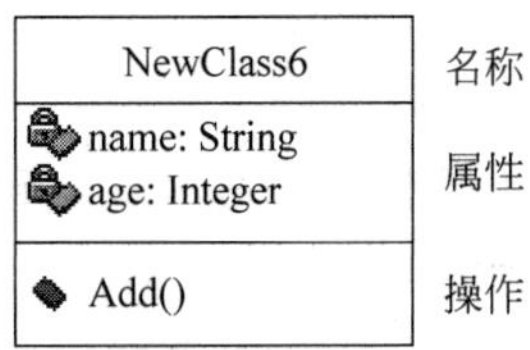

图 9-32 类示例

类在它的包含者内有唯一的名称,这个包含者可能是一个包或另一个类。类对它的包含者来说是可见的,可见性说明它怎样被位于可见者之外的类所利用。类的多重性说明了有多少个实例可以存在,通常情况下,可以有多个(零个或多个,没有明确限制),但在执行过程中一个实例只属于一个类。

(1) 名称

类的名称是每个类中所必有的构成元素,用于同其他类相区分。类的名称应该来自系统的问题域,并且应该尽可能地明确,以免造成歧义。因此,类的名称应该是一个名词,且不应该有前缀或后缀。

(2) 属性

类的属性是类的一个组成部分,也是一个特性,描述了类在软件系统中代表的事物(即对象)所具备的特性,这些特性是所有的对象所共有的。有时属性的值也是一种描述对象状态的方法。类可以有任意数目的属性,也可以没有属性。

**属性的语法为:[可见性]属性名称[:属性类型][=初始值][{属性字符串}]**

属性可以具有不同的可见性。可见性描述了该属性对于其他类是否可见,以及是否可以被其他类引用,而不仅仅是被该属性所在类可见。类中属性的可见性主要包括公有(Public)、私有(Private)和受保护(Protected)三种。

如果类的某个属性具有公有可见性,那么可以在此类的外部使用和查看该属性;如果类的某个属性具有私有可见性,那么不可以从其他类中访问这个属性;另一种可见性是受保护可见性,这种可见性常与泛化和特化一起使用。其他种类的可见性可以由编程语言自己定义,但是公有和私有这两种类型的可见性通常是表达类图所必需的类型。

根据定义,类的属性首先是类的一部分,而且每个属性都必须有一个名字以区别于类中的其他属性。通常情况下属性名由描述所属类的特性的名词或名词短语组成。按照UML的约定,单字属性名小写。如果属性名包含了多个单词,这些单词要合并,且除了第一个单词外其余单词的首字母要大写。

属性具有类型,用来说明该属性是什么数据类型。典型的属性类型有:整型、布尔型、实型和枚举类型,这些称为简单类型。简单类型在不同的编程语言中有不同的定义,但是在UML中,类的属性可以使用任意类型,包括系统中的其他类。当一个类的属性被完整地定义后,它的任何一个对象的状态都由这些属性的特定值所决定。

设定初始值有两个用处:保护系统的完整性,防止漏掉取值或被非法的值破坏系统的完整性;为用户提供易用性。

属性字符串用来指定关于属性的其他信息,例如某个属性应该是永久的。任何希望添加在属性定义字符串值但又没有合适地方可以加入的规则,都可以放在属性字符串里。

(3) 操作

类的操作是对类的对象所能做的事务的抽象,相当于一个服务的实现,且该服务可以由类的任何对象请求以影响其行为。属性是描述类的对象特性的值;操作用于操纵属性或执行其他动作。操作通常称为函数,它们位于类的内部,并且只能应用于该类的对象。一个类可以有任何数量的操作或者根本没有操作。操作由一个返回类型、一个名称以及参数表来描述。其中,返回类型、名称和参数一起被称为操作签名(Signature of the Operation)。操作签名描述了使用该操作所必需的所有信息。

**操作的语法为:[可见性]操作名称[(参数表)][:返回类型][{属性字符串}]**

类中操作的可见性主要包括公有(Public)、私有(Private)、受保护(Protected)和包内公有(Package)4种。其中,只要调用对象能够访问操作所在的包,就可以调用可见性为公有的操作;只有属于同一个类的对象才可以调用可见性为私有的操作;只有子类的对象才可以调用父类的可见性为受保护的操作;只有在同一个包里的对象才可以调用可见性为包内公有的操作。

在实际建模中,操作名是用来描述所属类的行为的动词或动词短语。在UML中,与属性名的表示类似,单字操作名小写。如果操作名包含了多个单词,这些单词要合并,并且除了第一个单词外其余单词的首字母要大写。

参数表是一些按顺序排列的属性定义了操作的输入。参数表是可选的,即操作不一定必须有参数。参数的定义方式采用"名称:类型"的定义方式。如果存在多个参数,则将各个参数用逗号隔开。参数可以具有默认值,这意味着如果操作的调用者没有提供某个具有默认值的参数的值,那么该参数将使用指定的默认值。

返回类型是可选的,即操作不一定必须有返回类型。绝大部分编程语言只支持一个返回值,即返回类型至多一个。虽然没有返回类型是合法的,但是具体的编程语言一般要加一个关键字void来表示无返回值。

如果希望在操作的定义中加入一些除了预定义元素之外的信息,就可以使用属性字符串。

(4) 职责

类图中还可以指明另一种类的信息。在操作部分下面的区域,可以用来说明类的职责。职责是类或其他元素的契约或义务。创建一个类时,同时声明这个类的所有对象具有相同种类的状态和相同种类的行为,在较高层次上,这些相应的属性和操作正是要完成类的职责和特性。类的职责是自由形式的文本,写成一个短语、一个句子或一段短文。

(5) 约束

说明类的职责是消除二义性的一种非形式化的方法,形式化的方法是使用约束。约束指定了该类所要满足的一个或多个规则。在 UML 中,约束是用一个花括号括起来的自由文本,如图 9-33 所示。

(6) 注释

除了上面介绍的属性、操作、职责和约束之外,还可以使用注释为类添加更多的信息,如图 9-34 所示。通常对属性或操作添加一个注释。

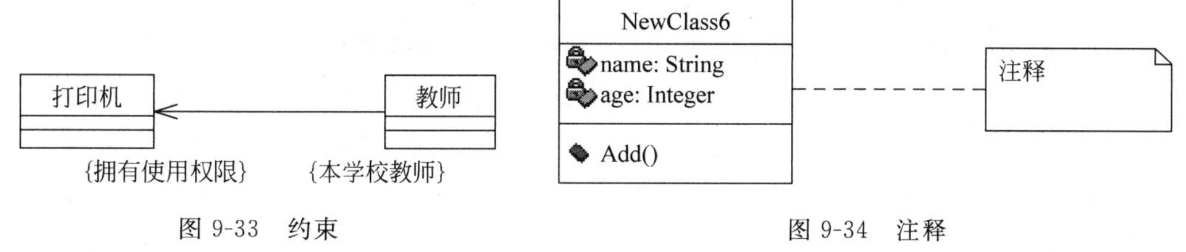


图 9-33 约束　　图 9-34 注释

2) 接口

接口是在没有给出对象的实现和状态的情况下对对象行为的描述。接口包含操作但不包含属性,且它没有对外界可见的关联。一个类可以实现一个或多个接口,且所有的都可以实现接口中的操作。拥有良好接口的类具有清晰的边界,并成为系统中职责均衡分布的一部分。接口仅作为一些抽象操作来描述,也就是说,多个操作签名一起指定一个行为。同时,一个类通过实现接口可以支持该行为。在程序运行的时候,其他对象可以只依赖于此接口,而不需要知道该类的其他任何信息。

在 UML 中,接口是用一个带有名称的小圆圈表示的,并且通过一条实线(实际上是多重性总是为一对一的关联)与它的模型元素相连接,如图 9-35 所示。

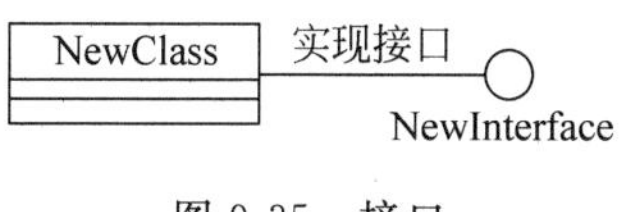


图 9-35 接口

当一个接口是在某个特定类中实现时,使用该接口的类通过一个依赖关系(一条带箭头的虚线)与该接口的小圆圈相连接。这时,依赖类仅依赖于指定接口中的那些操作,而不依赖于接口实现类中的其他部分。如果是依赖于这个类,那么依赖关系的箭头应该指向表示该类的类符号上。依赖类可以调用接口中声明的操作,这些操作在图中并没有直接显示出来。为了显示接口中的操作,接口被指定为一个使用普通类矩形符号的、带有版型的类。接口可以像类那样进行泛化和特化处理。在类图中,接口之间的继承是用类继承所使用的符号显示的。所有接口都有版型<<interface >>。

3) 类之间的关系

类之间的关系最常用的有 4 种,分别是表示类之间使用关系的依赖关系(Dependency);表示类之间一般和特殊关系的泛化关系(Generalization);表示对象之间结构关系的关联关系(Association);表示类中规格说明和实现之间关系的实现关系(Realization)。

(1) 依赖关系

依赖表示两个或多个模型元素之间语义上的关系。它只将模型元素本身连接起来而不需要用一组实例来表达它的意思。它表示了这样一种情形,对于一个元素(提供者)的某些改变可能会影响或提供消息给其他元素(客户),即客户以某种形式依赖于其他类元。实际建模时,类元之间的依赖关系表示某一类元以某种形式依赖于其他类元。

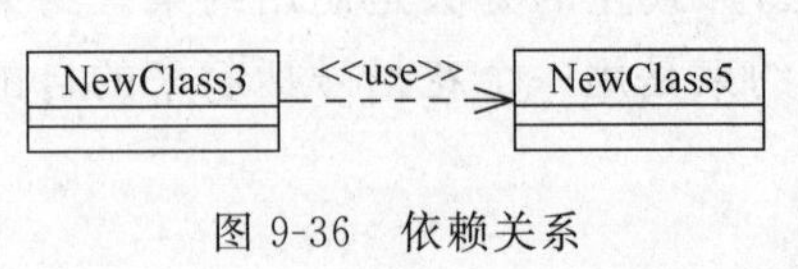


图 9-36　依赖关系

根据这个定义,关联、实现和泛化都是依赖关系,但是它们有更特别的语义,所以在 UML 中被分离出来作为独立的关系。在 UML 中,依赖用一个从客户指向提供者的虚箭头表示,用一个版型的关键字来区分它的种类,如图 9-36 所示。

UML 定义了 4 种基本依赖类型,分别是使用(Usage)依赖、抽象(Abstraction)依赖、授权(Permission)依赖和绑定(Binding)依赖。

使用依赖都是非常直接的,通常表示客户使用提供者提供的服务以实现它的行为。表 9-2 列出了 5 种使用依赖关系。其中,使用依赖是类中最常用的依赖。在实际建模中,3 种情况下产生使用依赖:客户类的操作需要提供者类的参数;客户类的操作返回提供者类的值;客户类的操作在实现中使用提供者类的对象。使用的版型包括调用和实例。在实际建模中,调用依赖和参数依赖较少被使用。发送依赖规定客户把信号发送到非指定的目标,实例化依赖则规定客户创建目标元素的实例。

**表 9-2　使用依赖关系说明**

| 依赖关系 | 功　能 | 关键字 |
|---|---|---|
| 使用 | 声明使用一个模型元素需要用到已存在的另一个模型元素,这样才能正确实现使用者的功能(包括了调用、实例化、参数和发送) | Use |
| 调用 | 声明一个类调用其他类的操作的方法 | Call |
| 参数 | 声明一个操作和它的参数之间的关系 | Parameter |
| 发送 | 声明信号发送者和信号接收者之间的关系 | Send |
| 实例化 | 声明用一个类的方法创建了另一个类的实例 | Instantiate |

抽象依赖用来表示客户与提供者之间的关系,依赖于在不同抽象层次上的事物。表 9-3 列出了三种抽象依赖关系。

**表 9-3　抽象依赖关系说明**

| 依赖关系 | 功　能 | 关键字 |
|---|---|---|
| 跟踪 | 声明不同模型中的元素之间存在一些连接,但不如映射精确 | Trace |
| 精化 | 声明具有两个不同语义层次上的元素之间的映射 | Refine |
| 派生 | 声明一个实例可以从另一个实例导出 | Derive |

跟踪依赖是对不同模型中元素的连接的概念表述,通常这些模型是开发过程中不同阶段的模型。跟踪缺少详细的语义,它特别用来追溯跨模型的系统要求和跟踪模型中会影响其他模型的模型所起的变化。

精化是表示位于不同的开发阶段或处于不同的抽象层次中的一个概念的两种形式之间的关系。这并不意味着两个概念会在最后的模型中共存,它们中的一个通常是另一个的未完善的形式。原则上,在较不完善到较完善的概念之间有一个映射,但这并不意味着转换是自动的。通常,更详细的概念包含着设计者的设计决定,而决定可以通过许多途径来制定。原则上讲,带有偏移标记的对一个模型的改变可被另一个模型证实。

授权依赖表示一个事物访问另一个事物的能力。提供者通过规定客户的权限,可以控制和限制对其内容访问的方法。表 9-4 所示列出了三种授权依赖关系。

**表 9-4 授权依赖关系说明**

| 依赖关系 | 功　　能 | 关键字 |
|---|---|---|
| 访问 | 允许一个包访问另一个包的内容 | Access |
| 导入 | 允许一个包访问另一个包的内容并为被访问包的组成部分增加别名 | Import |
| 友元 | 允许一个元素访问另一个元素,不管被访问的元素是否具有可见性 | Friend |

绑定依赖是较高级的依赖类型,用于绑定模板以创建新的模型元素。绑定是将数值分配给模板的参数。它是具有精确语义的高度结构化的关系,可通过取代模板备份中的参数实现。表 9-5 所示列出了一种绑定依赖关系。

**表 9-5 绑定依赖关系说明**

| 依赖关系 | 功　　能 | 关键字 |
|---|---|---|
| 绑定 | 为模板参数指定值,以生成一个新的模型元素 | Bind |

(2) 泛化关系

泛化关系是一种存在于一般元素和特殊元素之间的分类关系。其中,特殊元素与一般元素兼容,且还包含附加的信息。那些允许使用一般元素的地方都可以用特殊元素的一个实例来代替,但是反过来则不成立。泛化可以用于类、用例以及其他模型元素。

虽然实例间接地受到类型的影响,但是泛化关系只使用在类型上,而不是实例上。如一个类可以继承另一个类,但是一个对象不能继承另一个对象。泛化关系描述了“is a kind of”(是……的一种)的关系。例如,彩色电视机、黑白电视机都是电视机的一种,汽车是交通工具的一种。在类中,一般元素被称作超类或父类,而特殊元素被称作子类。

在 UML 中,泛化关系用一条从子类指向父类的空心三角箭头表示,如图 9-37 所示。多个泛化关系可以用箭头线组成的树型来表示,每一个分支指向一个子类。

泛化有两个主要用途。

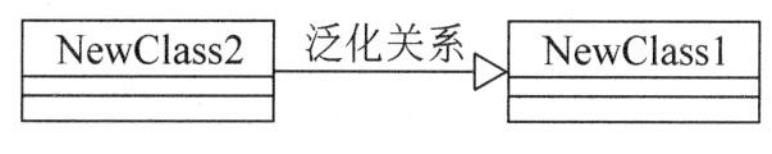


图 9-37 泛化关系

第一个用途是用来定义:当一个变量被声明承载某个给定类的值时,可使用类的实例作为值,这被称作可替代性原则(由 BarbaraLiskov 提出)。该原则表明无论何时祖先被声明了,则后代的一个实例可以被使用。例如,如果父类电视机被声明,那么一个彩色电视机或黑白电视机的对象就是一个合法的值。

泛化使得多态操作成为可能,即操作的实现是由它们所使用的对象的类,而不是由调用者确定的。这是因为一个父类可以有许多子类,每个子类都可实现定义在类整体集中的同一操作的不同变体。例如,彩色电视机和黑白电视机会有所不同,它们中的每一个都是父类电视机的变形。

第二个用途是在共享祖先所定义的成分的前提下,允许它自身定义增加的描述,这被称作继承。继承是一种机制,通过该机制,类的对象的描述从类及其祖先的声明部分聚集起来。继承允许描述的共享部分只被声明一次,而不是在每个类中重复声明并使用它,这种共享机制减小了模型的规模。更重要的是,它减少了为了模型的更新而必须做的改变和意外的前后定义不一致。对于其他成分,如状态、信号和用例,继承通过相似的方法起作用。如果一个类只有一个父类,称作单继承;如果一个类有多个父类,并且从每一个父类中都得到了继承信息,称作多重继承。

(3) 关联关系

关联关系是一种结构关系,它指明一个事物的对象与另一个事物的对象之间的联系。也就是说,关联描述了系统中对象或实例之间的离散连接。关联的任何一个连接点都叫作关联端,与类有关的许多信息都附在它的端点上。在 UML 中,关联关系用一条连接两个类的实线表示。

最普通的关联是二元关联。关联的实例之一是链,每个链由一组对象(一个有序列表)构成,每个对象来自于相应的类,其中二元链包含一对对象。有时同一个类在关联中出现不止一次,这时一个单独的对象就可以与自己关联。

除了关联的基本形式之外,还有 6 种应用于关联的修饰,分别是名称、角色、多重性、聚合和导航性。

关联可以有一个名称,用来描述关系的性质。通常情况下,使用一个动词或动词短语来命名关联,以表明源对象在目标对象上执行的动作。名称以前缀或后缀一个指引阅读的方向指示符以消除名称含义上可能存在的歧义,方向指示符用一个实心的三角形箭头表示。

关联的名称并不是必需的,只有在需要明确地给关联提供角色名,或一个模型存在很多关联且要查阅、区别这些关联时,才有必要给出关联名称。

角色是关联关系中一个类对另一个类所表现出来的职责。当类出现在关联的一端时,该类就在关联关系中扮演一个特定的角色。角色的名称是名词或名词短语,以解释对象是如何参与关系的。

约束是 UML 三大扩展机制之一,多重性是其中的一种约束,也是使用最广泛的约束。关联的多重性是指有多少对象可以参与该关联,多重性可以用来表达一个取值范围、特定值、无限定的范围或一组离散值。

在 UML 中,多重性被表示为用“..”分隔开的区间,其格式为 minimum..maximum。其中,minimum 和 maximum 都是整数。赋给一个端点的多重性表示该端点可以有多少个对象与另一个端点的一个对象关联。多重性值和含义如表 9-6 所示。

**表 9-6 多重性值和含义**

| 修饰符 | 语义 | 修饰符 | 语义 |
|---|---|---|---|
| 0 | 恰为 0 个 | 1 | 恰为 1 |
| 0…1 | 0 或 1 | 1…$n$ | 1 或更多 |
| 0…$n$ | 0 或更多 | $n$ | 无穷多个 |

聚合关系是一种特殊类型的关联,它表示整体与部分关系的关联。简单地说,关联关系中一组元素组成了一个更大、更复杂的单元,这种关联关系就是聚合。聚合关系描述了 has a 的关系。在 UML 中,聚合关系用带空心菱形头的实线来表示,其中头部指向整体。大学

是由多个学院组成的，所以在“大学”和“学院”这两个类之间是聚合的关系。

组合关系是聚合关系中的一种特殊情况，是更强形式的聚合，又被称为强聚合。在组合中，成员对象的生命周期取决于聚合的生命周期，聚合不仅控制着成员对象的行为，而且控制着成员对象的创建和解构。在UML中，组合关系用带实心菱形头的实线来表示，其中头部指向整体，如图9-38所示。从图9-39中可以看出，NewClass2和NewClass3不能脱离NewClass1对象而独立存在，如果组合被破坏，则其中的成员对象不会继续存在。

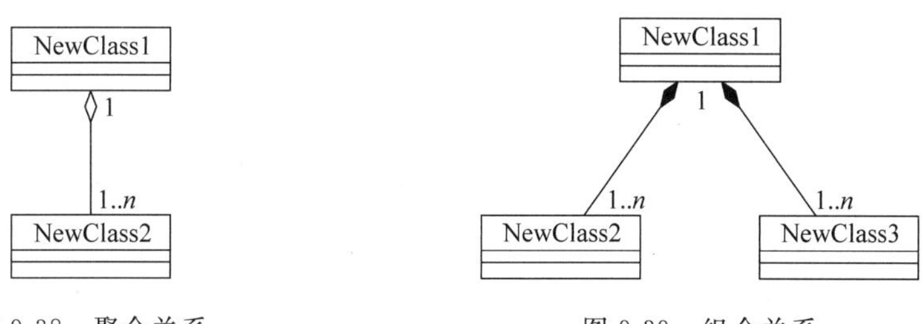


图9-38　聚合关系　　　　图9-39　组合关系

导航性描述的是一个对象通过链（关联的实例）进行导航访问另一个对象，即对一个关联端点设置导航属性意味着本端的对象可以被另一端的对象访问。可以在关联关系上加箭头表示导航方向。只在一个方向上可以导航的关联称为单向关联（Unidirectional Association），用一条带箭头的实线来表示，在两个方向上都可以导航的关联称为双向关联（Bidirectional Association），用一条没有箭头的实线来表示。另外，使用导航性可以降低类间的耦合度，这也是好的面向对象分析与设计的目标之一。

（4）实现关系

实现是规格说明和其实现之间的关系，它将一种模型元素与另一种模型元素连接起来，比如类和接口。虽然实现关系意味着要具有接口一样的说明元素，但是也可以用一个具体的实现元素来暗示它的说明必须被支持。例如，实现关系可以用来表示类的一个优化形式和一个简单低效的形式之间的关系。

泛化和实现关系都可以将一般描述与具体描述联系起来。泛化将同一语义层上的元素连接起来，并且通常在同一模型内。实现关系则将不同语义层内的元素连接起来，通常建立在不同的模型内。在不同发展阶段可能有两个或更多的类等级存在，这些类等级的元素通过实现关系联系在一起。等级之间不需要具有相同的形式，因为实现的类可能具有实现依赖关系，而这种依赖关系与具体类是不相关的。

实现关系通常在两种情况下被使用：在接口与实现该接口的类之间；在用例以及实现该用例的协作之间。

在UML中，实现关系的符号与泛化关系的符号类似，用一条带指向接口的空心三角箭头的虚线表示，如图9-40所示。

实现关系还有一种省略的表示方法，即将接口表示为一个小圆圈，并和实现接口的类用一条线段连接，如图9-41所示。

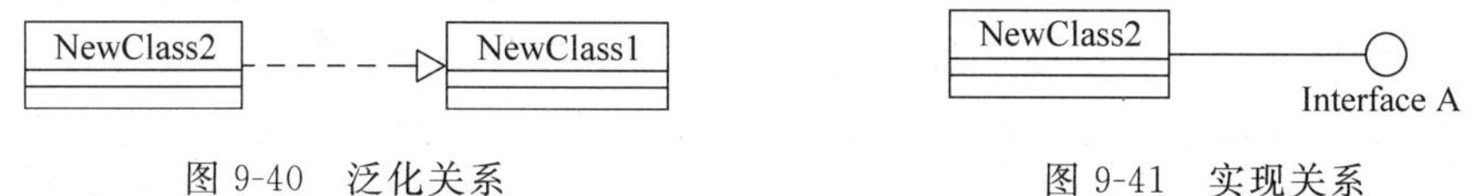


图9-40　泛化关系　　　　图9-41　实现关系

1. 分析类介绍

类的版型有多种,其中三种版型属于分析类。前面的章节中已经提及分析类,分析类是从业务需求向系统设计转化过程中最为重要的元素。在官方定义中,分析类代表“系统中具备职责和行为的事物”的初期概念模型,分析类是系统的原型类,如果希望获得系统的“高级”概念性简述,则可对分析类本身进行维护。分析类将最终演进为设计模型中的类和子系统。

分析类主要包括边界类、控制类和实体类。如图 9-42 所示。下面将分别介绍这几种分析类。

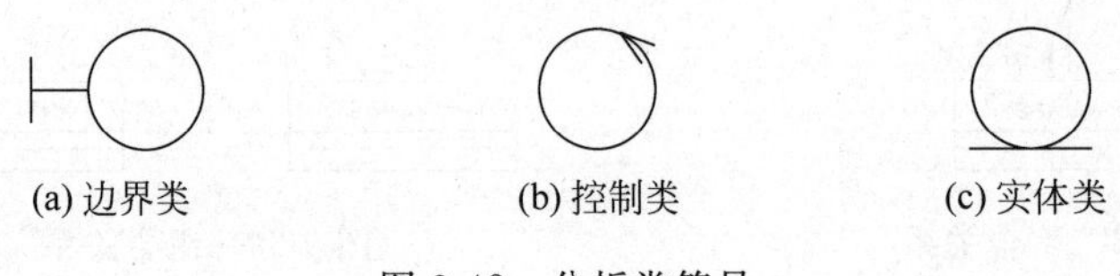


图 9-42 分析类符号

1) 边界类(Boundary)

边界类是一种用于对系统外部环境与其内部运作之间的交互进行建模的类,一般用图 9-42(a)所示的符号表示。这种交互包括转换事件,并记录系统表示方式(例如接口)中的变更。

边界类对系统中依赖于环境的那些部分进行建模,而实体类和控制类对独立于系统外部环境的那部分进行建模。因此如果更改用户界面,将只需要更改边界类,对实体类和控制类则毫无影响。

由于明确了系统的边界,边界类能帮助人们更容易地理解系统。常见的边界类有用户窗口、通信协议、打印机接口、传感器和终端等。通常用户窗口就是一个边界类对象。

边界类常用于以下场景。

参与者与用例之间应当建立边界类。例如参与者通过一组网页来使用用例的功能。用例与用例之间如果有交互,应当为其建立边界类。相当于一个门面模式。如果用例与系统边界之外的非人对象有交互,例如第三方系统,应当为其建立边界类。如网关、SOA组件。

在相关联的业务对象有明显的独立性要求,即可能在各自的领域内发展和变化,但又希望互不影响时,也应当为其建立边界类。

2) 控制类(Control)

控制类用于对一个或几个用例所特有的控制行为进行建模,一般用图 9-42(b)所示的符号表示。控制对象(控制类的实例)通常控制其他对象,因此它们的行为具有协调性质。控制类来源于对用例场景中行为的定义,也就是说控制类来源于用例场景中动作的分析和定义。

控制类的行为与特定用例的实现密切相关。在很多场景下,控制类掌握着用例的实现。但是,如果用例任务之间联系很紧密,有些控制类需要参与多个用例。一般对每个用例实现确定一个控制类,在确定了更多的用例实现并发现更多的共性后,再对其进行改进。因为控制类能够表示系统的动态行为,处理主要的任务和控制流,所以它们可以帮助理解系统。需要注意的是控制类并不能处理用例需要执行的一切事务。相反，它是用来协调其他对象的活动的。

3）实体类(Entity)

实体类是用于对必须存储的信息和相关行为建模的类，一般用图 9-42(c)所示的符号表示。实体对象用于保存和更新一些现象的有关信息。实体类源于业务模型中的业务实体，很多时候可以直接把业务实体转化为实体类，例如学生选课就可以直接转换为课程信息、选课单这些实体类。

为了便于理解，我们将三种分析类汇总如表 9-7 所示。

**表 9-7　3 种分析类的比较**

| 分析类版型 | 定　义 | 确 定 方式 | 举　例 |
|---|---|---|---|
| 边界类 | 用于对系统外部环境与其内部运作之间的交互进行建模的类 | 通过用例图确定，每一个 Actor/Use Case 对至少一个边界类，但不是对应唯一一个 | 用户窗口、系统接口 |
| 控制类 | 对一个或几个用例所特有的控制行为进行建模的类。控制其他类工作的类 | 每个用例图通常一个控制类，控制用例中的事件顺序，也可以在多个用例图中共用。发出许多消息 | 选课、录入成绩 |
| 实体类 | 对必须存储的信息和相关行为建模的类 | 通过事件流和交互图发现。通常每个实体类在数据库中有对应表，类属性即为表字段 | 学生、课程 |

### 2. 分析类图

分析类的确定来源于对用例图的分析。那么如何发现分析类呢？我们以学生选课为例来说明分析类的发现过程。

学生选课，首先要登录选课系统并进入选课界面。根据分析类中边界类的定义，我们可以将系统选课栏目界面定义为学生选课中的边界类，如图 9-43 所示。在整个选课过程中，学生将一直与此边界类发生交互。

同时从学生选课用例来看，期间发生的主要动作就是选课。那么从控制类的定义出发，找到学生选课的动词“选课”。很容易就可以找到控制类为选课，如图 9-44 所示。

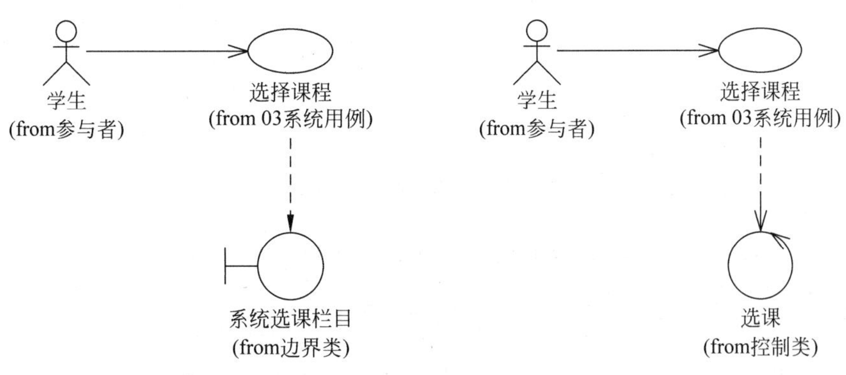


图 9-43　发现边界类　　　图 9-44　发现控制类

接着我们对选课用例进一步分析，在选课过程中，学生需要使用的信息是课程信息。那么学生需要首先能查看到课程信息，接着根据课程信息，学生选择希望上的课程，最后提交选课单。可以从中发现一个动作和两笔单据，动作为查看课程，单据为课程信息单和选课单。

从上面的分析可以得到从选课这一用例中发现如图 9-45 所示的分析类。

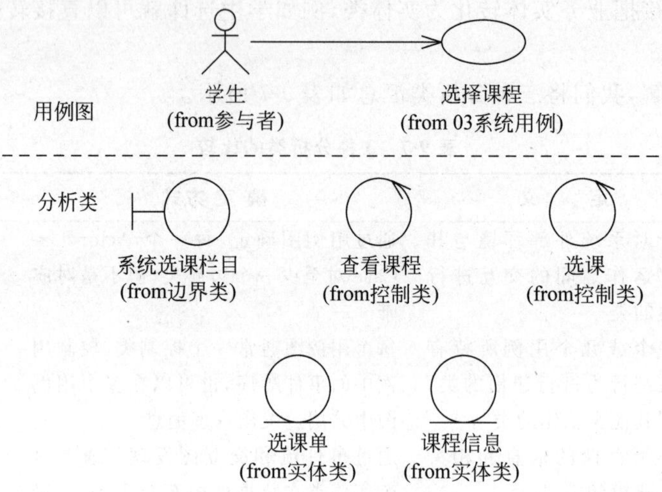


图 9-45　用例图中发现的分析类

接下来根据需求分析阶段获得的系统用例图，可以创建如图 9-46 所示的分析类图。

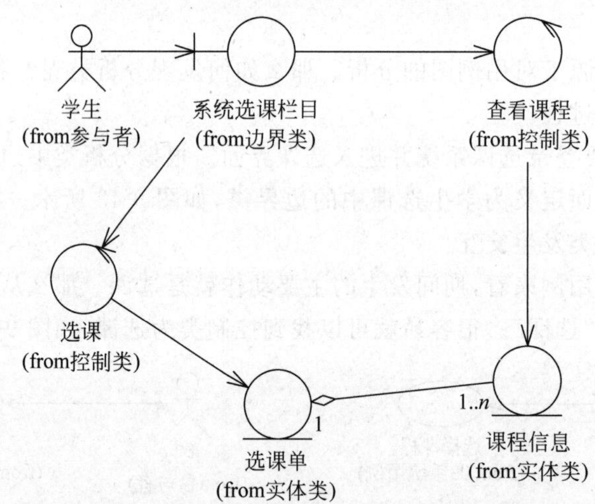


图 9-46　学生选课分析类图

同样，我们对教师课程录入用例进行，得到如图 9-47 所示的分析类图。

### 3. 包图

包图是一种维护和描述系统总体结构模型的重要建模工具，通过对图中各个包以及包之间关系的描述，展现出系统模块间的依赖关系等。包图一般用图 9-48 所示符号表示。

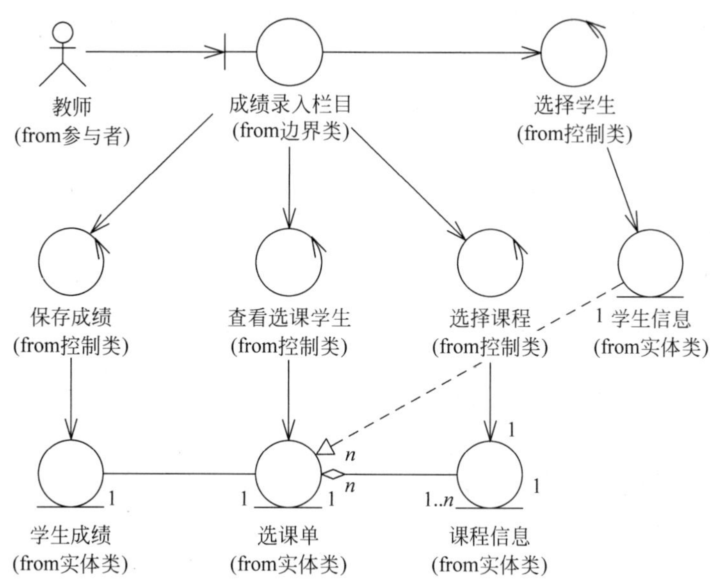


图 9-47 教师录入成绩分析类图

包是包图中最重要的概念。包在 UML 中用类似于文件夹的符号表示的模型元素的组合。系统中的每个元素都只能为一个包所有，一个包可嵌套在另一个包中。使用包图可以将相关元素归入一个系统。一个包中可包含附属包、图表或单个元素。

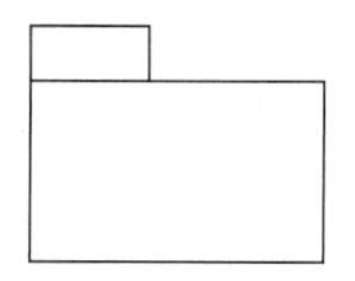

图 9-48 包图符号

包对自身所包含的内部元素的可见性也有定义，使用关键字 Private、Protected 或 Public 来表示。Private 定义的私有元素对包外部元素完全不可见；Protected 定义的被保护的元素只对那些与包含这些元素的包有泛化关系的包可见；Public 定义的公共元素对所有引入的包以及它们的后代都可见。通常一个包不能访问另一个包的内容，包是不透明的，除非它们被访问或引入依赖关系才能打开。

包也有不同的版型，表现为不同类型的包，如模型、子系统和系统等。模型是从某一个视角观察到的对系统进行完全描述的包。它对其他包没有很强的依赖关系，如实现依赖或继承依赖。跟踪关系表示某些连接的存在，是不同模型元素之间的一种较弱形式的依赖关系，不需要特殊的语义说明。各种模型的包图形式如图 9-49 所示。

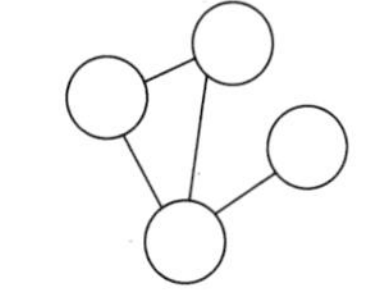

Business Analysis Model A

Business Use Case Model B

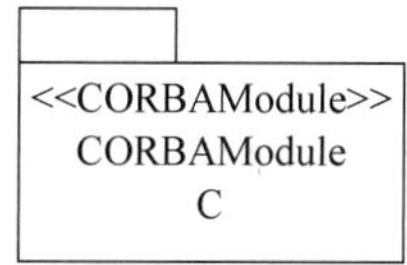


图 9-49 包图的模型版型

子系统是有单独的说明和实现部分的包。它表示具有对系统其他部分存在干净接口的连贯模型单元，通常按照一定的功能要求或实现要求对系统进行操作。子系统使用具有版型关键字 subsystem 的包表示。子系统的表示形式如图 9-50 所示。

系统是组织起来以完成一定目的的连接单元的集合,由一个高级子系统建模,该子系统间接包含共同完成现实世界目的的模型元素的集合。一个系统通常可以用一个或多个视点的不同模型描述。其中业务系统的表示形式如图 9-51 所示。

图 9-50 包图的子系统版型　　图 9-51 包图的业务系统版型

从严格意义上讲,包图并非是正式的 UML 图,但实际上它们是很有用处的,创建一个包图的目标如下。

(1) 描述需求的高阶概况。包有两种特殊形式,分别为业务分析模型和业务用例模型,可以通过包来描述系统的高阶业务需求。

(2) 描述设计的高阶概况。可以通过设计包来组织业务设计模型,描述设计的高阶概况。

在逻辑上把一个复杂的系统模块化:包图的基本功能就是通过合理规划自身功能反映系统的高层架构,在逻辑上将系统进行模块化分解。

(3) 组织源代码。包最终还是用来组织源代码的方式。

包图是所有视图中最自由,约束最小的一种。除了特定的版型外,包几乎可以用在任何阶段,任何层次。在本例中,我们用包图来管理整个系统分析过程,如图 9-52 所示。

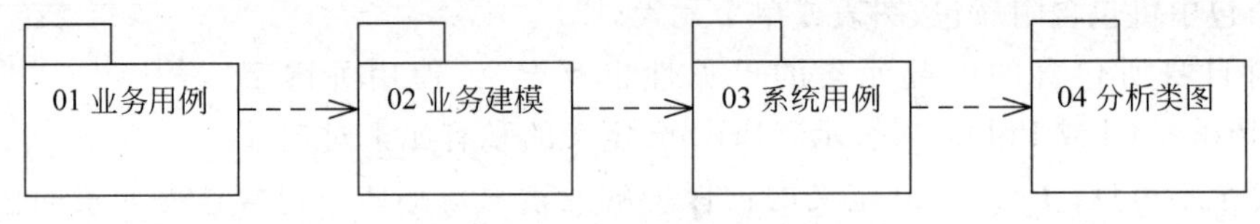


图 9-52 系统分析过程

## 9.3.2 建立动态视图

动态视图是用来描述事物动态行为的。动态视图是不能独立存在的,它必须特指一个静态视图或 UML 元素,说明在静态视图规定的事物结构下它们的动态行为。所以动态视图是对静态视图的补充和完善。接下来将分别介绍动态视图中的序列图、协作图、状态图和活动图。

### 1. 序列图

1) 序列图的基本概念

序列图(Sequence Diagram)描述了对象之间传送消息的时间顺序,它用来表示用例中的行为顺序。序列图从一定程度上更加详细地描述了用例表达的需求。序列图的目的在于描述系统中各个对象按照时间顺序的交互过程。

在介绍序列图前,需要先了解一个概念——交互(Interaction)。交互是指具体语境中由为实现某个目标的一组对象之间进行交互的一组消息所构成的行为。一个结构良好的交互过程类似于算法,简单、易于理解和修改。UML 提供的交互机制通常为两种情况进行建模，为系统的动态方面进行建模和为系统的控制过程进行建模。在面向动态行为建模时，该机制通过描述一组相关联、彼此相互作用的对象之间的动作序列和配合关系，以及这些对象之间传递、接收的消息来描述系统为实现自身的某个功能而展开的一组动态行为。在面向控制流进行建模时，可以针对一个用例、一个业务操作过程、系统操作过程、整个系统。描述这类控制问题的着眼点是消息在系统内如何按照时间顺序被发送、接收和处理的。

序列图和下面将要提到的协作图都是交互图，并且彼此等价。序列图用于表现一个交互，该交互是一个协作中的各种类元角色间的一组消息交换，侧重于强调时间顺序。

在 UML 中，序列图将交互关系表示为二维图。其中，纵轴是时间轴，时间沿竖线向下延伸。横轴代表了在协作中各个独立的对象。当对象存在时，生命线用一条虚线表示，当对象的过程处于激活状态时，生命线是一个双道线。消息用从一个对象的生命线到另一个对象生命线的箭头表示。箭头以时间顺序在图中从上到下排列。

序列图作为一种描述在给定语境中消息是如何在对象间传递的图形化方式，建模过程中可以将其用途分为以下三个方面。

(1) 确认和丰富一个使用语境的逻辑表达。一个系统的使用环境就是系统潜在的使用方式的描述，也就是它的名称所要描述的。一个使用环境的逻辑可能是一个用例的一部分或是一条控制流。

(2) 细化用例的表达。序列图的主要用途就是把用例表达的需求转化为进一步、更加正式层次的精细表达。用例常常被细化为一个或更多的序列图。

(3) 有效地描述如何分配各类的职责以及各类具有相同职责的原因。可以根据对象之间的交互关系来定义类的职责，各个类之间的交互关系构成一个特定的用例。

2) 序列图的组成

序列图由对象、生命线、激活和消息等构成。下面将对这些对象进行介绍。

(1) 对象

序列图中对象的符号和对象图中对象所用的符号一样，都是使用矩形将对象名称包含起来，并且对象名称下有下划线，将对象置于序列图的顶部意味着在交互开始的时候对象就已经存在了，如果对象的位置不在顶部，那么表示对象是在交互的过程中被创建的。在分析模型中，序列图的对象用分析类来表示。这样更容易对分析类图中元素的关系进行表达，如图 9-53 所示。

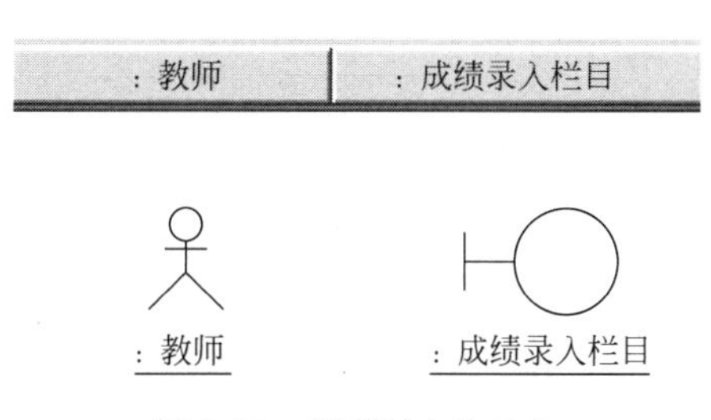


图 9-53 序列图中的对象

(2) 生命线

生命线是一条垂直的虚线，表示序列图中的对象在一段时间内的存在。每个对象的底部中心的位置都带有生命线。生命线是一个时间线，从序列图的顶部一直延伸到底部，所用的时间取决于交互持续的时间。对象与生命线结合在一起称为对象的生命线，对象的生命线包含矩形的对象图标以及图标下面的生命线，如图 9-54 所示。

(3) 消息

消息定义的是对象之间某种形式的通信，它可以激发某个操作、唤起信号或导致目标对象的创建或撤销。消息序列可以用两种图来表示：序列图和协作图。其中，序列图强调消

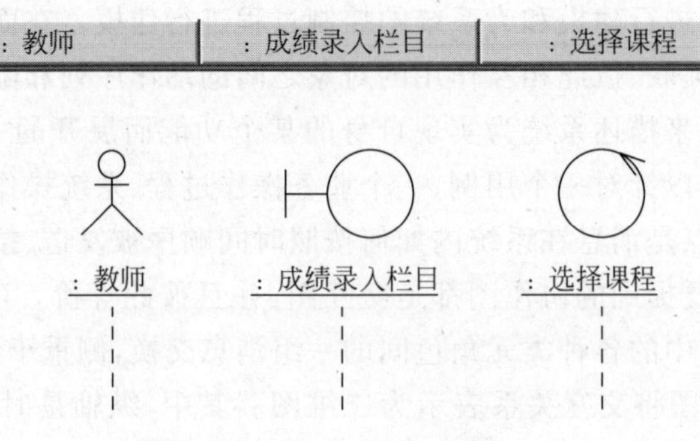


图 9-54 序列图中的生命线

息的时间顺序,而协作图强调交换消息的对象间的关系。

消息是两个对象之间的单路通信,从发送方到接收方的控制信息流。消息可以用于在对象间传递参数。消息可以是信号,即明确的、命名的、对象间的异步通信;也可以是调用,即具有返回控制机制的操作的同步调用。

在 UML 中,消息使用箭头来表示,箭头的类型表示了消息的类型,表 9-8 列出了序列图中常用的消息符号。

**表 9-8 序列图中常用的消息符号**

| 符 号 | 名 称 | 含 义 |
|---|---|---|
| → | ObjectMessage | 两个对象之间的普通消息,消息在单个控制线程中运行 |
| ⤺ | MessagetoSelf | 对象的自身消息 |
| ⇢ | ReturnMessage | 返回消息 |
| → | ProcedureCall | 两个对象之间的过程调用 |
| ⇀ | AsynchronousMessage | 两个对象之间的异步消息,即客户发出消息后不管消息是否被接收,继续做别的事情 |

消息的使用方式如图 9-55 所示。其中消息箭头所指的方向为接收方,需要注意的是消息在生命线中所处的位置并不是消息发生的准确时间,只是一个相对位置。若一个消息位于另一个消息的上方,只说明它先于另一个消息发送。

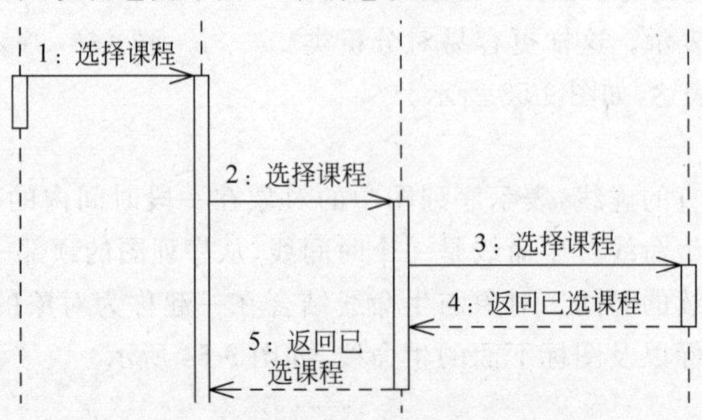


图 9-55 序列图中的消息

（4）激活

序列图可以描述对象的激活和去激活。激活表示该对象被占用以完成某个任务，去激活指的是对象处于空闲状态，在等待消息。在 UML 中，为了表示对象是激活的，可以将对象的生命线拓宽成为矩形，如图 9-56 所示。其中的矩形称为激活条或控制期，对象就是在激活条的顶部被激活的。对象在完成自己的工作后被去激活，这通常发生在一个消息箭头离开对象生命线的时候。

图 9-56　序列图中的激活

3）序列图应用

下面将制作学生选课系统的序列图。

学生选课序列图如图 9-57 所示。

学生选课的序列图说明如下。

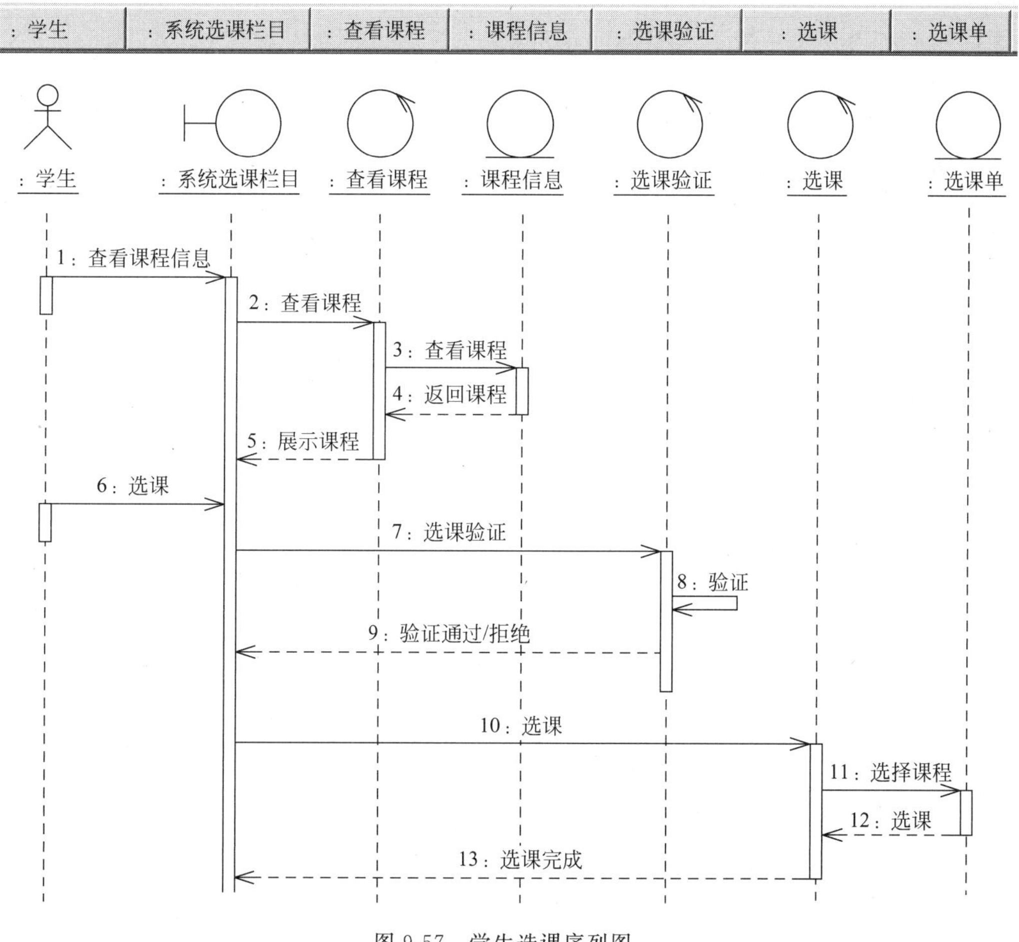


图 9-57　学生选课序列图

（1）学生登录系统后，进入系统选课栏目。查看新学期的开课信息。

（2）查看课程的消息由边界类传给控制类。

（3）控制类将查看课程的消息传给课程信息实体类。

（4）实体类将查询的结果传给控制类。

（5）控制类将查询结果传给边界类，查询结果在系统选课栏目中展现给学生。

(6) 学生从课程列表中选择要选择希望参加的课程。

(7) 边界类将选课信息传给控制类,进行课程验证。

(8) 控制类对课程进行验证。

(9) 控制类将验证结果返回给边界类。

(10) 若课程通过验证,边界类向控制类发出选课的消息。

(11) 控制类将消息传递给实体类选课单。

(12) 选课成功后,选课单将选课结果返回给控制类。

(13) 控制类将选课结果反馈给边界类,学生选课成功。

教师录入成绩序列图如图 9-58 所示。

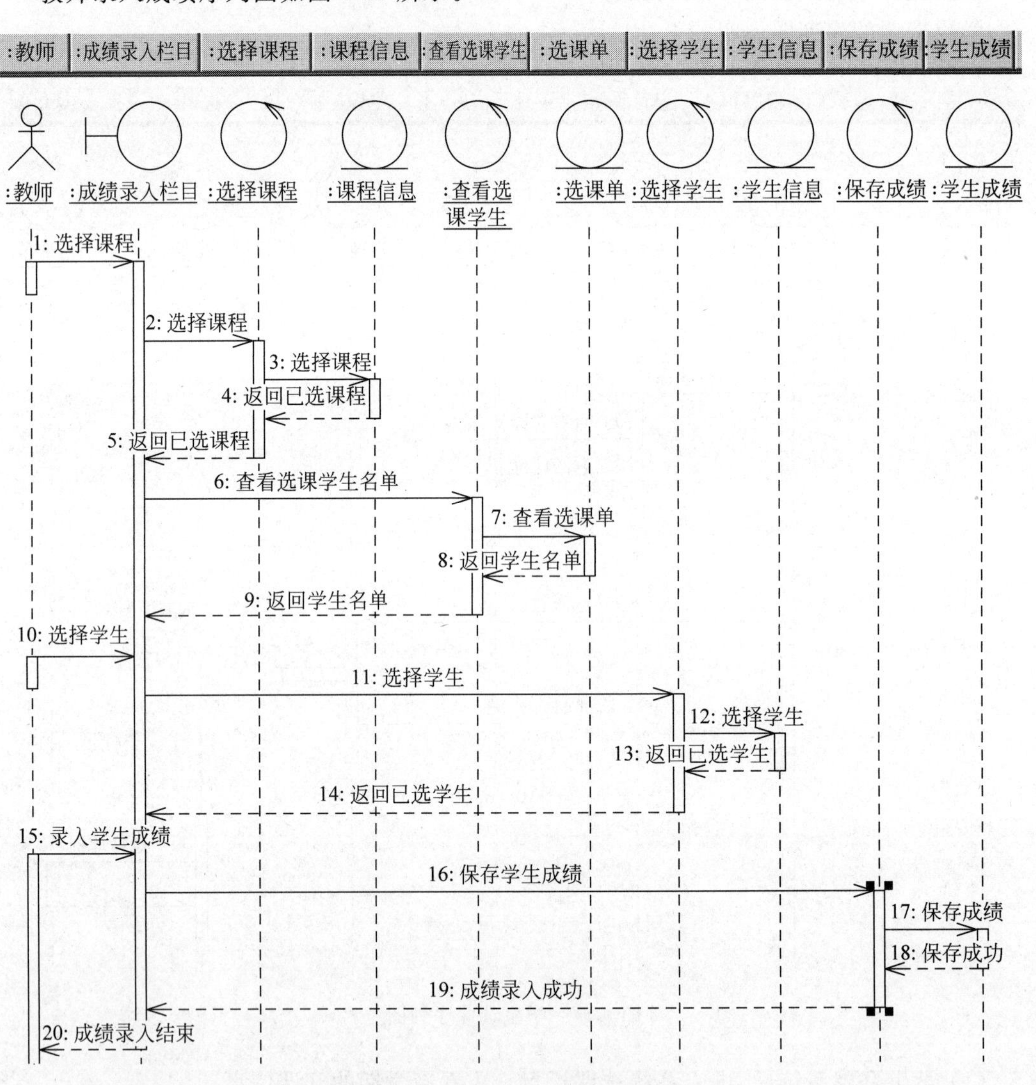


图 9-58 教师录入成绩序列图

教师录入成绩的序列图说明如下。

(1) 教师登录系统后,在成绩录入栏目中选择要录入成绩的课程。

(2) 边界类将选择课程消息传给控制类。

(3) 控制类将选课消息传给实体类课程信息。

(4) 课程信息将选择的课程信息反馈给控制类。

(5) 控制类将消息返回给边界类,教师得知课程已经选择。

(6) 边界类将查看已选课学生名单的消息传给控制类。

(7) 控制类将查看已选课学生名单的消息传给实体类选课单。

(8) 从选课单中找到学生名单后,将该消息传给控制类。

(9) 控制类将选课学生名单传给边界类,边界类将名单展示给教师。

(10) 教师根据名单,选择要录入成绩的学生。

(11) 边界类将选择学生的消息传给控制类。

(12) 控制类将选择学生的消息传给实体类学生信息。

(13) 实体类学生信息选择该学生后,将结果反馈给控制类。

(14) 控制类将已选学生反馈给边界类,教师看到已选学生。

(15) 教师在成绩录入栏目中录入该学生成绩。

(16) 边界类将该学生成绩消息传给控制类。

(17) 控制类将消息传给实体类学生成绩,并保存成绩。

(18) 学生成绩保存后,实体类将保存成功的消息传给控制类。

(19) 控制类将消息传给边界类,告知教师成绩录入成功。

(20) 成绩录入成功。

### 2. 协作图

1) 协作图基本概念

协作图是序列图之外另一种表示交互的方法。与序列图描述随着时间交互的各种信息不同,协作图描述的是和对象结构相关的信息。协作图的一个用途是表示类操作的实现。协作图可以说明类操作中用到的参数、局部变量以及操作中的永久链。当实现一个行为时,消息编号对应了程序中嵌套的调用结构和信号传递过程。

协作图作为一种在给定语境中描述协作中各对象之间的组织交互关系的空间组织结构的图形化方式,在使用其进行建模时,可以将其作用分为三个方面。

(1) 通过描绘对象之间消息的传递情况来反映具体的使用语境的逻辑表达。一个使用情境的逻辑可能是一个用例的一部分或是一条控制流。

(2) 显示对象及其交互关系的空间组织结构。协作图显示了在交互过程中各个对象之间的组织交互关系以及对象彼此间的链接。与序列图不同的是,协作图显示的是对象间的关系,并不侧重于交互的顺序,它没有将时间作为一个单独的维度,而是使用序号来确定消息的顺序。

(3) 表现一个类操作的实现。协作图可以说明类操作中使用到的参数、局部变量以及返回值等。

2) 协作图的组成

协作图是由对象、消息和链等构成。协作图通过各个对象之间的组织交互关系以及对象彼此之间的连接,表达对象之间的交互。

(1) 对象

协作图与序列图中对象的概念是一样的。一个协作代表为了完成某个目标而共同工作的一组对象。对象的角色表示一个或一组对象在完成目标过程中所起的作用。不过在协作图中,无法表示对象的创建和撤销,所以对象在图中的位置没有限制。

(2) 消息

协作图中的消息类型与序列图中的相同,只不过为了说明交互过程中消息的时间顺序,需要给消息添加顺序号。顺序号是消息的一个数字前缀,是一个整数,由1开始递增,每个消息都必须有唯一的顺序号。可以通过点表示法代表控制的嵌套关系。与序列图相比,协作图可以显示更为复杂的分支。

(3) 链

协作图中链的符号和对象图中链所用的符号是一样的,即一条连接两个类角色的实线。链是两个或多个对象之间的独立连接,是对象引用元组,是关联的实例。在协作图中,关联角色是与具体的语境有关的暂时的类元之间的关系,关系角色的实例也是链,其寿命受限于协作图的长短。

3) 序列图与协作图比较

序列图与协作图描述的主要元素都是两个,即消息和类角色。实际上,这两种图极为相似,在 RationalRose 中提供了在两种图之间进行切换的功能。

序列图和协作图之间的相同点主要有三个。

(1) 规定责任。两种图都直观地规定了发送对象和接收对象的责任。将对象确定为接收对象,意味着为此对象添加一个接口。而消息描述成为接收对象的操作特征标记,由发送对象触发该操作。

(2) 支持消息。两种图都支持所有的消息类型。

(3) 衡量工具。两种图还是衡量耦合性的工具。耦合性被用来衡量模型之间的依赖性,通过检查两个元素之间的通信,可以很容易地判断出它们的依赖关系。如果查看对象的交互图,就可以看见两个对象之间消息的数量以及类型,从而简化或减少消息的交互,以提高系统的设计性能。

序列图和协作图之间有如下区别。

协作图的重点是将对象的交互映射到它们之间的链上,即协作图以对象图的方式绘制各个参与对象,并且将消息和链平行放置。这种表示方法有助于通过查看消息来验证类图中的关联或者发现添加新的关联的必要性,但是序列图却不把链表示出来。在序列图的对象之间,尽管没有相应的链存在,但也可以随意绘制消息,不过这样做的结果是有些逻辑交互根本就不可能实际发生。

序列图可以描述对象的创建和撤销的情况。新创建的对象可以被放在对象生命线上对应的时间点,而在生命线结束的地方放置一个大写的 X 以表示该对象在系统中不能再继续使用。而在协作图中,对象要么存在要么不存在,除了通过消息描述或约束,没有其他的方法可以表示对象的创建或结束。但是由于协作图所表现的结构被置于静止的对象图中,所以很难判断约束什么时候有效。

序列图还可以表现对象的激活和去激活情况,但对于协作图来说,由于没有对时间的描述,所以除了通过对消息进行解释,它无法清晰地表示对象的激活和去激活情况。

4）协作图应用

由于协作图和序列图有着紧密的联系，在制作过程中有很多相似的地方。在此不再赘述。在 RationalRose 当中，序列图和协作图是可以互换的。打开序列图后，在菜单中选择 Browse|Go To Collaboration Diagram 即可生成相应的协作图，如图 9-59 所示。

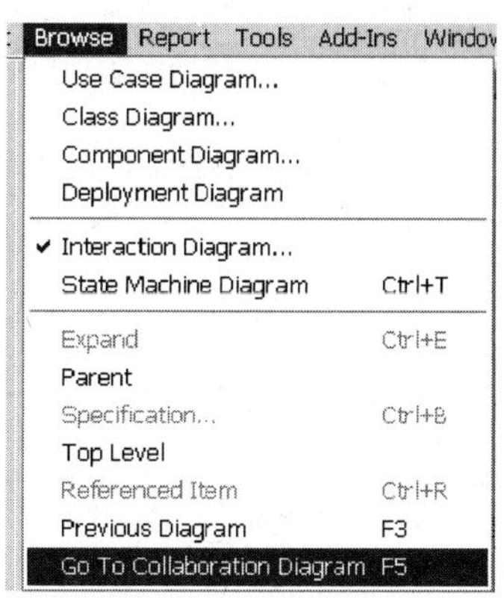


图 9-59 Rational Rose 中序列图转换为协作图

（1）学生选课的协作图（图 9-60）

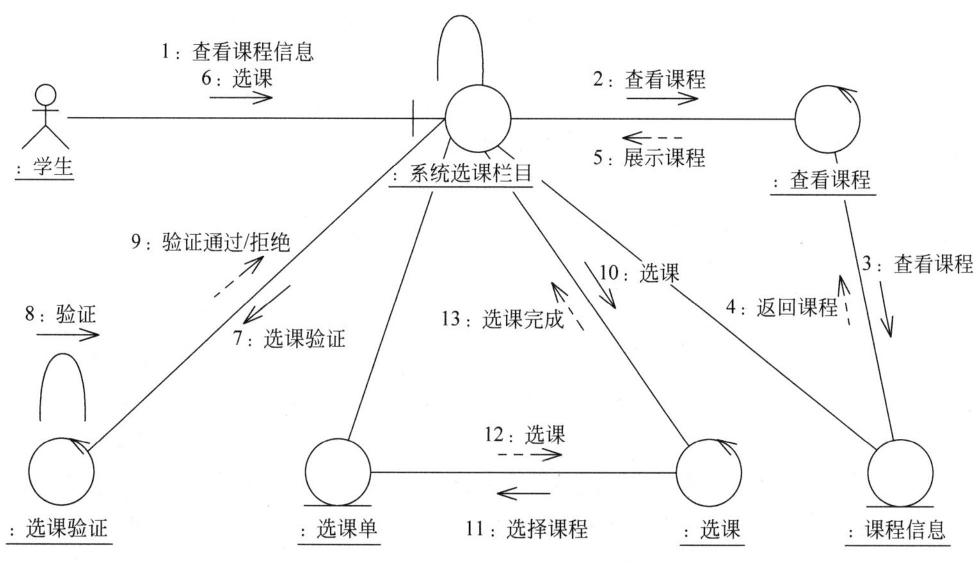


图 9-60 学生选课协作图

（2）教师录入成绩的协作图（图 9-61）

### 3. 状态图

1）状态图基本概念

状态图是系统分析的一种常用工具，它通过建立类对象的生存周期模型来描述对象随时间变化的动态行为。由于系统中对象的状态变化最易发现和理解，所以在系统建模中最先考虑的不是基于活动之间的控制流，而是基于状态之间的控制流。

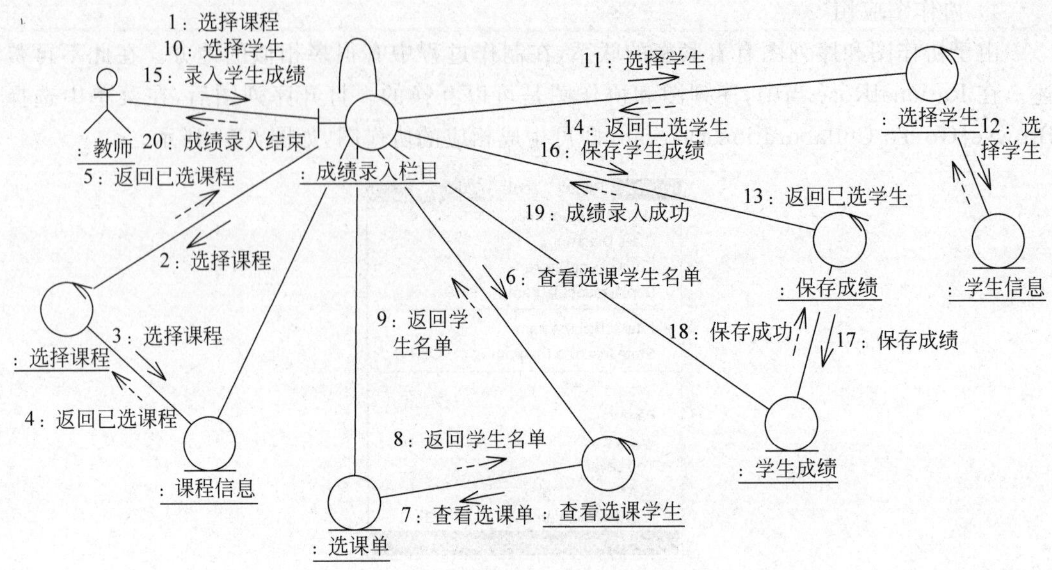


图 9-61 教师录入成绩协作图

在认识状态图之前需要先了解一下状态机的概念。状态机是展示状态与状态转换的图，在计算机科学中，状态机的使用非常普遍。在编译技术中通常用有限状态机描述词法分析过程，在操作系统的进程调度中，通常用状态机描述进程的各个状态之间的转化关系。此外，在面向对象分析与设计中，对象的状态、状态的转换、触发状态转换的事件、对象对事件的响应(即事件的行为)都可以用状态图来描述。

UML 用状态机对软件系统的动态特征建模。通常一个状态机依附于一个类，并且描述一个类的实例(即对象)。状态机包含了一个类的对象在其生命期间所有状态的序列以及对象对接收到的事件所产生的反应。

利用状态机可以精确地描述对象的行为：从对象的初始状态起，开始响应事件并执行某些动作，这些事件引起状态的转换；对象在新的状态下又开始响应状态和执行动作，如此连续进行直到终结状态。状态机由状态、转换、事件、活动和动作 5 部分组成。

状态表示一个模型在其生存期内的状况，如满足某些条件、执行某些操作或等待某些事件。一个状态的生存期是有限的一个时间段。转换表示两个不同状态之间的联系，事件可以触发状态之间的转换。事件是在某个时间产生的，可以触发状态转换的，如信号、对象的创建和销毁、超时和条件的改变等。活动是在状态机中进行的一个非原子的执行，由一系列动作组成。动作是一个可执行的原子计算，它导致状态的变更或者返回一个值。

状态机不仅可以用于描述类的行为，也可以描述用例、协作和方法甚至整个系统的动态行为。

一个状态图表示一个状态机，主要用于表现从一个状态到另一个状态的控制流。它不仅可以展现一个对象拥有的状态，还可以说明事件(如消息的接收、错误、条件变更等)如何随着时间的推移来影响这些状态。

状态图由表示状态的节点和表示状态之间转换的带箭头的直线组成，如图 9-62 所示。

若干个状态由一条或者多条转换箭头连接，状态的转换由事件触发。模型元素的行为可以由状态图中的一条通路表示，沿着此通路状态机随之执行了一系列动作。

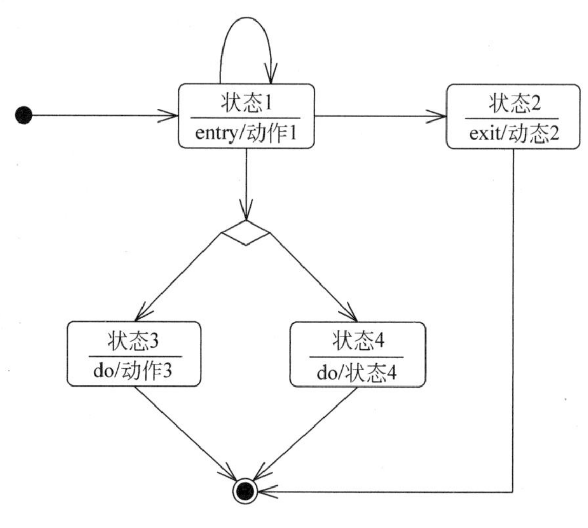


图 9-62 状态图示例

(1) 状态

状态用于对实体在其生命周期中的各种状况进行建模，一个实体总是在有限的一段时间内保持一个状态。状态由一个带圆角的矩形表示，状态的描述包括状态名、入口、出口动作、内部转换和嵌套动作。

状态名称表示状态的名字，通常用字符串表示。一个状态的名称在状态图所在的上下文中应该是唯一的，不过，状态允许匿名。一个状态可以有或者没有入口和出口动作。入口和出口动作分别指的是进入和退出一个状态时所执行的“边界”动作。在内部转换中可以包含进入或者走出此状态应该执行的活动或动作，它们将响应对象所接收到的事件，但是不改变对象的状态。状态图中的状态有两种：一种是简单状态，简单状态不包含其他状态；一种是组合状态，组合状态是包含子状态的状态。在组合状态的嵌套状态图部分包含的就是此状态的子状态。

(2) 转换

在 UML 状态图中，转换用带箭头的直线表示，一端连接源状态，即转出的状态，箭头一端连接目标状态，即转入的状态。转换可以标注与此转换相关的选项，如事件、动作和监护条件等。

(3) 初始状态

每个状态图都应该有一个初始状态，此状态代表状态图的起始位置。初始状态只能作为转换的源，而不能作为转换的目标。起始状态在一个状态图中只允许有一个，用一个实心的圆表示。

(4) 终止状态

终止状态是模型元素的最后状态，是一个状态图的终止点。终止状态只能作为转换的目标，而不能作为转换的源。终止状态在一个状态图中可以有多个，它用一个含有实心圆的空心圆表示。

(5) 判定

判定处在状态图中这样一个位置。工作流在此处按监护条件的取值而发生分支。判定用空心小菱形表示。因为监护条件为布尔表达式,所以通常条件下的判定只有一个入转换和两个出转换。根据监护条件的真假可以触发不同的分支转换。

2) 状态图的作用

如果一个系统的事件个数比较少并且事件的合法顺序比较简单,那么状态图的作用看起来就没有那么明显。但是对于一个有很多事件并且事件顺序复杂的系统,如果没有一个好的状态图,就很难保证程序没有错误。

状态图的作用体现在以下几个方面。

(1) 状态图清晰地描述了状态之间的转换顺序,通过状态的转换顺序可以清晰看出事件的执行顺序。

(2) 清晰的事件顺序有利于程序员在开发程序时避免出现事件错序的情况,例如在学生选课系统中,若学生没有登录系统就不能进行选课。这就要求程序员在开发过程中加以限制。

(3) 状态图清晰地描述了状态转换时所必须触发的事件、监护条件和动作等影响转换的因素,有利于程序员避免程序中非法事件的进入。

状态图通过判定可以更好地描述工作流因为不同的条件发生的分支。

3) 状态图的组成

下面将对状态图中的各种组成要素进行介绍。

(1) 状态

状态是状态图的重要组成部分,它描述了状态机所建模对象的动态行为产生的结果。状态描述了一个类对象生命期中的一个时间段,它建模的对象包括:在某些方面性质相似的一组对象值;对象等待一些事件发生时的一段时间;对象执行持续活动时的一段时间等。状态可以分为简单状态和组成状态。简单状态指的是不包含其他状态的状态,简单状态没有子结构,但它可以具有内部转换、进入动作、退出动作等。

在复杂应用中,当状态机出于某种特定的状态时,状态机描述的对象行为仍可以用一个状态机描述。组成状态可以使用"与"关系分解为并发子状态,或者通过"或"关系分解为互相排斥的顺序子状态。因此,嵌套的子状态可能是顺序子状态,也可能是并发子状态。如果包含顺序子状态的组成状态是活动的,则只有一个子状态是活动的;如果包含并发子状态的组成状态是活动的,则与它正交的所有子状态都是活动的。组成状态的一个入转换代表对其嵌套子状态区域内的初始状态的入转换;对嵌套子状态区域内的终结状态的转换代表包含它的组成状态的相应活动的完成。

除此以外,状态还包括状态名、内部转换、入口和出口动作、历史状态等。

一个状态需要一个状态名以识别不同的状态,虽然状态可以匿名,但是为方便起见,最好为状态取一个以字符串构成的名字。状态的名字通常放在状态图标的顶部。

内部转换只有源状态而没有目标状态,因此转换激发的结果并不改变状态本身。如果一个内部转换带有动作,动作也要被执行,但是由于没有状态改变发生,因此不需要执行入口和出口动作。内部转换和自转换不同,虽然两者都不改变状态本身,但是自转换会激发入口动作和出口动作的执行,而内部转换却不会。有时候状态向自身转换时,并不需要入口动作和出口动作,这时候就要用到内部转换。例如某个聊天状态的入口动作是验证密码,出口动作是清空聊天记录，如果用户在聊天状态下只想改变除密码外的个人信息的话，那么就可以使用内部转换，不触发入口动作和出口动作的执行。

入口动作和出口动作表示进入或退出某个状态所要执行的动作。入口动作用“entry/要执行的动作”表达，而出口动作用“exit/要执行的动作”表达。这些动作的目的是封装这个状态，这样就可以不必知道状态的内部状态而在外部使用它。

当状态机通过转换从某种状态转入组成状态时，此转换的目的可能是这个组成状态的子状态。转到子状态时，被嵌套的子状态机一般要从子初始状态进行，除非转到特定的子状态。但是有些情况下，当离开一个组成状态重新进入此状态时不希望从它的子初始状态开始执行，而是希望直接进入上次离开组成状态时的最后一个子状态，在这种情况下就要用到历史状态。历史状态代表上次离开组成状态时的最后一个活动子状态，它用一个包含字母H的小圆圈表示。每当转换到组成状态的历史状态时，对象便恢复到上次离开该组成状态时的最后一个活动子状态，并执行入口动作。

(2) 事件

事件表示在某一特定的时间或空间出现的能够引发状态改变的运动变化，如接收到的从一个对象对另一个对象发送的信号、某些值的改变或一个时间段的终结。事件是一个激励的出现，它定义一个触发子以触发对象改变其状态，任何影响对象的事物都可以是事件。事件有多种，大致可分为入口事件、出口事件、动作事件、信号事件、调用事件、修改事件、时间事件和延迟事件等。

入口事件表示一个入口的动作序列，它在进入状态时执行。入口事件的动作是原子的，并且先于人和内部活动或转换。

出口事件表示一个出口的动作序列，它在退出状态时执行。出口事件也是原子的，它跟在所有的内部活动之后，但是先于所有的出口转换。

动作事件也称为“do事件”，它表示对一个嵌套状态机的调用。与动作事件相关的活动必定引用嵌套状态机，而非引用包含它的对象的操作。

信号是两个对象之间的通信媒介，信号的接收是信号接收对象的一个事件。信号分为异步单路通信和双路通信。在异步单路通信中，发送者是独立的，它不必等待接收者处理信号。在双路通信模型中，至少在每个方向上都要有一个信号，这就是所谓的多信号。在信号事件中，发送者和接收者可以是同一个对象。

调用事件是一个对象对调用的接收，这个对象用状态的转换而不是用固定的处理过程实现操作。调用事件至少涉及两个以上的对象，一个对象请求调用另一个对象的操作。对调用者来说，一旦调用的接收对象通过由事件触发的转换完成了对调用事件的处理或调用失败，而没有进行任何状态转换，则控制返回到调用对象。调用事件既可以为同步调用，也可以为异步调用。如果调用者需要等待操作的完成，则是同步调用，否则是异步调用。

修改事件依靠特定属性值的布尔表达式所表示的条件的满足来触发状态的转换。它表示了一种具有时间持续性的并且可能是涉及全局的计算过程，测试修改事件的代价可能很大，因为原则上修改事件是持续不断的。监护条件与修改事件的区别在于监护条件只是在引起转换的触发器事件触发时和事件接收者对事件进行处理时被赋值一次，而修改事件则可以被多次赋值直到条件为真，多次赋值满足条件后转换也会被激发。

时间事件代表时间的流逝。时间事件既可以被指定为绝对形式(天数)，也可以被指定为相对形式(从某一指定事件发生开始所经历的时间)。时间事件可以描述一个通知信息，自进入状态以来某个时间期限已到，时间事件就会激发状态的转换。

延迟事件是在本状态不处理，要推迟到另外一个状态才处理的事件。通常，在一个状态生存期出现的事件若不被立即响应就会丢失。但是，这些未立即触发转换的事件可以放在一个内部的延迟事件队列中，等待需要时触发或者撤销。如果一个转换依赖一个存在于内部延迟事件队列中的事件，则事件立即触发转换；如果存在多个转换，则内部延迟事件队列中的第一个事件将有优先触发相应转换的权利。

(3) 转换

转换表示当一个特定事件发生或者某些条件得到满足时，一个源状态下的对象在完成一定的动作后将发生状态转变，转向另一个称之为目标状态的状态。当发生转换时，转换进入的状态为活动状态，转换离开的状态变为非活动状态。

转换通常分为外部转换、内部转换、完成转换和复合转换 4 种。一个转换一般包括 5 部分的信息：源状态、目标状态、触发事件、监护条件和动作。

外部转换是一种改变对象状态的转换，它是最常见的一种转换。外部转换用从源状态到目标状态的箭头表示。

内部转换有一个源状态但是没有目标状态，它转换后的状态仍旧是它本身。内部转换的激发规则和改变状态的外部转换的激发规则相同，如果一个内部转换带有动作，动作也要被执行。内部转换用于对不改变状态的插入动作建立模型，例如建立帮助信息。内部转换自始至终都不离开本状态，所以没有出口或入口事件，也就不执行入口和出口动作。内部转换和入口动作或出口动作采用相似的表示方法。

完成转换又称为自转换，完成转换没有标明触发器事件的转换是由状态中活动的完成引起的，还是自然而然地完成的转换。完成转换也可以带一个监护条件，这个监护条件在状态中的活动完成时被赋值，而非活动完成后被赋值。

复合转换由简单转换组成，这些简单转换通过分支判定、分叉或接合组合在一起。前文曾提到由判定参与的转换就是复合转换。

状态机描述了对象的具有事件驱动的动态行为，对象动作的执行、状态的改变都是以特定事件的发生为前提的，触发事件就是能够引起状态转换的事件。触发事件可以是信号、调用和时间段等。

转换可能具有一个监护条件，监护条件是触发转换必须满足的条件，它是一个布尔表达式。当事件被触发时，监护条件被赋值。如果布尔表达式的值为真，那么转换被触发；如果布尔表达式的值为假，则不会引起转换。监护条件只能在触发事件发生时被赋值一次，如果在转换发生后监护条件才由假变为真，那么转换也不会被触发。从一个状态引出的多个转换可以有同样的触发器事件，但是每个转换必须具有不同的监护条件。当其中一个监护条件满足时，触发器事件会引起相应的转换，监护条件应该确保一个触发器事件的发生能够引起某些转换。

动作是一组可执行语句或者计算处理过程。动作可以包括发送消息给另一个对象、操作调用、设置返回值、创建和销毁对象等。动作也可以是一个动作序列，即一系列简单的动作的组合。动作是原子的，不可中断的，动作或动作序列的执行不会被同时发生的其他动作影响或终止。动作的执行时间非常短，与外界事件所经历的时间相比是可以忽略的，因此，在动作的执行过程中不能再插入其他事件。整个系统可以在同一时间执行多个动作。动作在它的控制线程中是原子性的，一旦开始执行就必须执行到底并且不能与同时处于活动状态的动作发生交互作用。与系统处理外部事件所需要的反应时间相比，动作的执行过程应该简洁到能做出实时响应。

表 9-9 列出了 UML 中的各种动作。

**表 9-9　UML 中的各种动作**

| 动作种类 | 描　述 | 语　法 |
|---|---|---|
| 赋值 | 对一个变量赋值 | Target：=expression |
| 调用 | 调用对目标对象的一个操作，等待操作执行结束，并且可能有一个返回值 | Opnamc(arg,arg) |
| 创建 | 创建一个新的对象 | NewCname(arg,arg) |
| 销毁 | 销毁一个对象 | Object. destroy() |
| 返回 | 为调用者制定返回值 | returnvalue |
| 发送 | 创建一个信息实例并将其发送到目标对象或一组目标对象 | Sname(arg,arg) |
| 终止 | 对象的自我销毁 | Terminate |
| 不可中断 | 用语言说明的动作，如条件和迭代 | [语言说明] |

4）状态图应用

状态图一般用于对系统中的某些对象，比如类、用例和系统的行为建模。建模的时候要找出对象所处的状态、触发状态改变的动作，以及对象状态改变时应执行的动作。具体的建模步骤如下。

（1）找出适合用模型描述其行为的类。

（2）确定对象可能存在的状态。

（3）确定引起状态转换的事件。

（4）确定转换进行时对象执行的相应动作。

（5）对建模的结果进行相应的精化和细化。

下面对学生选课系统中的状态进行分析，获得状态图如图 9-63 和图 9-64。

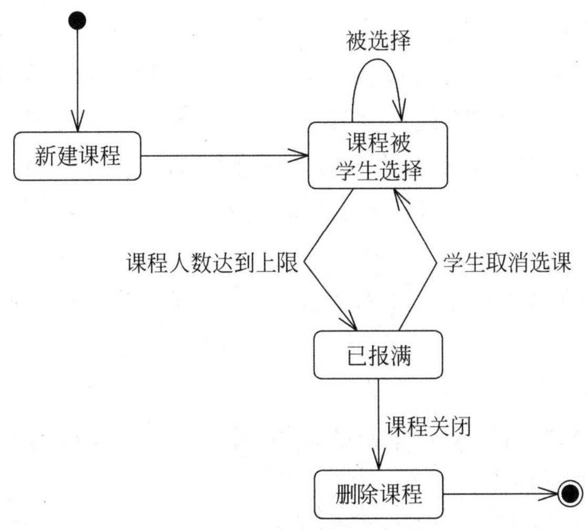


图 9-63　课程状态图

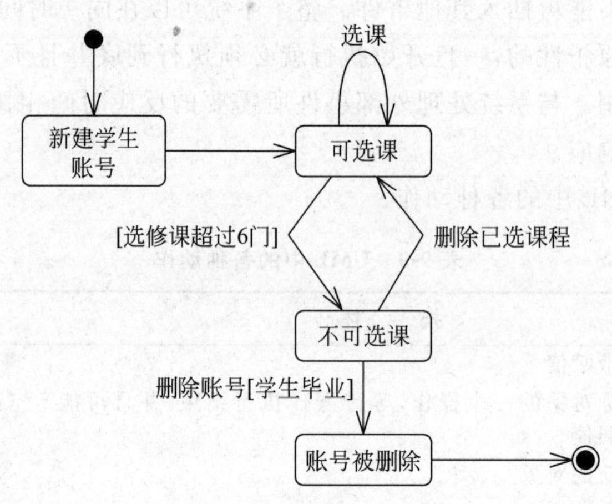


图 9-64　学生状态图

**4. 活动图**

1）活动图基本概念

活动图是 UML 用于对系统的动态行为建模的另一种常用工具，它描述活动的顺序，展现从一个活动到另一个活动的控制流。活动图在本质上是一种流程图。

活动是某件事情正在进行的状态，既可以是现实生活中正在进行的某一项工作，也可以是软件系统某个类对象的一个操作。活动在状态机中表现为由一系列动作组成的非原子的执行过程。虽然活动图与状态图都是状态机的表现形式，但是两者还是有本质区别。活动图着重表现从一个活动到另一个活动的控制流，是内部处理驱动的流程；而状态图着重描述从一个状态到另一个状态的流程，主要有外部事件的参与。

虽然活动图描述系统使用的活动、判定点和分支，看起来和流程图没什么两样，并且传统的流程图所能表示的内容，大多数情况下也可以使用活动图表示，但是两者是有区别的。活动图与流程图的区别如下。

(1) 流程图着重描述处理过程，它的主要控制结构是顺序、分支和循环，各个处理过程之间有严格的顺序和时间关系；而活动图描述的是对象活动的顺序关系所遵循的规则，它着重表现的是系统的行为，而非系统的处理过程。

(2) 活动图能够表示并发活动的情形，而流程图不能。

(3) 活动图是面向对象的，而流程图是面向过程的。

2）活动图的组成

UML 的活动图中包含的图形元素有动作状态、活动状态、动作流、分支与合并、分叉与汇合、泳道和对象流等。

(1) 动作状态

动作状态是指执行原子的、不可中断的动作，并在此动作完成后通过完成转换转向另一个状态。动作状态有如下特点。

- 动作状态是原子的，它是构造活动图的最小单位，已经无法分解为更小的部分。

- 动作状态是不可中断的，它一旦开始运行就不能中断，一直运行到结束。
- 动作状态是瞬时的行为，它所占用的处理时间极短，有时甚至可以忽略。
- 动作状态可以有入转换，入转换既可以是动作流，也可以是对象流。动作状态至少有一条出转换，这条转换以内部动作的完成为起点，与外部事件无关。
- 动作状态和状态图中的状态不同，它不能有入口动作和出口动作，更不能有内部转移。
- 在一张活动图中，动作状态允许多处出现。

在 UML 中动作状态使用平滑的圆角矩形表示，如图 9-65 所示。

(2) 活动状态

活动状态用于表达状态机中的非原子的运行。活动状态的特点如下。

- 活动状态可以分解成其他子活动或动作状态，由于它是一组不可中断的动作或操作的组合，所以可以被中断。
- 活动状态的内部活动可以用另一个活动图来表示。
- 和动作状态不同，活动状态可以有入口动作和出口动作，也可以有内部转移。
- 动作状态是活动状态的一个特例，如果某个活动状态只包括一个动作，那么它就是一个动作状态。

虽然和动作状态有诸多不同，活动状态的表示图标却和动作状态相同，都是平滑的圆角矩形。稍有不同的是活动状态可以在图标中给出入口动作和出口动作等信息，如图 9-66 所示。

图 9-65 状态　　图 9-66 活动状态

(3) 动作流

与状态图不同，活动图的转换一般都不需要特定事件的触发。一个动作状态执行完本状态需要完成的动作后会自发转换到另外一个状态。一个活动图有很多动作或者活动状态，活动图通常开始于初始状态，然后自动转换到活动图的第一个动作状态，一旦该状态的动作完成后，控制就会不加延迟地转换到下一个动作状态或者活动状态。转换不断重复进行，直到碰到一个分支或者终止状态为止。所有动作状态之间的转换流称之为动作流。

与状态图的转换相同，活动图的转换也用带箭头的直线表示，箭头的方向指向转入的方向。

(4) 分支与合并

动作流一般会自动进行控制转换，直到遇到分支。分支在软件系统流程中很常见，它一般用于表示对象类所具有的条件行为。一个无条件的动作流可以在一个动作状态的动作完成后自动触发动作状态的转换以激发下一个动作状态，而有条件的动作流则需要根据条件，即一个布尔表达式的真假来判定动作的流向。条件行为用分支和合并表达。

在活动图中分支与合并用空心小菱形表示。分支包括一个入转换和两个带条件的出转换,出转换的条件应当是互斥的,这样可以保证只有一条出转换能够被触发。合并包括两个带条件的入转换和一个出转换,合并表示从对应的分支开始的条件行为的结束。分支与合并的示意图如图 9-67 所示。

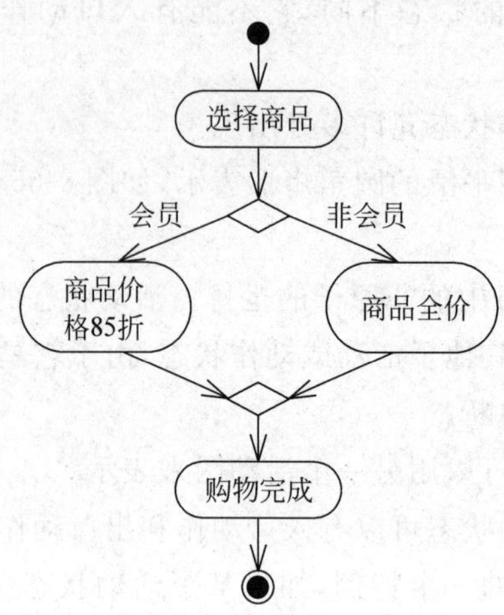


图 9-67 分支与合并示意图

(5) 分叉和汇合

对象在运行时可能会存在两个或者多个并发运行的控制流,为了对并发的控制流建模,在 UML 中引入了分叉与汇合的概念。分叉用于将动作流分为两个或者多个并发运行的分支,而汇合则用于同步这些并发分支,以达到共同完成一项事务的目的。

分叉可以用来描述并发线程,每个分叉可以有一个输入转换和两个或多个输出转换,每个转换都可以是独立的控制流。

汇合代表两个或多个并发控制流同步发生,当所有的控制流都达到汇合点后,控制才能继续往下进行。每个汇合可以有两个或多个输入转换和一个输出转换。

分叉和汇合都使用加粗的水平线段表示。分叉和汇合的示意图如图 9-68 所示。

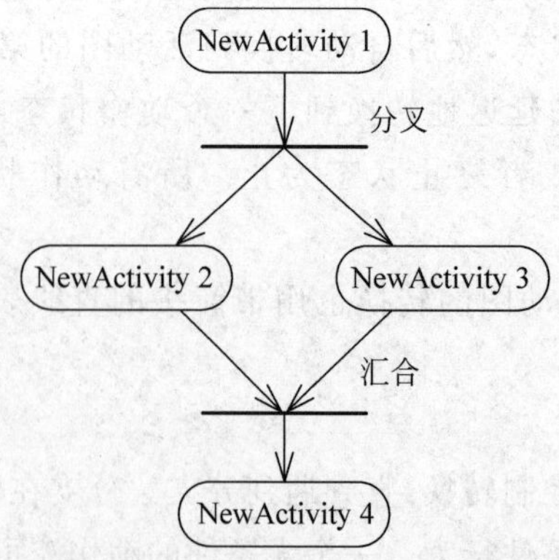


图 9-68 分叉和汇合示意图

(6) 泳道

泳道将活动图中的活动划分为若干组,并把每一组指定给负责这组活动的业务组织,即对象。在活动图中,泳道区分了负责活动的对象,它明确地表示了哪些活动是由哪些对象进行的。在包含泳道的活动图中,每个活动只能明确地属于一个泳道。

在活动图中,泳道用垂直实线绘出,垂直线分隔的区域就是泳道。在泳道上方可以给出泳道的名字或对象(对象类)的名字,该对象(对象类)负责泳道内的全部活动。泳道没有顺序,不同泳道中的活动既可以顺序进行也可以并发进行,动作流和对象流允许穿越分隔线。如图 9-69 所示为一个泳道示意图。

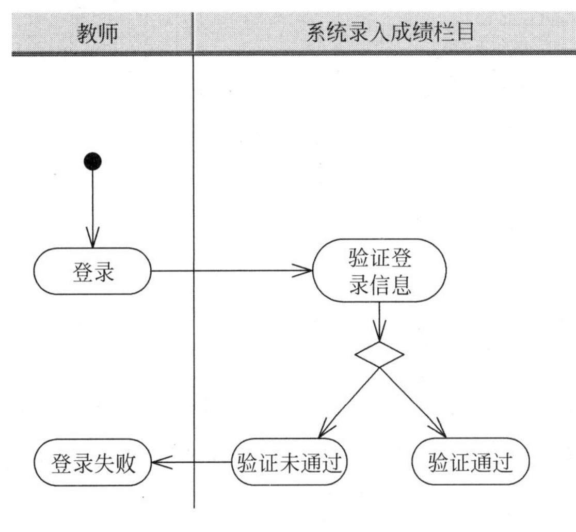


图 9-69　泳道示意图

(7) 对象流

对象流是动作状态或者活动状态与对象之间的依赖关系,表示动作使用对象或者动作对对象的影响。用活动图描述某个对象时,可以把涉及的对象放置在活动图中并用一个依赖将其连接到进行创建、修改和撤销的动作状态或者活动状态上,对象的这种使用方法就构成了对象流。

对象流中的对象有如下特点。

- 一个对象可以由多个动作操纵。
- 一个动作输出的对象可以作为另一个动作输入的对象。
- 在活动图中,同一个对象可以多次出现,它的每一次出现表明该对象正处于对象生存期的不同时间点。

在活动图中,对象流用带有箭头的虚线表示。如果箭头从动作状态出发指向对象,则表示动作对对象施加了一定的影响。施加的影响包括创建、修改和撤销等。如果箭头从对象指向动作状态,则表示该动作使用对象流所指向的对象。

状态图中的对象用矩形表示,矩形内是该对象的名称,名称下的方括号表明对象此时的状态。此外,还可以在对象名称的下面加一个分隔栏表示对象的属性值,如图 9-70 所示。

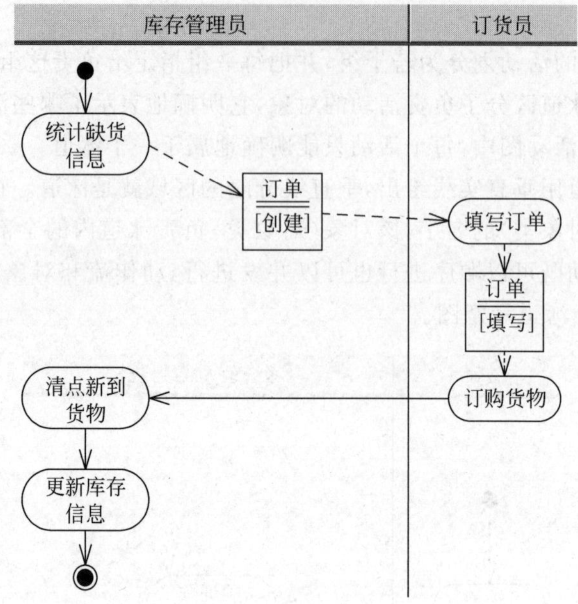


图 9-70 对象流示意图

(8) 组合活动

一个活动可以分为若干个动作或子活动,这些动作和子活动本身又可以组成一个活动图。不含内嵌活动或动作的活动称之为简单活动;嵌套了若干活动或动作的活动称之为组合活动,组合活动有自己的名字和相应的子活动图。

一个组合活动从表面上看是一个状态,但其本质是一组子活动的概括。一个组合活动可以分解为多个活动或者动作的组合。如果一些活动状态比较复杂,就可以使用组合活动,如购物,当选完商品后,就需要付款。但付款可能包括不同的情况。对于会员来说,一般是打折后付款,而一般的客户就要全额付款。这样,在付款这个活动状态中就又内嵌了两个活动,所以付款活动是一个组合活动。

使用组合活动可以在一个图中展示所有工作流程细节,但若流程过于复杂时,建议不要使用组合活动,而是将子图单独放在一个图中,然后在活动图中引用。组合活动示例如图 9-71 所示。

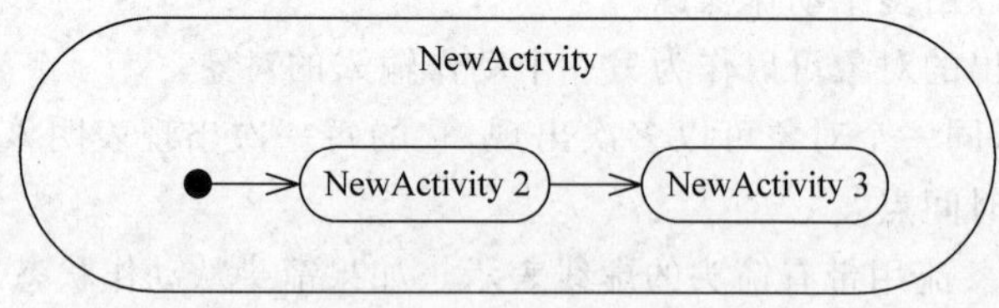


图 9-71 组合活动示意图

3) 活动图应用

在系统建模的过程中,活动图能够附加到任何建模元素中以描述其行为,例如在前期需求获取中描述业务场景就是用了活动图。通常来说,用活动图对工作流建模可遵循如下步骤。

(1) 识别要对工作流描述的类或对象。找出负责工作流实现的业务对象,这些对象可以是显示业务领域的实体,也可以是一种抽象的概念和事物。找出业务对象的目的是为每一个重要的业务对象建立泳道。

(2) 确定工作流的初始状态和终止状态,明确工作流的边界。

(3) 对动作状态或活动状态建模。找出随时间发生的动作和活动,将它们表示为动作状态或活动状态。

(4) 对动作流建模。对动作流建模时可以首先处理顺序动作,接着处理分支与合并等条件行为,然后处理分叉与汇合等并发行为。

(5) 对对象流建模。找出与工作流相关的重要对象,并将其连接到相应的动作状态和活动状态。

(6) 对建立的模型进行精化和细化。

学生选课活动图如图 9-72 所示。

教师录入成绩活动图如图 9-73 所示。

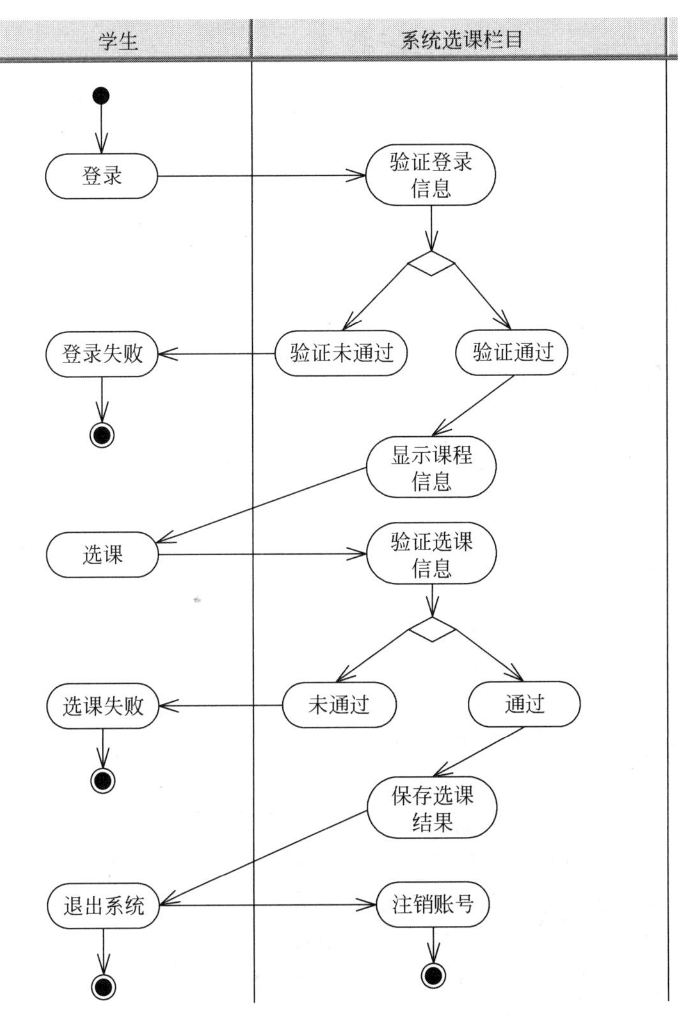


图 9-72 学生选课活动图

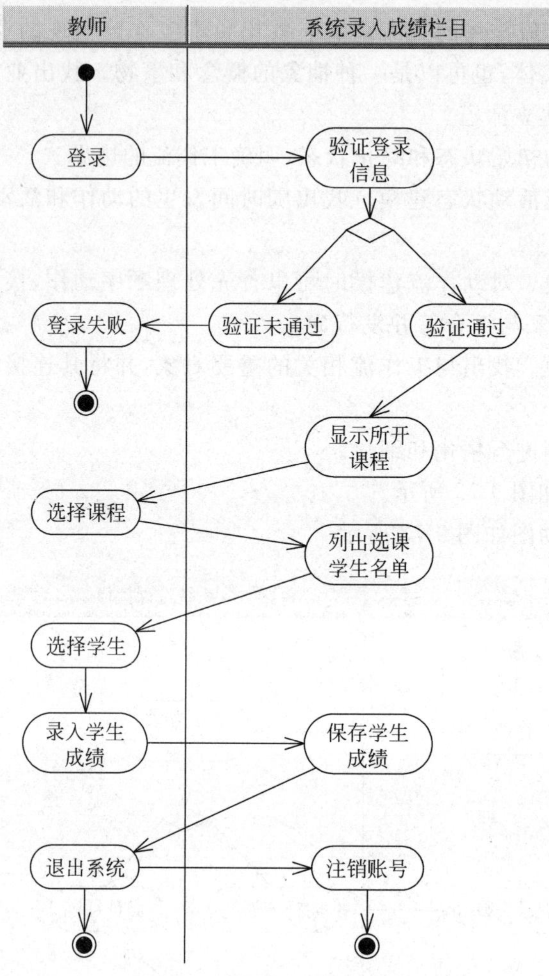


图 9-73 教师录入成绩活动图

# 习题

9.1 什么是 OOA?

9.2 OOA 方法的主要原则包括哪些?

9.3 简述面向对象分析建模的流程。

9.4 什么是用例图?用例图由哪几部分组成?

9.5 简述如何寻找到参与者。

9.6 什么是类图?类图由哪些组成部分?

9.7 类之间的关系有哪些?试着描述这些关系。

9.8 什么是序列图?序列图由哪些部分组成?

9.9 什么是协作图?协作图由哪些部分组成?

9.10 什么是状态图?状态图的组成要素有哪些?

9.11 什么是活动图?活动图有哪些组成要素?

9.12 活动图中的合并与汇合有什么区别?

# 第10章 面向对象设计

## 10.1 架构设计

架构设计就是要考虑使用一个软件层次结构，一个或多个软件框架以及连接这些软件层次和软件框架之间的接口，将功能性需求和非功能性需求有机地结合在一起，在进行系统开发之前就充分考虑到了系统各功能部件怎么在整个系统内安置。

### 10.1.1 软件架构与框架

#### 1. 软件架构

软件架构是一种思想，一个系统蓝图，对软件结构组成进行规划和职责设定。一个软件里有处理计算的、处理界面的、处理数据的、处理业务规则的、处理安全的等许多可逻辑划分出来的部分。软件架构的意义就是要将这些可逻辑划分的部分独立出来，用约定的接口和协议将它们有机地结合在一起，形成职责清晰、结构清楚的软件结构。

软件架构是一个逻辑性的框架描述，它可能并无真正的可执行部分。大部分的软件架构都是由一个设计思想，加上若干设计模式，再规定一系列的接口规范、传输协议、实现标准等文档构成的。

比如说，J2EE 规范描述了一系列逻辑部件，如 Session Bean，Entity Bean，Message Driven Bean，JAAS，JDBC 等；描述了这些部件的职责和它们的规范，约定了这些部件之间交互的接口和协议、标准，如 SOAP、RMI、WebService 等；并规划出一个如何利用这些逻辑部件来实现一个应用系统的蓝图。但 J2EE 本身并不是一个可以执行的软件，因此 J2EE 是一个软件架构。

#### 2. 软件框架

软件框架是软件架构的一种实现，是一个半成品。它通常针对一个软件架构当中某一个特定的问题提供解决方案和辅助工具。因此，如果说架构是一个逻辑的构成，而框架则是一个可用的半成品，是可执行的。

例如 IBM 的 Websphere 就是遵循 J2EE 架构的一个实现，它提供了开发工具用于开发符合 J2EE 规范的应用程序，也提供了支持 J2EE 应用程序运行的应用服务器。因此如果使用 Websphere 系列的开发工具和应用服务器来开发应用程序，就可以说采用了 Websphere

软件框架,开发出遵循 J2EE 架构的应用程序。

再比如,MVC 是一种设计思想,它将应用程序划分为实体、控制和视图 3 个逻辑部件,可以说它是一个软件架构。而 Struts、JSF、WEBWork 等开源项目则分别以自己的方式实现了这一架构,提供了一个半成品,帮助开发人员迅速地开发一个符合 MVC 架构的应用程序,可以说采用了 Struts 或 JSF 或 WEBWork 软件框架,开发出了符合 MVC 架构的应用程序。

### 10.1.2 软件架构的基本构成

一个软件架构应当包括软件层次、每一层次的职责、层次之间的接口、传输协议和标准以及每一层次上所采用的软件框架,如图 10-1 所示。

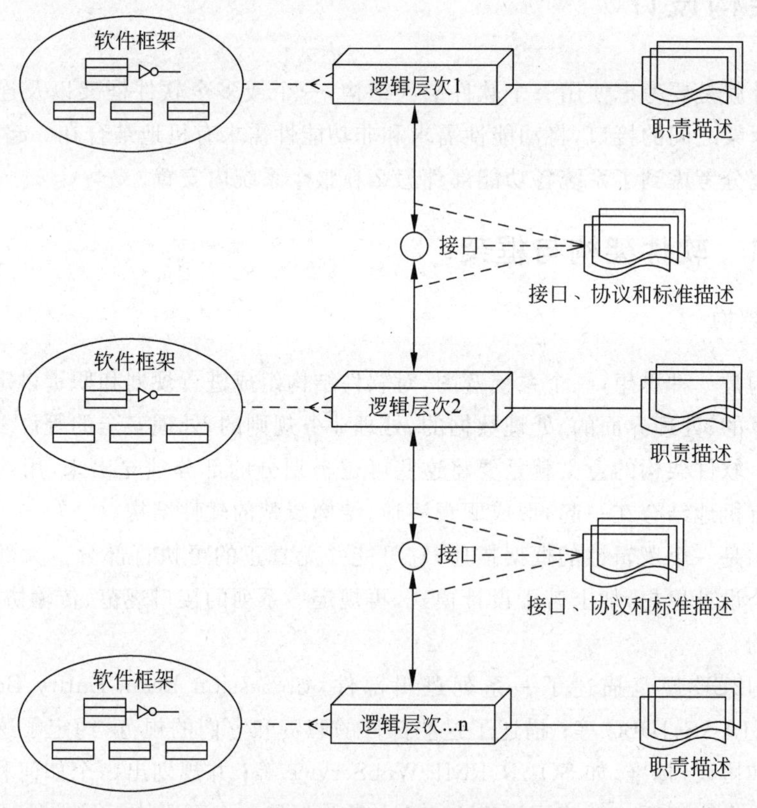


图 10-1 软件架构的内容

在 Rose 中,可以用包图来描述软件架构。如图 10-2 所示,描述了一个由 5 个层次构成的软件架构。其中 Web 层代用了 Struts 框架,Business Control 层和 Entity 层采用了自己的框架,而 DB Control 则采用了 Hibernate 框架。

对于使用了标准框架的部分,例如 Web 层和 DB Control 层,可以不必详细描述框架的内容,直接引用标准文档并提供编程模型示例即可。对于自己开发的框架部分,需要详细地描述出框架的实现细节,并提供编程模型示例。例如,Entity 层是自己开发的框架,则应当在软件架构文档中将其实现细节列出来。

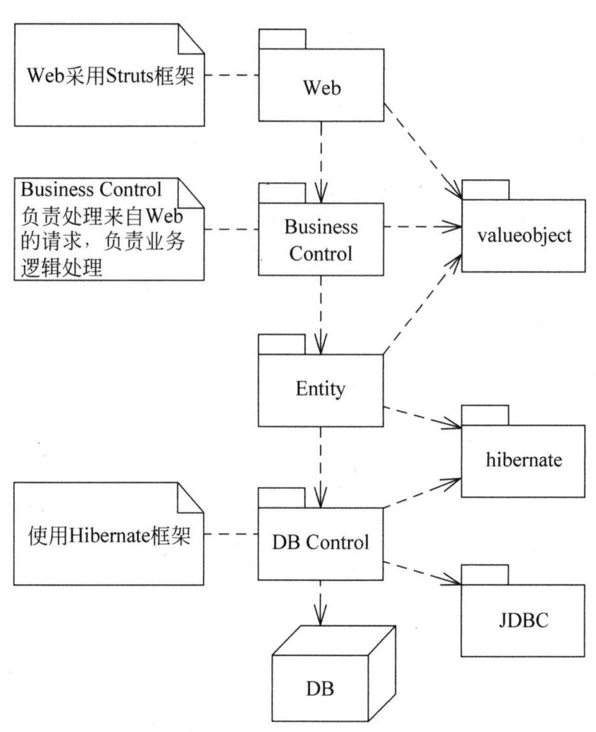


图 10-2 用包图描述软件架构

## 10.1.3 架构设计原则

### 1. 自顶向下原则

自顶向下原则指软件架构应像组织机构一样，从顶级包自顶向下延伸，避免平行化无层次分包。自顶向下原则的另一个重要含义是下层包不能够访问上层包，并且不能够跨层访问包，但同层次的包可以相互访问。即只允许存在自顶向下不越层的依赖。

在现实世界中，一个企业的组织结构应当是一个树状结构，上级可以对直接下级发号施令，下级可以对上级的命令提供反馈，但不允许下级指挥上级，也不允许越级管理，但同级部门之间可以相互合作。

这一原则同样适用于软件世界。在软件世界里，包的组织结构是由软件层次构成的，最顶级的层次是离直接命令最接近的层次，如操作界面、命令行输入界面等；而最低层次则是数据存储。这与现实世界中的命令传递和执行是一致的。

在现实世界中，企业的最高战略意图由董事长决定，CEO 制订战略计划，各部门总经理制订本部门的实施计划……这样层层传递到底层由员工具体执行，而执行结果反映到以数字为记录的各类业务报表、成本核算等；而在软件世界中，用户是最高司令，用户的命令由界面传递给逻辑处理，再执行计算，反应到实体，最后进入数据库。

以图 10-2 所示的软件架构为例，图 10-3 展示了现实世界与该例子的对应关系。

在实际项目里，软件层次也许没有本例中那么多，但至少会有界面、逻辑处理和数据存

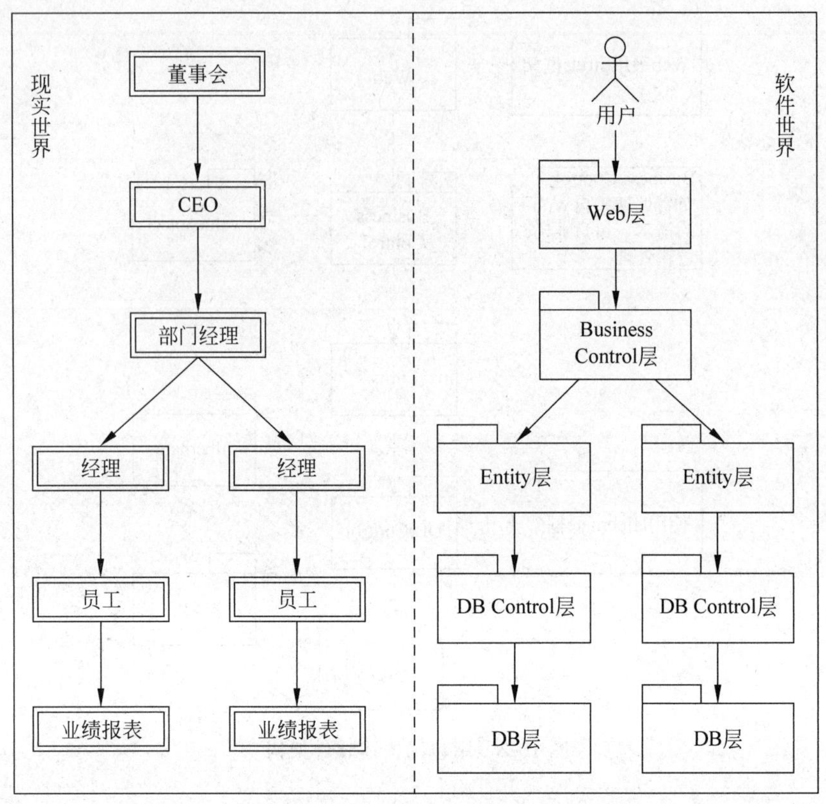


图 10-3 自顶向下分包原则

储 3 个必需的层次。在架构设计时应当避免将界面类、逻辑处理类和数据处理类混在一个包里,并且应当遵循界面类只能访问逻辑处理类、逻辑处理类只能访问数据处理类、不跨级访问、不自下向上访问的自顶向下原则。

**2. 职能集中原则**

职能集中原则指尽量将与一组业务功能有关的类分在同一个包里。如果违反这个原则,将与一个业务功能相关的类分别放置到多个包,就会出现职责不清的问题。

在现实世界里,我们总是希望很清楚地知道哪个部门办理什么事情,并且希望同一件事情只跑一个部门就能顺利完成。如果办一件事情要跑很多个部门才能完成,人们就会觉得办事难,效率低。在软件世界里,如果编写一个业务程序要从很多个包里去找与该业务功能相关的类,开发人员也会觉得程序不好写,效率低。

这个职能集中原则在软件世界里反映为子系统、模块、子模块、功能模块的划分。一个好的系统设计应当是高内聚、低耦合的,职能集中原则就是达到高内聚的目的,将关系最紧密的类分到一个包里。

但是,职能集中原则应当服从自顶向下原则。即应当先应用自顶向下原则,将层次分清楚以后,再来应用职能集中原则,在每个层次里划分职能。

图 10-4 展示了职能集中原则在自顶向下原则下的应用结果。

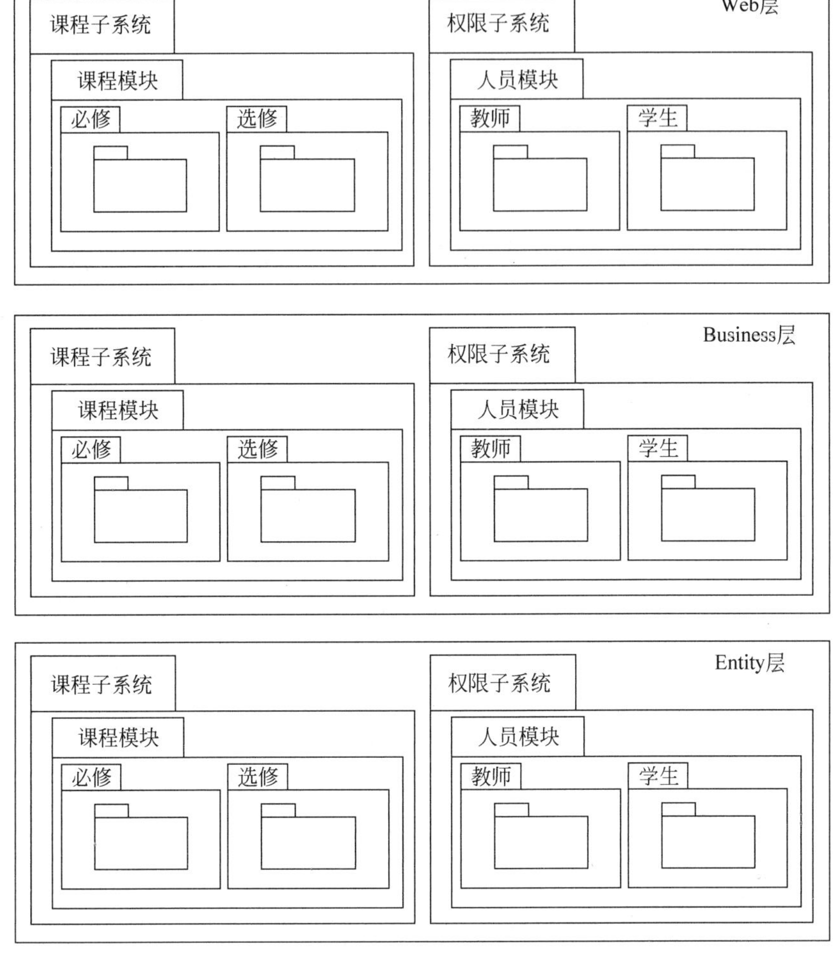


图 10-4　职能集中原则

### 3. 互不交叉原则

互不交叉原则指包与包之间尽量独立，不要让它们产生相互依赖关系。如果不可避免要产生依赖关系，也应当是树状依赖而不能是网状依赖关系。如果违反这个原则，就会产生程序逻辑混乱、难以维护和扩展能力差的问题。

在现实世界里，我们非常讨厌遇到办一件事情去找 A 部门，A 部门说去找 B 部门，B 部门又说去找 A 部门这样的情况。为了避免被当作皮球踢来踢去，希望最好跑一个部门就能把问题解决，即使不可避免地要找多个部门才能解决问题，那么至少应当是 A 部门交给 B 部门，B 部门交给 C 部门，而不是循环往复。

在软件世界里，我们希望最好一个包里的类不再依赖别的包。如果不可避免地要依赖别的包，那么也必须避免交叉依赖的情况出现，即可以允许 A 依赖 B，B 依赖 C，但不允许 A 依赖 B，B 也依赖 A。实际上，互不交叉原则的目标是为了达到优秀软件设计的低耦合原则，尽量减少包与包之间的依赖关系。

避免交叉依赖的两种办法如下。

一种是将交叉依赖的类单独分包,图 10-5 展示了这种处理方法。

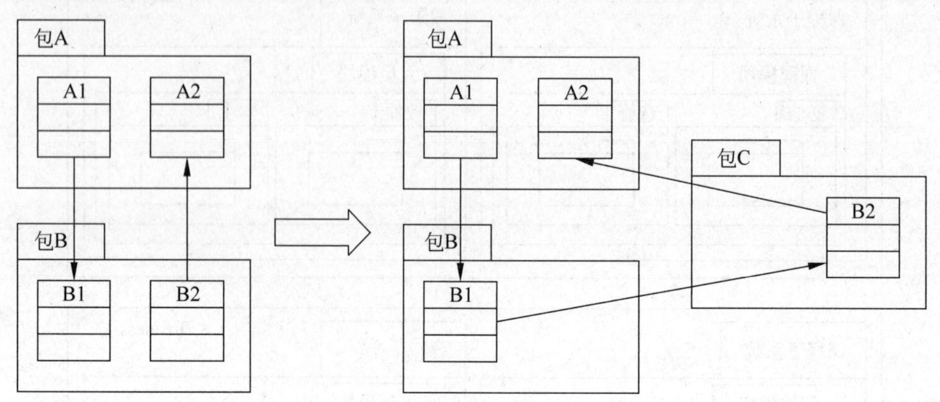


图 10-5 交叉依赖的类单独分包

另一种是增加新的类,并单独分包,图 10-6 展示了这种处理方法。

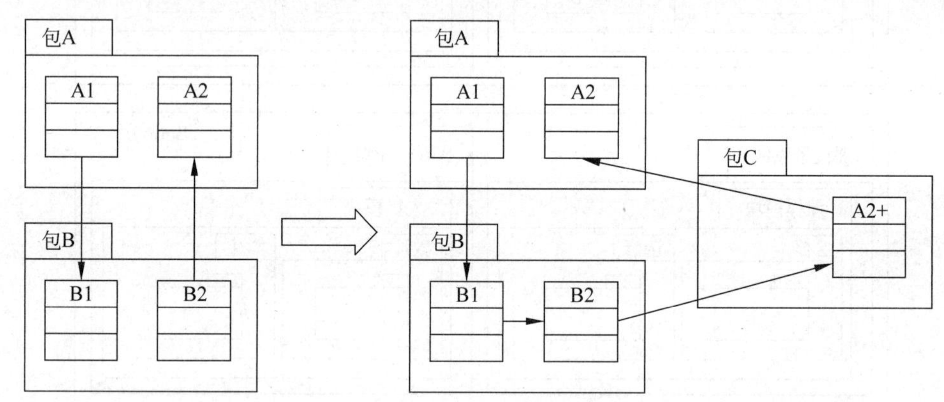


图 10-6 增加新类并单独分包

## 10.1.4 常用的架构模式

遵循自顶向下,职能集中,互不交叉这 3 个原则的目的是为了合理划分子系统实现高内聚低耦合的优秀系统架构。经过长期的实践和经验总结,目前一些架构逐渐具有了通用性,成为在系统开发中可直接采用的系统架构模式。

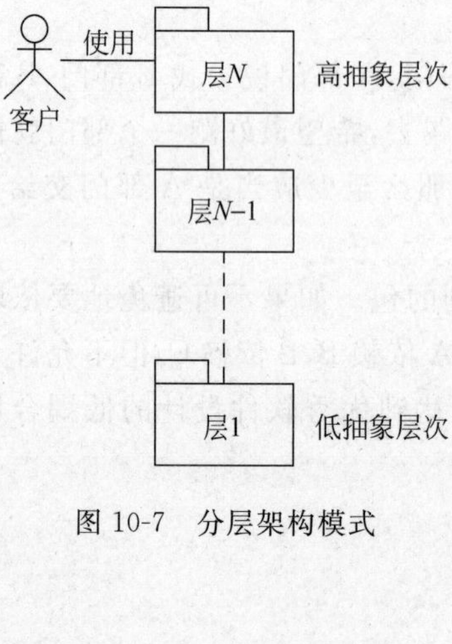

图 10-7 分层架构模式

### 1. 分层构架模式

分层(Layer)模式是最常见的一种架构模式。甚至说分层模式是很多架构模式的基础。分层描述的是这样一种架构设计过程:从最低级别的抽象开始,称为第 1 层。这是系统的基础。通过将第 $J$ 层放置在第 $J-1$ 层的上面逐步向上完成抽象阶梯,直到到达功能的最高级别,称为第 $N$ 层,如图 10-7 所示。

因而分层模式就可以定义为:将解决方案的组件分

隔到不同的层中。每一层中的组件应保持内聚性,并且应大致在同一抽象级别。每一层都应与它下面的各层保持松散耦合。

分层构架具有以下优点。

- 层次的复用性。为每个层次建立好抽象接口,可以使其在其他环境复用。
- 支持基于抽象程度递增的系统设计,使设计者可以对复杂系统进行分解,从而使系统更容易模块化。
- 支持功能增强。因为每一层至多和相邻的上下层进行交互,因此功能的改变最多影响相邻的两层。
- 可替换性。独立的层次设计容易被功能相似的模块替换。

分层构架也有一些缺点,主要表现如下。

- 效率低。分层结构通常要比单层结构效率低,原因是有时高层过分依赖底层的服务,必须经过许多中间层进行数据传递。
- 增加了一些不必要的工作。
- 改变行为的连锁反应。
- 设计者要建立不同合适粒度的抽象层次有一定困难。

常见的分层架构模式如下。

- 客户端-服务器模型(Client-Server,C/S)。
- 3 层模型:用户表示层、业务逻辑层、数据层。

### 2. 黑板模式

黑板模式的思想是,有一系列独立的模块,或者说是方案,这些方案能解决部分问题的一部分,这些方案进行协作,使得问题能够最终解决。这就像一群人在一块黑板前,共同解决一个问题,根据当前问题解决的程度和状态,不同的人上前到黑板上解决他所能解决的部分,这样经过多人的协作,最终能够将问题解决。这就是黑板模式这个名字的来历。黑板模式的实现分为 3 个主要的组件:黑板(Blackboard),知识源(Knowledge Source)和控制(Control)。

1)黑板

黑板可以看作一个容器,它存储数据,包括控制数据,状态数据等。黑板为这些数据提供了读写接口使得知识源可以访问它们。

2)知识源

知识源的职责是评估自身的能力以及适合自身执行的环境和前提条件,因此知识源也可以分为两个小部分:一个是 condition part,用于评估当前的状态,通俗地说就是对于某个问题,当前解决了多少,得到了什么中间结果,当前需要解决什么问题,这些条件是不是满足自身的触发条件以使得自身可以运行;另一个是 action part,用于执行相应的操作,得到相应的结果,同时也要保证黑板更新结果。

3)控制

控制的职责是监视黑板的变化,决定下一步的动作,它调度知识源评估当前的状态以决定下一步动作。这里有个策略的问题,可能遇到两种困难的情况:一种是根据当前的状态,找不到一个匹配的知识源来处理;另一种情况是当前的状态可以有多个知识源匹配。这里需要有一个策略处理以上两种情况。

图 10-8 说明 3 个组件的关系。

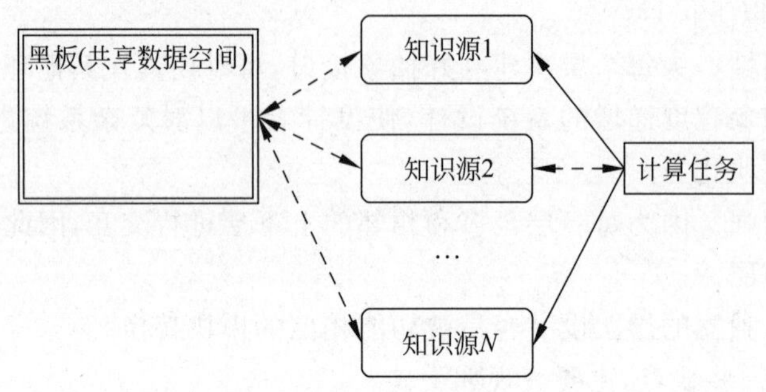


图 10-8　黑板模式

### 3. 管道/过滤器模式

管道/过滤器模式是为处理数据流形式的系统提供一种构架,构架中的每个构件都有一组输入和输出,构件读入数据流,经过处理产生输出数据。这个过程通过对输入流的变换及增量计算来完成,因此在输入流被完全使用掉之前,便产生了输出,这样的构件就是过滤器,而构件间的连接件就像是数据流传输的管道,它将数据从一个过滤器传到另一个过滤器。其中,过滤器必须是独立的实体,它不能与其他的过滤器共享数据。多个过滤器相连,可以形成过滤器链。而每个过滤器功能单一,可以单独修改,链中过滤器的排列顺序可以根据需求进行配置。这种构架具有如下特征。

(1) 每个过滤器构件是一个独立的部件,除了输入流和输出流外,过滤器之间互不影响,因此,过滤器之间不共享任何状态信息。

(2) 每个过滤器对其上游或下游连接的过滤器是透明的,它的实现和使用不对链中的任何过滤器加以限制。图 10-9 是管道/过滤器模式示意图。

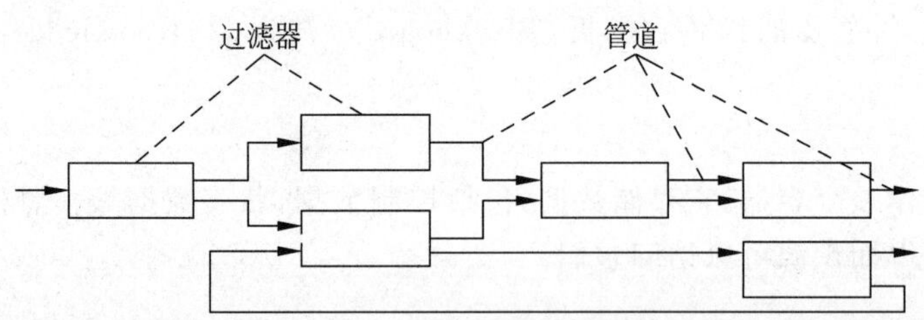


图 10-9　管道/过滤器模式

这种构架具有以下优点。

- 可以创建具有良好隐蔽性和高内聚、低耦合的构件。
- 设计者可以将整个系统的输入/输出行为看成是多个过滤器行为的简单合成。
- 支持软件重用。
- 通过添加新的过滤器或换掉旧的过滤器可以方便地维护系统,增强现有的系统功能。
- 可以对一些如吞吐量、死锁等问题进行分析。

- 支持并发过程。每个过滤器作为一个单独的任务完成,因此可与其他任务并行执行,有较高的并行处理效率。

管道/过滤器模式缺点如下。

- 虽然过滤器可以增量式地处理数据,但由于它们相互之间是独立的,因此每个过滤器又是一个完整的从输入到输出的转换,这样会导致进程成为批处理的结构。
- 不适合处理交互应用,难以共享状态信息。当需要增量地显示改变时,这个问题尤为严重。
- 因为在数据传输上没有通用的标准,每个过滤器都增加了解析和合成数据的工作,这样就导致了系统的性能下降,增加了数据转换处理的复杂性。

管道/过滤器模式构件独立性强、可重用性高、配置重组构件灵活方便,适用于对流水线式的数据流进行处理。

### 4. 中介模式

出于一些原因,例如:利用多个 CPU 或一群低成本计算机的计算能力;某个软件可能仅在特定计算机上可用;安全要求软件的各部分可能必须运行在不同的网段上;一些服务可能是由业务合作伙伴提供的,并且只能通过 Internet 进行访问等,许多复杂的软件系统运行在多个处理器或分布式计算机上。

在构建分布式系统时,必须协调下列影响因素。

(1) 运行在同一网络上的进程或计算机之间存在物理的和逻辑的边界。要使运行在不同进程或计算机上的对象跨越这些边界相互通信,我们必须处理诸如通信、编码和安全之类的问题。如果将这些实现细节与应用程序代码混合在一起,则通信基础结构中的简单更改就会导致大量的代码更改。

(2) 在开发完成之后,通常需要分布系统。例如,可能将软件分布在多台服务器上以提高处理能力。我们不会希望在生命周期中如此晚的阶段更改应用程序代码。

(3) 跨进程通信的细节可能是相当乏味的。我们必须处理 TCP/IP 套接字、封送和拆收、序列化、超时和许多其他难题。因此,有必要让一个特殊的工作组致力于处理基础结构,以便让应用程序开发人员不必了解远程通信。

(4) 要维护能够在部署时将组件移动到不同位置这一灵活性,必须避免对具体组件的位置进行硬编码。

使用中介(Broker)模式可以解决以上问题。中介模式可以构建带有隔离构件的分布式系统,系统通过远程服务调用进行交互。中介构件负责协调通信,包括转发请求、传送结果和异常等。这样的构架模式并不是一个整体的应用程序,而是若干个独立的交互操作的构件集合。通过将功能分割成独立的构件,系统具有可分割性和可扩展性,并具有较大的灵活性、可维护性和可变性。在中介构架中,系统可以添加、移动、交换、激活和定位构件服务,可以仅通过对象接口使用服务器中的应用程序对象,而不需要知道对象的细节或其物理位置。

通过中介模式可以实现以下目的。

(1) 通过地点透明的服务调用,构件能够访问其他远程构件。

(2) 可以在运行期间交换、添加或移动构件。

(3) 向用户隐藏特定系统和特定实现的细节。

### 5. 代理模式

代理构架模式由 6 种构件组成,分别是客户机、服务器、代理程序、桥接、客户端代理和服务器端代理。

服务器为应用领域提供公共服务,或者向单一应用提供特定的功能服务。服务器在代理程序中注册,从而使自己的服务能为客户机所用。服务器通过接口展示服务对象,接口包括操作和属性信息,可以通过接口定义语言或其他方式获得服务。

客户机通过代理程序发送请求访问服务器功能。为了调用远程服务,客户机向代理程序转发请求。当请求被响应后,客户机接收到来自代理的操作应答或异常消息。

代理程序位于客户机和服务器之间,协调客户机和服务器之间的活动。其任务包括定位合适的服务器,将请求转发到服务器并向客户机回送结果和异常。代理程序通过唯一的标识来识别客户机和服务器,并向它们提供 API 接口,以使它们注册服务器和调用服务器方法。代理服务器的作用依赖于对象模型的使用,在此模型下分布式服务被封装在对象中,由于代理程序隐藏了分布式系统设计细节,分布性对于开发者来说变得透明了,因此代理构架模式降低了开发分布式应用程序的复杂性,它将对象模型从单一应用扩展为运行在异构机器上的分布式应用系统。这些系统由独立构件组成,且可以用不同的编程语言来实现。

客户机端代理是客户机和代理程序之间的一个层,由于该客户机端代理对客户机隐藏了具体的实现细节,因此对客户机来说,远程对象就像在本地一样。在许多情况下,客户机代理在代理程序和客户机的编程语言间进行对象模型的转换。当从服务器返回请求响应或异常时,客户机端代理接收到来自代理程序的消息,并将消息转发给客户机。

桥接是用来隐藏两个代理程序互相操作的细节的可选构件,它建立一个所有系统细节封装起来的层,便于系统在异构环境中运行。

通常情况下服务器端代理的作用与客户机端代理相似,其区别在于它封装特定系统的功能,并在服务器与代理程序之间进行协调。

通过使用代理模式,应用程序能够简单地通过向合适的对象发出消息调用访问分布式服务,而不是把重点放在低级进程间通信。另外,代理模式结构灵活,允许对对象动态改变、添加、删除和重定位。

### 6. MVC 模式

MVC 是模型-视图-控制器(Model-View-Control)的简称,是一种流行的系统开发框架。MVC 由 Trygve Reenskaug 提出,首先被应用在 SmallTalk-80 环境中,是许多交互和界面系统的构成基础,Microsoft 的 MFC 基础类也遵循了 MVC 的思想。

对于界面设计可变性的需求,MVC 把交互系统的组成分解成模型、视图、控制 3 种部件,如图 10-10 所示。

模型部件是软件所处理问题逻辑在独立于外在显示内容和形式情况下的内在抽象,封装了问题的核心数据、逻辑和功能的计算关系,它独立于具体的界面表达和 I/O 操作。

视图部件把表示模型数据及逻辑关系和状态的信息及特定形式展示给用户。它从模型获得显示信息,对于相同的信息可以有多个不同的显示形式或视图。

控制部件是处理用户与软件的交互操作的,其职责是控制提供模型中任何变化的传播,

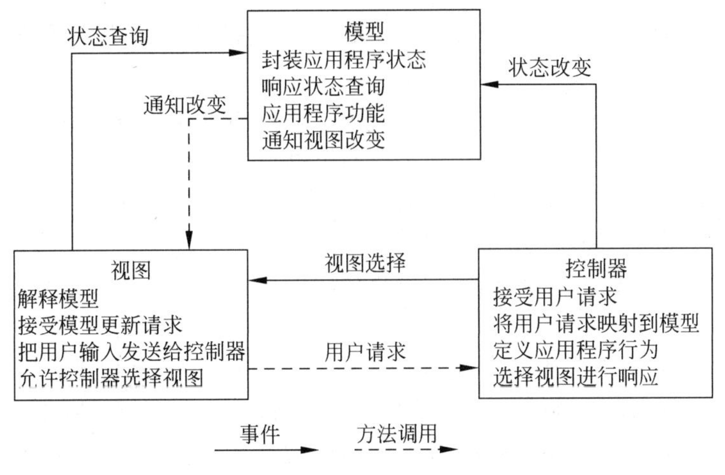


图 10-10 MVC 模式

确保用户界面于模型间的对应关系；它接收用户的输入，将输入反馈给模型，进而实现对模型的计算控制，是使模型和视图协调工作的部件。通常一个视图具有一个控制器。

模型、视图与控制器的分离，使得一个模型可以具有多个显示视图。如果用户通过某个视图的控制器改变了模型的数据，所有其他依赖于这些数据的视图都应反映出这些变化。因此，无论何时发生了何种数据变化，控制器都会将变化通知所有的视图，导致显示的更新。这实际上是一种模型的变化-传播机制。

MVC 的优点表现在以下几个方面。

(1) 可以为一个模型在运行时同时建立和使用多个视图。变化-传播机制可以确保所有相关的视图及时得到模型数据变化，从而使所有关联的视图和控制器做到行为同步。

(2) 视图与控制器的可接插性，允许更换视图和控制器对象，而且可以根据需求动态地打开或关闭、甚至在运行期间进行对象替换。

(3) 模型的可移植性。因为模型是独立于视图的，所以可以把一个模型独立地移植到新的平台工作。需要做的只是在新平台上对视图和控制器进行新的修改。

(4) 潜在的框架结构。可以基于此模型建立应用程序框架，不仅仅是用在设计界面的设计中。

MVC 的不足表现在以下几个方面。

(1) 增加了系统结构和实现的复杂性。对于简单的界面，严格遵循 MVC，使模型、视图与控制器分离，会增加结构的复杂性，并可能产生过多的更新操作，降低运行效率。

(2) 视图与控制器间的过于紧密的连接。视图与控制器是相互分离，但确实联系紧密的部件，视图没有控制器的存在，其应用是很有限的，反之亦然，这样就妨碍了它们的独立重用。

(3) 视图对模型数据的低效率访问。依据模型操作接口的不同，视图可能需要多次调用才能获得足够的显示数据。对未变化数据的不必要的频繁访问，也将损害操作性能。

目前，一般高级的界面工具或构造器不支持 MVC 模式。改造这些工具以适应 MVC 需要和建立分离的部件的代价是很高的，从而造成使用 MVC 的困难。

### 7. PAC 模式

PAC 是表示-抽象-控制(Presentation-Abstraction-Control)的简称，它也是从数据模型

及界面可视化的处理中提出的交互式系统构架。PAC将用户界面从数据管理中分离出来，从而降低了部件间的耦合度。

PAC与MVC的不同之处在于：MVC的控制更侧重用户在视图上的I/O处理，而PAC的控制主要指从抽象到表示的传递和协调作用。

PAC把系统分割成为协作但松散耦合的智能代理(Agent)，而MVC是专门处理交互界面的，各个部件之间的关联更密切一些。

从结构上看，PAC属于系统级别，它解决的问题更倾向于系统及部件之间的协作和关联关系。

智能代理(Agent)作为一种方法，它代表一种求解问题的思想和构建信息系统的方式。在不同的应用环境中它可能会体现出不同的功能特性，例如移动性、智能性、分布型或封装性等。

PAC架构中使用了Agent概念，对于界面中类似的处理通过Agent进行管理，每个Agent负责应用系统某一方面的功能，包含“表示”“抽象”和“控制”3个部分。这样，Agent的人-机交互部分就与其功能内核分隔开，也与Agent间的通信分隔开，如图10-11所示。

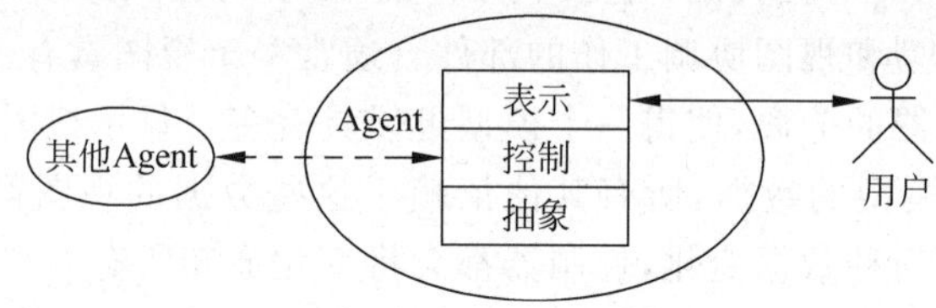


图10-11 PAC模式

其中，“表示”部分负责Agent所控制的各项交互部件，“抽象”部分负责Agent所控制的各项数据项，“控制”部分负责Agent作为“表示”与“抽象”部分的协调。

## 8. 反射模式

在很多情况下，应用系统往往需要根据运行环境的改变而改变。例如移动通信系统需要检测和适应连接的变化。同时，一些应用系统希望通过定制或配置底层的构件来实现系统灵活性。反射构架模式为动态地改变系统的结构和行为提供了一种机制，它使系统维护了自身的信息，并使用这种信息来保持系统的可变性和可扩展性。一个反射系统在实现方面处于开放状态，以支持特定的结构和行为。

反射构架由两部分组成：元层次(Meta Level)和基本层次(Base Level)。

元层次由一组元对象组成。元对象针对系统中可能需要在运行中更改的部分，封装了有关系统的自我描述信息，例如类型机构、算法以及函数调用机制等，它们与某个基本层次的结构、行为或状态相关。这些信息可能来自系统运行环境，也可能是系统的用户定义，或者是运行期间存在于基本层次中的信息。所有的元对象共同描述了其所在的程序的自身信息。这样，就使得原来只能间接获得的信息可以直接存取，并可对其进行修改。

基本层次定义了应用程序逻辑，其中的构建实现了各种系统服务功能以及数据模型。基本层次包含相关构件的协作关系和系统的用户接口。基本层次可以通过元对象的接口存取元对象所维护的信息或者使用元对象提供的服务，但不能修改元对象的内部状态。对元对象的操作只能通过元对象协议(MOP)或者元对象自己来完成。

元对象协议(Meta Object Protocol,MOP)是元层次的外部接口,它支持反射构架中的自适应程序实现。通过元对象协议,自适应构件可以描述使用基本层次的元对象或其关系对象的修改,这些构件可能是基本层次构件、其他的应用程序或授权的用户程序。元对象协议负责验证更改需求的合理性,并最终完成这些变更,从而实现了对系统的自身修改有明确控制的反射功能。元对象协议通常被设计为一个独立的构件,这样做可支持对几个元对象操作函数的实现。

反射架构模式有以下优点。

(1) 反射系统不直接修改源代码。在修改一个反射系统时,不需要接触已有的源代码,而是通过调用元对象协议的一个函数来描述一个变化。

(2) 系统更新简单易行。元对象提供了安全、统一的更改软件机制。它向用户隐藏了具体技术,因而也隐藏了应用程序的内部复杂性。用户不直接面对大量的封装了特定系统功能的元对象。

(3) 支持多种类型的变更。元对象可以封装系统行为、状态和体制的每一个方面。因此,一个基于反射构架模式的结构几乎潜在地支持所有种类或规模的变更。

反射构架模式的不足如下。

(1) 在元层次修改可能会带来故障,元对象协议不能阻止用户描述不正确的修改。

(2) 反射系统可能包括比基本层次构件多的元对象。在元层次上封装的因素越多,元对象就越多。

(3) 反射系统通常比非反射系统要慢,这是由于基本层次和元层次之间的复杂关系引起的。

### 9. 微核模式

微核是为应对需求变化所引起的系统更改而采取的一种架构设计。这种架构强调应用系统的自修改和自扩展能力,使系统的变化与更新不影响其核心功能及关键设计,从而降低为适应不断变化的需求必须进行的系统维护成本,使系统易于移植、扩展和集成不断出现的新构件,具有高度适应性并能满足客户特殊的定制需求。

微核模式由以下 5 个部分组成。

(1) 内部服务器(Internal Servers)。

(2) 外部服务器(External Servers)。

(3) 适配器(Adapters)。

(4) 客户机(Clients)。

(5) 微核(Microkernel)。

将应用系统中的基本服务封装到一个微核构件中。该微核提供系统的核心机制,系统的其他构件以微核所提供的服务为基础,微核控制和管理构件间的通信接口,并管理和控制系统资源。对于一个应用系统来说,微核还起到了隐藏内部细节的作用,封装了系统特定的组成部分,如图 10-12 所示。

在微核架构模式中,所设计的微核应尽可能小,以使微核尽可能少地占用存储空间,并有较快的运行速度。系统中那些非核心的、较为复杂的、规模较大的功能可由内部服务器实现,需要时由微核激活或装载。因此,可以认为内部服务器是微核的扩展。需要注意的是,内部服务器只能被微核访问,微核通过服务请求调用内部服务器功能。

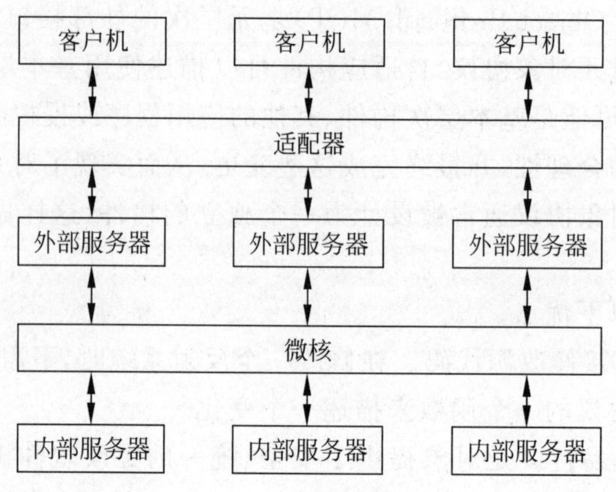


图 10-12 微核模式

外部服务器面向具体的业务逻辑,是解决实际领域问题的构件。外部服务器通过微核接口获得核心功能,不同的外部服务器运行在各自独立的进程上,为不同的应用领域提供实现方案。同时,外部服务器通过使用微核提供的通信手段接收来自客户机的服务请求,解释这些请求,执行相应的服务,并把结果返回到客户机。

客户机是一个与外部服务器紧密关联的程序,它通过使用由微核提供的通信能力与外部服务器进行通信。

适配器在客户机与外部服务器之间进行协调。如果没有适配器,客户机就必须直接访问外部服务器,这样,由于一个系统会有多个客户机存在,外部服务器必须建立不同的客户机接口,从而造成系统复杂性。适配器相当于一个仿真装置,所有可能的客户机都同它建立联系,然后再通过适配器访问外部服务器,从而简化了外部服务器的工作,提高了系统灵活性。

# 10.2 详细设计

## 10.2.1 详细设计原则

### 1. 单一职责原则

单一职责原则(Single Responsibility Principle,SRP)强调类和类职责的内聚性。在SRP中,将职责定义为“变化的原因”。如果一个类有多于一个的因素能改变这个类,那么这个类就具有多于一个的职责。一个类承担的职责过多,就形成“职责耦合”,即形成“功能混杂类”。在这样的类中,任何一个职责的变化都可能削弱或者抑制其他职责的履行,进而影响到系统的构建、测试和部署等活动。因此,多个职责的耦合会导致设计脆弱。当发生变化时,类可能会遭遇意想不到的破坏。在设计中,“单一职责”就是要为每种职责都设计一个类。

### 2. “开-闭”原则

“开-闭原则”(Open-Close Principle,OCP)由 BertrandMeyer 提出,该原则强调一个软件实体(类、函数等)应当对扩展开放,即软件实体(模块)能在不修改其自身的前提下扩展其功能。这样，就可以在不修改源代码的情况下改变这个模块的行为。这就使软件系统既有一定的稳定性和延续性，又有满足新需求的适应性和灵活性。

为满足OCP原则的设计要求，应使用抽象化的方式设计系统，在高层次上实现复用，让模块依赖于一个行为稳定的、通用的高层，该高层不可修改；同时，通过该高层派生扩展模块的行为功能。这样，只通过增加代码，而不是更改现有代码就可以适应变化，使系统易于维护。实际上，OCP使用“抽象”和“多态”将设计中的静态结构改为动态结构，维持设计的封闭性。

“开-闭”原则的另一种描述形式是“对可变性封装原则”(Principle of Encapsulation of Variation，EVP)，它强调封装系统的可变因素。这样，在进行系统设计时，不把关注的焦点放在什么会导致设计变化上，而是放在允许什么发生变化而不让这一变化导致重新设计。即面对变化，包容变化。

### 3. 里氏代换原则

里氏代换原则(Liskov Substitution Principle，LSP)是Barbara Liskov于1987年提出的一个关于继承的原则。该原则强调“继承必须确保超类所拥有的性质在子类中仍然成立”，也就是说，如果系统调用某个父类的方法，那么换成调用子类的方法也完全可以运行。可以说，LSP是继承复用的一个基础，即在同一个继承体系中的对象应该有共同的行为特征。

LSP使人们开始关注如何确保对象的行为。1988年，B. Meyer提出了契约设计(Design by Contract，Dbc)理论。Dbc从形式化方法中借鉴了一套确保对象行为和自身状态的方法，它认为：每个方法调用之前，该方法应该校验传入参数的正确性，只有正确才能执行该方法，否则认为调用方违反契约，不予执行，这是前置条件。一旦通过前置条件的验证，方法必须执行，并且必须确保执行结果符合契约，这是后置条件。

对象本身有一套对自身进行校验的检查条件，以确保该对象的本质不发生变化成为不变式(Invariant)。

以上是单个对象的约束条件。为了满足LSP，当存在继承关系时，子类中方法的前置条件必须与超类中被覆盖的方法的前置条件相同或者更宽松；而子类中方法的后置条件必须与超类中被覆盖的方法的后置条件相同或者更为严格。

### 4. 合成复用原则

合成复用原则(Composite Reuse Principle，CRP)又叫合成/聚合复用原则(Composite/Aggregate Reuse Principle，CARP)，CRP强调在设计时要尽量使用合成/聚合，而不要使用继承，即在一个新的对象中使用一些已有的对象，使其成为新对象的一部分。新对象通过向这些对象的委派达到复用已有功能的目的。

“合成”和“聚合”都是关联(Association)的种类。聚合是整体和部分的关系，表示“拥有”；合成是意义更强的“拥有”，其部分和整体的生命周期相同，合成的新对象完全支配其组成部分，包括它们的创建和销毁等。此外，也可以认为合成是值的聚合(Aggregation by Value)，而聚合是引用的聚合(Aggregation by Reference)。

在面向对象设计中，有两种基本的方法可以实现复用，一种是合成/聚合，另一种是继承。通过合成/聚合的好处如下。

(1) 新对象通过成分对象的接口来存取成分对象。

(2) 合成/聚合复用是黑箱复用,新对象看不见成分对象的内部细节。

(3) 复用支持包装。

(4) 复用所需的依赖较少。

(5) 每一个新的类可以将焦点集中在一个任务上。

(6) 这种复用可以在运行时间内动态进行,新对象可以动态地引用与成分对象类型相同的对象。

(7) 作为复用手段几乎可以应用到任何环境中。

通过合成/聚合的缺点就是系统中会有较多的对象需要管理。

通过继承来进行复用的优点如下。

(1) 新的实现比较容易,因为父类的大部分功能可以通过继承关系自动进入子类。

(2) 对继承而来的实现进行修改或扩展比较容易。

通过继承进行复用的缺点如下。

(1) 继承复用破坏包装,因为继承将父类的实现细节暴露给子类,这种复用又称"白箱"复用。

(2) 如果父类发生改变,则子类的实现也必须发生改变。

(3) 从父类继承而来的实现是静态的,不可能在运行时间内发生改变,没有足够的灵活性。

(4) 继承只能在有限的环境中使用。

(5) 只有当下的条件全部被满足时,才应当使用继承关系。

(6) 子类是父类的一个种类,具有分类意义上的类属关系。

(7) 不能出现将子类换成另外一个类的子类的情况。

(8) 子类可以扩展父类的行为,但不能置换(Override)或注销(Nullify)父类的行为。

(9) 只有在分类学角度上有意义时,才可以使用继承,但不要从工具类继承。

#### 5. 依赖倒置原则

依赖倒置原则(The Dependency Inversion Principle,DIP)是支持 OCP 的机制,可用于设计中出现的各种不良耦合现象。

依赖就是耦合,类之间可能有以下 3 种耦合形式。

(1) 零耦合(Nil Coupling):两个类没有依赖关系。

(2) 具体耦合(Concrete Coupling):两个具体的类之间有依赖关系就是具体耦合。

(3) 抽象耦合(Abstract Coupling):抽象耦合发生在一个具体类和一个抽象类之间,这样就使必须发生关系的类之间保持最大的灵活性。

DIP 的要求是:高层模块不应依赖于低层模块,而是反过来,两者都应依赖于抽象,因此客户端依赖于抽象耦合,系统要针对接口编程,不要对实现编程。程序在需要引用一个对象时,应当尽可能地使用抽象类型作为变量的静态类型。传递参数,或者在组合聚合关系中,应尽量引用高层的类。

要做到 DIP,用抽象方式耦合是关键。由于一个抽象耦合总要涉及具体类从抽象类继承,并且需要保证在任何引用到某类的地方都可以改换成其子类,因此 LSP 是 DIP 基础,DIP 是面向对象设计的核心原则。

当然,DIP 也存在一些问题,DIP 的应用会造成出现大量的新类。同时,DIP 假设所有的具体类都会变化，而实际情况不一定是这样，有些具体类就是相当稳定。此时，使用这些类的客户端就可以依赖具体类，而不必再创建一个抽象类。

### 6. 接口隔离原则

接口隔离原则(Interface Segregation Principle，ISP)的精神是：使用多个专门的接口比使用单一的总接口好。也就是说一个类对另一个类的依赖应当建立在最简单的接口上。对于接口设计来说，不应强迫用户依赖于他们不用的方法。

如果类的接口不是类聚的，就表示类具有"胖接口"。换句话说，类的"胖接口"可以分解成多组方法。每一组方法都服务于一组不同的客户程序。客户程序面对的是多个具有内聚接口的抽象类，否则这个接口中的一个没有被客户使用的方法如果改变，那么这个接口就要改变，从而使得所有客户也要改变。一个重构的方法是，让这个类派生于几个接口，而不同的用户自需要引用他们需要的接口。

因此，在进行面向对象设计时，一个重要的工作就是恰当地划分角色和角色对应的接口。一般情况下不要将没有关系的接口合并到一起，也不要合并一些看上去差不多的接口。不同的角色应该交给不同的接口，而不能都交给同一个接口。实现时可以通过委托分离出多个接口，也可以使用多重继承分离出多个接口。

### 7. 迪米特原则

迪米特原则(Law of Remeter，LoD)又叫最少知识原则(Least Knowledge Principle，LKP)，该原则要求一个对象对其他对象有尽可能少的了解，从而使系统各部件间保持松耦合状态。设计模式中的"门面模式"和"调停者模式"就是 LoD 的应用实践。

LoD 也经常被形象地描述为"只与直接的朋友联系"或"不要和'陌生人'说话"。在设计时，以下内容可以成为能打交道的"直接的朋友"。

(1) 当前对象本身。

(2) 以参数形式传入到当前对象方法中的对象。

(3) 当前对象的实例变量直接引用的对象。

(4) 当前对象的实例变量如果是一个聚集，则聚集中的元素也是朋友。

(5) 当前对象所创建的对象。

## 10.2.2 类设计

类设计就是根据具体的实现语言将分析类转换成设计类，即按具体的实现语言，如 Java、C# 等，对分析类中的边界类、实体类和控制类细化已有方法、补充类属性，完成基本设计模型。类设计是将分析模型映射到设计模型最基础也是最重要的一项工作。

以学生选课这个系统用例为例，并且假设我们使用 Java 语言来开发。在建立分析模型的过程中，得到了如图 10-13 所示的实现了学生选课系统用例的分析模型类图。

### 1. 分析类直接映射到设计类

在图 10-13 所示的分析模型中，学生信息类已经非常接近设计类了，只需要将其属性和方法完善直接映射到设计类即可。如图 10-14 所示，学生信息类包含的属性有姓名、出生

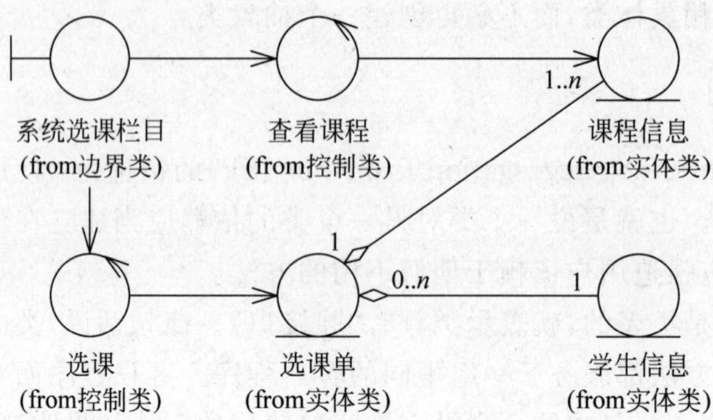


图 10-13 学生选课用例分析模型

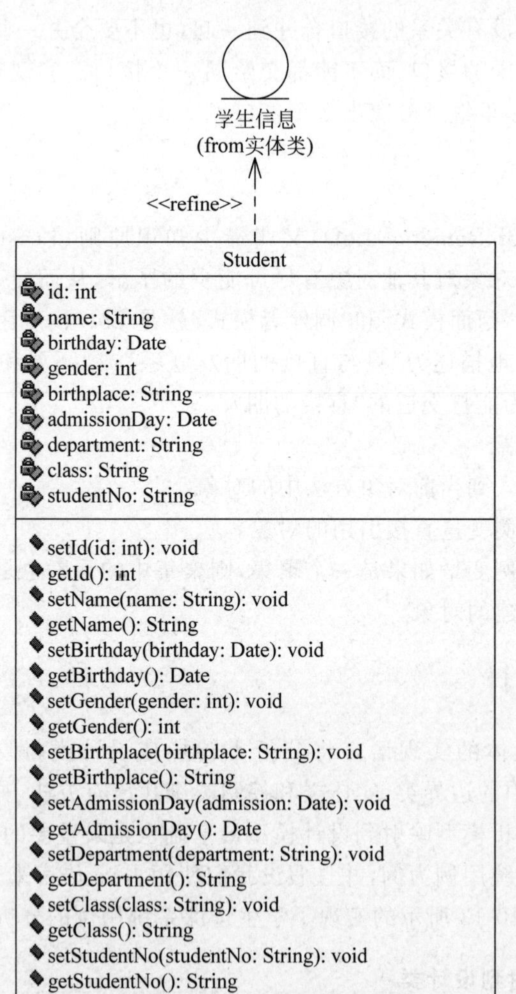


图 10-14 学生信息设计类

年月、性别、籍贯、入学时间、所属系别、班级、学号，同时为了与系统实现一致为其增加了id属性，包含的方法有设置和获取属性的方法，在这里分别为每个属性定义设置和获取的方法。

### 2. 分析类映射到多个设计类

对于有些分析类，特别是边界类和控制类，有时为了方便用户使用，或者基于具体实现语言的要求，或者为了满足面向对象设计原则等原因，需要将分析类进行分拆。

例如系统选课栏目这个边界类涉及选择课程信息，查看课程信息详情，提交选课等多个操作界面，这里用JSP实现来实现它，如图10-15所示。

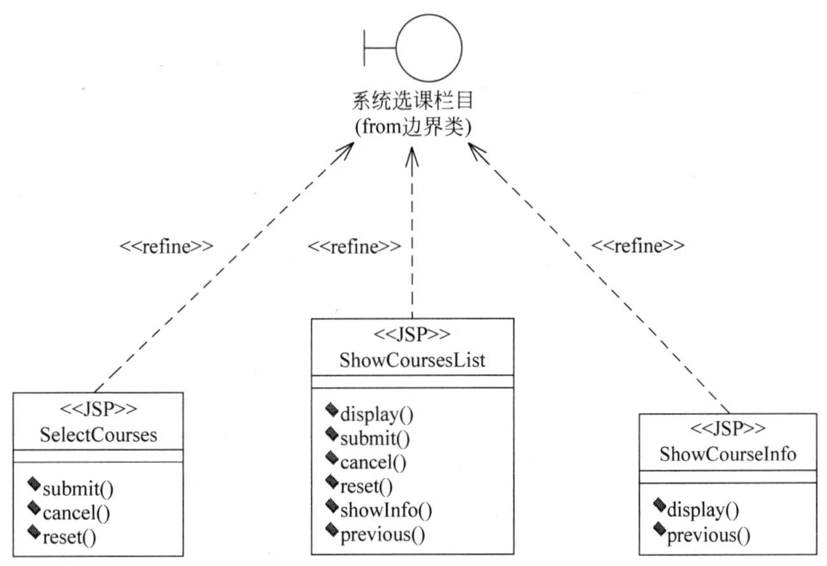


图10-15 系统选课栏目边界类映射到设计类

SelectCourses类实现选择课程界面，供用户设置不同的查询条件来选取课程。ShouCoursesList类实现课程列表展示功能。ShowCourseInfo类实现展示课程详细信息。

再例如选课控制类，它同时与来自Web层的用户请求、来自业务规则管理库的业务规则类、来自Entity层的课程信息和学生信息类交互，出于单一职责的面向对象设计原则，决定将它分解为5个类，每个类负责不同的职责。于是，选课控制类被分解为OfferControl、OfferMultiControl、OfferSingleControl、OfferRuleControl、EntityAccessor五个类，如图10-16所示。

### 3. 分析模型映射到设计模型

将分析类都映射到设计类后，将得到的设计类集中在一张图中，绘制出这些设计类之间的关系，就得到了设计模型。例如，图10-17展示了学生选课系统用例在Web层的设计模型，图10-18展示了学生选课系统用例在Business层的设计模型。

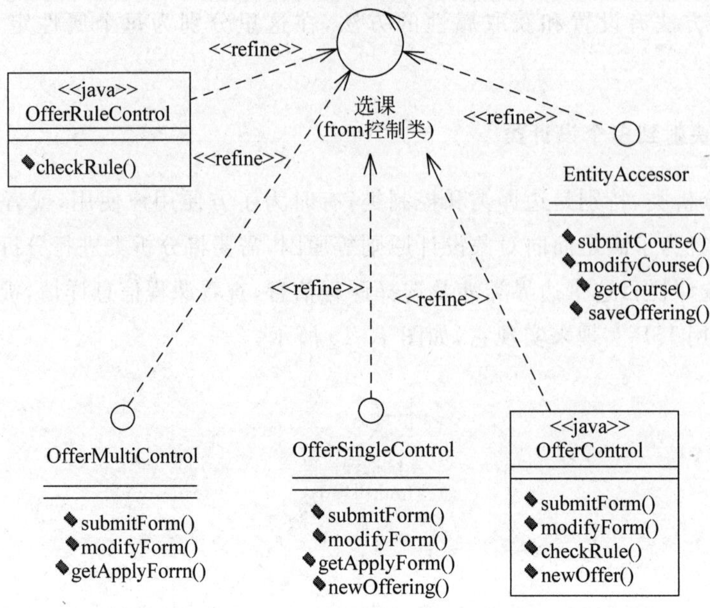


图 10-16 选课控制类映射到设计类

### 4. 对分析类的补充

将分析模型映射到设计模型后，得到了设计类及设计类之间的关系，至此得到了完整的静态设计模型。在比较复杂的系统设计中，静态图往往还不足以指导开发，这时有必要绘制设计类的交互图来说明这些类如何交互完成设计功能。

图 10-19 展示了 Business 层学生选课设计类交互图。

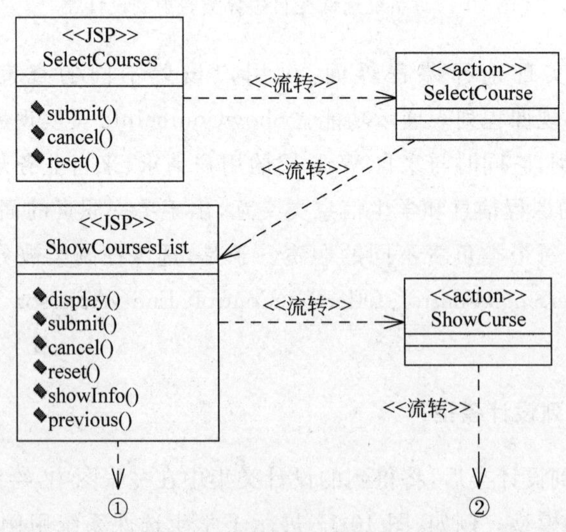


图 10-17 学生选课 Web 层设计模型

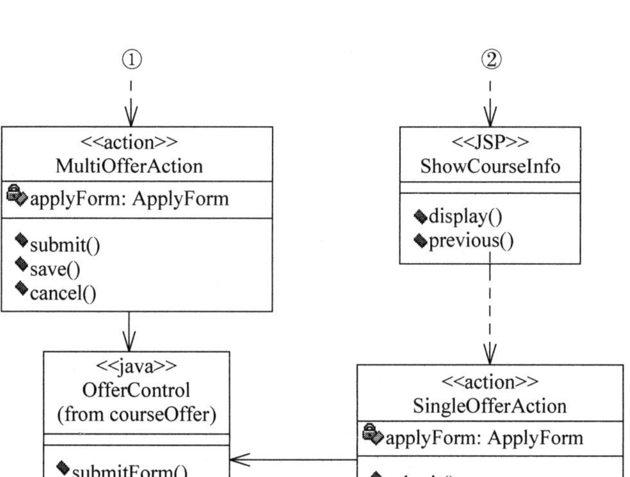


图 10-17　（续）

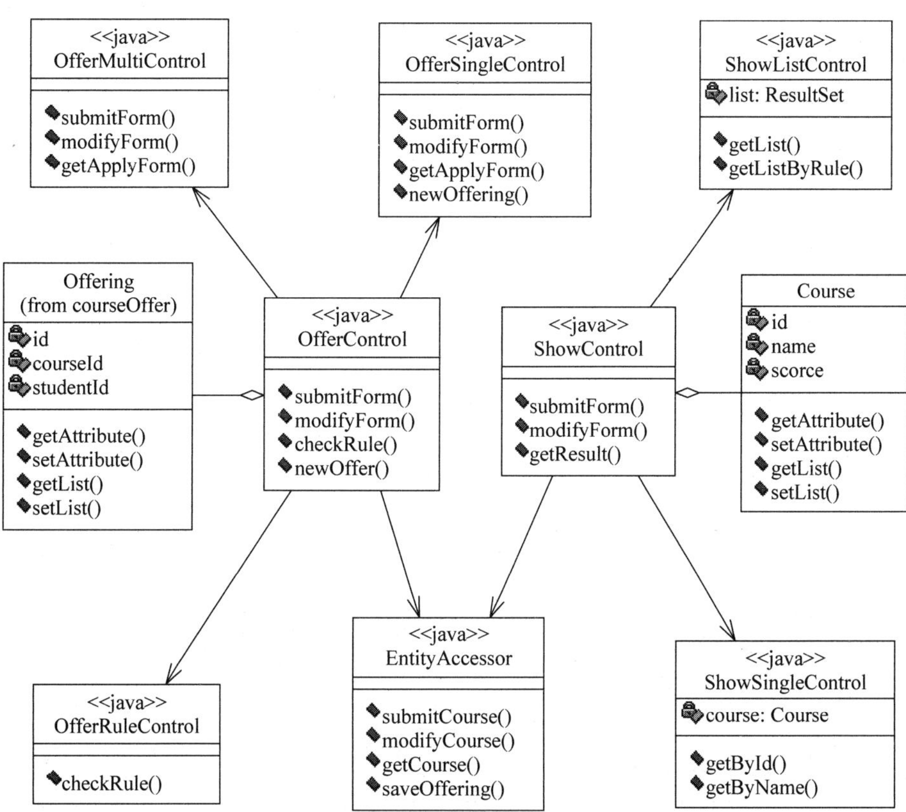


图 10-18　学生选课 Business 层设计模型

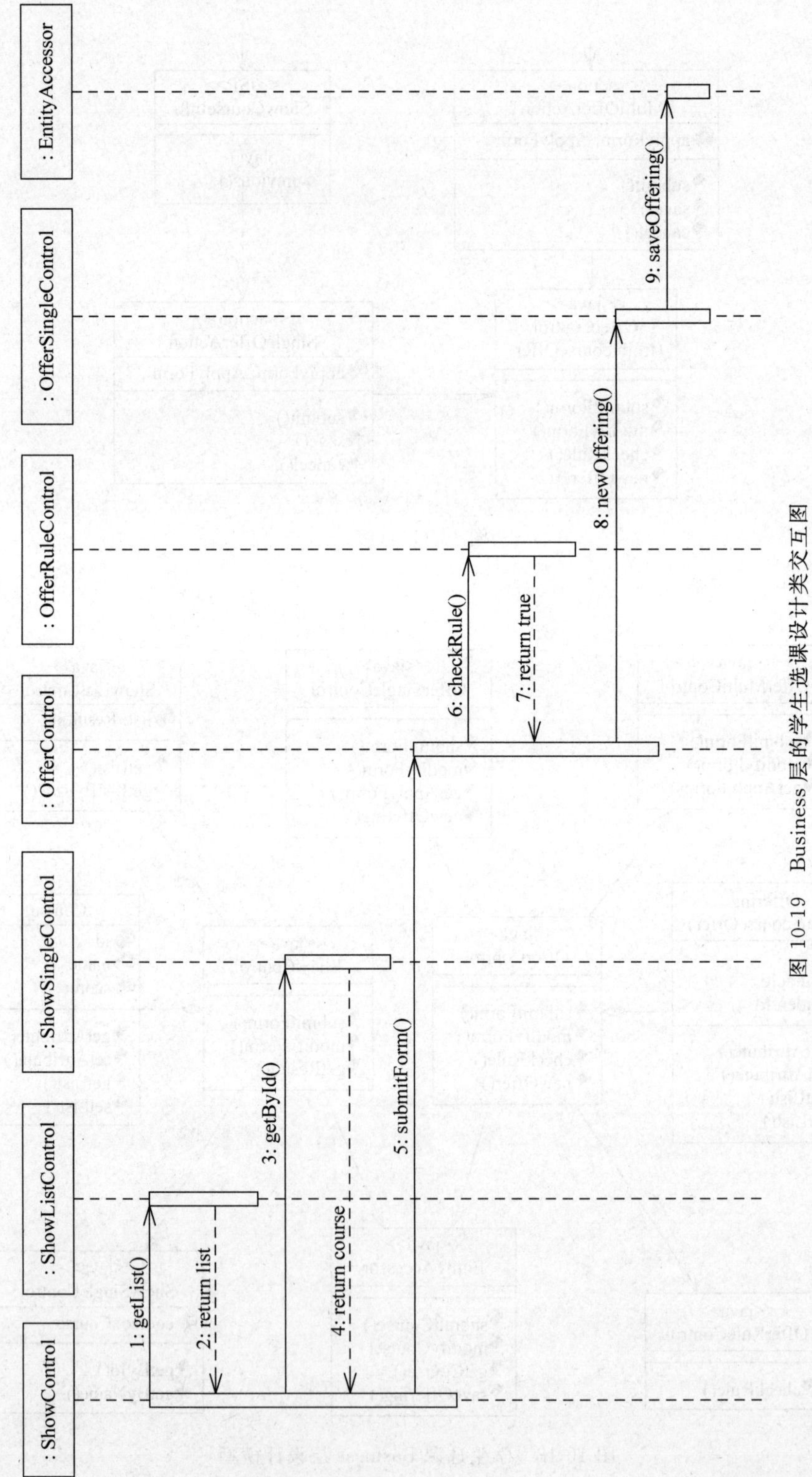


图 10-19 Business 层的学生选课设计类交互图

### 10.2.3　接口设计

面向对象的一大优点是接口与实现的分离，它使得我们在考虑程序逻辑时可以完全不用考虑程序将怎样编写，而只考虑对象交互的接口。面向对象设计中，软件系统四通八达的神经网络正是通过接口设计来构建的。接口是系统设计最重要的内容。接口使对象之间相互传递消息从而构成整个系统；接口设计不良会导致消息处理出错从而造成系统功能失效；接口决定了整个系统是否能正常运行。

#### 1. 为单个对象设计接口

典型的单个对象通常是封装某种算法，例如业务规则计算对象和业务逻辑处理对象。这些对象由于业务规则和业务逻辑的特殊使得它们很可能具有与众不同的方法。虽然这些对象没有抽象价值，但我们可以简单地为这些对象设计单独的接口，将它们的方法提取出来形成"接口→实现"的形式保留了替换实现类的可能。

例如 10.2.3 类设计一节中从分析类映射而来的处理选课业务逻辑的 Business 层的 OfferRuleControl 这个类，它的方法是独特的，没有抽象价值，可以简单地将它的方法提取出来形成接口，接口设计结果如图 10-20 所示。

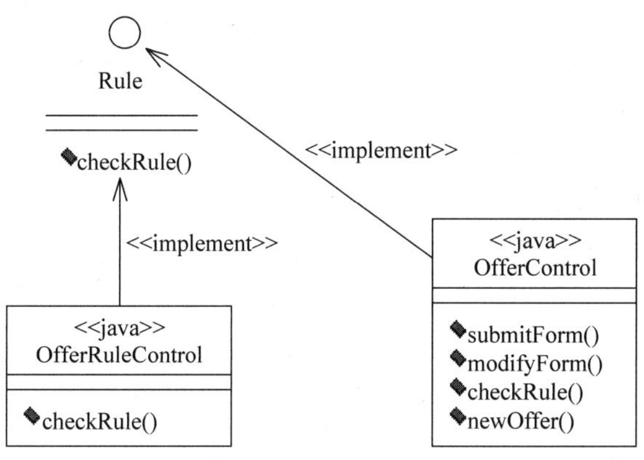


图 10-20　单个对象接口→实现设计示例

OfferRuleControl 类实现了 Rule 接口。专门用于验证学生选课是否合理的 OfferRuleControl 类，虽然验证学生选课是否合理没什么抽象价值，并且将来变更的可能性很小，但当将它设计成"接口→实现"的形式时，就保留了替换验证学生选课是否合理实现类的可能性。如果有一天不同类型的选课需要不同算法的合理性验证时，就可以为 Rule 接口编写 Impl1、Impl2 等实现类，而其他业务仍然可以使用 Rule 的 checkRule 方法。

#### 2. 为具有相似性的对象设计接口

在一个系统里会有许多具有相同或相似的行为模式。通常，这些对象承担着相同或相似的职责，即它们处理事情的办法都差不多，但处理的内容和具体过程可能不同。

典型的具有相同或相似行为模式的对象是实体对象。实体对象主要作用是封装业务数据和对业务数据的操作方法。虽然实体对象封装的业务数据千差万别，但操作数据的方法无非增删改查。这是典型的行为相似内容不同的对象的例子。

以 10.2.2 类设计一节中的 Entity 层实体对象为例,将这些相同操作方法提取出来形成接口,然后所有的实体对象都实现这个接口,如图 10-21 所示。

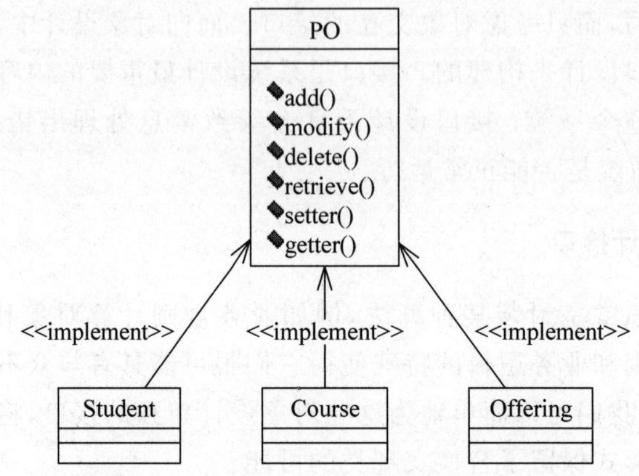


图 10-21 具有相似行为对象接口设计实例

### 3. 为软件各层次设计接口

一个多层次的软件架构中,各层次之间的交互是错综复杂的。软件按层次分开的目的是为了使得各软件层职责清晰,各负其责。但是如果层次之间的交互过程没有很好的接口设计,软件分层带来的好处可能会完全丧失。

例如本书选课系统例子中,Web 层与 Business 层之间的交互是由各种 Action 类和 BussinessControl 类来完成的。Action 类的数量非常庞大,BussinessControl 类的数量也很可观,在没有良好接口设计的情况下,Web 层与 Business 层之间的交互情况如图 10-22 所示错综复杂。

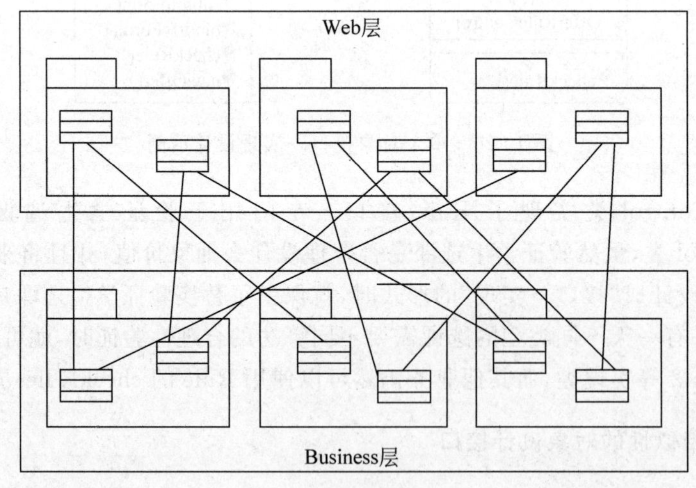


图 10-22 无良好接口设计的层次交互

实际上这类问题就是门面模式要解决的问题。门面模式的意图是在系统内抽象出高层接口,外部系统通过接口访问系统内部而不是直接访问系统内部的类。

采用门面模式来处理 Web 层和 Business 层之间的交互可以有效地减少交互的复杂度,使得层次之间保持清晰的关联。如图 10-23 所示,交互的复杂程度得到了有效的控制。

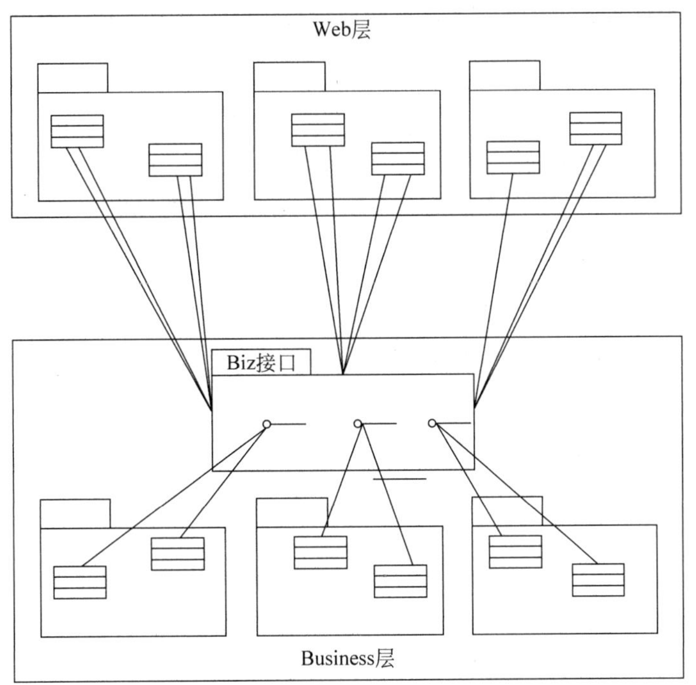


图 10-23 采用门面模式后的层次交互

# 10.3 设计模式

## 10.3.1 设计模式与分类

设计模式是面向对象设计原则和方法的应用,是具体实践过程中解决某类问题而产生的经验总结和最佳实践。

设计模式提供一种解决问题的纲要设计,它描述普遍存在的在相互联系的构件中重复出现的结构,从而建立在一定的问题背景下通用的设计方案。设计模式通常被分成创建型、结构型、行为型 3 类。

## 10.3.2 创建型设计模式

### 1. 工厂模式

工厂模式通过一个通用的工厂方法来生成对象,并专门负责将大量有共同接口的类实例化。这样程序中所有需要创建对象的代码都由工厂完成执行,而不是将创建对象的代码散布于整个系统。工厂模式有简单工厂(Simple Factory)模式、工厂方法(Factory Method)模式、抽象工厂(Abstract Factory)模式 3 种。

简单工厂模式又称静态工厂方法模式,它由一个工厂类根据传入的参数决定创建出哪一种产品类的实例。如图 10-24 所示，简单工厂模式涉及工厂类、抽象产品类、具体产品类 3 个角色。其中工厂类是本模式的核心，含有一定的商业逻辑和判断逻辑；抽象产品类是具体产品继承的父类或者实现的接口；工厂类所创建的对象就是具体产品类的实例。

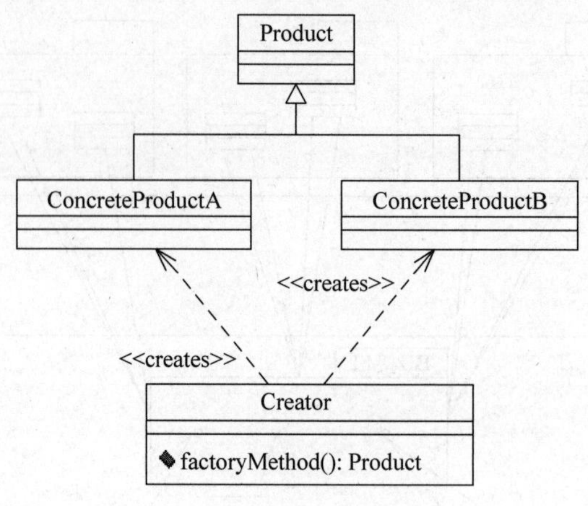


图 10-24 简单工厂模式

工厂方法模式的核心是一个抽象工厂类，工厂方法允许多个具体的工厂类继承抽象工厂类，从而形成多个简单工厂模式的集合，提供了灵活的扩展机制。如图 10-25 所示，工厂方法涉及抽象工厂、具体工厂、抽象产品、具体产品 4 个角色。其中，抽象工厂类(Creator)是工厂方法模式的核心，它与应用程序无关，是具体工厂角色必须实现的接口或者必须继承的父类；具体工厂类(ConcreteCreator)含有和具体业务逻辑有关的代码，由应用程序调用以创建对应的具体产品的对象；抽象产品类(Product)是具体产品继承的父类或者是实现的接口；具体工厂类所创建的对象就是具体产品类(ConcreteProduct)的实例。

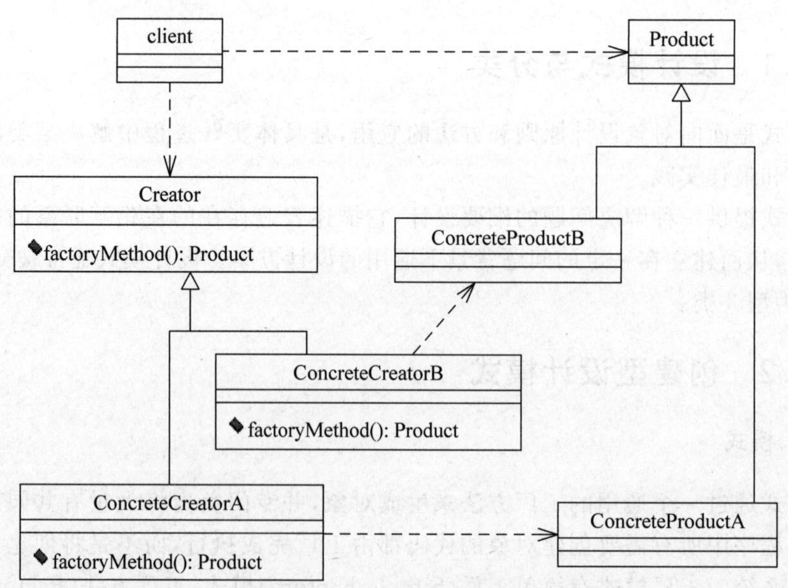


图 10-25 工厂方法模式

抽象工厂模式是工厂方法的一般形式，抽象工厂提供一个接口，使客户可以在不指定产品具体类型的情况下创建产品对象。如图 10-26 所示，抽象工厂模式与工厂模式一样涉及抽象工厂、具体工厂、抽象产品、具体产品 4 个角色。其中，抽象工厂类是核心(AbstractFactory)，它与应用程序无关，在模式中创建对象的工厂类应实现这个接口或继承这个类；具体工厂类(ConcreteFactory)与应用程序紧密相关，应用程序调用该类来创建产品实例；抽象产品类(AbstractProduct)是抽象工厂模式所创建对象的父类或它们共同拥有的接口；具体产品类(ConcreteProduct)是抽象工厂模式所创建的任何对象的所属类。

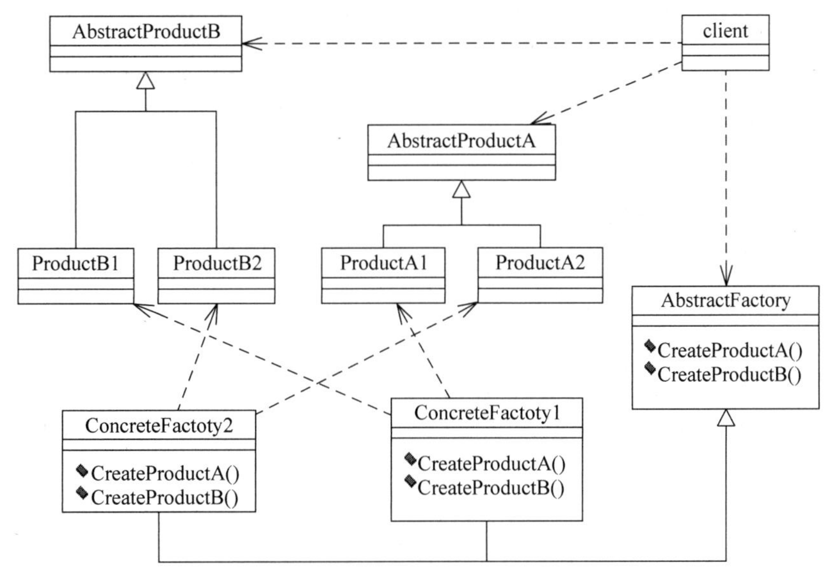


图 10-26 抽象工厂模式

### 2. 单例模式

单例(Singleton)模式又叫单件模式，它保证一个类仅有一个实例，并且提供一个对它的全局访问点。即单例类必须自己创建自己的唯一实例，保证没有其他实例可以被创建，并提供一个访问该实例的方法。

许多时候整个系统只需要拥有一个全局对象，这样有利于我们协调系统整体的行为。比如在某个服务器程序中，该服务器的配置信息存放在一个文件中，这些配置数据由一个单例对象统一读取，然后服务进程中的其他对象再通过这个单例对象获取这些配置信息。这种方式简化了在复杂环境下的配置管理。

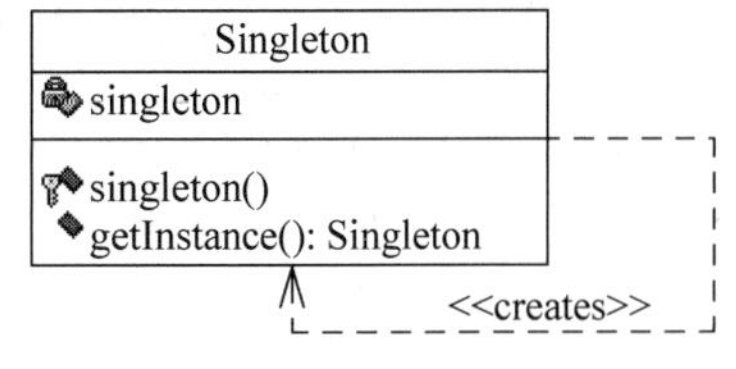


图 10-27 单例模式

单例结构如图 10-27 所示。

单例模式的参与者只有一个，即 Singleton。Singleton 拥有一个私有的构造函数，确保无法通过 new 直接将其实例化。此外，该类还含有一个静态私有成员变量 instance 和静态公有方法 getInstance()。getInstance()负责检验并实例化 Singleton，然后存储在静态成员变量 instance 中，确保只有一个实例被创建。

## 10.3.3 结构型设计模式

### 1. 享元模式

享元(Flyweight)模式以共享的方式高效地支持大量的细粒度对象。享元对象能做到共享的关键是区分内蕴状态(Internal State)和外蕴状态(External State)。内蕴状态是存储在享元对象内部并且不会随环境改变而改变,因此内蕴状态可以共享。外蕴状态是随环境改变而改变的、不可以共享的状态。享元对象的外蕴状态必须由客户端保存,并在享元对象被创建之后,在需要使用的时候再传入到享元对象内部。外蕴状态与内蕴状态是相互独立的。

享元模式在编辑器系统中大量使用。一个文本编辑器往往会提供很多种字体,而通常的做法就是将每一个字母做成一个享元对象。享元对象的内蕴状态就是这个字母,而字母在文本中的位置和字模风格等其他信息则是外蕴状态。比如,字母 a 可能出现在文本的很多地方,虽然这些字母 a 的位置和字模风格不同,但是所有这些地方使用的都是同一个字母对象。这样一来,字母对象就可以在整个系统中共享。

如图 10-28 享元模式所涉及的角色如下。

(1) 抽象享元(Flyweight)角色。此角色是所有的具体享元类的超类,为这些类规定出需要实现的公共接口。那些需要外蕴状态(External State)的操作可以通过调用商业方法以参数形式传入。

(2) 具体享元(ConcreteFlyweight)角色。实现抽象享元角色所规定的接口。如果有内蕴状态的话,必须负责为内蕴状态提供存储空间。享元对象的内蕴状态必须与对象所处的周围环境无关,从而使得享元对象可以在系统内共享。

(3) 享元工厂(FlyweightFactory)角色。本角色负责创建和管理享元角色。本角色必须保证享元对象可以被系统适当地共享。当一个客户端对象调用一个享元对象的时候,享元工厂角色会检查系统中是否已经有一个复合要求的享元对象。如果已经有了,享元工厂角色就应当提供这个已有的享元对象;如果系统中没有一个适当的享元对象的话,享元工厂角色就应当创建一个合适的享元对象。

(4) 客户端(Client)角色。本角色需要维护一个对所有享元对象的引用。本角色需要自行存储所有享元对象的外蕴状态。

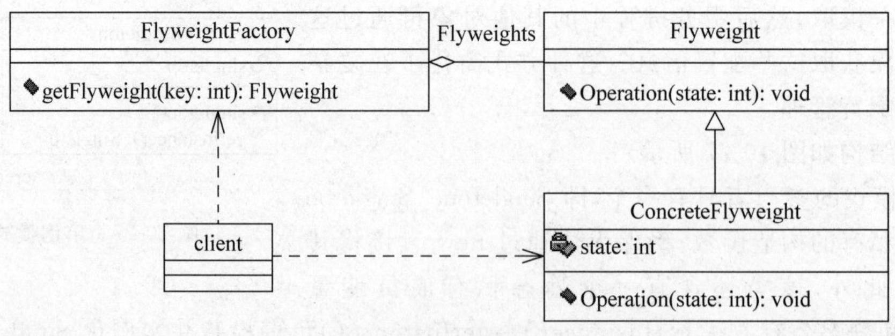


图 10-28 享元模式

### 2. 门面模式

门面(Facade)模式为一组复杂接口对象提供简单且特定的接口,以供外界使用。门面将子系统与客户及其他子系统分离,可以提供高子系统的独立性和可移植性。

门面模式要求子系统的外部必须通过统一的接口与其内部进行通信,该模式提供一个高级的接口,使得子系统更易于使用。如图 10-29 所示,门面模式由以下 3 个角色组成。

(1) 门面角色(Facade)。这是门面模式的核心。它被客户角色调用,因此它熟悉子系统的功能。它内部根据客户角色已有的需求预定了几种功能组合。

(2) 子系统角色。实现了子系统的功能。对它而言,Façade 角色就和客户角色一样是未知的,它没有任何 Façade 角色的信息和链接。

(3) 客户角色。调用 Façade 角色来完成要得到的功能。

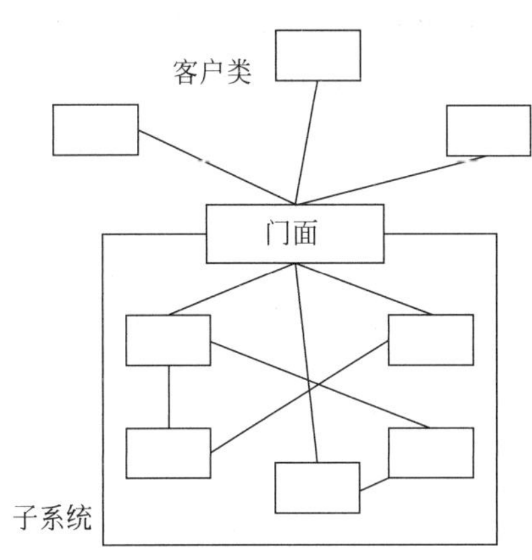

图 10-29 门面模式

### 3. 桥接模式

桥接(Bridge)模式是将抽象(Abstraction)与实现(Implementation)脱耦,使得两者可以独立地变化。耦合是两个实体间的某种强关联,脱离就是去掉它们间的强关联,即将两个对象间的继承关系改为聚合关系。采用继承的情况下,具体实现依赖于抽象定义,抽象定义被看作是相对稳定的。而对于像多个维度变化激烈的对象来说,抽象定义也是不稳定的。这时候,如果想尽可能付出小的代价,获得最大的扩展,采用桥接模式是一个好主意。

如图 10-30 所示,桥接模式所涉及的角色如下。

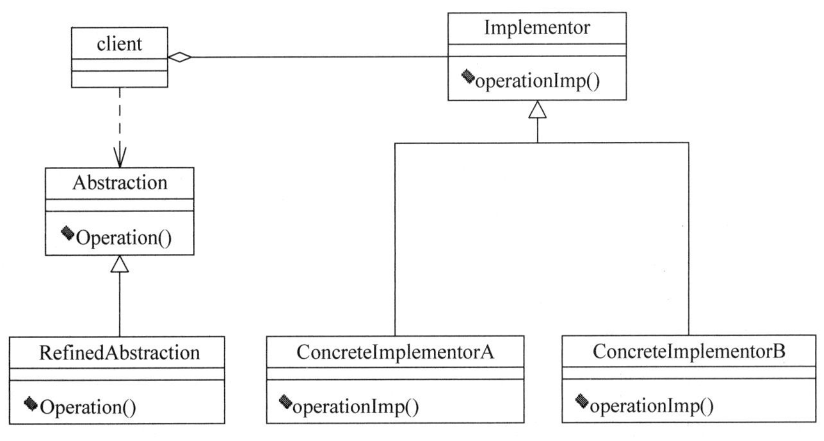

图 10-30 桥接模式

(1) 抽象(Abstraction)对象:抽象对象给出的定义,并保存一个对象实现者(Implementor)对象的引用。

(2) 精化(RefinedAbstraction)抽象：扩展抽象对象,改变和修正父类对抽象的定义。

(3) 实现者(Implementor)对象：给出实现者对象的接口,但不给出具体的实现方法。

(4) 具体实现(Concrete Implementor)：给出实现者对象接口的具体实现方法。

### 4. 代理模式

代理模式就是为其他对象提供一种代理以控制对这个对象的访问。在一些情况下,客户不想或者不能直接引用一个对象,而代理对象可以在客户和目标对象之间起到中介作用,去掉客户不能看到的内容和服务或者增添客户需要的额外服务。常见的代理如下。

(1) 远程代理：为一个对象在不同的地址空间提供局部代理。

(2) 虚拟代理：根据需要创建开销很大的对象。

(3) 保护代理：控制对原始对象的访问,用于对象应该有不同的访问权限时。

(4) 智能引用：取代了简单的指针,在访问对象时执行了一些附加操作。

如图 10-31 所示,客户对象(Client)向一个作为接口的 Subject 发出请求,Subject 接口的实施代理对象 Proxy 根据请求的种类,在适当的时候向 RealSubject 转发请求。

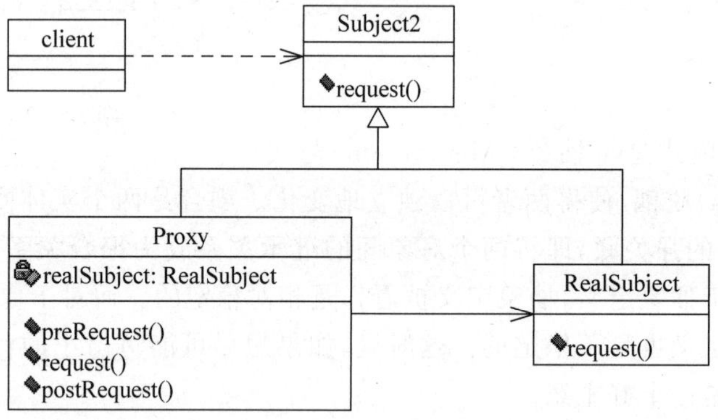


图 10-31 代理模式

代理模式的参与者如下。

(1) 客户对象(Client)：向一个作为接口的 Subject 发出请求。

(2) 代理对象(Proxy)：保存一个引用使其可以访问实体。

(3) 抽象类(Subject)：定义实体目标对象 RealSubject 和代理对象 Proxy 的共用接口,这样就允许在任何使用 RealSubject 的地方都可以使用 Proxy。

(4) 实体目标对象(RealSubject)：定义代理对象 Proxy 所代表的实体。

### 5. 适配器模式

适配器(Adapter)模式又叫包装(Wrapper)模式,指把一个类的接口变换成客户端所期待的另一种接口,从而使原本接口不匹配而无法在一起工作的两个类能够在一起工作。

适配器模式有类适配器和对象适配器两种。类适配器使用多重继承使一个接口与另一个接口进行匹配,类适配器模式如图 10-32 所示。

由图 10-32 可看出,类 Adaptee 类没有 request 方法,而客户期待这个方法。为了使客户能够使用 Adaptee 类,提供一个中间环节,即 Adapter 类,Adapter 类实现了 Target 接口,

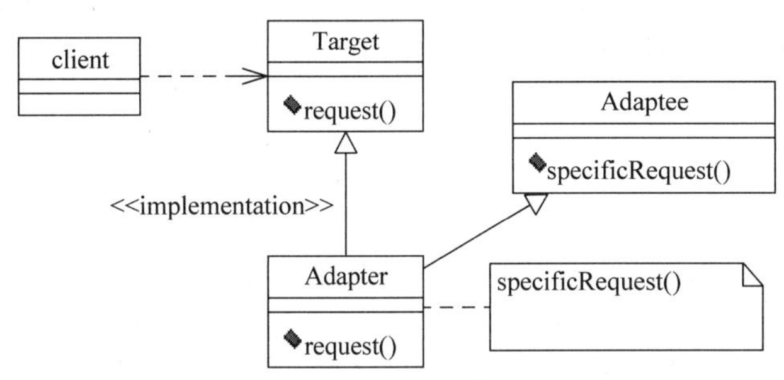


图 10-32 类适配器模式

并继承自 Adaptee 类，Adapter 类的 Request 方法重新封装了 Adaptee 的 specificRequest 方法，实现了适配的目的。因为 Adapter 和 Adaptee 是继承关系，所以决定了这个适配器模式是类的。类适配器模式所涉及的参与者包括以下几种。

(1) 目标(Target)：客户端所期待的接口。

(2) 源(Adaptee)：需要适配的类。

(3) 适配器(Adapter)：把源接口转换成目标接口，它必须是类。

对象适配器依赖于对象组合，如图 10-33 所示。

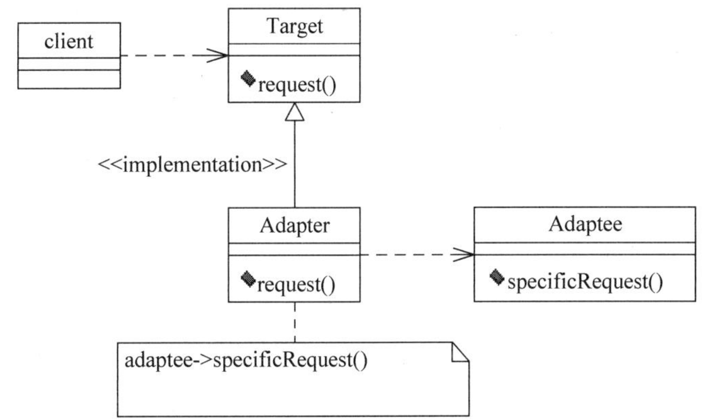


图 10-33 对象适配器模式

从图 10-33 中可以看出：客户端需要调用 request 方法，而 Adaptee 没有该方法，为了使客户端能够使用 Adaptee 类，需要提供一个包装(Wrapper)类 Adapter。这个类包装了一个 Adaptee 类的实例，从而将客户端与 Adaptee 衔接起来。由于 Adapter 与 Adaptee 是委派关系，从而决定了这个适配器模式是对象的。该适配器模式所涉及的参与者包括以下几种。

(1) 目标(Target)：客户所期待的接口。

(2) 源(Adaptee)：需要适配的类。

(3) 适配器(Adapter)：通过内部包装一个 Adapter 对象，把源接口转换成目标接口。

类适配器和对象适配器的区别在于：类适配器用一个具体的 Adpter 类对 Adaptee 和 Target 接口进行匹配，对象适配器则允许一个 Adapter 与多个 Adaptee 同时工作。

## 10.3.4 行为型设计模式

### 1. 调停者模式

通常,面向对象应用程序是由一组为了提供某种服务而彼此交互的对象组成,这组对象叫同事(Colleague)对象。当彼此引用的对象数量比较少时,此时对象之间就为直接交互。当对象的数量增加时,这种直接交互会导致对象之间复杂的、混乱的引用。这就会影响应用程序的可维护性。同时,因为对象之间的高耦合,当一个对象直接引用其他的对象时,缩小了这些对象的复用范围。

调停者模式(Mediator Pattern)推荐抽象所有同事对象交互的细节到一个独立的类,这个类就是调停者(Mediator),它负责这组对象之间的交互。这组对象中的每一个对象仍然负责提供它所具有的服务,但为了提供服务,对象之间不能直接彼此交互。两个不同对象之间的交互通过调停者(Mediator)进行路由。所有的对象把消息发送给调停者。调停者依据应用程序的需求把消息再发送给相应的对象。

如图 10-34 所示,调停者模式的参与者如下。

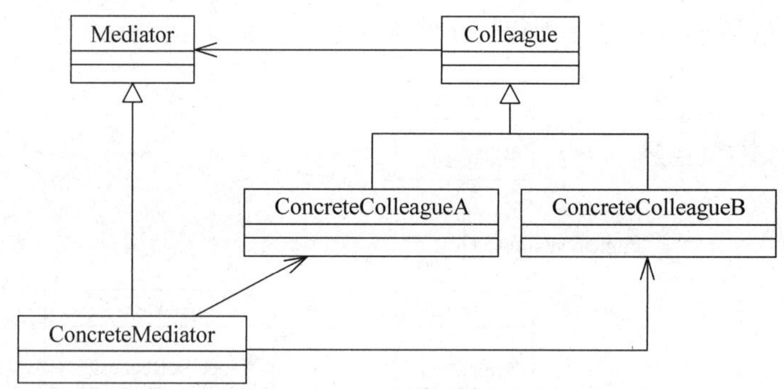


图 10-34 调停者模式

(1) 调停者(Mediator):调停者定义一个接口用于与各同事对象进行通信。

(2) 具体调停者(ConcreteMediator):具体调停者通过协调各同事对象实现协作行为,了解并维护他的各个同事。

(3) 同事类(Colleague):同事类定义出调停者到同事对象的接口。

(4) 具体同事类(ConcreteColleague):每一个具体同事类都知道他的调停者对象,在需要与其他同事通信时,仅仅与他的调停者进行通信。

### 2. 策略模式

策略(Strategy)模式是针对一组算法,将每一个算法(策略)封装到具有共同接口的独立类中,使得它们可以相互替换。在策略模式中,算法可以不影响客户端而发生变化。

策略模式是对算法的包装,是将使用算法的责任和算法本身分割开,委派给不同的对象进行管理。策略模式可以把行为和环境分开。其中,环境类负责维持和查询行为类,而各种算法在具体策略类(ConcreteStrategy)中提供。这样算法的增减和修改都不会影响环境和客户端。当出现需求变化时,只需要实现新的策略类,并在客户端登记即可。

策略模式结构如图 10-35 所示。

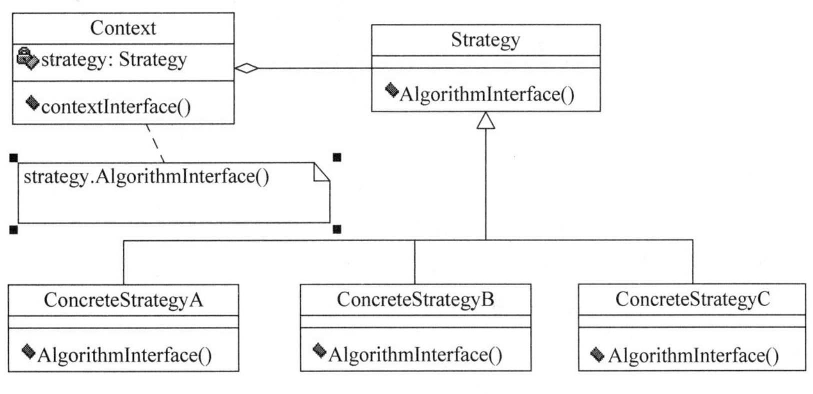


图 10-35 策略模式

策略模式涉及 3 个参与者如下。

(1) 语境(Context):持有一个策略类(Strategy)的引用。可以定义一个接口让 Strategy 访问它的数据。

(2) 抽象策略(Strategy):通常由一个接口或抽象类实现,它给出所有的具体策略类所需要的接口。

(3) 具体策略(ConcreteStrategy):包装了相关的算法或行为,以 Strategy 接口实现某个具体算法。

### 3. 观察者模式

观察者(Observer)模式(如图 10-36 所示)定义了一种一对多的依赖关系,此模式的关键对象是目标和观察者,它让多个观察者对象同时监听某一个目标对象。该目标对象发生变化时,会通知所有观察者,作为响应,观察者将对目标进行查询并自动更新,以使其状态与目标同步。目标是通知的发布者,它只需发出通知,而不需要知道观察者是谁;观察者可以

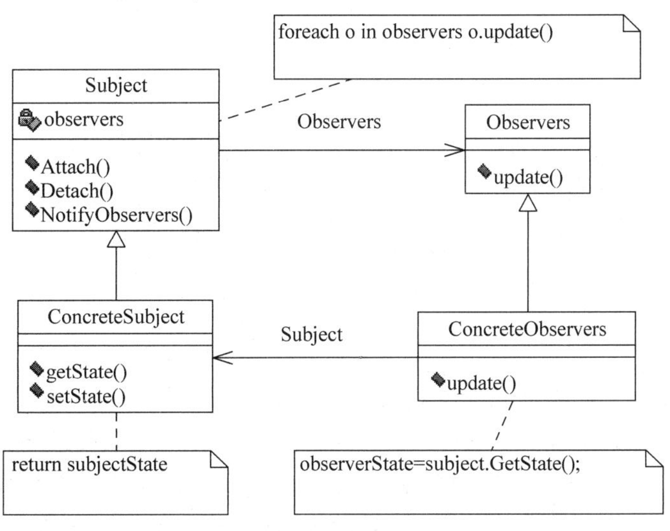


图 10-36 观察者模式

有任意多个。

由图 10-36 可知,ConcreteSubject 一旦发生可能导致其观察者与自身状态不一致的变化时,将通知它的各个观察者。在得到一个具体改变通知后,ConcreteObserver 可向目标对象查询信息。ConcreteObserver 使用这些信息以使它的状态与目标对象的状态一致。

观察者对象的参与者如下。

(1) 目标对象(Subject):知道自己的观察者对象 Observer,并提供注册和删除 Observer 的接口,一个 Subject 可以有任意多个 Observer。

(2) 抽象观察者类(Observer):为所有的具体观察者定义一个接口,在得到目标的通知时更新自己。此接口叫作更新接口。抽象观察者角色一般用一个抽象类或者一个接口来实现。在这个示意性的实现中,更新接口只包含一个方法(update()方法),该方法叫作更新方法。

(3) 具体目标对象(ConcreteSubject):将有关状态存入各个 ConcreteObserver,当 ConcreteSubject 自身状态发生变化时,会向它的各个 Observer 发出通知。

(4) 具体观察者对象(ConcreteObserver):维护一个指向 ConcreteObserver 的引用,存储有关状态,并更新观察者对象 Observer 接口,以使存储状态、自身状态与目标对象 Subject 状态保持一致。

#### 4. 命令模式

命令(Command)模式是对命令的封装,该模式把发出命令和执行命令的责任分开,委派给不同的对象。每一个命令都是一个操作:请求方要求执行操作;接收方收到请求,并执行操作。命令模式允许请求方和接收方相互独立,这样请求方不必知道接收方的接口,也不必知道请求怎么被接收,操作是否被执行以及何时怎么被执行的。

命令模式的关键是一个抽象的命令类 Command,它定义了一个执行操作的接口,其最简单的形式是一个抽象的 Execute()操作。命令模式的结构类图如图 10-37 所示。

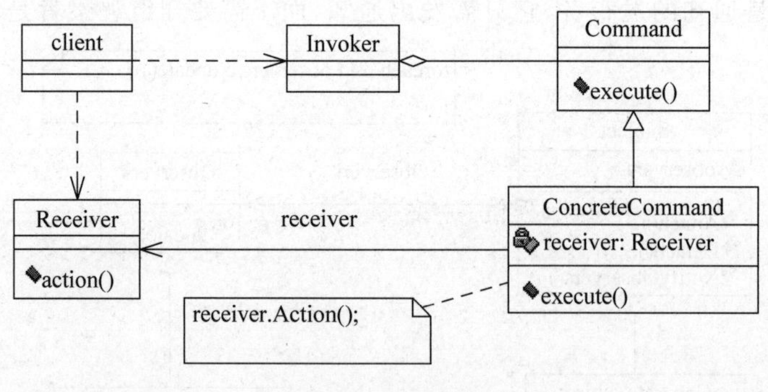


图 10-37 命令模式

Client 类创建一个具体命令对象 ConreteCommand,并指定它的接收对象 Receiver,其中某一个 Invoker 对象存储 ConcreteCommand,并通过调用 ConcreteCommand 的执行操作 Execute()提交一个请求。如果撤销命令,ConcreteCommand 就在执行操作 Execute()之前存储当前状态以便取消该命令。ConcreteCommand 调用它的接收对象 Receiver 的一些操作以执行该请求。

命令模式运行的参与者如下。

(1) 客户(Client)：创建一个具体命令(ConcreteCommand)对象并确定其接收者。

(2) 命令(Command)：声明了一个给所有具体命令类的抽象接口，这是一个抽象角色。

(3) 具体命令(ConcreteCommand)：定义一个接收者和行为之间的弱耦合；实现Execute()方法，负责调用接收者的相应操作。Execute()方法通常叫作执行方法。

(4) 请求者(Invoker)：负责调用命令对象执行请求，相关的方法叫作行动方法。

(5) 接收者(Receiver)：负责具体实施和执行一个请求。任何一个类都可以成为接收者，实施和执行请求的方法叫作行动方法。

### 5. 解释器模式

解释器(Interpreter)定义语言的文法，并且建立一个解释器来解释该语言中的句子。当某种问题发生频率很高时，就需要构建一个解释器，将该问题的各个实例表述为一个简单语言的句子。解释器模式的类图结构如图 10-38 所示。

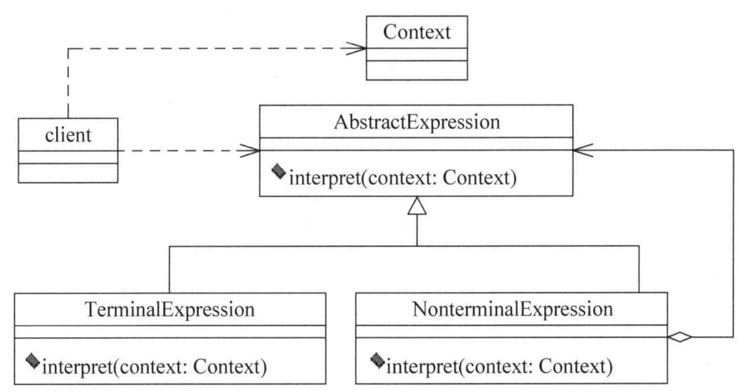


图 10-38　解释器模式

客户对象 Client 构建某个文法定义的语言中一个特定句子，是非终结符表达式节点类NonterminaExpression 和终结符表达式节点类 TerninalExpression 的实例的一个抽象语法树，它初始化语境并调用解释操作。每一个终结符表达式节点定义相应子表达式的解释操作，而各非终结符表达式的解释操作构成了递归的基础。每一个节点的解释操作用语境来存储和访问解释器的状态。

解释器模式的参与对象如下。

(1) 抽象类(AbstractionExpression)：声明一个抽象的解释操作，被抽象语法树中所有的节点共享。

(2) 终结符表达式节点类(TerminalExpression)：实现与文法中的终结符相关联的解释操作。

(3) 非终结符表达式节点类(NonterminalExpression)：解释一般要递归地调用表示每一条规则的那些对象的解释操作。

(4) 语境类(Context)：包含解释器之外的一些全局信息。

(5) 客户类(Client)：构建表示该文法定义的语言中一个特定句子的抽象语法树。

解释器模式使用类来表示方法规则，可以比较容易地使用继承来改变或扩展文法，也比较容易实现文法。同时,它使实现新的表达式的计算变得更加容易。但是,如果为文法中的每一条规则定义了一个类,包含许多规则的文法可能难以管理和维护。

### 6. 访问者模式

访问者(Visitor)模式表示一个作用于某对象结构中的各元素的操作,使得可以在不改变各元素的类的前提下定义作用于这些元素的新操作。访问者模式适用于数据结构相对稳定的系统,它把数据结构和作用于结构上的操作之间的耦合解脱开,使得操作可以相对自由地演化。

访问者模式结构如图 10-39 所示。

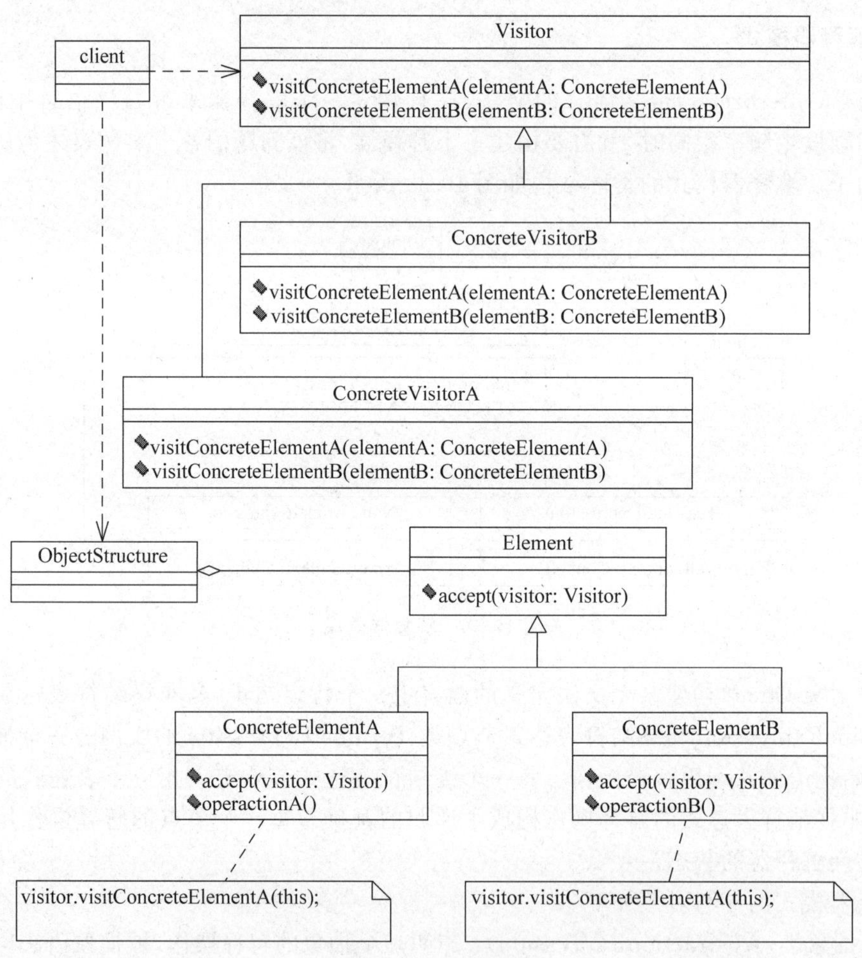


图 10-39 访问者模式

其中,客户创建一个 ConcreteVisitor 对象,然后遍历该对象结构,并用该访问者访问每一个元素。当一个元素被访问时,它调用对应于它的类 Visitor 操作。如果必要,该元素自身作为这个操作的一个参数以便访问者访问它的状态。

访问者模式的参与者如下。

(1) 抽象访问者(Visitor):声明了一个或者多个访问操作,形成所有的具体元素角色必须实现的接口。

(2) 具体访问者(ConcreteVisitor)：实现抽象访问者角色所声明的接口，即抽象访问者所声明的各个访问操作。

(3) 抽象节点(Node)：实现了抽象元素所规定的接收操作。

(4) 结构对象(ObjectStructure)：有如下的一些责任，可以遍历结构中的所有元素。如果需要，提供一个高层次的接口让访问者对象可以访问每一个元素；如果需要，可以设计成一个复合对象或者一个聚焦，例如列或集合。

**7. 状态模式**

状态模式允许一个对象在其内部状态变化时改变它的行为，例如打电话时有不同的状态：拨号、通话和挂机等。被呼叫方收到其他对象的请求时，会根据自身的状态做出相应的响应。此时，可以使用一个抽象类来表示各种状态。

状态模式的结构图如图 10-40 所示。

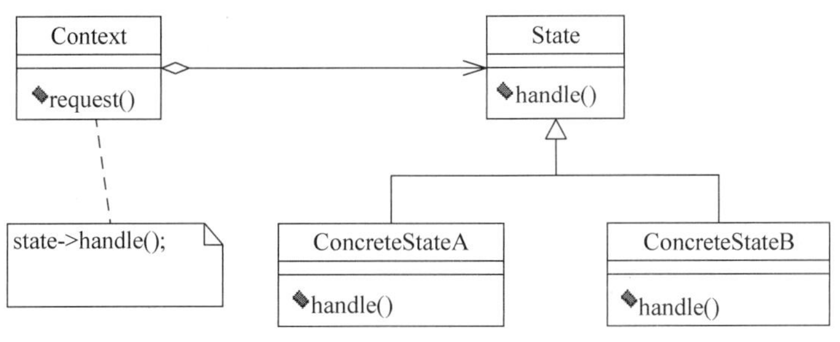


图 10-40　状态模式

其中，语境对象(Context)将与状态相关的请求委托给当前的具体对象(ConcreteState)来处理。Context 将自身作为一个参数传递给处理该请求的状态对象，这样状态对象在必要时可以访问 Context。客户以 Context 为接口，用状态对象来配置一个 Context，一旦 Context 配置完毕，它的客户不再需要直接与状态对象进行通信。Context 或 ConcreteState 子类都可以决定一个状态的后续状态，并决定在何种条件下进行状态转换。

状态模式的参与者如下。

(1) 语境对象(Context)：定义客户感兴趣的接口，并维护 ConcreteState 子类的实例，这个实例定义当前状态。

(2) 抽象类(State)：定义一个接口，以封装与 Context 的特定状态相关的行为。

(3) 具体状态类(ConcreteState)子类：实现了一个与 Context 的状态相关的行为。

状态模式将所有与一个特定的状态相关的行为都放入一个对象中，这样的局部化将不同状态的行为分隔开，通过定义新的子类可以方便地增加新状态并进行状态转换。此外，它为不同状态引入独立对象，使转换变得更加明确，状态对象 State 可被共享。

## 习题

10.1　什么是软件架构？什么是分层架构模式？分层架构模式的优缺点是什么？

10.2　面向对象设计要遵循哪些原则？这些原则的作用是什么？

10.3 什么是工厂方法模式？什么是简单工厂模式？什么是工厂方法模式？它们之间有什么区别？

10.4 什么是单例模式？哪些情况下适用单例模式？

10.5 将第9章的学生选课系统分析实例中的成绩录入系统用例，分析模型转换为设计模型。

# 第11章 系统实施

信息系统的系统实施是系统开发工作的最后一个阶段。系统实施就是要将系统设计的结果转换为可以在计算机上具体执行的软件系统，其过程就是将“设计图纸”上的新系统方案变成用户看得见、可运行、能够帮助用户完成所需要功能的实在系统。

系统实施的主要任务是按照系统设计说明书的要求，熟悉和安装新的硬件、软件，编制程序，调试新系统，对系统操作和管理人员进行培训，还要完成系统基础数据的准备工作，然后投入试运行。

信息系统的规模越大，实施阶段的任务就越复杂。为此，在系统正式实施开始之前，就要制订出周密的计划，即确定出系统实施的方法、步骤、所需的时间和费用，并且要监督计划的执行，做到既有计划又有检查，以保证系统实施工作的顺利进行。

## 11.1 物理系统的实施

信息系统物理系统的实施是计算机系统和通信网络系统设备的订购、机房的准备和设备的安装调试等一系列活动的总和。

### 11.1.1 计算机系统的实施

(1) 计算机品牌选择。目前国内外品牌计算机的供应商主要有如下几家。

① 国外品牌有IBM、HP、Compaq、Sun、NEC、Dell等。

② 国内品牌有联想、新浪潮、方正等。

(2) 计算机购置的基本原则：能够满足MIS的设计和运行的基本要求。

(3) 计算机购置应考虑的问题：

① 计算机系统是否具有合理的性能价格比。

② 计算机系统是不是具有良好的可扩充性。

③ 能否得到来自供应商的售后服务和技术支持等。

(4) 计算机的环境要求。

① 机房要安装双层玻璃门窗，并且要求无尘。

② 硬件通过电缆线连接至电源，电缆走线要安放在防止静电感应的耐压有角的活动地板下面。

③ 为了防止由于突然停电造成的事故发生，应安装备用电源设备，如功率足够的不间

断电源(UPS)。

(5) 计算机设备到货后,按合同开箱验收。

(6) 计算机系统的安装、调试及人员的培训。

计算机系统的安装与调试任务主要由设备供应商负责完成,同时设备供应商还负责有关操作人员的培训。

### 11.1.2 网络系统的实施

网络系统的实施主要包括以下几点。

(1) 网络设备的采购、到货及验收。

(2) 绘制网络施工图。

(3) 工程施工。

(4) 设备安装、调试。

(5) 网络系统调试。

## 11.2 程序设计

### 11.2.1 程序设计的目标

随着计算机应用水平的提高,软件愈来愈复杂,同时硬件价格不断下降,软件费用在整个应用系统中所占的比重急剧上升,从而使人们对程序设计的要求发生了变化。在过去的小程序设计中,主要强调程序的正确和效率,但对于大型系统中的程序设计,人们则倾向于首先强调程序的可维护性、可靠性和可理解性,然后才是效率。

#### 1. 可维护性

由于信息系统需求的不确定性,系统需求可能会随着环境的变化而不断变化,因此,就必须对系统功能进行完善和调整,为此,就要对程序进行补充或修改。此外,由于计算机软硬件的更新换代也需要对程序进行相应的升级。

信息系统寿命一般是3～10年时间,因此程序的维护工作量相当大。一个不易维护的程序,用不了多久就会因为不能满足应用需要而被淘汰,因此,可维护性是对程序设计的一项重要要求。

#### 2. 可靠性

程序应具有较好的容错能力,不仅正常情况下能正确工作,而且在意外情况下应便于处理,不致产生意外的操作,从而造成严重损失。

#### 3. 可理解性

程序不仅要求逻辑正确,计算机能够执行,而且应当层次清楚,便于阅读;这是因为程序的维护工作量很大,程序维护人员经常要维护他人编写的程序,一个不易理解的程序将会给程序维护工作带来困难。

#### 4. 效率

程序的效率指程序能否有效地利用计算机资源。近年来，由于硬件价格大幅度下降，而其性能却不断完善和提高，程序效率已不像以前那样举足轻重了。相反，程序设计人员的工作效率则日益重要。提高程序设计人员的工作效率，不仅能降低软件开发成本，而且可明显降低程序的出错率，进而减轻维护人员的工作负担。此外，程序效率与可维护性、可理解性通常是矛盾的，在实际编程过程中，人们往往宁可牺牲一定的时间和空间，也要尽量提高系统的可理解性和可维护性，片面地追求程序的运行效率反而不利于程序设计质量的全面提高。为了提高程序设计效率，应充分利用各种软件开发工具，如 MIS 生成器等。

### 11.2.2 结构化程序设计方法

编写程序应符合软件工程化思想。应用软件的编程工作量极大，而且要经常维护、修改。如果编写程序不遵守正确的规律，就会给系统的开发、维护带来不可逾越的障碍。软件工程的思想即利用工程化的方法进行软件开发，通过建立软件工程环境来提高软件开发效率。

#### 1. 自顶向下的模块化设计(TOP-DOWN)

自顶向下的方法在系统分析和设计阶段都要使用。每个系统都是由功能模块构成的层次结构。底层的模块一般规模较小，功能较简单，完成系统某一方面的处理功能。在设计中使用自顶向下方法的目的在于一开始能从总体上理解和把握整个系统，而后对于组成系统的各功能模块逐步求精，从而使整个程序保持良好的结构，提高软件开发的效率。

在模块化程序设计中应注意以下几点。

(1) 模块的独立性。在系统中模块之间应尽可能地相互独立，减少模块间的耦合，即信息交互，以便于将模块作为一个独立子系统开发。

(2) 模块大小划分要适当。模块中包含的子模块数要合适，既便于模块的单独开发，又便于系统重构。

(3) 模块功能要简单。底层模块一般应完成一项独立的处理任务。

(4) 共享的功能模块应集中。对于可供各模块共享的处理功能，应集中在一个上层模块中，供各模块引用。

#### 2. 结构化程序设计方法(Structured Programming)

自顶向下的模块化方法描述了大程序设计的原则，在具体编程中，则应采用结构化程序设计方法。这种方法指导人们用良好的思想方法去设计程序，其特点是采用以下 3 种基本逻辑结构来编写程序：顺序结构、循环结构和选择结构。

(1) 顺序结构。顺序结构是一种线性有序的结构，由一系列依次执行的语句或模块构成。

(2) 循环结构。循环结构是由一个或几个模块构成，程序运行时重复执行，直到满足某一条件为止。

(3) 选择结构。选择结构是根据条件成立与否选择程序执行路径的结构。

## 11.3 软件开发工具

过去,应用程序由专业计算机人员逐行编写,不仅周期长、效率低、质量差,而且重复劳动多,不易修改。计算机在信息系统中应用的日益扩大,促使人们对软件设计自动化进行了大量研究,并开发出各种软件生成工具。利用软件生成工具进行系统开发可以大量地减少甚至避免手工编写程序,并且避免了手工方式下的编程错误,从而极大地提高了系统开发效率。表11-1对几种常用的工具软件做了一个简单的介绍。

**表11-1 几种常用的工具软件表**

| 工具类别 | 开发工具 | 功能 |
|---|---|---|
| 电子表格 | Lotus 1-2-3 | 用户可以通过键盘在屏幕上填写表中数据,存入数据库,然后按图形方式显示或打印出来。有许多统计和财会中常用的函数和模型,因而便于MIS和DSS的开发 |
| 数据库系统自带 | FoxPro | 有功能很强的菜单生成器、屏幕编辑器、报表编写器、应用生成器和跟踪调试工具,可以快速地生成各种菜单程序、输入输出屏幕、报表和应用程序 |
| | Oracle | ORACLE * FORMS、ORACLE * REPORT 和 ORACLE * GRAPH:配合使用可以形成一个综合的应用软件开发环境 |
| 套装软件 | Office 软件包 | Word、Excel 和 PowerPoint 融合在一起,可同时运用字处理、表格设计、数据库和绘图功能。Excel 还具备一定规模的生成模型的函数 |
| 可视化工具 | Visual Studio | 是面向对象的编程环境,是开发 Web 应用程序和 Windows 应用程序的功能强大的开发工具 |
| | Visual Foxpro | 是PC上速度最快、数据类型最丰富的关系型数据库管理系统 |
| | Visual Basic | 结合了面向对象技术,提供了一个运用对象的编程环境,是Windows环境下速度最快的开发工具 |
| | PowerBuilder | 是专为各种数据库设计的客户端的应用开发工具,是开发客户机/服务器体系结构下的,基于Windows或Windows NT上的应用程序集成开发环境 |
| | Visual C++ | 是面向对象的编程环境,是Windows环境下功能强大的开发工具 |
| | Delphi | 采用面向对象技术的开发工具 |
| | Lotus Notes | 是办公自动化系统开发工具,支持与Internet的连接和集成 |
| | JBuilder | 是面向对象的编程环境,是Java应用程序的强大开发工具 |
| 辅助软件工具 | CASE | CASE中集成了多种工具,这些工具既可以单独使用,也可以组合使用,为系统开发提供了全过程的开发环境 |

# 11.4 系统测试

## 11.4.1 系统测试的作用和意义

系统测试是信息系统的开发周期中一个十分重要的活动。尽管在系统开发周期的各个阶段均采取了严格的技术审查，但依然难免遗留下差错，如果没有在投入运行前的系统测试阶段被发现并纠正，问题迟早会在运行中暴露出来，到那时要纠正错误将要付出更大的代价。系统测试占用的时间、花费的人力和成本占软件开发的很大比例。统计表明，开发较大规模系统，系统测试的工作量大约占整个软件开发工作量的40%～50%。而对于一些特别重要甚至人命关天的大型系统，测试的工作量和成本更大，甚至超过系统开发其他各阶段总和的若干倍。

## 11.4.2 系统测试的目的

很自然，大家会认为测试的目的是为了说明软件是没有问题的，因此程序编完后，只要找几个数据，使程序能够走通就完成了测试任务。这种认识不仅不正确，而且是十分有害的。因为出于这个目的，人们会自觉或不自觉地寻找容易使程序通过的测试数据，回避那些易于暴露软件错误的测试数据，从而致使隐藏的错误不被发现。恰恰相反，系统测试是以找错误为目的，不是要证明程序无错，而是要精心选取那些易于发生错误的测试数据，以十分挑剔的态度，去寻找程序的错误。这个关于测试目的的观念对于测试工作是有很大影响的。由于人类思维的严密性是有限度的，加之开发人员的主观的、心理的、经验等方面的因素，实践证明，大型的软件在测试前是不可能没有错误的，因此测试的目的就是发现程序的错误。

## 11.4.3 系统测试的基本原则

基于以上系统测试的概念，在进行系统测试中应遵循以下基本原则。

(1) 测试工作应避免由原开发软件的个人或小组来承担。

(2) 设计测试用例不仅要包括合理、有效的输入数据，还要包括无效的或不合理的输入数据。

(3) 不仅要检验程序是否做了该做的事，还要检查程序是否同时做了不该做的事。

(4) 保留测试用例，将会给重新测试和追加测试带来方便。

## 11.4.4 系统测试的方法与步骤

### 1. 软件测试方法

对软件进行测试的主要方法有人工测试和机器测试。人工测试是采用人工方式进行，目的在于检查程序的静态结构，找出编译不能发现的错误。经验表明，组织良好的人工测试可以发现程序中30%～70%的编码和逻辑设计错误，从而可以减少机器测试的负担，提高整个测试工作的效率。机器测试是运用事先设计好的测试用例，执行被测程序，对比运行结果与预期结果的差别以发现错误。对某些类型的错误,机器测试比人工测试有效,但对另一些类型的错误,人工寻找的效率往往比机器测试更高。而且机器测试只能发现错误的症状,不能进行问题定位,而人工测试一旦发现错误,同时就确定了错误位置、类型和性质。因此人工测试不可忽视,不是为了节约机时的权宜之计,它是机器测试的准备,是测试中必不可少的环节。

软件测试的分类如图 11-1 所示。

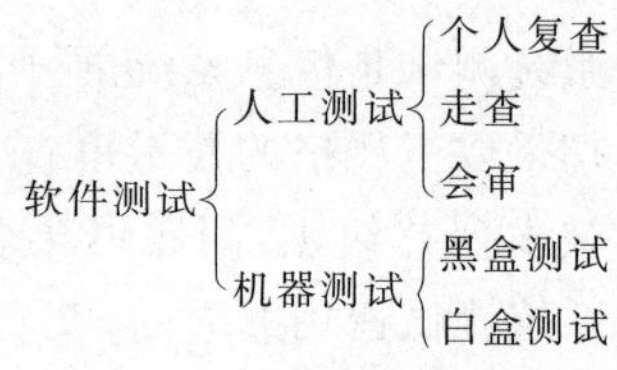


图 11-1 软件测试的分类

1) 人工测试

人工测试又称代码复审,主要有下列 3 种方法。

(1) 个人复查

指源程序编完以后,直接由程序员自己进行检查。由于心理上对自己程序的偏爱,因此有些习惯性的错误自己不易发现,如果对功能理解有误,自己也不易纠正。所以这是针对小规模程序常用的方法,效率不很高。

(2) 走查

一般由 3～5 人组成测试小组,测试小组成员应是从未介入过该软件的设计工作的有经验的程序设计人员。测试在预先阅读过该软件资料和源程序的前提下,由测试人员扮演计算机的角色,用人工方法将测试数据输入被测程序,并在纸上跟踪监视程序的执行情况,让人代替机器沿着程序的逻辑走一遍,发现程序中的错误。由于人工运行很慢,因此走查只能使用少量简单的测试用例,实际上走查只是个手段,随着“走”的进程,不断从程序中发现错误。

(3) 会审

测试小组的构成与走查相似,要求测试成员在会审前仔细阅读软件有关资料,根据错误类型清单(从以往经验看一般容易发生的错误),填写检测表,列出根据错误类型要提问的问题。会审时,由程序作者逐个阅读和讲解程序,测试人员逐个审查、提问、讨论可能产生的错误。会审要对程序的功能、结构及风格等都要进行审定。

2) 机器测试

通过在计算机上直接运行被测程序来发现程序中错误。机器测试有黑盒测试和白盒测试两种方法。

(1) 黑盒测试

黑盒测试也称功能测试,将软件看作黑盒子,在完全不考虑程序的内部结构和特性的情况下,研究软件的外部特性。根据软件的需求规格说明书设计测试用例,从程序的输入和输出特性上测试是否满足设定的功能。

(2) 白盒测试

白盒测试也称结构测试,将软件看作一个透明的白盒子,按照程序的内部结构和处理逻辑来选定测试用例,对软件的逻辑路径及过程进行测试,检查与设计是否相符。

**2. 系统测试步骤**

由于每种测试所花费的成本不同,如果测试步骤安排得不合理,将造成为了寻找错误原因而浪费大量的时间,以及重复测试。因此,合理安排测试步骤对于提高测试效率、降低测试成本有很大的作用。信息系统测试分别按硬件系统、网络系统和软件系统进行测试，最后对整个系统进行总的综合测试。测试的步骤如图 11-2 所示。

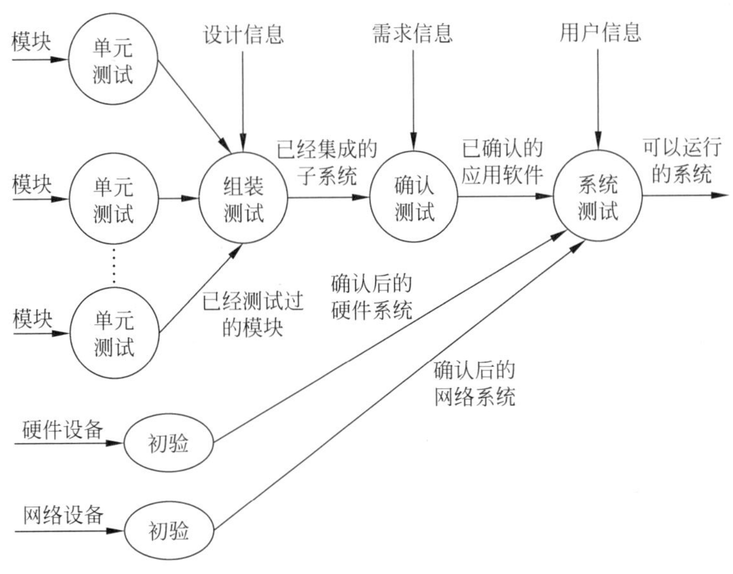


图 11-2　系统测试工作过程图

1）硬件测试

在进行信息系统开发时，通常需要根据项目的情况选购硬件设备。在设备到货后，应在各个相关厂商配合下进行初验测试，初验通过后将与软件、网络等一起进行系统测试。初验测试所做的工作主要有以下几点。

(1) 配置检测。检测是否按合同提供了相应的配置，如系统软件、硬盘、内存、CPU（中央处理器）等的配置情况。

(2) 配件设备的外观检查。所有设备及配件开箱后外观有无明显划痕和损伤。这些包括计算机主机、工作站、磁带库、磁盘机柜和存储设备等。

(3) 硬件测试。首先进行加电检测，观看运行状态是否正常，有无报警、屏幕有无乱码提示和死机现象，是否能进入正常提示状态。然后进行操作检测，用一些常用的命令来检测机器是否能执行命令，结果是否正常，例如，文件复制、显示文件内容、建立目录等。最后检查是否提供了相关的工具，如帮助系统、系统管理工具等。

通过以上测试，要求形成相应的硬件测试报告，在测试报告中包含测试步骤、测试过程和测试的结论等。

2）网络测试

如果信息系统不是单机系统，需要在局域网或广域网上运行。按合同会选购网络设备。在网络设备到货后，应在各个相关厂商配合下进行初验测试，初验通过后将与软件、硬件等一起进行系统测试。初验测试所做的工作主要有以下几点。

(1) 网络设备的外观检查。所有设备及配件开箱后外观有无明显划痕和损伤。这些包括交换机、路由器等网络设备。

(2) 硬件测试。进行加电检测，观看交换机、路由器等工作状态是否正常，有无错误和报警。

(3) 网络连通测试。网络设备安装完毕后,要进行网络连通测试,要检测各工作站和服务器之间是否能通过网络设备建立正常连接。

通过以上测试,要求形成相应的网络测试报告,在测试报告中包含测试步骤、测试过程和测试的结论等。

3) 软件测试

软件测试实际上分成 4 步:单元测试、组装测试、确认测试和系统测试,它们按顺序进行。首先是单元测试,对源程序中的每一个程序单元进行测试,验证每个模块是否满足系统设计说明书的要求。组装测试是将已测试过的模块组合成子系统,重点测试各模块之间的接口和联系。确认测试是对整个软件进行验收,根据系统分析说明书来考察软件是否满足要求。系统测试是将软件、硬件、网络等系统的各个部分连接起来,对整个系统进行总的功能、性能等方面的测试。

## 11.5 系统切换

### 1. 系统切换方法

系统切换指由旧的、手工处理系统向新的计算机信息系统过渡。信息系统的切换一般有 3 种方法:

1) 直接切换法

直接切换就是在某一确定的时刻,老系统停止运行,新系统投入运行,新系统一般要经过较详细的测试和模拟运行。考虑到系统测试中试验样本的不彻底性,一般只有在老的系统已完全无法满足需要或新系统不太复杂的情况下采用这种方法。

2) 并行切换法

这种方法在新系统投入运行时,老系统并不停止运行,而是与新系统同时运行一段时间,对照两者的输出,利用老系统对新系统进行检验。一般可分两步进行,第一步以原系统作业为正式作业,原系统作校核用,经过一段时间运行,在验证新系统处理准确可靠后,原系统停止运行。并行处理的时间视业务内容而定,短则 2~3 个月,长则半年至一年,转换工作不应急于求成。

3) 试点过渡法

试点过渡法先选用新系统的某一部分代替老系统,作为试点,逐步地代替整个老系统。

### 2. 系统切换应注意的问题

系统切换过程中,应注意以下问题,这些问题解决得好,将给系统的顺利切换创造条件。

(1) 新系统的投运需要大量的基础数据,这些数据的整理与录入工作量特别庞大,应及早准备、尽快完成。

(2) 系统切换不仅是机器的转换、程序的转换,更难的是人工的转换,应提前做好人员的培训工作。

(3) 系统运行时会出现一些局部性的问题,这是正常现象。系统工作人员对此应有足够的准备，并做好记录。系统只出现局部性问题，说明系统是成功的，反之，如果出现致命的问题，则说明系统设计质量不好，整个系统甚至要重新设计。

## 11.6 系统运行管理

信息系统正式投入运行后，为了让信息系统长期高效地工作，必须加强对信息系统运行的日常管理。

信息系统运行的日常管理决不仅仅是对机房环境和设施的管理，更主要的是对系统每天的运行状况、数据输入和输出情况以及系统的安全性与完备性进行及时、如实地记录和处置。这些工作列示于下，主要由系统管理员完成。

(1) 系统运行的日常管理。包括数据收集、数据整理、数据录入及处理结果的整理与分发。此外，还包括简单的硬件管理和设施管理。

(2) 系统运行情况的记录。整个系统运行情况的记录能够反映出系统在大多数情况下的状态和工作效率，对于系统的评价与改进具有重要的参考价值。因此，对信息系统的运行情况一定要及时、准确、完整地记录下来。除了记录正常情况外，还要记录意外情况发生的时间、原因与处理结果。

(3) 审计踪迹。现在大多数的操作系统和数据库管理系统都提供了跟踪并自动记录的功能。在审计踪迹系统中，系统管理员通过建立和查看审计日志，可以了解到有哪些用户在什么时间、以什么样的身份登录到系统，也可以查到用户对特定文件和数据所进行的改动。审计踪迹是加强系统安全管理的一种基本方法。

(4) 数据备份。数据备份是系统运行管理中一项很重要的工作。为了降低突发性、灾害性事件对系统造成的损失，系统管理人员应按照系统数据备份制度要求，及时、准确地备份系统有关数据。

数据备份的方法有以下几种。

① 全盘备份，全文件进行复制。

② 增量备份，对新增部分每次进行复制。

③ 基本备份，对大量的不易实现的数据进行重点备份，同时也可以分类进行文件备份。

④ 离开主机备份，即将备份文件复制到远离主机或文件中心的其他主机或存储库中。无论是采用何种备份方法，都要保证备份文件是突发和灾害事件影响不到的地方，这样才能确保事件之后可以依靠所作的备份恢复原系统。

## 11.7 系统安全管理

### 11.7.1 信息系统安全的起因

信息系统安全是指采取技术和非技术的各种手段，通过对信息系统建设中的安全设计和运行中的安全管理，使运行中计算机网中的信息系统有保护，没有危险，即组成信息系统的硬件、软件和数据资源受到妥善的保护，不因自然和人为因素而遭到破坏、更改或者泄漏系统中的信息资源,信息系统能连续正常运行。

影响信息系统安全常见的因素有数据的输入、输出、存取与备份,源程序以及应用软件、数据库、操作系统等的漏洞或缺陷;硬件、通信部分的漏洞、缺陷或者信息丢失;还有电磁辐射,环境保障系统、企业内部人的因素、软件的非法复制、"黑客"、计算机病毒、信息间谍等,它们的具体表现参见表 11-2。

**表 11-2 引发信息系统安全的各种因素**

| 影响因素 | 具体表现 |
|---|---|
| 数据输入 | 数据容易被篡改或输入虚假数据,当然有时是误输入 |
| 数据输出 | 经过处理的数据通过各种设备输出,信息就有泄漏和被盗看的可能 |
| 数据存取与备份 | 不能完全将非法用户的侵入拒于系统之外,还可能因为没有备份而使系统难以恢复 |
| 源程序 | 用编程语言书写成的处理程序,容易被修改和窃取,并且本身也许存在漏洞 |
| 应用软件 | 如果软件的程序被修改或破坏,就会损坏系统的功能,进而导致系统的瘫痪;另外,文档的遗失将使得软件的升级与维护十分困难 |
| 数据库 | 数据库中存在大量的数据资源,而有些数据价值连城,如遭到破坏或失窃,其损失将是难以估价的 |
| 操作系统 | 操作系统是支持系统运行、保障数据安全、协调处理业务和联机运行的关键部分,如遭到攻击和破坏,将造成系统运行的崩溃 |
| 硬件 | 计算机硬件本身也有被破坏、盗窃的可能,此处,组成计算机的电子设备和元件存在偶然故障的可能,而且这种偶然故障可能是致命的 |
| 通信 | 信息和数据通过通信系统进行传输,有被窃听的危险 |
| 电磁辐射 | 计算机是用电脉冲工作的设备,信息是以脉冲来表示的,因此,计算机所处理的信息将以电磁波的形式向周围辐射,只要接收到这些电磁波,就能复现它的内容,造成信息的失窃;同时,计算机也容易遭受外界电磁辐射的干扰 |
| 环境保障系统 | 信息系统需要一个良好的运行环境,周围环境的温度、湿度、清洁度以及一些自然灾害等,都会对计算机硬、软件造成影响 |
| 企业内部人的因素 | 低水平的安全管理、低下的安全素质、偶然的操作失误或故意的违法犯罪行为等,都会成为影响信息系统安全的重要因素 |
| 软件的非法复制 | 软件的非法复制也是影响信息系统安全的因素,这除了会造成软件的失密外,还会给犯罪人员提供分析、入侵、盗取和破坏系统的机会 |
| "黑客" | 一些非法的网络用户,出于各种动机,利用所掌握的信息技术进入未经授权的信息系统,恶意的黑客可能导致严重的问题 |
| 病毒 | 病毒对微机及网络系统的威胁和破坏越来越严重 |
| 信息间谍 | 出于商业目的采用各种手段(包括技术的和非技术的)窃取竞争对手的机密数据 |

## 11.7.2 信息系统的安全控制

信息系统的安全性和可靠性是信息化顺利进行的两大关键问题,因为安全性和可靠性对整个系统的正常运作、管理、发展都起着至关重要的作用。系统的安全性可以保证系统的信息不会被人非法读取或修改、系统不会被人非法地控制。系统的可靠性可以保证系统在出现故障(硬件或软件)时,数据不会丢失,事务处理能够照常进行等。

对企业而言,没有网络安全解决方案,就没有网络空间上的竞争保护,就没有信息技术的投资回报。所以说，网络信息安全是一个事关重大、刻不容缓的难题。

信息系统的安全保密管理工作，重点包括数据或信息的安全保密、软件的安全保密、网络的安全保密、硬件设备的安全。

### 1. 数据库或信息的安全保密

数据失效已成为组织信息系统管理的一大隐患。一旦出现数据失效，客户资料、技术文件、财务账目甚至组织的核心内容将会面目全非，而允许系统恢复数据的时间往往又非常短。所以，管理专家和IT专家一致认为：组织信息化程度越高，其数据存储备份和灾难性恢复的安全措施就越重要，它们直接决定了组织的成败。存储备份正是为解除用户后顾之忧而采取的一项措施。

存储备份的必要性。随着信息系统运行时间的增长，组织的数据量成倍增长乃至出现数据膨胀，由此引发的组织从数据膨胀到信息系统性能提高、再导致新一轮数据膨胀的循环不断加剧，进而在组织中引起新的数据恐慌，数据失效时有发生。用户最担心的是千辛万苦得来的数据，在一瞬间消失得毫无踪影。

数据失效主要分为两种，一种被称为物理损坏，造成数据无法使用的数据失效；一种称为逻辑损坏，数据仍可部分使用，而数据之间关系出错导致数据失效。相比之下，后者所引起的数据混乱往往比前者产生的后果更为严重。因为逻辑损坏不容易被用户发现，且潜伏期较长，一旦发现数据有错，系统可能已经无法挽回。当然，物理损坏其后果虽然是局部的，但仍可引起系统混乱，直接导致局部瘫痪。因此，存储备份管理是数据安全的有效措施，是信息系统正常运行的重要保障。

存储备份的分类。按照存储备份的内容，可分为文件备份、数据库备份和系统备份。文件备份是备份软件的基本功能。数据库备份与恢复需要较高的技术，因此在选择软件时要特别注意，所选软件是否支持自己系统的数据库版本。系统备份与恢复是有条件的；按照存储备份方式，可以分为单机备份、局域网备份、广域网备份和电话拨号备份。按照存储备份规模，可以分为个人数据备份、部门级数据备份和企业组数据备份。

存储技术的选择。目前组织存储备份系统所用的主要技术和措施包括磁盘镜像、磁盘阵列、双机容错、数据复制、远程存储、移动存储、在线备份、灾难恢复等。

### 2. 网络信息安全管理

网络安全包括物理安全和逻辑安全。物理安全指网络系统中的通信、计算机设备及相关设施的物理保护，使之免于破坏、丢失等。逻辑安全包含信息完整性、保密性、非否认性和可用性。保密性指高级别信息仅在授权情况下流向低级别的客体与主体；完整性指信息不会被非法授权修改及信息保持一致性等；非否认性指发送者无法否认他所发送的信息，接收者也无法对他所收到的信息进行抵赖；可用性指合法用户的正常请求能及时、正确、安全地得到服务或回应。它是一个涉及网络、操作系统、数据库、应用系统、人的管理等方面的事情，必须综合考虑。

网络安全技术选择。网络安全设计方案已成为一整套的安全策略和解决方案。对网上银行、证券、信贷、军用信息系统等关键性网络系统应综合运用虚拟网技术、防火墙技术、入侵监控技术、安全漏洞扫描技术、网络防病毒技术。加密技术、认证和数字签名技术等多种安全实现技术,形成多层次的网络安全解决方案。

防火墙技术。防火墙技术是应用最广泛的一种安全手段,它是一种用来加强网络之间访问控制的特殊网络互连设备,它对两个或多个网络之间传输的数据包和链接方式按照一定的安全策略进行检查,来决定网络之间的通信是否被允许。防火墙能有效地控制内部网络与外部网络之间的访问及数据传送,从而达到保护内部网络的信息不受外部非授权用户的访问和过滤不良信息的目的。通俗地说,防火墙是在 Internet 和 Intranet 之间构筑的一道屏障,通过防火墙,来决定哪些内部服务可以被外界访问,以及哪些外部服务可以被内部人员访问。防火墙所用的主要技术有包过滤、状态检测、代理网关等。利用防火墙技术,经过仔细的配置,通常能够在内外网之间提供安全的网络保护,降低网络安全风险。但是防火墙通常不能提供实时的入侵检测能力和内部攻击,仅仅使用防火墙保障网络还远远不够安全。

入侵监控技术。入侵监控技术是一种新型网络安全技术,目的是提供实时的入侵检测及采取相应的防护手段,如记录证据用于跟踪和恢复、断开网络连接等。实时入侵检测能力之所以重要,首先在于它能够作为防火墙的补充,弥补防火墙技术的不足,能对付来自内部网络的攻击,其次,它能够大大缩短黑客可利用的入侵时间。

安全漏洞扫描技术。安全漏洞扫描技术是网络安全技术中另一类重要的技术。它抓住系统漏洞是系统被攻击主要原因这一要点,及时查找漏洞,拒绝攻击者的外部或内部攻击。商品化的安全扫描工具为网络安全漏洞的发现提供了强大的支撑。配备安全扫描系统,通过范围宽广的穿透测试检测潜在的网络漏洞,评估系统安全配置,以提前主动地控制安全系统是非常必要的。

CA 认证及加密通道。CA 认证及加密通道是开放的电子商务系统和密级信息系统在国内实施的最重要技术支撑点。实际上,开放的电子商务系统一定是建立在开放的通信安全系统之上的。基于公认体系的认证和通信加密系统(PKI)由于其开放性而逐渐成为电子商务安全解决方案的重要基础(如广泛流行的 SSL、SET 等)。在网络安全方案中应充分注意 CA 认证及加密通道设计问题。

总之,设计一个良好的网络安全方案并保证正确实现,就能在享受网络信息化优势的同时,把风险减到最小。

网络系统安全对策。计算机网络的安全问题日益复杂和突出,要想使信息系统安全运行,必须采取相应的安全对策和防范措施。要做到这一点,不能单靠技术,必须有严格的管理制度并对工作人员进行安全保密教育。

安全保密教育。对工作人员结合机房、硬件、软件、数据和网络等各方面的安全问题进行安全教育,提高工作人员的保密观念和责任心,加强业务、技术培训,提高操作技能,教育工作人员严格遵守操作规程和各项保密规定,防止人为事故的发生。

计算机网络的物理安全。物理安全包括场地设施及环境安全、关键设备的可靠、网络布线可靠。

软件系统的安全。软件系统的安全包括操作系统的安全、数据库系统安全、应用系统安全。

## 习题

11.1　简述系统实施的主要内容。

11.2　简述信息系统切换的方法。

11.3　简述系统测试的作用和意义。

11.4　简述系统测试的基本原则。

11.5　简述系统测试的基本方法。

11.6　简述系统测试的主要步骤。

11.7　简述影响信息系统安全的主要因素。

# 第12章 信息系统项目管理

信息系统的开发工作是一项涉及企业管理、计算机技术、网络通信技术、数据库技术等诸多领域的复杂的系统工程。为了更好地对信息系统的开发工作进行管理，保证信息系统实现预定的目标和功能，人们在信息系统的建设中，引入了工程项目管理的思想和方法。应该说其他领域的这些有效的项目管理方法，在信息系统的建设中取得了很好的效果。

## 12.1 信息系统项目管理的目的

项目管理是在一定资源条件的约束下，如时间、资金、人力、设备、材料、能源、动力等，为有效地达到项目的既定目标（如项目竣工时计划达到的质量、投资、进度），按照项目的内在规律和程序，对项目的全过程进行有效的计划、组织、协调、领导和控制的系统管理活动。项目是目标明确、阶段性强和有明显的生命周期的一次性任务。项目管理是运用系统科学的原理对工程项目进行计划、组织与控制的系统管理方法。它面向所有工程项目的管理，包括软件工程、信息系统工程。

信息系统项目管理的根本目的是为了让信息系统项目尤其是大型项目的整个生命周期（系统规划、系统分析、系统设计、编码到测试、系统维护全过程）都能在管理者的控制之下，以预定成本按期、按质地完成信息系统交付用户使用。

## 12.2 信息系统项目管理的内容

信息系统项目管理的内容主要包括如下几个方面。

(1) 项目的组织与人员管理；

(2) 制订项目计划；

(3) 项目质量控制；

(4) 项目风险管理；

(5) 项目文档管理。

这几个方面都是贯穿、交织于整个系统开发过程中的，其中项目的组织与人员管理把注意力集中在项目组的构建，项目组人员的构成、优化；项目计划主要包括工作量、成本、开发时间的估计，并根据估计值制定和调整项目组的工作；项目质量控制主要关注系统开发过程中，各阶段的工作是否按预定的计划进行，各阶段设计成果是否符合期望值；风险管理预测未来可能出现的各种危害到项目进度和系统质量的潜在因素并由此采取措施进行预防；文档管理要求系统开发过程中，各阶段必须按照项目计划及时提交各种有关的分析和设计文档，并对这些文档进行规范化的管理。

## 12.3 信息系统项目的组织

信息系统开发作为一类项目，需要按照项目管理方式运作。首先，应该成立信息系统项目建设小组，然后对组内每个成员的工作进行分配，使每个成员对自己的角色、职责有明确的理解，从而有利于信息系统项目建设的成功。

在总体规划阶段，已经成立了一个规划组。现在信息系统的开发即将全面展开，这个时候，必须建立一个更加全面的项目小组来负责各项工作的实施，项目组内部业务人员和技术人员还应该开展双向动员和培训。

信息系统的开发首先要做好人员的组织工作。开发过程所需要的人员有用户、系统分析员、系统设计员、数据库管理员、网络工程师、程序开发人员等。他们在系统开发过程中所处的地位和作用是不同的。如何组织好这些参加信息系统项目的人员，使他们发挥最大的工作效率，对成功地完成项目至关重要。在建立项目小组时应注意到以下原则。

(1) 尽早落实责任，明确每个成员的责任。

(2) 知人善任，将每个人的专长尽可能地发挥好。

(3) 减少接口，在开发过程中，人与人之间的联系是必不可少的，存在着通信路径。

经验表明，信息系统的生产率和完成任务中存在的通信路径数目是互相矛盾的。因此，要有合理的人员分工和好的组织结构，以减少不必要的生产损失。

## 12.4 信息系统项目工作计划

信息系统项目工作计划的主要任务就是为信息系统的开发制订一份详细工作计划，并对计划的执行进行有效的组织、监督与控制。

### 1. 信息系统开发项目工作计划的编制

编制项目工作计划首先要确定以下几点。

(1) 开发阶段、子项目与工作步骤的划分。

(2) 子项目之间的依赖关系与系统的开发顺序。

(3) 各开发阶段、子项目与工作步骤的工作量。

在此基础上，根据项目的总进度要求，用某种或多种工程项目计划方法制定出具体工作内容与要求，落实到具体人员，限定完成时间的行动方案——项目工作计划。

开发阶段是项目开发过程中的大段落，每个阶段都要求有明确的成果。开发阶段的划分与采用的开发策略和开发方法有关，当综合性地采用多种开发策略与方法时，可以存有并列的开发阶段。子项目是因系统过于庞大,须分轻重缓急逐步开发而划分的分项目。子项目可按系统的构成来划分,例如应用系统中的各子系统、系统平台、培训等。子项目的划分不是时序的,有些子项目会延续多个开发阶段。工作步骤是开发阶段的进一步细分,每一个工作步骤完成一项具体的工作内容。

子项目确定后,还要分析它们之间的相互依赖关系,以便能在时间上安排先后开发顺序。显然,基础的、前端的子项目,例如销售子系统、工程数据管理子系统等,应先安排;依赖性的、建立在其他子项目之上的子项目,例如生产管理子系统、财务管理子系统等,应后安排。在另一方面,为充分体现信息系统的效益及激发企业管理人员的信心,一些难度低、见效快的子项目也应予以优先安排,例如库存管理子系统等。

编制信息系统开发项目工作计划的常用方法有甘特图。甘特图(Gantt Chart)又称线条图,是一种对各项活动进行计划调度与控制的图表,它具有简单、直观和便于编制等特点。图 12-1 和图 12-2 是用甘特图编制项目计划的例子。

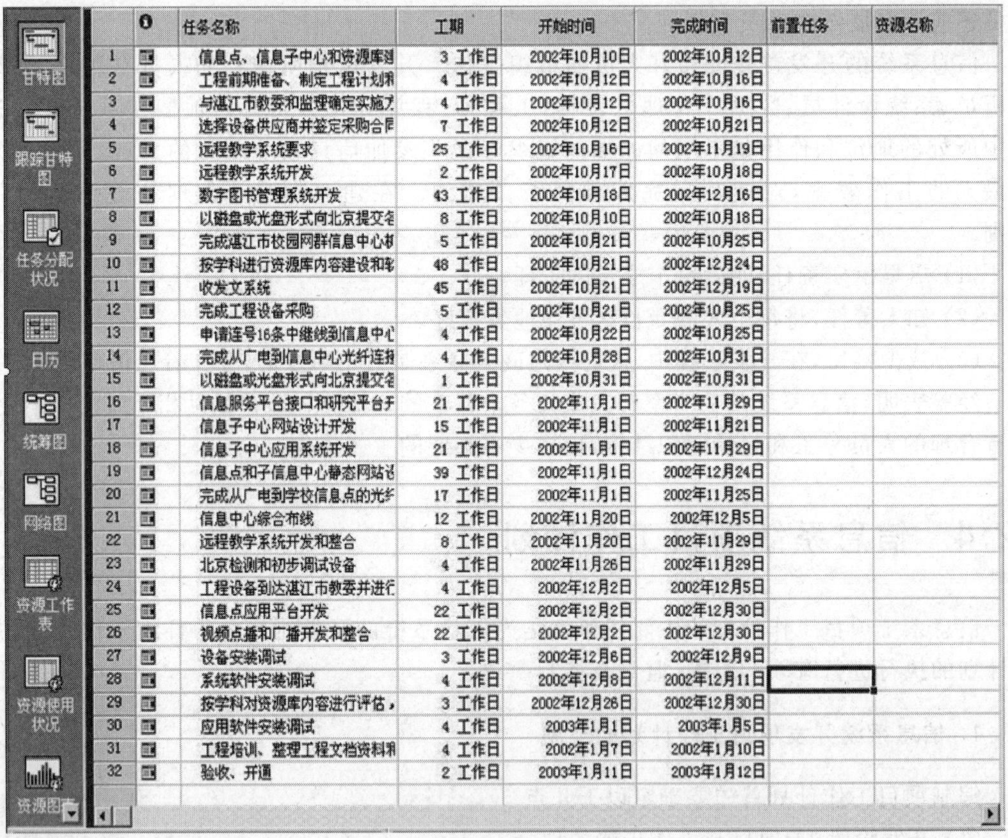

| | | 任务名称 | 工期 | 开始时间 | 完成时间 | 前置任务 | 资源名称 |
|---|---|---|---|---|---|---|---|
| 1 | | 信息点、信息子中心和资源库建 | 3 工作日 | 2002年10月10日 | 2002年10月12日 | | |
| 2 | | 工程前期准备、制定工程计划和 | 4 工作日 | 2002年10月12日 | 2002年10月16日 | | |
| 3 | | 与湛江市教委和监理确定实施方 | 4 工作日 | 2002年10月12日 | 2002年10月16日 | | |
| 4 | | 选择设备供应商并签定采购合同 | 7 工作日 | 2002年10月12日 | 2002年10月21日 | | |
| 5 | | 远程教学系统要求 | 25 工作日 | 2002年10月16日 | 2002年11月19日 | | |
| 6 | | 远程教学系统开发 | 2 工作日 | 2002年10月17日 | 2002年10月18日 | | |
| 7 | | 数字图书管理系统开发 | 43 工作日 | 2002年10月18日 | 2002年12月16日 | | |
| 8 | | 以磁盘或光盘形式向北京提交名 | 8 工作日 | 2002年10月10日 | 2002年10月18日 | | |
| 9 | | 完成湛江市校园网群信息中心机 | 5 工作日 | 2002年10月21日 | 2002年10月25日 | | |
| 10 | | 按学科进行资源库内容建设和转 | 48 工作日 | 2002年10月21日 | 2002年12月24日 | | |
| 11 | | 收发文系统 | 45 工作日 | 2002年10月21日 | 2002年12月19日 | | |
| 12 | | 完成工程设备采购 | 5 工作日 | 2002年10月21日 | 2002年10月25日 | | |
| 13 | | 申请连号16条中继线到信息中心 | 4 工作日 | 2002年10月22日 | 2002年10月25日 | | |
| 14 | | 完成从广电到信息中心光纤连接 | 4 工作日 | 2002年10月28日 | 2002年10月31日 | | |
| 15 | | 以磁盘或光盘形式向北京提交名 | 1 工作日 | 2002年10月31日 | 2002年10月31日 | | |
| 16 | | 信息服务平台接口和研究平台开 | 21 工作日 | 2002年11月1日 | 2002年11月29日 | | |
| 17 | | 信息子中心网站设计开发 | 15 工作日 | 2002年11月1日 | 2002年11月21日 | | |
| 18 | | 信息子中心应用系统开发 | 21 工作日 | 2002年11月1日 | 2002年11月29日 | | |
| 19 | | 信息点和子信息中心静态网站设 | 39 工作日 | 2002年11月1日 | 2002年12月24日 | | |
| 20 | | 完成从广电到学校信息点的光纤 | 17 工作日 | 2002年11月1日 | 2002年11月25日 | | |
| 21 | | 信息中心综合布线 | 12 工作日 | 2002年11月20日 | 2002年12月5日 | | |
| 22 | | 远程教学系统开发和整合 | 8 工作日 | 2002年11月20日 | 2002年11月29日 | | |
| 23 | | 北京检测和初步调试设备 | 4 工作日 | 2002年11月26日 | 2002年11月29日 | | |
| 24 | | 工程设备到达湛江市教委并进行 | 4 工作日 | 2002年12月2日 | 2002年12月5日 | | |
| 25 | | 信息点应用平台开发 | 22 工作日 | 2002年12月2日 | 2002年12月30日 | | |
| 26 | | 视频点播和广播开发和整合 | 22 工作日 | 2002年12月2日 | 2002年12月30日 | | |
| 27 | | 设备安装调试 | 3 工作日 | 2002年12月6日 | 2002年12月9日 | | |
| 28 | | 系统软件安装调试 | 4 工作日 | 2002年12月8日 | 2002年12月11日 | | |
| 29 | | 按学科对资源库内容进行评估, | 3 工作日 | 2002年12月26日 | 2002年12月30日 | | |
| 30 | | 应用软件安装调试 | 4 工作日 | 2003年1月1日 | 2003年1月5日 | | |
| 31 | | 工程培训、整理工程文档资料和 | 4 工作日 | 2002年1月7日 | 2002年1月10日 | | |
| 32 | | 验收、开通 | 2 工作日 | 2003年1月11日 | 2003年1月12日 | | |

图 12-1 用甘特图编制信息系统项目计划的例子

由于信息系统开发项目带有不确定性与不稳定性因素,工作计划不宜也不可能制订得过于具体,一般可在计划中预留一定的机动时间,随着计划的进行,情况会逐步明朗,因此可在计划落实过程中再做修订与补充。

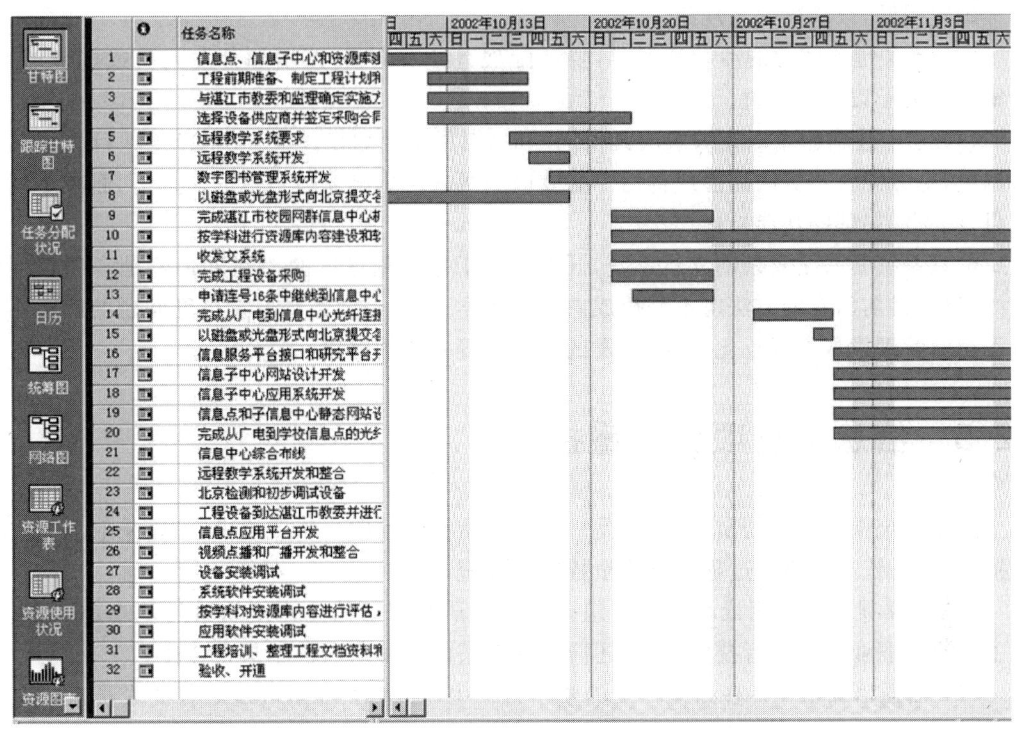


图 12-2 用甘特图编制信息系统项目计划的例子

### 2. 信息系统开发项目进度的控制

在实际中几乎没有一个信息系统开发项目能按计划进度完成，由此造成的损失也是很大的，因此信息系统开发项目的进度控制显得尤为重要。进度控制通过计划执行的监督和检查、计划延误的分析和解决等活动实现。信息系统开发计划执行的监督与检查方法与其他开发项目是类同的。

当计划发生延误时，要进行具体原因的分析。一般讲，信息系统开发进度的拖期，除了有与其他工程项目同样存在的环境变化、资金不到位、人员变动等原因外，还有一些特殊的原因，它们主要包括以下几种。

(1) 各项开发活动的工作量是凭经验估计的，实际工作量与预计数发生较大的差别。

(2) 开发过程中产生不少事先未估计到的活动，使工作量增加。

(3) 由于需求或其他情况发生变化，使已完成的成果要作局部修改，造成返工。

上述导致计划不能如期进行的原因往往是不可避免的，但哪些活动延误，什么原因造成延误，必须分析清楚。只有在明确问题的前提下，才能选取对策，或解决问题，或修改计划，在总体上把握开发进度，以使延误造成的损失减至最小。

针对不同的原因，可能采取的解决措施有以下几种。

(1) 对开发中的不确定性问题，可事先在工作计划中留有一定的宽裕度，例如工作步骤的工作量取上限，预设机动时间等。

(2) 开发过程中经常性地与用户交换意见，随时掌握企业的发展动向，及时地明确遗留的不确定问题,以减少返工现象。

(3) 当关键路线上的活动延误时,要调配现有开发人员,或增加开发人员或加班加点,或集中人力予以重点解决。

(4) 在上述措施难以有效解决延误问题时,对原定计划作调整。例如,子项目先后次序的调整,部分工作步骤的提前或推后。必要时也可在不影响总体目标的前提下,删减个别子项目,或减低局部的功能指标。

信息系统是一个复杂的人机系统,开发项目工作计划进度的控制也必然是一项难度极大的工作,目前已有的方法也不是很成熟。从根本上说,信息系统开发进度问题的解决还有赖于企业管理模式的规范化,系统开发的标准化等问题的解决。

## 12.5 信息系统项目质量控制

信息系统项目开发的质量控制,是一个极为重要的问题。一般说来,可以采取下列方法和措施,对系统开发的全过程进行质量控制与检查。

(1) 严格挑选项目组成员。项目组人员的素质是保证信息系统质量的基本前提,他们除了熟悉本职业务和本行技术之外,还应能在较长的开发期内善于与人合作。

(2) 加强培训工作。在系统开发的整个过程中,有计划、分阶段地对各类人员进行有关知识和开发技术的培训。

(3) 正确选择系统开发策略与方法。正确的开发策略与方法是质量保证的重要条件,在项目开发之前,应结合项目特点(如项目的规模、项目的结构化程度、用户的信息技术水平),确定开发策略,选择开发方法,如结构化方法、原型法等。

(4) 设立质量控制点。分别在系统规划、系统分析、系统设计、系统实施阶段设立质量控制点。各开发阶段结束时,立即进行阶段审查,把好质量关。

① 规划阶段

- 系统目标是否合理?
- 是否具备系统开发的基础条件?
- 项目计划安排是否切实可行?

② 系统分析阶段

- 现行系统的描述是否正确?
- 新系统功能是否明确?
- 新系统逻辑模型是否合理?
- 子系统的划分是否合理?

③ 系统设计阶段

- 软、硬件选型及网络方案是否合理?
- 模块的划分是否合理?
- 数据库的设计是否合理?
- 信息规范化程度如何?

④ 系统实施阶段

- 程序的结构化程度如何?

- 程序的正确性如何？
- 测试方案及用例是否完整？
- 测试报告是否规范？
- 技术指标考核情况怎样？

(5) 建立严格的文档管理制度。文档必须齐全、规范，与开发工作同步，方案、程序的版本与文档一致。

(6) 建立集体评议制度。集体评议的目的是及早发现系统开发中的问题，找出解决问题的办法，集思广益，充分交流思想，保持整个系统协调一致。

## 12.6　信息系统项目风险管理

信息系统项目开发，尽管前期已经做过可行性研究，并有一系列控制管理措施，但在实施过程中可能达不到预期的效果。因此，它仍存在着一定的风险，例如费用超预算、时间延长、硬件和软件的性能比预期的低等。所以信息系统项目必须要有风险管理，这样才能保证项目的实施。风险管理是项目管理的重要内容，是项目经理的主要职责之一。

风险管理过程可以划分为以下几个步骤。

### 1. 辨识风险

(1) 项目风险识别，主要指识别潜在的预算、进度、个人(包括人员和组织)、资源、用户和需求方面的问题，以及它们对项目的影响，如项目复杂性、规模和结构等都可构成风险因素。

(2) 技术风险识别，主要指识别潜在的设计、实现、接口、检验和维护方面的风险问题。此外，规格说明的多义性、技术上的不确定性、技术陈旧、最新技术(不成熟)也是风险因素。技术风险之所以出现是由于问题的解决比所预想的要复杂。

风险辨识方法是利用一组提问来帮助项目计划人员了解在项目和技术方面有哪些风险。Boehm 建议使用一个“风险项目检查表”，列出所有与每一个风险因素有关的提问。例如，管理或计划人员可以通过回答下列问题得到有关人员风险的认识：可投入的人员是最优秀的吗？按技能对人员做了合理的组合了吗？投入的人员足够吗？对于这些提问，通过判定分析或假设分析，给出确定的回答，就可以帮助管理或计划人员估算风险的影响。

### 2. 风险分析

对辨识出的风险进行进一步的确认后分析风险概况，即假设某一风险出现后，分析是否会有其他风险出现，或是假设这一风险不出现，分析它将会产生什么情况，然后确定主要风险出现最坏情况后，如何将此风险的影响降低到最小等。

### 3. 风险驾驭

通过对风险的分析确定出风险的等级，对高级风险要制定出相应的对策，采取特殊的措施予以处理，并指定专人负责重要风险项目的实施，同时在风险管理计划中进行专门的说明。

#### 4. 风险跟踪

对辨识后的风险在系统设计开发过程中进行跟踪管理,确定还会有哪些变化,以便及时修正计划。

在项目实施管理过程中,研究项目的风险并做出相应的对策是管理工作不可缺少的。通常影响项目内在风险的因素有3个:项目的规模、业务的结构化程度以及项目的技术难度。应该将具有不同风险和不同项目组织管理的一些项目结合起来,这样可以使企业获得令人满意的结果。

## 12.7 信息系统项目的文档管理

信息系统的文档是描述系统从无到有整个发展过程和演变过程状态的文字资料。在系统开发中,文档常常用来表示对活动、需求、过程或结果进行描述、定义、规定,报告或认证的任何书面或图示的信息。它们描述和规定了信息系统设计和实现的细节,说明信息系统的操作命令。文档是信息系统产品的一部分,没有文档的信息系统就不能称其为成功的系统。信息系统实际是由物理的信息系统与对应的文档两大部分组成,系统的开发应以文档的描述为依据,而系统的运行与维护更需要文档来支持。信息系统文档的编制在信息系统开发工作中占有突出的地位,其工作量也很大。高质量、高效率地开发、分发、管理和维护文档对于充分发挥信息系统产品的效益有着重要的意义。

系统文档不是事先一次形成的,而是在多次开发、运行与维护过程中不断地按阶段依次编写、修改来完善的。因此,必须对文档进行规范管理,包括各开发、运行阶段要提供文档,各种文档要编写规范,要建立文档的收、存、保管制度与借用制度等。

一个典型信息系统开发阶段所需的文档有:系统规划报告、可行性论证报告,系统分析说明书及评审意见、系统设计方案及评审意见、系统分析更改记录、系统设计更改记录和开发过程中的各种会议记录等。

文档都对应于信息系统开发的各个阶段,后一阶段的文档必须在前一阶段的文档基础上进行编写,这样才能保证整个文档的连续性与一致性,才能使系统的开发逐步、有序地进行。在运行维护阶段,应该还有系统的技术手册、使用说明书、维护手册,以及原来的调试、测试的有关记录等。

## 习题

12.1 简述信息系统项目管理的目的和主要内容。

12.2 简述信息系统项目计划管理的主要内容和方法。

12.3 简述信息系统项目质量控制的主要内容和方法。

12.4 简述信息系统项目风险管理的主要内容和方法。

12.5 简述信息系统项目文档管理的主要内容。

# 第13章 信息系统应用与发展

## 13.1 企业资源计划

ERP 是 Enterprise Resource Planning(企业资源计划)的缩写，是指建立在信息技术基础上，以系统化的管理思想，为企业决策层及员工提供决策运行手段的管理平台。ERP 体现了当今世界上最先进的企业管理理论，并提供了企业信息化集成的最佳方案。它将企业的物流、资金流和信息流统一起来进行管理，对企业所拥有的人力、资金、材料、设备、方法(生产技术)、信息和时间等各项资源进行综合平衡和充分考虑，最大限度地利用企业的现有资源取得更大的经济效益，科学、有效地管理企业的人、财、物、产、供、销等各项具体业务工作。ERP 是在 MRP 和 MRP Ⅱ 的基础上发展起来的。目前它已成为企业信息化的代名词，也是企业在信息时代生存、发展的基石。

### 13.1.1 物料需求计划 MRP

MRP 是在解决订货点法缺陷的基础之上发展起来的。20 世纪 60 年代中期，美国 IBM 公司奥列基博士(Dr. Joseph A. Orlicky)首先提出物料需求计划(Material Requirements Planning，MRP)。

MRP 把企业生产中需要的各种物料分为独立需求和相关需求，其中独立需求是指其需求量和需求时间由企业外部的需求(如客户订单、市场预测等)决定的那部分物料需求；而相关需求是指根据物料之间的结构组成关系，由独立需求的物料产生的需求，如半成品、零部件、原材料。MRP 还建立了如图 13-1 所示的以时间为坐标的产品结构模型。在这个模型中，处于树的最顶层的物料 X 是要销售出厂的产品，处于所有“树根根梢”的最底层物料是采购物料，从图 13-1 中可以看出，物料 B 的生产时间最长，物料 P 的采购时间最长，在制订生产和采购计划时，应优先考虑物料 B 和物料 P。因此 MRP 又叫优先级计划。

MRP 的逻辑流程如图 13-2 所示。

### 13.1.2 闭环 MRP

MRP 只局限在物料需求方面，物料需求计划仅仅是生产管理的一部分，而且要通过车间作业管理和采购作业管理来实现，同时还必须受到生产能力的约束，因此，只有 MRP 还是不够的。于是，在 MRP 的基础上，人们又提出了闭环 MRP 系统。所谓闭环有两层意思：一是把生产能力计划、车间作业计划和采购作业计划纳入 MRP，形成一个封闭系统；二是

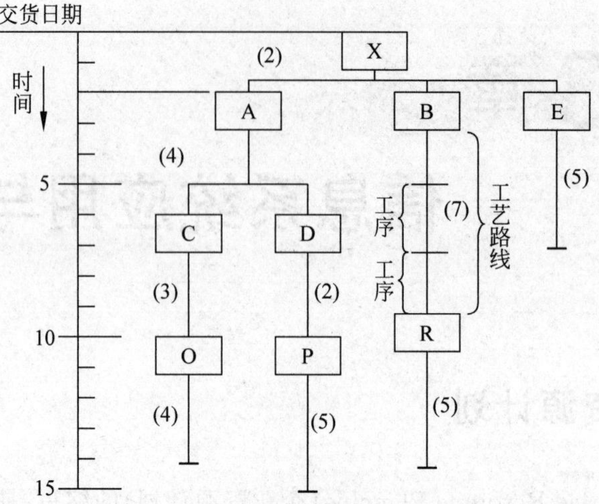


图 13-1 时间坐标上的产品结构

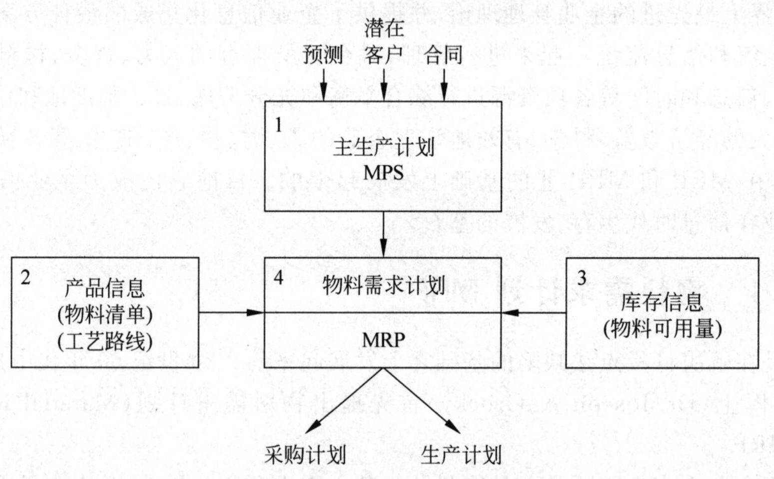


图 13-2 MRP 的逻辑流程图

在计划执行过程中,必须调整能力数据,能力需求计划须有来自车间、供应商和计划人员的反馈信息,并利用这些反馈信息进行计划调整平衡,从而使生产计划方面的各个子系统得到协调统一。其工作过程是一个"计划—实施—评价—反馈—计划"的过程。闭环 MRP 的工作流程如图 13-3 所示。

### 13.1.3 MRP Ⅱ

MRP 解决了企业物料供需信息集成,但是还没有说明企业的经营效益。MRP Ⅱ与 MRP 的主要区别就是它运用管理会计的概念,用货币形式说明了执行企业"物料计划"带来的效益,实现物料信息同资金信息集成。衡量企业经营效益首先要计算产品成本,产品成本的实际发生过程还要以 MRP 系统的产品结构为基础,从最底层采购件的材料费开始,逐层向上将每一件物料的材料费、人工费和制造费(间接成本)积累,得出每一层零部件直至最终产品的成本。再进一步结合市场营销,分析各类产品的获利性。MRP Ⅱ把传统的账务处

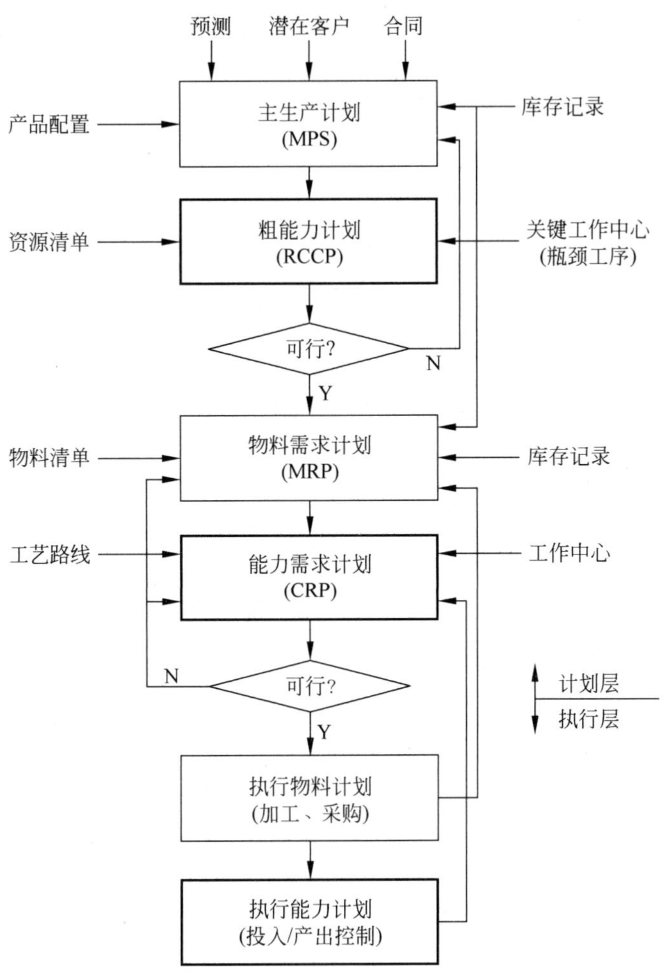


图 13-3 闭环 MRP 的逻辑流程图

理与发生账务的事务结合起来,不仅说明财务的资金现状,而且追溯资金的来龙去脉。例如将体现债务债权关系的应付账、应收账与采购业务和销售业务集成起来,同供应商或客户的业绩或信誉集成起来,同销售和生产计划集成起来等,按照物料位置、数量或价值变化,定义"交易处理(Transaction)",使与生产相关的财务信息直接由生产活动生成。在定义交易处理相关的会计科目时,按设定的借贷关系,自动转账登录,保证了"资金流(财务账)"与"物流(实物账)"的同步和一致,改变了资金信息滞后于物料信息的状况,便于实时做出决策。MRP Ⅱ的工作流程如图 13-4 所示。

## 13.1.4 企业资源计划 ERP

### 1. ERP 的基本含义

ERP(Enterprise Resource Planning)是在现代管理技术、计算机技术进步的条件下对 MRP Ⅱ的发展。ERP 最重要的特点是管理整个供需链,即从供应商到生产企业,再到客户进行全面的管理,实现了企业内部和外部信息的有效集成。

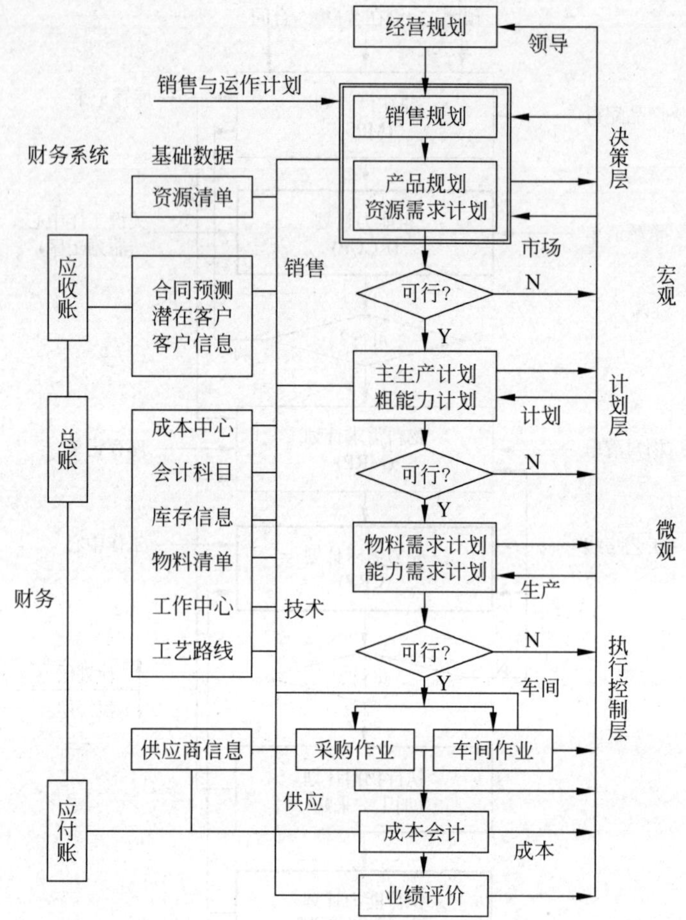


图 13-4　MRP Ⅱ 的逻辑流程图

ERP 是由美国 Gartner Group Inc 咨询公司于 1990 年首先提出的。它是当今国际上先进的企业管理模式。其主要宗旨是对企业所拥有的人、财、物、信息、时间和空间等综合资源进行综合平衡和优化管理,面向全球市场,协调企业各管理部门,围绕市场导向开展业务活动,使得企业在激烈的市场竞争中全方位地发挥足够的能力,从而取得最好的经济效益。当前,EPR 作为一种体现现代管理思想的管理软件系统,逐渐成为企业信息化的一支主力军和首选目标,受到国内外广大企业的重视和青睐。

**2. ERP 的功能扩展**

ERP 突破了 MRP Ⅱ 的局限,并在 MRP Ⅱ 的基础上进行了功能扩展。ERP 与 MRP Ⅱ 的功能扩展关系如图 13-5 所示。

**3. 国内外主要 ERP 软件介绍**

1) SAP ERP

SAP 公司成立于 1972 年,总部位于德国沃尔多夫市,是全球最大的企业管理和协同化商务解决方案供货商、全球第三大独立软件供货商。目前,在全球有 120 多个国家的超过

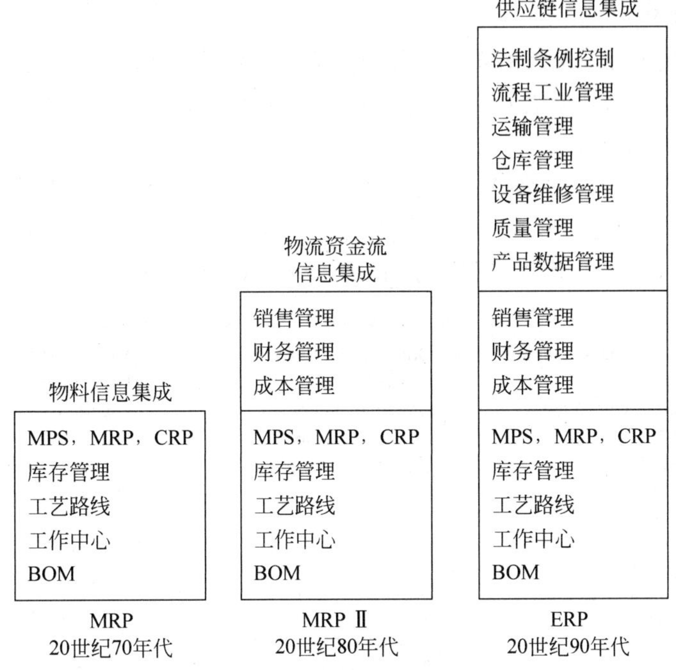


图 13-5　MRP-MRP Ⅱ-ERP 功能扩展

32 000 家用户正在运行着 100 600 多套 SAP 软件。

SAP 早在 20 世纪 80 年代就开始同中国的国营企业合作，并取得了成功经验。1995 年在北京正式成立 SAP 中国公司，并陆续建立了上海、广州、大连分公司。

作为中国 ERP 市场的绝对领导者，SAP 的市场份额已经达到 30%，年度业绩以 50%以上的速度递增。SAP 在中国拥有众多的合作伙伴，包括 IBM、HP、Sun、埃森哲、毕博、凯捷中国、德勤、IDS-Scheer(爱迪斯)、源讯、汉得、高维信诚、神州数码、东软软件、汉普、清华紫光、上海达策、北京鑫毅力等。SAP 的管理功能如图 13-6 所示。

图 13-6　SAP 的管理功能

2）Oracle ERP

Oracle 公司是世界上最大的企业软件公司之一。拥有 110 亿美元的年收入，Oracle 公司向全世界逾 145 个国家提供 Oracle 电子商务平台、Oracle 电子商务应用软件，以及相关的咨询、培训和支持服务。

Oracle ERP 总共由 60 多个模块所组成（如图 13-7 所示），可区分为资源计划（Planning）、分销（Distribution）、财务（Finance）、采购循环（Procurement）、制造（Manufacturing）、人力资源（Human Resources）、流程式制造系统（Process Manufacturing）等子系统。

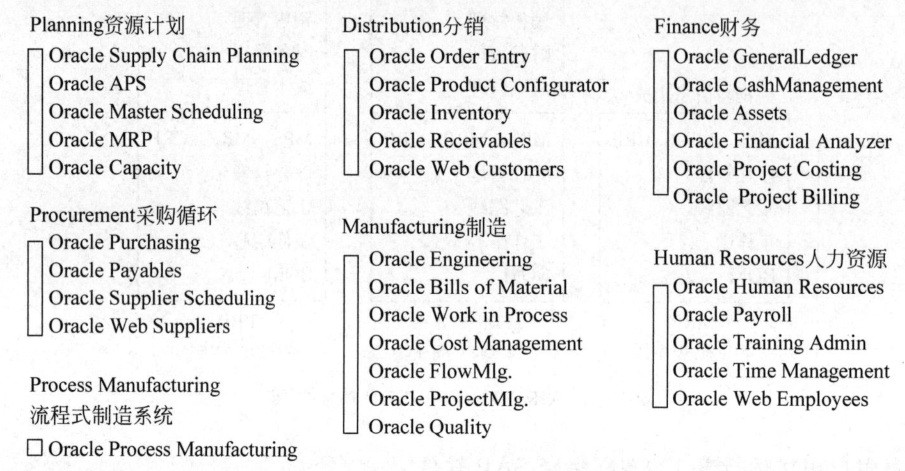


图 13-7 Oracle ERP 功能子系统

3）微软 AX ERP

Axapta ERP 原属于丹麦 Navision 公司的产品。公司分布 30 多个国家。全球已安装超过 136 000 套不同系统。软件销售量是全世界排名第 10 位及欧洲排名第 5 位。

微软（Microsoft）公司于 2000 年将其收购后，AX 开始全力向全球 ERP 市场推广。如今他们先后在中国两家世界级的半导体封装测试工厂成功实施该软件。它的特点在于有很高的开发和实施灵活性，能够同时满足少批量多品种和多品种高产量的生产环境。

4）用友 ERP

用友软件股份有限公司成立于 1988 年，长期致力于提供具有自主知识产权的企业管理/ERP 软件、服务与解决方案。2001 年 5 月，用友软件股票在上海证券交易所挂牌上市。"用友软件"是中国软件行业最知名品牌之一，是中国软件业最具代表性企业之一。

在国产 ERP 软件市场，用友 ERP 软件市场份额最大、产品线最丰富、成功应用最多、行业覆盖最广、服务网络最大、交付能力最强。用友 ERP 功能模块如图 13-8 所示。

5）金蝶 ERP

金蝶国际软件集团有限公司总部位于中国深圳，始创于 1993 年 8 月，于 2005 年 7 月 20 日在香港联合交易所主板成功上市。金蝶 K/3 是中国第一个基于互联网平台的 3 层结构的 ERP 系统，也是中国中小型企业市场中占有率最高的企业管理软件之一。金蝶 ERP 功能模块如图 13-9 所示。

6）天思经理人 ERP(EManager ERP)

天思经理人 ERP 主要包含财务管理、物流管理、生产管理、行政管理等 4 大子系统

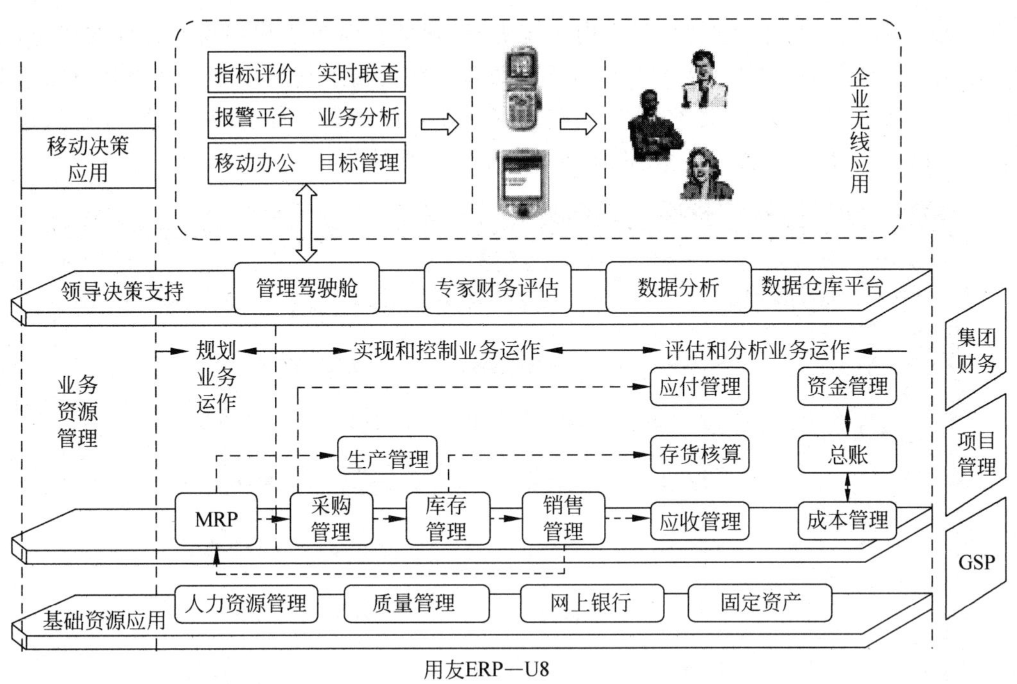


图 13-8　用友 ERP 功能模块

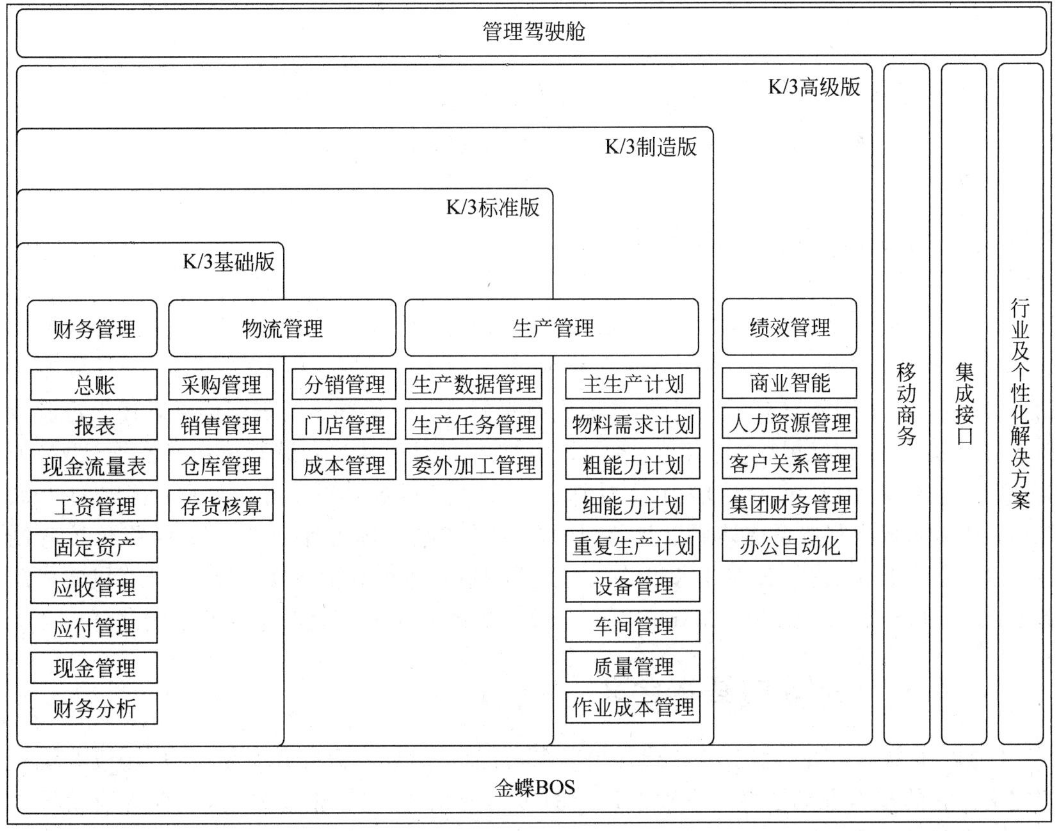


图 13-9　金蝶 ERP 功能模块

15 个模块。在产品功能上它超越了国内主流 ERP 软件在财务管理和物流管理的优势,又吸收消化了国外 ERP 软件在生产管理方面的强项;在价格上它定位于有最大客户需求基础的 3 万~10 万元市场,打破了 ERP 只有贵族企业才能消费得起的神话,让 ERP 软件平民化、普及化。天思经理人 ERP 功能模块如图 13-10 所示。

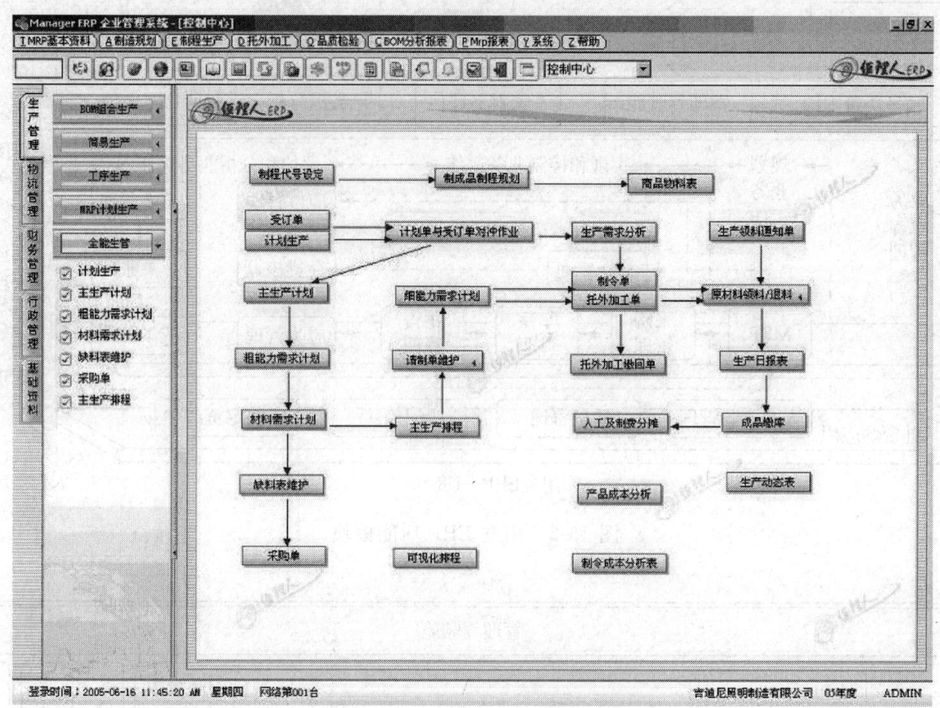


图 13-10 天思经理人 ERP 功能模块

## 13.2 计算机集成制造系统

20 世纪 80 年代世界性的"石油危机"震惊了西方世界,以美国为首的西方国家深刻地认识到:"制造业面临日益剧烈的全球竞争,强大的制造业是增强国家综合实力与国际竞争能力的根本,一个国家只有生产得好,才能生活得好,为此,必须大力加强信息时代先进制造技术的研究、应用与发展"。20 年来,各国纷纷推出了国家级的先进制造技术发展计划,如美国的先进制造计划、team 计划、ngm 计划、cals 计划;欧共体的 esprit 计划;德国的 2000 计划;日本的智能制造系统计划以及韩国的高级先进技术国家计划等。随后,将传统的制造技术与信息技术、现代管理技术相结合的先进制造技术得到了重视和发展,计算机集成制造系统(Computer Integrated Manufacturing System,CIMS)正是其重要的组成部分。

### 13.2.1 CIMS 的基本含义

CIMS 的概念自 20 世纪 70 年代提出以来,目前仍然处于研究和发展阶段,还没有统一的定义。它的基本含义是将原来独立运行的多个分系统,包括信息系统,计算机辅助设计(CAD)及计算机辅助制造(CAM)等集成一个协同工作的,功能更强的新系统,即 CIMS。

### 13.2.2 CIMS迅速发展的原因

随着信息技术的发展和生产过程的自动化，计算机在企业生产的许多领域都得到了发展。产品的设计普遍使用计算机辅助设计(Computer Aided Design，CAD)，产品的工艺设计使用计算机辅助制造(Computer Aided Manufacturing，CAM)。在产品的加工过程中，使用数控机床(Numeric Control Machine，NCM)和柔性制造系统(Flexible Manufacturing System，FMS)。还有计算机辅助工艺生产(CAPP)、自动化立体仓库、成组技术(Group Technique，GT)、机器人(ROBOT)等。企业的良好运作除了要靠先进的设计与制造等技术外，还必须有先进的管理思想与方法。信息系统或适用于制造业的MRP Ⅱ能满足这一要求。因此，自然就会考虑如何将这些独立运行的分系统集成起来，实现在计算机控制下信息流的自动化、物质流自动化和加工过程自动化。集成不是简单的连接，而是经过统一规划设计，分析原各分系统的作用和相互关系，进行优化重组而实现的。CIMS集成的重点是信息集成，只有及时、准确和完善的信息支持才能做出及时、正确的决策，正确的决策也要通过信息来指挥和贯彻执行。CIMS以信息系统为核心，将企业的工程设计、生产制造、企业管理等组合成一个完整统一的系统，能够迅速响应需求变化，缩短制造周期，可以更有效地实现企业的经营目标。

CIMS尤其适合多品种、中小批量生产型企业，并且能在产品质量、生产成本和生产周期等方面达到整体优化，为企业带来更大的经济效益。在连续型生产企业中，发展趋势也是集成从原料输送、配方计算、过程控制、生产管理、成本分析等为一体的CIMS。

CIMS的应用可以显著提高企业综合效益，包括可量化的经济效益和难以量化的社会效益。因此，CIMS的研究和应用开发，受到各发达国家政府和工业界的高度重视。美国的许多著名大学和企业部门，也都开展了CIMS的研究和实施工程。例如，美国通用汽车公司积极采用最先进的现代化制造技术，建立适于大批量生产的CIMS，成为美国实施CIMS的先进企业之一。在欧洲共同体国家中，德国、英图、法国等西欧国家，都将CIMS作为战略目标中的重要部分，共同制订发展计划。

### 13.2.3 CIMS的组成

#### 1. CIMS的功能结构

CIMS包含了一个制造企业的设计、制造、经营管理三种主要功能，要使这三者集成起来，还需要一个支持环境，即分布式数据库和计算机网络以及指导集成运行的系统技术。CIMS的功能组成如图13-11所示。

1) 4个功能分系统

(1) 管理信息分系统，它以MRP Ⅱ为核心。

(2) 产品设计与制造工程设计自动化分系统，即CAD/CAPP/CAM系统。

(3) 制造自动化或柔性自动化分系统，如数控机床等。

(4) 质量保证分系统，包括质量检测、质量评价、质量控制、质量跟踪等。

2) 两个支撑分系统

(1) 计算机网络分系统，实现异种机互联、异构局部网络及多种网络的互联。

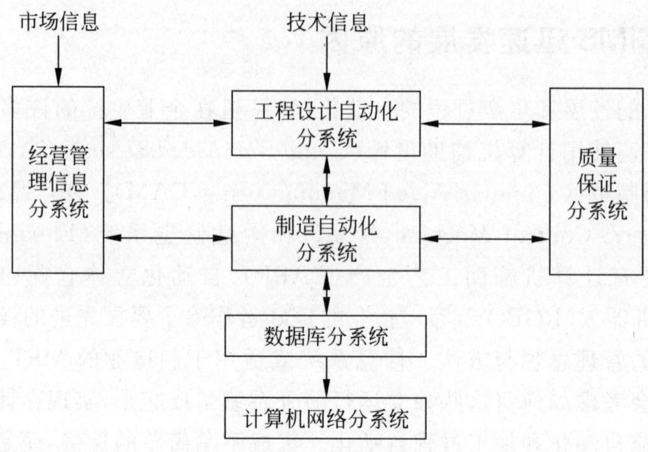


图 13-11 CIMS 的功能组成

(2) 数据库分系统,支撑 CIMS 各分系统,覆盖企业全部信息的数据库系统。

**2. CIMS 集成的内涵**

集成与连接不同,它不是简单地把多个单元连在一起,而是将原来没有联系或联系不紧密的单元组成为有一定功能、紧密联系的新系统。CIMS 的技术集成结构如图 13-12 所示,其集成主要体现在以下几方面。

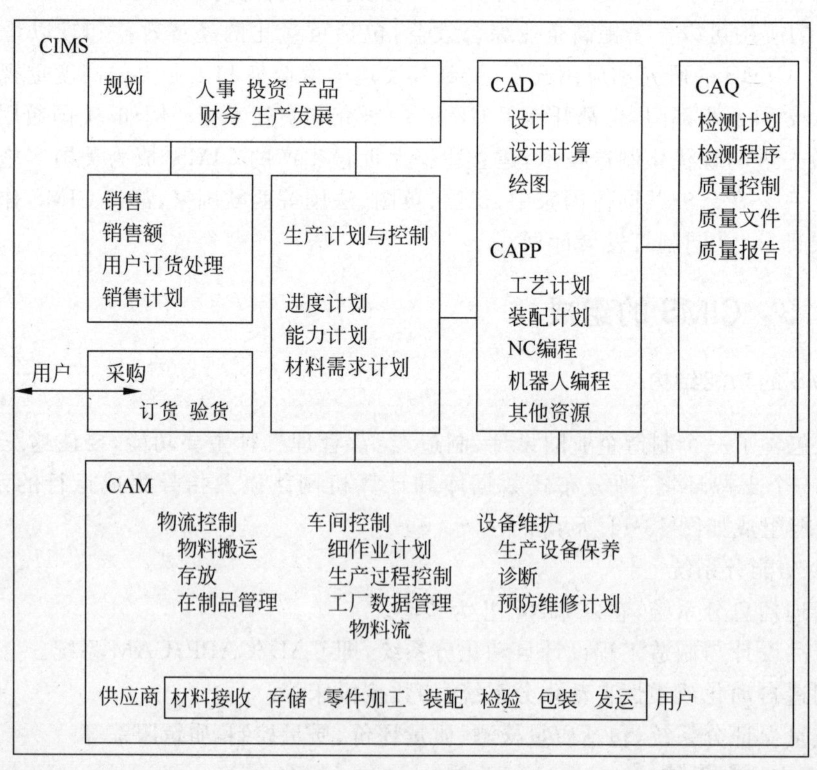


图 13-12 CIMS 技术集成结构

（1）系统运行环境的集成。

（2）信息的集成。

（3）应用功能的集成。

（4）技术的集成。

（5）人和组织的集成。

### 13.2.4 我国 CIMS 的发展情况

我国在 20 世纪 80 年代提出了在企业实施管控一体化，1987 年国家正式立项将 CIMS 列入 863 高技术发展计划，由清华大学带头组建“国家 CIMS 实验工程”，开展 863/CIMS 研究，取得了一系列丰硕的成果，先后有清华大学和华中理工大学获美国制造工程协会的“大学领先奖”。863/CIMS 工程所取得的成果和经验已在国内的多家工厂中得到推广，取得显著的经济效益，得到国内外的肯定和赞许，目前正在全国进行应用推广。

经过了十多年的研究、实践和企业应用，我国 863 计划 CIMS 主题专家组对中国发展 CIMS 的目标、内容、步骤和方法也有了更深入的认识，并进行理论和实践创新，将计算机集成制造系统发展为以信息集成和系统优化为特征的现代集成制造系统（Contemporary Integrated Manufacturing Systems），两者的英文缩写均为 CIMS。

我国 863 计划 CIMS 主题专家组在 1998 年提出现代集成制造系统（CIMS）的新意义：“将信息技术、现代管理技术和制造技术相结合，并应用于企业产品全生命周期（从市场需求分析到最终报废处理）的各个阶段。通过信息集成、过程优化及资源优化，实现物流、信息流、价值流的集成和优化运行，达到人（组织、管理）、经营和技术三要素的集成，以加强企业新产品开发的 T（时间）、Q（质量）、C（成本）、S（服务）、E（环境），从而提高企业的市场应变能力和竞争能力。”

现代集成制造的提法可以认为是用前瞻的观点更好地反映 CIMS 的丰富内涵。因为它可以涵盖信息集成、过程集成和企业集成以及后续的新发展，也可以用“现代”来包含当代系统论、信息化、集成化、网络化、虚拟化和智能化等促进制造系统更快发展的新技术、新方法。这种提法有更大的灵活性，也为后续进一步发展留有余地，更重要的是有利于企业的接受和推广应用，这大大超过了国外早期对 CIMS 的认识，其内涵也大为丰富。

## 13.3 供应链管理系统

供应链管理既是一种新的管理模式，也是一种新的管理理论。供应链管理已成为学术界研究的一个热门领域并为企业界所关注，国际上一些著名的企业，如惠普、IBM、宝洁、爱立信、沃尔玛等都采用了供应链管理这一新的管理模式，并取得巨大的成功。信息技术的应用是供应链管理的基础。本章将对供应链管理系统做简单介绍。

### 13.3.1 供应链管理的定义

#### 1. 供应链的定义

供应链是在相互关联的部门或业务伙伴之间所发生的物流、资金流和信息流，覆盖从产品(或服务)设计、原材料采购、到交付给最终消费者的全过程,如图 13-13 是一个典型的供应链构成。供应链不仅仅面向制造企业,服务性行业也存在供应链。

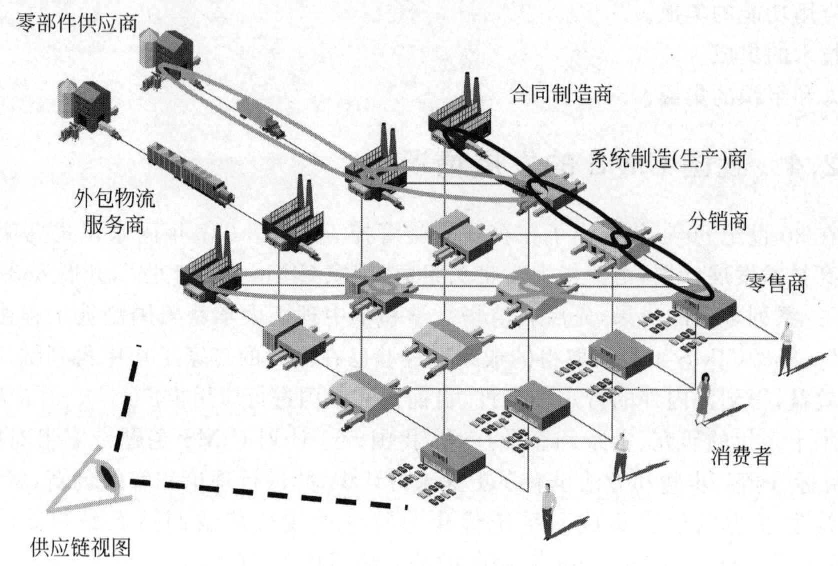


图 13-13 典型的供应链构成

### 2. 供应链管理的定义

供应链管理是借助信息技术和电子商务,将供应链上业务伙伴的业务流程相互集成,从而有效地管理从原材料采购、产品制造、分销到交付给最终消费者的全过程,在提高客户满意度的同时,降低成本、提高企业的效益。

### 3. 供应链系统原理

系统原理认为,供应链是一个系统,是由相互作用、相互依赖的若干组成部分结合而成的具有特定功能的有机整体。供应链是围绕核心企业,通过对信息流、物流、资金流的控制,把供应商、制造商、分销商、零售商直到最终用户连成一个整体的功能网链结构模式。

供应链的系统特征首先体现在其整体功能上,这一整体功能是组成供应链的任一成员企业都不具有的特定功能,是供应链合作伙伴间的功能集成,而不是简单叠加。供应链系统的整体功能集中表现在供应链的综合竞争能力上,这种综合竞争能力是任何一个单独的供应链成员企业都不具有的。其次,体现在供应链系统的目的性上。供应链系统有着明确的目的,这就是在复杂多变的竞争环境下,以最低的成本、最快的速度、最好的质量为用户提供最满意的产品和服务,通过不断提高用户的满意度来赢得市场。这一目的也是供应链各成员企业的共同目的。第三,体现在供应链合作伙伴间的密切关系上,这种关系是基于共同利益的合作伙伴关系,供应链系统目的的实现,受益的不只是一家企业,而是一个企业群体。因此,各成员企业均具有局部利益服从整体利益的系统观念。第四,体现在供应链系统的环境适应性上。在经济全球化迅速发展的今天,企业面对的是一个迅速变化的买方市场,要求企业能对不断变化的市场做出快速反应,不断地开发出符合用户需求的、定制的"个体化产品"去占领市场以赢得竞争。新型供应链(有别于传统的局部供应链)以及供应链管理就是为了适应这一新的竞争环境而产生的。第五,体现在供应链系统的层次性上,供应链各成员企业分别都是一个系统,同时也是供应链系统的组成部分;供应链是一个系统,同时也是它所从属的更大系统的组成部分。从系统层次性的角度来理解,相对于传统的基于单个企业的管理模式而言,供应链管理是一种针对更大系统(企业群)的管理模式。

## 13.3.2 供应链管理的信息技术支撑体系

供应链 8 大管理原理的实施离不开信息技术的支撑。供应链信息系统中信息技术对供应链管理的支撑可分为两个层面。

第一个层面是由标识代码技术、自动识别与数据采集技术、电子数据交换技术、互联网技术等基础信息技术构成。

### 1. 标识代码技术

统一的信息编码是实现供应链中各企业间的数据交换与共享的基础。没有它,自动识别技术与电子数据交换(EDI)就不可能实现。通过将信息编码标准化技术应用到供应链管理系统中,实现供应链活动中的自动数据采集和系统间的数据交换与资源共享,从而在实践中真正做到"货畅其流",促进供应链各项活动的高效运转。

### 2. 自动识别与数据采集技术

自动识别和数据采集(AIDC)是供应链管理过程中处理物流信息的理想技术。通过自动数据识别和数据采集,可保证供应链各环节高速准确的数据获取及实时控制。目前,供应链管理中,最常用的 AIDC 技术是条码技术。条码技术中的条形码是用一组数字来表示商品的信息,它是有关厂家、批发商、零售商、运输业等经济主体进行订货和接受订货、销售、运输、保管、出入库检验等活动的信息源。由于在活动发生时能即时自动读取信息,因此便于及时捕捉到消费者的需要,提高商品销售效果。

### 3. 电子数据交换(EDI)

EDI 技术是指不同的企业之间为了提高经营活动的效率在标准化的基础上通过计算机网络进行数据传输和交换的方法。EDI 是实施快速响应、高效消费者响应、高效补货等方法必不可少的技术。目前,几乎所有的供应链管理的运作方法都离不开 EDI 技术的支持。EDI 的主要功能表现在电子数据传输和交换、传输数据的存证、文书数据标准格式的转换、安全保密、提供信息查询、提供技术咨询服务、提供信息增值服务等,美国财富杂志评选出的全球 500 家大企业都应用 EDI 系统与它们的主要顾客和供应商交换商业信息。

### 4. 互联网技术

互联网技术的蓬勃发展为供应链成员信息共享和交流提供了相对方便、快捷和廉价的方式。随着上网技术的发展和成熟,供应链成员可以不受空间限制地从事商业活动。未来的供应链管理将充满无限的商机。

第二层面是基于信息技术而开发的支持企业生产的信息系统。

在具体集成和应用这些系统时,不应仅仅将它们视为一种技术解决方案,而应深刻理解它们所折射的管理思想。

#### 1. 销售时点信息系统(POS)

POS是指通过自动读取设备(如收银机)在销售商品时直接读取商品销售信息(如商品名、单价、销售数量、销售时间、销售店铺、购买顾客等),并通过通信网络和计算机系统传送至有关部门进行分析加工以提高经营效率的系统。POS系统最早应用于零售业,以后逐渐扩展至其他如金融、旅馆等服务行业,利用POS系统的范围也从企业内部扩展到整个供应链。

#### 2. 电子自动订货系统(EOS)

EOS是指企业间利用通信网络和终端设备以在线方式进行订货作业和订货信息交换的系统。相对于传统的订货方式,EOS系统可以缩短从接到订单到发出订货的时间,缩短订货商品的交货期,减少商品订单的出错率;有利于减少企业的库存水平,提高企业的库存管理效率;对于生产厂家和批发商来说,通过分析零售商的商品订货信息,能准确判断畅销商品和滞销商品,有利于调整商品生产和销售计划。

#### 3. 自动补货系统(AR)

AR是一种利用销售信息、订单经由EDI连接合作伙伴的观念,合作伙伴之间必须有良好的互动关系,并且利用电子信息交换等方式提供信息给上下游。也就是说,AR是一种库存管理方案,是以掌控销售信息和库存量,作为市场需求预测和库存补货的解决方法,由销售信息得到消费需求信息,供应商可以更有效地计划、更快速地反映市场变化和用户需求,因此AR可以用来作为降低库存量、改善库存周转,进而维持库存量的最佳化,而且供应商与批发商以分享重要信息双方都可以改善需求预测、补货计划、促销管理和运输装载计划等。

#### 4. 协同规划预测补货系统

协同规划预测补货系统(Collaborative Planning Forecasting and Replenishment,CPFR)就是供应商、制造商和零售商一起制订销售预测和计划,并实现信息共享。下游企业提供促销或行业动态,帮助上游企业安排生产;上游企业可了解下游企业的库存情况,并自动补货。从而保证整个供应链的顺畅和有效。一个最简单而典型的例子就是,很多超市中的促销计划都是和供应商一起制订的,顾客结账的时候货品经过扫描,库存就会自动从系统中减去,当库存降低到安全库存以下,系统会自动通知供应商来补货,而不需要等到超市去下订单。类似的实践也广泛存在于供应商和生产商的原材料计划中。

#### 5. 电子商务系统

电子商务是各参与方之间以电子方式而不是通过物理交换或直接物理接触完成的任何

形式的业务交易，它包括电子数据交换（EDI）、电子支付手段、电子订货系统、电子邮件、电子公告系统、条码、网上银行、智能卡等。在供应链管理中，电子商务一般为企业对企业（B2B）和企业对消费者（B2C）两种类型。电子商务在供货体系管理、库存管理、运输管理和信息流通等方面提高了企业供应链管理运作的效率。

### 13.3.3 沃尔玛供应链管理中的信息技术

沃尔玛公司在2002年和2003年《财富》杂志公布的全美500强企业排名中，连续两年名列榜首。究其成功的原因，发现沃尔玛始终将高质量、高效的供应链管理作为自己的核心竞争力在努力经营。

实现供应链的基础是信息共享，沃尔玛在运用信息技术支撑信息共享方面一直是不遗余力，走在许多零售连锁集团的前面。如最早使用条形码（1980年），最早采用EDI（1985年），最早使用无线扫描枪（1988年），最早与宝洁公司等大供应商实现VMIECR产销合作（1989年）等。

1985年，沃尔玛开始利用电子交换系统（EDI）与供应商建立了自动订货系统，通过网络系统，向供应商提供商业文件、发出采购指令，获取收据和装运清单等，同时也让供应商及时准确把握其产品的销售情况。

在1983至1987年之间，沃尔玛投资4亿美元由休斯公司发射了一颗商用卫星。从此公司总部与全球5300多家分店、100个配送中心以及数千家供应商通过卫星和共同的计算机系统进行联系。它们有相同的补货系统、相同的EDI条形码系统、相同的库存管理系统、相同的会员管理系统、相同的收银系统。位于全球的门店通过全球网络可在1小时之内对每种商品的库存、上架、销售量全部盘点一遍。

20世纪90年代初，沃尔玛在总部建立了庞大的数据中心，全集团的所有店铺、配送中心每天发生的一切与经营有关的购销调存等详细信息，都通过主干网和通信卫星传送到数据中心。沃尔玛每销售一件商品，都会即时通过与收款机相连的计算机记录下来，每天都能清楚地知道实际销售情况，管理人员根据数据中心的信息对日常运营与企业战略做出分析和决策。数据中心还与全球供应商建立了联系，实现了快速反应的供应商管理库存VMI。供应商通过这套系统可以进入沃尔玛的计算机配销系统和数据中心，直接从POS得到其供应的商品流通动态状况；或查阅沃尔玛产销计划。这套信息系统为生产商和沃尔玛两方面都带来了巨大的利益。

1995年，沃尔玛及其供应商WarnerLambert，以及它的管理软件开发商一起联合成立了零售供应和需求链工作组，进行合作计划、预测与补给，即CPFR研究和应用获得很大成功。在供应链运作的整个过程中，CPFR应用一系列技术模型，对供应链不同客户、不同节点的执行效率进行信息交互式管理和监控，对商品资源、物流资源进行集中的管理和控制。通过共同管理业务过程和共享信息来改善零售商和供应商的伙伴关系，提高采购订单的计划性、提高市场预测的准确度，提高全供应链运作的效率，控制存货周转率，并最终控制物流成本。

此外，沃尔玛还十分注重为员工提供信息，将公司的经营理念灌输给个人。20世纪90

年代建立了覆盖整个公司的内联网,并在分店里都设有计算机,员工可以随时上网查阅公司或个人的信息、动态。

先进的商业管理思想和信息技术的结合,使沃尔玛摆脱了传统零售业分散、弱小的形象,并创造了零售业工业化经营的新时代。

### 13.3.4 惠普供应链管理中的自动补货系统

总部位于美国加州 Palo Alto 的惠普(HP)公司创建于 1939 年,在经过了长达六十余年的发展过程后,惠普已经发展成为全球领先的 IT 技术、解决方案与服务供应商。六十多年来,HP 从未停止过创新和变革的步伐。这种精神使 HP 从一家年收入 4000 美元的公司,发展成为今天在全球拥有约 150 000 名员工、分支机构遍及 170 多个国家和地区。如今的 HP,作为全球领先的高科技公司,在美国财富 500 强中名列第 11,在全球财富 500 强中名列第 28,并在美国《商业周刊》"全球最具价值品牌"中排名第 13 位。

惠普的成功得益于其先进的供应链管理模式以及强大的供应链管理信息系统。目前,惠普有 5 种不同的供应链模式,每一种都可以与其最强劲的竞争对手媲美。

第 1 种是高速供应链模式。通过一些外部的合作伙伴,例如 ODM 合作伙伴、合作供应商、制造商等,直接把货物送到世界各地,并通过它们把货物传递给惠普合作伙伴的合作伙伴。这就是惠普的零库存模式。

第 2 种是打印机业务的供应链模式。这个模式主要是把打印机的制造时间延迟到尽可能晚,这样就有更充分的时间准备库存,再以最短的路径进行运输。这种方式不仅使运输成本很低,同时又不会像 PC 一样在运输途中造成折旧的问题。

第 3 种是简单配置的供应方式,通过不断地提高这种模式的速度与周期,惠普在合并之后的前 6 个月,把每一台 PC 供应链成本降低了 26%。

第 4 种是高附加值产品的供应链模式,主要是把存储以及服务器、超级计算机系统进行整合。这一套系统主要是为 UNIX 系统和一些关键任务的系统所使用的。

第 5 种是零部件的供应链管理。对于那些关键任务,客户的系统不允许任何的宕机情况发生,所以及时为客户提供零部件的备件就非常重要。

信息系统在惠普供应管理中担任着至关重要的角色。如电子采购系统、自动补货系统是惠普供应链信息系统中重要的一部分,目前这些系统已经在发挥重要的作用。为了建设这些系统,惠普已经投入了几千万美元。

如图 13-14 是惠普公司打印机业务的自动补货系统(AR)。各代理商销售网点每天将销售信息和库存信息上报给中间系统,而中间系统则是每周将各销售点信息汇总整理后再上报到 AR 系统,AR 系统通过 CPFR 预测计算产生建议订单量,AR 系统分析员将系统建议订单量通知买家,并和买家沟通产生实际的订货量。

AR 系统改变了传统的订货方式,它通过管理供应链上经销商、批发商及零售商等各环节的销售和库存信息,再通过 CPFR 预测分析,产生供应链上最优的补货方式,从而使每天每个分销商、销售点用最少的库存满足客户需求和供货水平。实践证明惠普使用 AR 系统后,惠普公司大大降低了打印机的库存水平,同时也使各销售网点的服务水平也有了大幅提升。

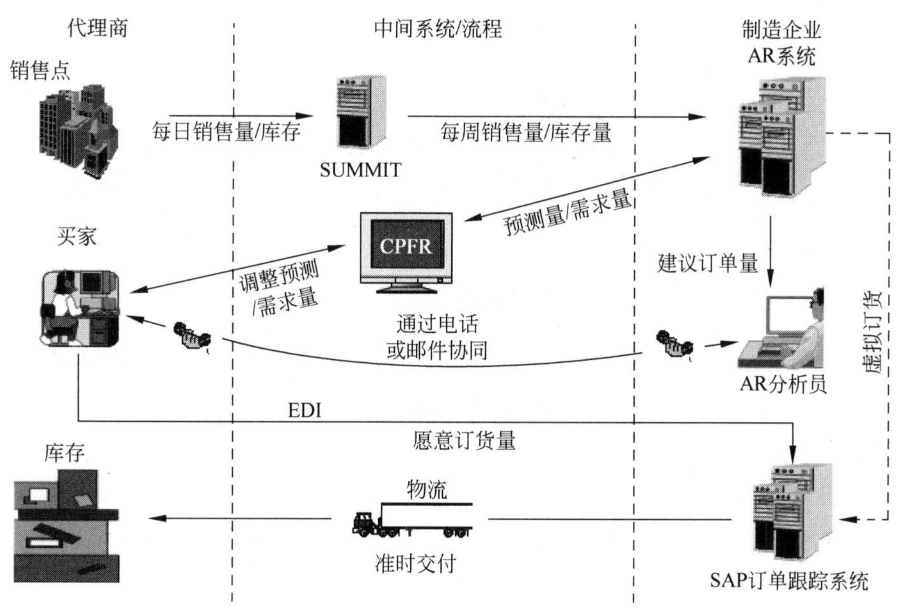


图 13-14 惠普自动补货系统结构

# 13.4 决策支持系统

## 13.4.1 决策和决策过程

决策(Decision)是人们为达到一定目的而进行的有意识、有选择的活动。在一定的人力、设备、材料、技术、资金和时间因素的制约下,从两个以上可供选择的策略中做出决断,以求得最优或较好效果的过程就是决策过程。

决策科学先驱西蒙(H. A. Simon)教授指出:“管理就是决策”。以决策者为主体的管理决策过程要经历情报(Intelligence)、设计(Design)和选择(Choice)三个阶段。

## 13.4.2 决策问题的类型

决策问题的范围很广,计划、调度命令、政策、法规、发展战略、体制结构、系统目标等都属于决策范畴。但它们的结构化程度不同。西蒙教授提出按问题的结构化程度不同可将决策划分为三种类型:结构化决策、半结构化决策和非结构化决策。

### 1. 结构化(Structured)决策问题

结构化决策问题相对比较简单、直接,其决策过程和决策方法有固定的规律可以遵循,能用明确的语言和模型加以描述,并可依据一定的通用模型和决策规则实现其决策过程的基本自动化。信息系统能够求解这类问题,例如应用解析方法,运筹学方法等求解资源优化问题。

### 2. 非结构化(Unstructured)决策问题

非结构化决策问题是指那些决策过程复杂，其决策过程和决策方法没有固定的规律可以遵循，没有固定的决策规则和通用模型可依，决策者的主观行为(学识、经验、直觉、判断力、洞察力、个人偏好和决策风格等)对各阶段的决策效果有相当影响。往往是决策者根据掌握的情况和数据临时做出决定。

### 3. 半结构化(Semi-Structured)决策问题

半结构化决策问题介于上述两者之间，其决策过程和决策方法有一定规律可以遵循，但又不能完全确定，即有所了解但不全面，有所分析但不确切，有所估计但不确定。这样的决策问题一般可适当建立模型，但无法确定最优。

应当指出，决策问题的结构化程度是可以改变的。随着人们对客观事物认识的不断提高并掌握了足够的信息时，非结构化问题就有可能转化为半结构化问题，半结构化问题也有可能向结构化问题转化。

通常认为，信息系统主要解决结构化的决策问题，而决策支持系统(Decision Support Systems，DSS)则以支持半结构化和非结构化问题为目的。

## 13.4.3 决策者素质对决策的影响

人的因素(如个人判断和偏好)是一个重要而实际的问题，涉及人的心理与认识过程。一个问题的决策，不仅会受到问题的结构化程度的影响，同时也会受到决策者本身素质的影响，这些素质包括管理者的知觉能力、处理信息能力、风险性偏好和抱负程度。其中，知觉能力是指决策者认识一个决策问题的方法。如果决策者已经有处理类似问题的经验，那么在处理同类问题情况下，问题的复杂性和不确定性都会减少。经验的积累对于管理者来说是很重要的。此外，在制定复杂决策的情况下，易于接受新信息的决策者在面对困难的或不确定的任务时，能比较好地搜集和处理信息。相反，独断的决策者倾向于只掌握很少信息就迅速做出决策。无论哪种情况，一旦做出决策，决策者将拒绝改变。在有风险的情况下，决策者对最后的结果和可能的资源损失更没把握。决策者的抱负也会影响识别问题、评估问题和选择方案的实际效果。

## 13.4.4 决策科学的发展趋势

传统的决策依靠决策者个人的经验，凭直觉判断，因而被认为是一种艺术和技巧。近四十年来，由于生产规模的扩大和自动化技术的应用，管理的性质和环境都发生了巨大的变化。管理性质的改变表现在组织机构更加庞大，管理功能更加复杂，环境的改变表现在产业部门之间的联系越来越紧密，社会经济状态对于所采取的决策的影响因素越来越复杂。因而管理决策问题不仅数量多，而且复杂程度高、难度大。因此，目前决策科学正在向以下方向发展。

(1) 个人决策向群体决策发展。

（2）定性决策向定量与定性相结合的决策发展。

（3）单目标向多目标综合决策发展。

（4）战略决策向未来决策方向发展。

## 13.4.5　决策支持系统的功能与定义

### 1. 决策支持系统的功能

DSS的目标就是要在人的分析与判断能力的基础上借助计算机与科学方法支持决策者对半结构化和非结构化问题进行有序的决策，以获得尽可能令人满意的客观的解或方案。DSS目标要通过所提供的方案来实现，系统的功能由系统的结构来决定，不同结构的DSS功能不尽相同。在总体上，DSS的功能可归纳为以下几点。

（1）整理并及时提供本系统与本决策问题有关的各种数据，如工厂的生产能力、库存和财务情况等。

（2）收集、存储并及时提供系统之外的与本决策问题有关的各种数据，如市场需求、原材料价格、新技术动态等。

（3）及时收集和提供有关各项行动的反馈信息，如生产计划完成情况、产品销售情况和用户反映等。

（4）能够用一定的方式存储与决策有关的各种模型，如库存控制模型与生产调度模型等。

（5）能够存储及提供常用的数学（特别是数理统计）与运筹学的方法，如统计检验方法、回归分析方法、线性规划方法等。

（6）能够灵活地运用模型与方法对数据进行加工、汇总、分析、预测，以便得到所需要的综合信息与预测信息。

（7）提供方便的人机对话接口或图形输出功能，能够随机查询所需的数据。

（8）具有使用者能够忍受的加工速度与响应时间。

### 2. 决策支持系统的定义

决策支持系统（Decision Support Systems，DSS）发展至今已有二十多年了，但目前关于DSS还没有统一的定义。一般认为DSS是一种以计算机为工具，应用决策科学及有关学科的理论与方法，以人机交互方式辅助决策者解决半结构化和非结构化决策问题的信息系统。

决策支持系统DSS（Decision Support System）是在信息系统的基础上产生和发展起来的，它能帮助决策者明确目标，建立和修改模型，提供备选方案，通过人机对话进行分析、比较和判断，为正确决策提供有力支持。

## 13.4.6　决策支持系统的组成

### 1. 决策支持系统的基本模式

DSS的基本模式如图13-15所示。由图可见，决策者处于核心位置，他运用自己的知识,结合 DSS 的响应输出,对他所管理的“真实系统”进行决策。管理者往往需要协助人员的帮助。就“真实系统”而言,提出的问题和操作数据是输出信息流,而人们的决策则是输入信息流。图的下部表示了与 DSS 有关的基础数据,它包括来自真实系统并经过处理的信息(如 MIS 信息、统计信息等)、环境信息、与人的行为有关信息等。图的右边是 DSS,由模型库系统、数据库系统和人机对话系统等组成。

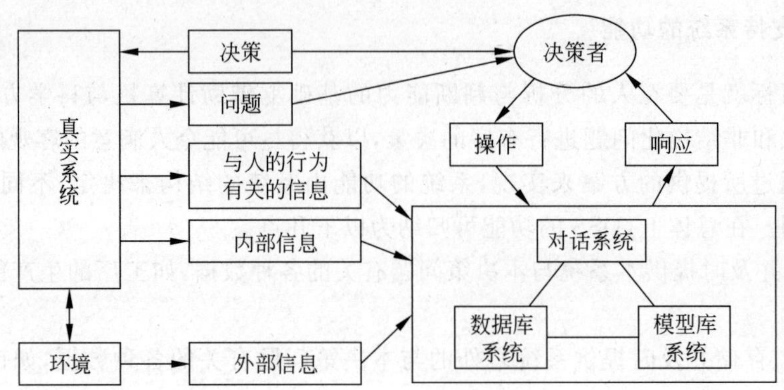


图 13-15 DSS 的基本模式

**2. 决策支持系统的系统结构**

DSS 最基本的结构是由数据库、模型库、方法库和对话子系统组成的两库系统结构和三库系统结构,如图 13-16 所示。其中,对话管理子系统是 DSS 人机接口界面,决策者作为 DSS 的用户通过该子系统提出信息查询的请求或决策支持的请求。对话管理子系统对接收到的请求做检验,形成命令,为信息查询的请求进行数据库操作,提取信息,所得信息传送给用户;对决策支持的请求将识别问题与构建模型,从方法库中选择算法,从数据库读取数据,运行模型库中的模型,运行结果通过对话子系统传送给用户或暂存数据库待用。

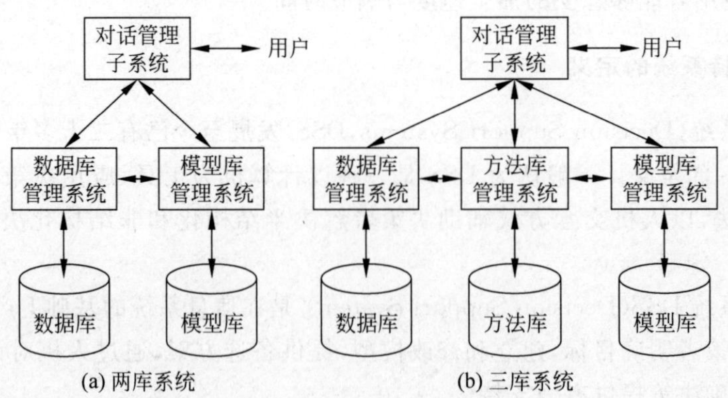


图 13-16 DSS 的三角式系统结构

应用 DSS 做决策的过程是一个人机交互的启发式过程,因此问题的解决过程往往要分解成若干阶段,一个阶段完成后用户获得阶段的结果及某些启示,然后进入下一阶段的人机对话,如此反复,直至用户形成决策意见,确定问题的解。

### 3. 数据库子系统

DSS所需要的数据或信息是分析判断问题的依据。其特点是数据面广、具有概括性，除了组织内部的数据外，更多的是组织外部数据，例如政策法规、经济统计数据、市场行情、同行动向及科技情报等。这些数据大都经过加工、浓缩或汇总，例如月销售额、利润增长率、市场占有率等，与MIS的数据有很大区别，而对数据共享性与唯一性的要求与MIS相同。

数据库子系统是存储、管理、提供与维护用于决策支持数据的DSS基本部件，是支撑模型库系统及方法库子系统的基础。

### 4. 模型库子系统

模型(Model)是以某种形式反映客观事物本质属性，揭示其运动规律的描述。人们需要一种能普遍适用于表示和认识客观事物内在联系及与外部关系的手段，而模型就是能较好地满足这一需要的重要手段之一。

决策或问题的求解首先要表达问题的内外特征与变化规律，DSS设立模型库子系统是为了在不同的条件下通过模型来实现对问题的动态描述，以便探索或选择令人满意的问题解。

模型库子系统是构建和管理模型的计算机软件系统，它是DSS中最复杂与最难实现的部分。DSS用户是依靠模型库中的模型进行决策的，因此我们认为DSS是由"模型驱动的"。应用模型获得的输出结果可以分别起以下三种作用：①直接用于制定决策；②对决策的制定提出建议；③用来估计决策实施后可能产生的后果。

实际上，可直接用于制定决策的模型对应于那些结构性比较好的问题，其处理算法是明确规定了的，表现在模型上，其参数值是已知的。对于非结构化的决策问题，有些参数值并不知道，需要使用数理统计等方法估计这些参数的值。由于不确定因素的影响，参数值估计的非真实性，以及变量之间的制约关系，用这些模型计算得出的输出一般只能辅助决策或对决策的制定提出建议，对于战略性决策，由于决策模型涉及的范围很广，其参数有高度的不确定性，所以模型的输出一般用于估计决策实施后可能产生的后果。

模型库子系统主要由模型库与模型库管理系统两大部分组成。

1) 模型库

使用DSS支持决策时，可以根据具体问题和单元模型构造或生成决策支持模型。

用单元模型构造的模型或决策支持模型可分为模拟方法类、规划方法类、计量经济方法类、投入产出方法类等，其中每一类又可分为若干子类，如规划方法类又可分为线性规划或非线性规划、单目标规划或多目标规划等。模型按照经济内容可分为以下几类。

(1) 预测类模型：如产量预测模型、消费预测模型等。

(2) 综合平衡模型：如生产计划模型、投入产出模型等。

(3) 结构优化模型：如能源结构优化模型、工业结构优化模型等。

(4) 经济控制类模型：如财政税收、信贷、物价、工资、汇率等对国家经济的综合控制模型等。

模型基本单元在模型库中的存储方式主要有子程序、语句、数据及逻辑关系等4种方式。

(1) 以子程序方式存储。

(2) 以语句方式存储。

(3) 以数据方式存储。

(4) 逻辑方式主要用于智能决策支持系统。

2) 模型库管理系统

模型库管理系统的主要功能是利用与维护模型,利用模型包括决策问题的定义和概念模型化,从模型库中选择恰当的模型或单元模型构造具体问题的决策支持模型,以及运行模型。维护模型包括模型的连接、修改与增删等。模型库子系统是在与DSS其他部件的交互过程中发挥作用的。

**5. 方法库子系统**

方法库子系统是存储、管理、调用及维护DSS各部件要用到的通用算法。标准函数等方法的部件,方法库中的方法一般用程序方式存储。它通过对描述外部接口的程序向DSS提供合适的环境,使计算过程实行交互式的数据存取,数据库选择数据,从方法库中选择算法,然后将数据和算法结合起来进行计算,并以直观清晰的呈现方式输出结果,供决策者使用。

方法库子系统由方法库与方法库管理系统组成,方法库内存储的方法程序一般有:排序算法、分类算法、最小生成树算法、最短路径算法、计划评审技术、线性规划、整数规划、动态规划、各种统计算法、各种组合算法等。

## 13.4.7 智能决策支持系统

DSS借助计算机强大的运算能力与人灵活的分析判断能力交互协作,为人们解决半结构化与非结构化问题的决策问题提供了强有力的支持。但是由于DSS机器一方面的重点主要还是在于模型的定量计算,人机对话方式与大多数不熟悉机器的使用者还存在一定距离,限制了DSS的应用效果。在另一方面,与DSS同步发展起来的人工智能领域的专家系统(ES),在人的知识开发与利用上获得了不少的成果。利用ES的优势来弥补DSS的不足,形成了智能型决策支持系统(IDSS)。如图13-17所示,智能决策支持系统在原来的基础上增设了知识库、推理机与问题处理系统,人机对话部分还加入了自然语言处理系统。

**1. 智能人机接口**

四库系统的智能人机接口接受用自然语言或接近自然语言的方式表达的决策问题及决策目标。决策者可以使用自然语言来提出决策问题,由自然语言处理功能通过语法、语义结构分析等方法转换成系统能理解的形式。人机交互过程中和运行后,系统则以决策者能够清晰理解的或指定的方式输出求解进程与结果。

**2. 问题处理系统**

问题处理系统处于IDSS的中心位置,是联系人与计算机及所存储的求解资源的桥梁,

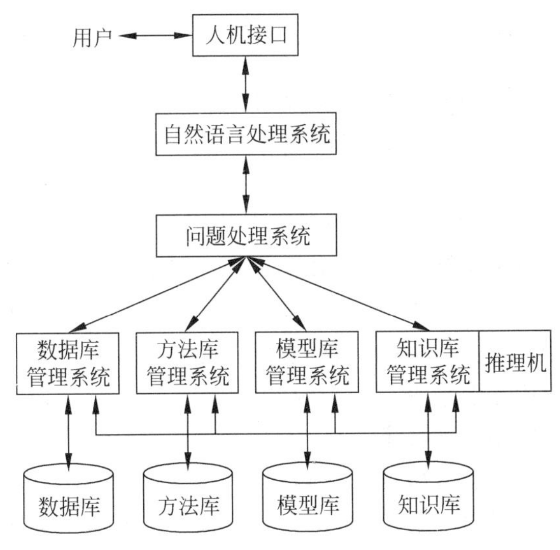


图 13-17 四库 IDSS 的基本结构

主要由问题分析器与问题求解器两部分组成。

自然语言处理系统转换产生的问题描述由问题分析器判断问题的结构化程度，对结构化问题选择或构造模型，采用传统的模型计算求解；对半结构化或非结构化问题则由规则模型与推理机制来求解。

问题处理系统是 IDSS 中最活跃的部件，它既要识别与分析问题，设计求解方案，还要为问题求解调用四库中的数据、模型、方法及知识等资源，对半结构化或非结构化问题还要触发推理机做推理或新知识的推求。因此，问题处理系统是人工智能技术在 DSS 中的重要应用，在 IDSS 中起着非常重要的作用。

### 3. 知识库子系统和推理机

知识库子系统是对有关规则、因果关系及经验等知识进行获取、解释、表示、推理以及管理与维护的系统，在 DSS 中引进知识库子系统提高了系统的智能化程度。知识库子系统一般由知识库管理系统、知识库和推理机组成。

IDSS 在用户决策问题的输入，机器对决策问题的描述，决策过程的推进，问题解的求取与输出等方面都有了明显的改进，很好地体现了人工智能的优越性。

## 13.4.8 群体决策支持系统

群体决策支持系统（Group Decision Supporting System，GDSS），是指在系统环境中，多个决策参与者共同进行思想和信息的交流，群策群力，寻找一个令人满意和可行的方案，但在决策过程中只由某个特定的人做出最终决策，并对决策结果负责。群体决策支持系统从 DSS 发展而来，通过决策过程中参与者的增加，使得信息的来源更加广泛；通过大家的交流、磋商、讨论而有效地避免了个体决策的片面性和可能出现的独断专行等弊端。

### 1. GDSS 的功能

(1) 群体决策支持系统的基本功能有以下几点。

① 通过加强通信,消除了差异;通过限制不必要的感情式的相互作用,控制、协调参与者的关系。

② 提高讨论者的地位和结论的公正性。

③ 系统的实施可以是永久性的(稳定和正式的程序集合)或暂时性的(必要时才使用的系统)。

(2) 群体决策支持系统的技术功能主要有以下几点。

① 对决策过程中的数据信息交流的控制。

② 自动选择合适的群体决策技术。

③ 对可行的决策方案进行分析计算和解释。

④ 如果群体决策无法得出一致,则讨论个体决策差异或提出重新定义问题的建议。

### 2. GDSS 的分类

GDSS 的类型在很大程度上取决于待决策问题的类型和问题所处的组织环境,因此,一般可将 GDSS 划分为以下 4 种类型。

(1) 决策室(Decision Room)。与传统意义相当的电子会议室,决策参与者集中到一间支持群体决策支持的特殊会议室,通过特殊的终端或节点,参与决策过程。在这种环境下的决策过程都有一定的时间限制。

(2) 局域决策网(Local Decision Network)。GDSS 的参与者没有地域的限制,只要局域网上的中央处理器存储有公共的 GDSS 软件和数据库,参与者就可以通过局域网进行成员间以及成员与中央处理机之间的通信。

(3) 传真会议(Teleconferencing)。针对决策成员在地理上分散但必要时可集中决策的群体。在这种情况下,两个或两个以上的决策室通过视频和通信连接在一起,其方法与决策室相同,而且使用了传真会议。

(4) 远程决策(Remote Decision Marketing)。主要针对需要定期在一起做决策而又不能会面的决策成员。地理上分散的决策成员通过远程"决策站"之间的持续通信,完成决策的制定。

上面 4 种类型的 GDSS,第 1 种属于集中性,而后 3 种是属于分散性的。

## 13.4.9 DSS 的应用

在我国 DSS 的应用取得了丰硕的成果,具体可以概括为以下几个方面。

(1) 政府宏观经济管理和公共管理问题。

(2) 水资源调配与防洪预警系统,如图 13-18 所示。

(3) 产业规划与管理、各类资源开发与利用决策。

(4) 生态和环境控制系统的决策以及自然灾害的预防管理。

(5) 金融系统的投资决策与风险分析与管理。

(6) 企业生产运作管理决策。

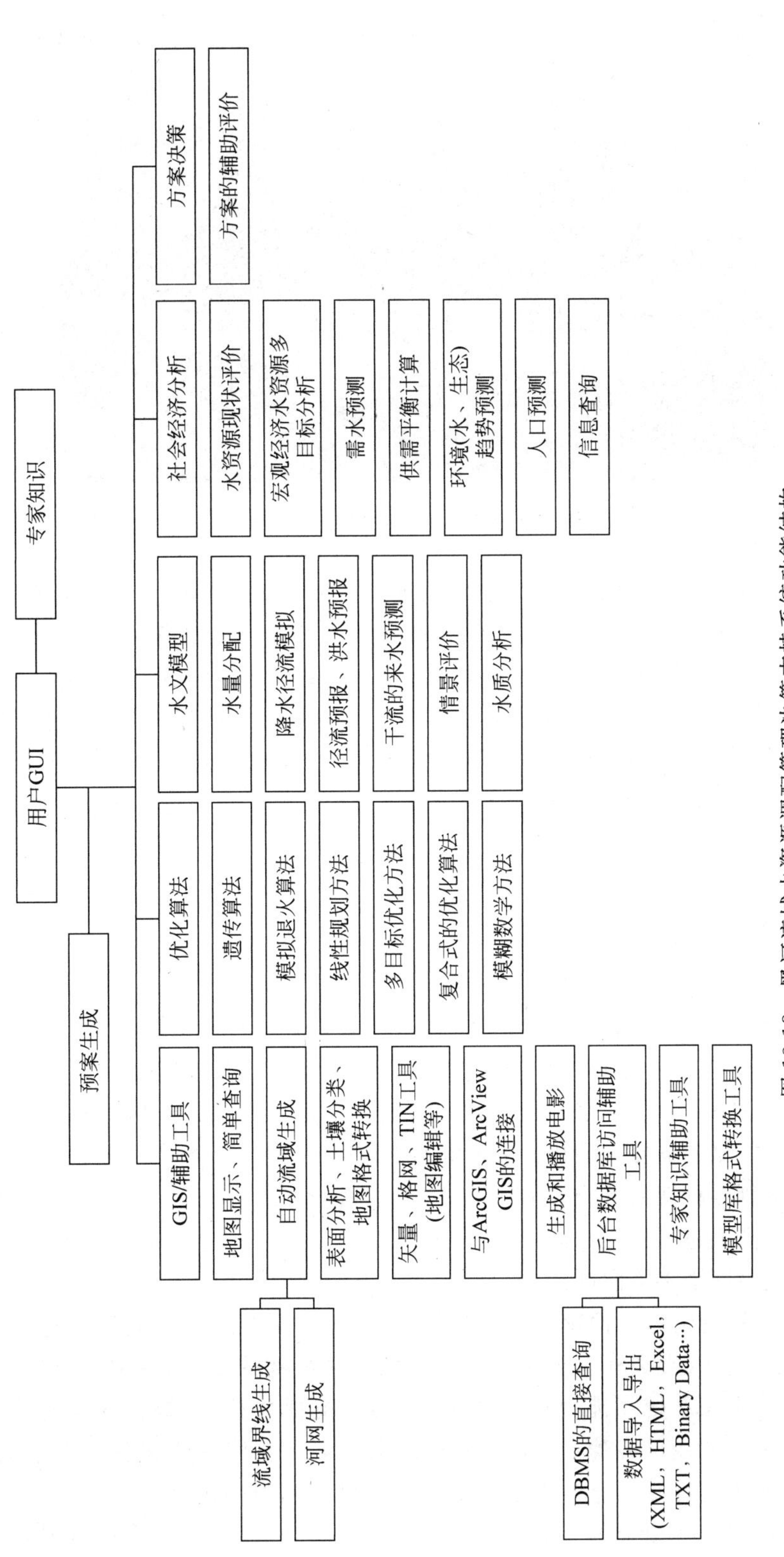

图 13-18 黑河流域水资源调配管理决策支持系统功能结构

(7) 军事后勤管理,如图 13-19 所示。

图 13-19 解放军战士利用卫勤决策支持系统参加实兵演习

如在水资源调配方面,黑河流域水资源调配管理决策支持系统,为落实国务院的分水方案,实现青、甘、蒙省级断面的水量控制,结合城市水资源高效运用模式,实现国民经济用水的合理分配和高效利用等提供了有力支撑。在防洪预报与预警方面,防洪预报与预警决策支持系统能根据洪水预报迅速计算不同防洪调度方案的后果,供防汛决策者进行方案选择。如长江防洪决策支持系统、黄河防洪决策支持系统、基于卫星遥感的河道防洪决策支持系统、浙江省防洪决策支持系统、江西省防洪决策支持系统等在我国防洪预报与预警方面发挥了十分重要的作用。

## 13.5 专家系统

专家系统是具有大量专门知识,并能运用这些知识解决特定领域中实际问题的计算机程序系统。它的核心是知识库和推理机,也就是说,专家系统是利用大量的专家知识,运用知识推理的方法来解决各特定领域中的实际问题。专家系统有以下共同的特点。

(1) 它能进行某些需要人的智力来求解的工作。

(2) 它以规则或框架的形式表示知识。

(3) 它可以和人进行相互对话。

(4) 它能同时考虑多个假设。

当今的专家系统仍然是面窄、浅显和脆弱的,它缺少人们的知识面的宽度和对基本原理的理解,也不像人类那样有思想。人类可以抓住事物的要点,利用摘要的因果模型,直接引出结论。专家系统不能由第一原理推理,不能抓住相似,缺乏普通的感知。所以专家系统不是一个通用的专家、不是一个问题求解器。它们只能解决很有限的任务,这个任务专家来解决也许要几分钟或几个小时。如果人不能解决这个问题,那么专家系统也很难解决它。但是在很窄的领域,如果专家系统捕捉了人的知识,它能很好地组织和较快地提取。

专家系统(Expert System,ES)是当前人工智能应用中最成功的一个领域之一。从1965年美国斯坦福大学的费根鲍姆(E. A. Feigenbaum)教授研制第一个专家系统DENDRAL以来,专家系统以它所产生的巨大经济效益和社会效益,已扩展到数学、物理、化学、医学、地质、气象、农业、法律、教育、交通运输、机械、艺术以及计算机科学本身,甚至还渗透到政治、经济、军事等重要决策部门。

### 13.5.1 专家系统的定义

专家系统是一个能在某一特定的知识领域内,以人类专家的水平解决该领域中困难问题的计算机程序。它具有下列主要特点。

(1) 可存储一个或多个专家的知识和经验,能以接近专家的水平在特定领域内工作。

(2) 能高效、准确、迅速地工作,不会像人类专家那样产生疲倦和不稳定性。

(3) 使人类专家的领域知识突破时间和空间的限制,专家系统程序可永久保存,并可复制任意多的副本,在不同地区和部门使用。

(4) 可通过符号处理进行各种形式的推理,也可对不确定数据进行推理。

(5) 具有透明性,能以可理解的方式解释推理过程。

(6) 具有自学能力,可总结规律,不断扩充和完善系统自身。

(7) 能提高生产率,产生巨大的社会效益、经济效益和军事效益。

### 13.5.2 专家系统的基本结构和工作原理

专家系统是以专家的经验性知识为基础建立的,系统以知识库和推理机制为中心,其结构可表示为:

知识+推理=系统

经过二十多年的发展,专家系统的理论被不断丰富和完善,已出现了多种结构形式,不过最基本的结构还是以产生式系统为核心的结构,如图13-20所示。

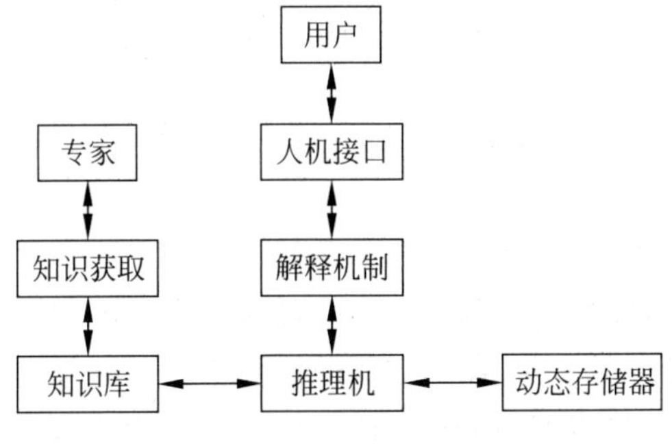


图13-20 专家系统的结构

下面介绍专家系统基本结构中各主要组成部分的功能。

#### 1. 知识库

它用于存储以产生式规则形式表示的领域专家的经验和知识以及已知的事实。

### 2. 动态存储器

动态存储器用于存放欲求解问题的已知事实、用户回答的事实、推理得到的中间结论等信息。在系统运行过程中,其内容是变化的。系统刚启动时,动态存储器是空的,随着推理的进行,系统不断把求解问题的初始状态和新的知识(包括已知获取、用户回答的事实、推理中间结论)存入动态存储器,这些知识被用来测试和触发其他规则。随着每条规则的测试和触发,新的结论和已知事实被添加到动态存储器中,供进一步推理时使用。同时,动态存储器还保存一次推理过程中的全部推理路径,供解释推理过程时使用。

### 3. 推理机

推理机主要有以下两个任务。

(1) 推理(也称知识的运用):从知识库中已有的知识推导出所需要的结论和知识。

(2) 控制搜索过程:确定在知识库中对规则的扫描顺序,决定在每个控制信息下要触发的规则(称知识的选择)。

### 4. 解释机制

解释功能是专家系统区别于其他软件系统的重要特征之一。通过解释,可提高用户对专家系统的信赖程度,有助于专家系统的推广使用,也便于在使用中发现专家系统的错误和漏洞,有助于测试、更新和维护专家系统。

解释机制实现解释功能,在推理过程中回答用户关于系统的一些问题(比如系统正做什么,如何得到结论,为什么要做出某个决策和发出某个询问等),显示推理路径,解释推理过程。

### 5. 知识获取机制

知识获取是建立知识库的重要基础,是专家系统开发中最关键也是最艰难的一步,被称为专家系统开发的"瓶颈"。知识获取过程消耗的人力、财力最多,约占专家系统开发总工作量的1/4左右。当前,知识获取有以下三种主要形式。

(1) 人工获取:通过知识工程师与领域专家会谈或查阅大量文献资料,收集、分析、归纳、整理领域知识。

(2) 利用机器学习技术,从训练实例中自动提取知识。

(3) 使用文字识别和自然语言理解技术,自动阅读大量文献资料,自动提取知识。

知识获取机制的功能是辅助知识工程师和专家进行知识获取,即通过一些软件工具把已有的知识(经验、事实、规则等)总结和提取出来,并自动转换为专家系统所能接受的内部形式。同时它还具有知识库的维护功能,允许编辑修改知识库,对规则进行添加、删除、修改等操作。

### 6. 人机接口

用于控制人-机交互过程,使用户能够以方便、直观的形式进行人-机对话。同时充分发挥用户在人-机对话中的主观能动性,并尽可能地避免用户的误操作。人机接口有输入、输出两大功能，有多种人机接口形式，如简单对话、菜单方式、窗口方式、图像符号、命令语言、自然语言等。

### 13.5.3　专家系统存在的问题

在比较全面地了解了专家系统以后，有必要指出专家系统的局限性和存在的问题。

(1) 目前的专家系统可能仅限于一些专门的问题，这些问题只有比较少的可选结果，而且这些可选结果往往都是事先知道的。此外，即使对于那些简单的问题，专家系统仍需要大量的、长时间的开发。

(2) 在理论上，知识的表示方法还很局限，还不能很好地表示那些凭直觉的、基于相似性或感觉而产生的知识。

(3) 专家系统不适于复杂的管理问题。管理问题所关心的通常是来自各个方面的事实及其解释，主要是去评价这些事实，比较各种解释，而不是去分析和分类。专家系统还不能处理凭直觉才能解决的复杂问题。专家系统是基于少数已知方案来处理问题，因而不适于处理经理们每天所面临的日常事务。

(4) 对许多问题的解决不是单个专家所能完成的，有时某些专门知识是分散在整个组织中的。如何将这些专门知识和经验有机地结合起来，是管理工作的重点，专家系统对此是无能为力的。

(5) 专家系统的知识库是比较脆弱的，不宜反复修改和补充。

(6) 尽管专家系统缺乏像人类这样全面的智能，但如果充分了解了它的局限性，扬长避短，专家系统仍能为组织所用，并给组织带来好处。专家系统对特定问题的诊断特别有用：像在银行、保险等服务机构中，专家系统能为公司雇员提供核对用的清单；在有些方面，专家系统可以用很少的人做出高质量的决策。人工智能技术在不断进展，计算机软硬件技术也在飞速发展，专家系统的研制也必定会更上一个台阶，解决更多需要人的智能才能解决的复杂问题。

## 13.6　经理信息系统

### 13.6.1　经理信息系统的基本含义

经理信息系统(Executive Information System，EIS)是20世纪80年代中期出现的，针对高层管理者需求的信息系统解决方案。其最基本也是最重要的功能，是为高层管理者提供企业内、外部关键的信息。EIS有时也称为主管信息系统，高层信息系统或总裁信息系统等。

高层管理支持系统(Executive Support Systems，ESS)是与EIS类似的系统。EIS在欧美等发达国家的研究与开发已有较大的发展，有不少学者都给EIS下过定义。从本质上看，EIS实际上是一个满足组织高层管理者的使用要求和管理决策信息需求的计算机信息系统。

### 13.6.2　EIS产生的背景

随着市场竞争的日益激烈和企业内部管理的复杂化，对高层管理者的要求也越来越高，必须借助于信息系统才能有效地做出决策。高层管理者面临的问题更多的是具有非结构化的特征。MIS以处理结构化问题为主要特征,所涉及的信息多是企业内部的信息。它虽能存储和处理大量的信息,但对高层管理者来说,这些信息并非都是他们关心的信息。大量的外部信息和一些关键信息难以从MIS系统中获得。MIS系统在很大程度上把用户规范到系统的结构化工作处理过程中,而高层管理者需要的是针对个人筛选、提炼、决策任务多、结构化程度低的支持工具。因此从整体来看,MIS支持的对象主要是企业的常规运营系统而非高层管理者。DSS虽然具有支持低结构化问题的决策功能,但其系统设计目标主要是支持决策者解决管理决策中的特定问题,其存储的信息也是与特定问题相关的重要信息或可选方案。由于企业的高层管理者缺乏使用计算机的经验和繁忙的业务活动等原因,使他们很少有时间坐在计算机前查阅系统提供的各种数据报告。企业的高层管理者关心的是分析的结果而非推理过程,DSS却需要投入大量的时间进行操作,且要求具有一定的操作技术,因此不利于高层管理者直接使用。由此可见,MIS和DSS虽然有详尽的数据、模型调用功能,却忽视了企业高层管理者的特殊信息需求和使用要求。正是在此背景下,提出了开发适合企业高层管理者需求的信息系统。高层管理者通过该系统能够方便、及时地获得对管理和决策有价值的重要的信息。这些信息能按要求进行筛选、提炼,成为适合用户个性需要的"关键"信息,并且能以适合用户使用要求的形式提供出来。只有在用户认为需要的时候,他们才会"追根问底",要求系统提供基础数据和细节,或调用问题分析功能以帮助解决更为复杂的问题。

### 13.6.3 EIS的特点

EIS的主要特点有以下几点。

(1) 使用方便。

EIS是针对企业高层管理人员个性需求专门设计和开发的信息系统,界面友好,操作简单,高层管理者只需极少、甚至不需培训就能自己直接使用。

(2) 提供可逐级细化的内外信息。

这种信息提供方式既能够使用户迅速了解管理概貌,又允许用户以"追根问底"方式让用户了解局部细节。

(3) 多种方式的信息显示。

EIS提供文字、表格、图形、声音及图像等多种方式的信息显示。

(4) 支持高层经理人员与内部和外部人员的电子通信包括电子邮件,计算机会议等方式。

上述可知,EIS具有许多与MIS和DSS不同的特点。由于EIS具有容易使用的特点,使高层管理者可以毫无困难地直接使用它,及时获取组织内外与经营、管理、决策最为相关的重要信息。多数的EIS附带电子邮件、决策支持系统、专家系统(ES)、计算机媒体会议及文字处理等功能,以便更好地支持领导人的决策。因此,在竞争日益激烈的情况下,EIS将在企业中发挥越来越重要的作用。

### 13.6.4 EIS在中国的发展

虽然EIS具有许多特点和开发价值,但它同时也是一个颇具开发风险的系统。在开发

EIS 的过程中，存在着许多需要解决的问题，包括关键需求信息的确定及一些技术问题等。因此，EIS 成功开发的比例很低。目前，EIS 在中国处于研究阶段。应在认真总结开发 MIS 及 DSS 成功经验的基础上，循序渐进地进行 EIS 的开发和应用。

## 习题

13.1 简述 MRP 与订货点方法的主要区别。

13.2 简述 MRP 与 MRP Ⅱ的主要区别。

13.3 简述实施 ERP 系统的意义。

13.4 简述计算机集成制造系统的基本含义。

13.5 简述计算机集成制造系统的功能构成。

13.6 简述什么是供应链和供应链管理。

13.7 以沃尔玛供应链管理为例，说明信息技术在供应链管理中的重要性。

13.8 简述决策问题有哪些主要类型。

13.9 模型库、数据库与方法库等子系统是 DSS 的三个部件，请描述它们的相互关系。

13.10 简述专家系统的含义及与 DSS 的区别。

# 参考文献


1. 黄梯云.管理信息系统.北京：高等教育出版社，2004.
2. 陈禹，杨波.信息管理与信息系统概论.北京：中国人民大学出版社，2005.
3. 薛华成.管理信息系统(第三版).北京：清华大学出版社，1999.
4. 甘仞初，颜志军.信息系统分析与设计.北京：高等教育出版社，2003.
5. 刘仲英.管理信息系统.北京：高等教育出版社，2006.
6. 陈国清，李一军.管理信息系统.北京：高等教育出版社，2006.
7. 陈禹.信息系统分析与设计.北京：高等教育出版社，2005.
8. 乔东亮，黄孝章.管理信息系统.北京：高等教育出版社，2007.
9. 麻志毅.面向对象分析与设计.北京：机械工业出版社，2008.
10. 杨正甫.面向对象分析与设计.北京：中国铁道出版社，2001.
11. 徐帆.面向对象开发方法综述[J].重庆：重庆工商大学学报(自然科学版)，2002，(04)：90～93.
12. 杨冰，聂雪.面向对象的开发方法[J].西安：西安联合大学学报，2004，(02)：57～60.
13. 宋乃平.几种典型的面向对象开发方法[J].天中学刊，2003，(05)：23～25.
14. GRADY BOOCH，JAMES RUMBAUGH，IVAR JACOBSON. UML 用户指南(第 2 版).北京：人民邮电出版社，2006.
15. [美]RUSS MILES，KIM HAMILTON. UML2.0 学习指南.北京：清华大学出版社，2007.
16. 谢星星，沈懿卓. UML 基础与 Rose 建模实用教程.北京：清华大学出版社，2008.
17. 蔡敏，徐慧慧，黄炳强. UML 基础与 Rose 建模教程.北京：人民邮电出版社，2006.
18. 黄巍，王庆春.统一建模语言与软件工程[J].软件导刊，2008(08).
19. 韩红宇.标准建模语言 UML 综述[J].中国科技信息，2005(23).
20. 谭云杰.大象——Thinking in UML.北京：中国水利水电出版社，2008.
21. 牛丽平，郭新志，宋强等. UML 面向对象设计与分析基础教程. 2007.
22. 邱郁惠.系统分析师 UML 实务手册.北京：机械工业出版社，2008.
23. 邵维忠，杨芙清.面向对象的系统分析(第 2 版).北京：清华大学出版社，2007.
24. 李欣，贾洞.基于用例建模的需求获取[J].计算机与现代化，2003，(05).
25. 王学龙.基于 UML 的面向对象分析及其应用[J].西安石油学院学报(自然科学版)，2003(05).
26. 鲍雷.基于 UML 的教学管理系统设计与实现[D].上海：华东师范大学，2008.
27. 冯小革.基于 UML 及统一过程的软件开发[D].上海：华东师范大学，2006.
28. 陈娟.基于 UML 的面向对象的系统分析与设计[D].武汉：武汉理工大学，2005.
29. Martin Fowler. UML 精粹.北京：清华大学出版社，2006.
30. Bernd Bruegege，AHen H. Dutoit.面向对象软件工程.北京：清华大学出版社，2006.
31. 陈余年，方美琪.信息系统工程中的 OO 方法.北京：清华大学出版社，2002.
32. 王众托.企业信息化与管理变革.北京：中国人民大学出版社，2001.
33. 汪若菡. ERP 中国企业成败实录.北京：机械工业出版社，2004.
34. 柯平，高洁.信息管理概论.北京：科学出版社，2003.
35. 熊澄宇.信息社会 4.0.长沙：湖南人民出版社，2002.
36. 王要武.管理信息系统.北京：电子工业出版社，2004.

37. 李宝山. 管理系统工程. 北京：中国人民大学出版社，2003.
38. 秦铁辉，王延飞. 信息分析与决策. 北京：北京大学出版社，2004.
39. 黄群慧，张艳丽. 管理信息化. 广州：广东经济出版社，2001.
40. 梅姝娥，陈伟达. 管理信息系统. 北京：石油工业出版社，2003.
41. Raymond Mcleod，Jr. 著，张成洪译. 管理信息系统. 北京：电子工业出版社，2002.
42. 吴功宜. 计算机网络教程. 北京：电子工业出版社，2002.
43. 张立云，马皓，孙辨华. 计算机网络基础教程. 北京：北方交通大学出版社，2003.
44. 苏新宁，杨建林. 数据仓库与数据挖掘. 北京：清华大学出版社，2006.
45. 武森，高学东. 数据仓库与数据挖掘. 北京：冶金工业出版社，2003.
46. 蒋志清. 企业业务流程设计与管理. 北京：电子工业出版社，2002.
47. 苌景清. BPR 是什么. 北京：中国财政经济出版社，2004.
48. 朱战备，孟凡强. IT 规划. 北京：机械工业出版社，2003.
49. 汪若菡. ERP 中国企业成败实录. 北京：机械工业出版社，2004.
50. 许国志. 系统科学. 上海：上海科技教育出版社，2000.
51. 许国志. 系统工程的理论与实践. 上海：上海科技教育出版社，2000.
52. 章祥荪，赵庆祯. 管理信息系统的系统理论与规划方法. 北京：科学出版社，2001.
53. 王燕. 面向对象的理论与 C++实践. 北京：清华大学出版社，1997.
54. 张金城. 管理信息系统. 北京：北京大学出版社，2001.
55. 邝孔武，王晓敏. 信息系统分析与设计. 北京：清华大学出版社，1999.
56. 吴迪. 企业管理信息系统(MIS)基础. 北京：清华大学出版社，1998.
57. 邵培基. 管理信息系统. 北京：电子科技大学出版社，2001.
58. 张基温，王一平. 信息系统开发案例(第 1 辑). 北京：清华大学出版社，1999.
59. 张基温. 信息系统开发案例(第 3 辑). 北京：清华大学出版社，2001.
60. [日]佐佐木宏，李东. 图解管理信息系统. 北京：中国人民大学出版社，1999.
61. 张刚. 信息系统开发实践教程. 北京：电子科技大学出版社，2001.
62. 张海藩. 软件工程导论(第三版). 北京：清华大学出版社，2001.
63. 郑人杰，殷人昆. 软件工程概论. 北京：清华大学出版社，1998.
64. 郑淑珍，杨文龙. 软件工程. 北京：机械工业出版社，1996.
65. 陈佳. 信息系统开发方法教程. 北京：清华大学出版社，1998.
66. 孟波. 计算机决策支持系统. 武汉：武汉大学出版社，2001.
67. [美]Efrem G. Malach 著，李昭智，李昭勇等译. 决策支持与数据仓库系统. 北京：电子工业出版社，2001.
68. 陈文伟. 决策支持系统及其开发. 北京：清华大学出版社，2000.
69. 陈文伟. 智能决策技术. 北京：电子工业出版社，1998.
70. 陈启申. ERP——从内部集成起步. 北京：电子工业出版社，2004.
71. 张毅. 制造资源计划 MRP Ⅱ 及其应用. 北京：清华大学出版社，2000.
72. 罗鸿. ERP 原理·设计·实施. 北京：电子工业出版社，2002.
73. 李芳芸. CIMS 环境下——集成化管理信息系统的分析. 北京：清华大学出版社，2005.
74. 胡松评. 向沃尔玛学供应链管理. 北京：北京大学出版社，2006.
75. 聂茂林. 供应链系统管理原理研究[J]. 管理世界，2004(01).
76. 林榕航. 供应链管理(SCM)教程. 厦门：厦门大学出版社，2003.
77. 马应章，黄孝章. 中国首家城市电子商务徐州试点工程规划与设计[R]. 北京：北京科希盟科技集团，2000.

78. 黄孝章,董晓红.钢管行业电子商务应用模式研究[R].北京：北京科希盟科技集团,2001.
79. 黄孝章,董晓红.基于行业供应链管理的电子商务系统平台研究[R].北京：北京科希盟科技集团,2001.
80. 刘鹏.中国葛洲坝集团三维仿真与决策支持系统规划设计[R].武汉：中国葛洲坝集团公司,2007.
81. 刘鹏.诺基亚(中国)手机研发中心资源计划系统分析与设计[R].北京：诺基亚(中国)投资有限公司,2007.
82. 刘鹏.北京市电力公司企业级数据仓库系统模型设计[R].北京：北京电力公司,2008.
83. 苏利祥.新浪网专题内容发布系统分析与设计[R].北京：北京新浪互联信息服务有限公司,2008.
84. 苏利祥.广东移动 WAP 不良信息监控系统分析与设计[R].广东：中国移动通信集团广东有限公司,2008.
85. 苏利祥.网医网在线自我诊断系统分析与设计[R].北京：全国高科技健产委网络医学专业委员会,2007.
86. 苏利祥.经济管理出版社出版管理系统规划与设计[R].北京：经济管理出版社,2006.

# 图书资源支持

感谢您一直以来对清华版图书的支持和爱护。为了配合本书的使用，本书提供配套的素材，有需求的用户请到清华大学出版社主页(http://www.tup.com.cn)上查询和下载，也可以拨打电话或发送电子邮件咨询。

如果您在使用本书的过程中遇到了什么问题，或者有相关图书出版计划，也请您发邮件告诉我们，以便我们更好地为您服务。


**我们的联系方式：**

地　　址：北京海淀区双清路学研大厦A座707

邮　　编：100084

电　　话：010－62770175－4604

资源下载：http://www.tup.com.cn

电子邮件：weijj@tup.tsinghua.edu.cn

QQ：883604(请写明您的单位和姓名)


扫一扫

资源下载、样书申请

新书推荐、技术交流

**用微信扫一扫右边的二维码，即可关注清华大学出版社公众号“书圈”。**